도산절차와 미이행 쌍무계약

―민법·채무자회생법의 해석론 및 입법론―

도산절차와 미이행 쌍무계약

-민법·채무자회생법의 해석론 및 입법론-

김 영 주

경인문화사

머리말

도산실무에서 미이행 쌍무계약은 가장 중요한 법률문제 중의 하나이다. 채무자와 상대방이 계약을 체결하고 양 당사자의 계약상 의무 이행이 완료되지 않은 상태에서 채무자에 대해 도산절차가 개시된 경우, 도산절차 내에서 당해 계약과 그에 따른 법률관계를 어떻게 취급할 것인가. 본서는 이에 관한 연구의 결과이다.

우리나라는 민법과 채무자회생법에서 미이행 쌍무계약에 관한 규정을 두고 있다. 이는 재정적 위기에 처한 채무자, 채권자를 비롯한 여러 이해관계인의 법률관계를 균형 있게 조율하는 한편 채무자에 대해 개시된 도산절차를 보다 실효적으로 진행하기 위함이다. 그런데 이와 같은 이원적 규율 체계로 인해 동일한 법률상황에 대한 적용법규가 중첩되거나 충돌하는 경우가 적지 않다. 민법에서는 채무자의 파산이 계약의 종료 사유에 해당할 수 있다는 전제에서 계약 유형별로 몇몇 규정을 두고 있으나, 회생절차에 관한 규정은 존재하지 않는다. 입법 당시 회생절차는 고려 대상이 아니었기 때문이다. 한편 채무자회생법에서는 관리인과 파산관재인에게 미이행 쌍무계약을 해지·해제할 수 있는 권리를 특별히 인정하고 있으나, 비교법적으로 보면 이행 또는 이행거절의 선택권을 부여하는 입법이 보다 일반적이다.

본서에서의 논의는 채무자에 대한 도산 상황에서 미이행 쌍무계약을 도산 이전의 상황과 달리 취급해야 하는 이유는 무엇인가라는 근본 의문으로부터 출발한다. 이어서 집단적 집행이라는 도산절차의 특성이 민법의 일반 법리와 맞닿아 발생하는 다양하고 복잡한 양상의 법률문제를 검토한다. 이를 토대로 종래 해석론의 타당성을 살피고, 궁극적으로 바람직한 입법의 방향을 모색하고자 한다.

본서는 필자의 2013년 서울대학교 박사학위논문에 기초한다. 다만 일부 편제를 변경하고, 오류 등을 바로잡았다. 이후 발간된 문헌, 대법원 판결 및 필자의 후속연구 등을 반영하여 수정, 보완한 부분도 있다. 필자의 능력부족으로 여전히 미흡한 부분이 많지만, 더 이상 미루면 안 된다는 생각에 용기를 내어 법학연구총서로 발간하게 되었다.

필자가 변호사로 일하면서 좌고우면하던 시절 스승이신 김재형 교수님(현 대법관님)께서는 필자가 학위논문을 작성하고 연구자의 길을 갈 수 있도록 이끌어 주셨다. 심사위원장이셨던 윤진수 교수님, 김형석 교수님, 이동진 교수님과 이연갑 교수님께서는 필자가 부족한 논문을 완성할 수 있도록 크나큰 가르침을 주시고 격려해주셨다. 여러 선생님들의 학은(學恩)에 깊이 감사드린다.

본서의 편집을 담당해주신 경인문화사 한주연 선생님께도 감사의 마음을 전한다. 마지막으로 항상 물심양면으로 지원해주시는 부모님, 곁에서 응원을 아끼지 않는 남편과 착하고 건강하게 자라준 두 아들에게도 진심으로 감사드린다.

2020년 12월
김영주

목 차

∷ 머리말

제1장 서론 ···1
제1절 문제의 제기 ·····································3
제2절 논의의 범위 및 방법 ·····················8
제3절 체계 및 구성 ·······························11

제2장 미이행 계약 법리에 관한 비교법적 검토 ·············13
제1절 서설 ··15
제2절 영국 ··16
  Ⅰ. 영국 도산법의 연혁 및 체계 ···········16
  Ⅱ. 미이행 계약의 법리 ·····················19
제3절 미국 ··28
  Ⅰ. 미이행 계약의 의의 ·····················28
  Ⅱ. 미이행 계약의 취급 ·····················43
제4절 독일 ··50
  Ⅰ. 독일 도산법의 연혁 및 특징 ···········50
  Ⅱ. 미이행 계약의 취급 ·····················53
제5절 일본 ··59
  Ⅰ. 논의의 범위 ·······························59
  Ⅱ. 파산법 ·····································59
  Ⅲ. 회사갱생법 ·······························60
  Ⅳ. 민사재생법 ·······························61
제6절 UNCITRAL 도산법입법지침 ·············63
  Ⅰ. 서설 ··63
  Ⅱ. 미이행 계약 관련 주요 내용 ···········64

제7절 유럽도산법원칙 ··· 70
  I. 서설 ··· 70
  II. 미이행 계약 관련 규정의 내용 ······················· 71

제3장 미이행 쌍무계약 일반론 ································· 73
제1절 미이행 쌍무계약의 의의 및 요건 ················· 75
  I. 의의 및 취지 ··· 75
  II. 요건 ··· 80
제2절 채무자회생법상 미이행 쌍무계약의 취급 ····· 108
  I. 서설 ··· 108
  II. 관리인·파산관재인의 선택권 행사와 법률효과 ······· 109
제3절 도산해제조항 ··· 147
  I. 서설 ··· 147
  II. 종래의 논의 상황 ··· 149
  III. 검토 ··· 165

제4장 개별 계약관계의 검토 ····································· 173
제1절 서설 ··· 175
제2절 특수한 매매계약 ··· 177
  I. 계속적 공급계약 ··· 177
  II. 소유권유보부매매계약 ··································· 186
제3절 임대차계약 ··· 202
  I. 의의 및 성질 ··· 202
  II. 임대인이 도산한 경우 ··································· 203
  III. 임차인이 도산한 경우 ··································· 217

제4절 리스계약 ··228
  Ⅰ. 의의 및 논의의 범위 ·······································228
  Ⅱ. 도산절차 내에서 리스채권의 취급 ···············235
  Ⅲ. 법률효과 ··248
제5절 고용계약 ··254
  Ⅰ. 의의 및 특징 ··254
  Ⅱ. 사용자가 도산한 경우 ····································256
  Ⅲ. 근로자가 도산한 경우 ····································271
제6절 도급계약 ··278
  Ⅰ. 의의 및 성질 ··278
  Ⅱ. 도급인이 도산한 경우 ····································279
  Ⅲ. 수급인이 도산한 경우 ····································295
제7절 위임계약 ··303
  Ⅰ. 의의 및 성질 ··303
  Ⅱ. 당사자에 대해 회생절차가 개시된 경우 ·······305
  Ⅲ. 당사자가 파산선고를 받은 경우 ····················311
제8절 소비대차 ··322
  Ⅰ. 의의 및 성질 ··322
  Ⅱ. 당사자에 대해 회생절차가 개시된 경우 ·······323
  Ⅲ. 당사자가 파산선고를 받은 경우 ····················325
제9절 사용대차 ··330
  Ⅰ. 의의 및 성질 ··330
  Ⅱ. 당사자에 대해 회생절차가 개시된 경우 ·······330
  Ⅲ. 당사자가 파산선고를 받은 경우 ····················331
제10절 조합계약 ··335
  Ⅰ. 의의 및 성질 ··335
  Ⅱ. 조합원에 대한 도산절차개시의 효과 ············337
제11절 그 밖의 계약관계 ···340
  Ⅰ. 상호계산 ··340
  Ⅱ. 공유관계 ··341

Ⅲ. 배우자 등의 재산관리 ···342

제5장 미이행 쌍무계약에 관한 입법론 ····························345
제1절 해제권과 계약 상대방 채권의 취급 ·························347
Ⅰ. 서설 ··347
Ⅱ. 현재의 법률상황에 대한 비판 ································347
Ⅲ. 외국의 입법례 ··351
Ⅳ. 비판적 검토 및 입법론 ··353
제2절 도산절차상 계약의 이전 ··373
Ⅰ. 서설 ··373
Ⅱ. 민법상 계약이전과의 비교 ······································374
Ⅲ. 입법론적 검토 ··376

제6장 결론 ··379

참고문헌 ··392
찾아보기 ··403

제1장

서론

제1절 문제의 제기

채무자가 상대방과 계약을 체결하였는데 아직 계약 당사자들이 계약상의 의무 이행을 전부 완료하지 않은 상태에서 일방 당사자인 채무자에 대해 도산절차가 개시된 경우, 이러한 상태에 놓인 계약을 미이행 쌍무계약 혹은 미이행 계약이라 한다. 채무자가 도산절차개시 이전에 체결한 계약과 그에 따른 법률관계는 도산절차 내에서 어떻게 취급되는가.

이에 관하여 채무자 회생 및 파산에 관한 법률(이하 '채무자회생법' 또는 '회파'라 약칭한다)과 민법상의 규율이 존재한다. 채무자회생법에서는 관리인과 파산관재인에게 당사자들의 의무이행이 모두 완료되지 않은 계약의 이행 또는 해제·해지를 선택할 수 있는 특별한 권리를 인정하고 있다. 즉, 관리인이나 파산관재인에게 도산절차개시 이전에 채무자가 형성해놓은 종래의 법률관계를 도산절차 내에서 변경시킬 수 있는 권리를 부여한 것이다. 민법에서는 채무자에 대한 파산선고라는 도산상황이 계약의 종료 사유에 해당할 수 있다는 전제에서, 계약 유형별로 당사자 일방이 파산선고를 받은 사실을 계약의 실효 또는 해제·해지 사유로 규정하고 있다. 이와 같이 현재 우리의 법률상황은 도산절차개시 당시 이행이 완료되지 않은 계약에 관하여 채무자회생법과 민법에서 이원적으로 규율하는 체계라고 할 수 있다.

한편 채무자회생법 제119조 등에서는 쌍방 미이행 쌍무계약이라는 용어를 사용하는데, 그 개념을 계약을 체결한 당사자들이 아직 계약상의 의무 이행을 전부 완료하지 않은 상태라고 정의하는 이상 굳이 '쌍방'이라는 용어를 명시할 필요는 없을 것이다. 본서에서는 일단 미이행 쌍무계약이라 하되, 편의상 구미(歐美) 국가들과 국제기구에서 사용하는 미이행 계약(executory contract)이라는 용어를 혼용하기로 한다.

채무자회생법 및 민법에서 미이행 쌍무계약과 관련한 규정은 다음과 같다. 채무자회생법 제119조(회생절차) 및 제335조(파산절차)에서는 미이행 쌍무계약의 취급방식 등에 관한 일반원칙을 정하고, 회생절차의 경우 제120조 이하, 파산절차의 경우 제336조 이하에서 미이행 쌍무계약의 법률효과 및 각종 계약에서의 취급에 관하여 별도로 정하고 있다. 민법에서는 채권편에서 계약을 체결한 당사자 일방의 파산시 계약이 실효된다거나 계약을 해제 또는 해지할 수 있으며, 이 때 당사자들의 손해배상청구권을 어떻게 취급할 것인지에 관한 규정을 두고 있다. 민법 제599조(소비대차), 제614조(사용대차), 제637조(임대차), 제663조(고용), 제674조(도급), 제690조(위임) 및 제717조(조합)가 그러하다.

도산절차 내에서 미이행 쌍무계약의 취급과 관련하여 특별한 규율을 두는 것은 다른 국가의 도산법제에서도 보편적으로 채택하고 있는 입법형식으로 보인다. 영국, 미국, 독일, 일본의 도산법제에서도 도산절차 내에서 미이행 계약(executory contract)의 취급과 관련하여 여러 규정을 두고 있고, 유엔국제거래법위원회(UN Commission on International Trade Law, 이하 'UNCITRAL')가 채택한 도산법입법지침(Legislative Guide on Insolvency Law)과 유럽연합(European Union)의 유럽도산법원칙(Principles of European Insolvency Law)에서도 미이행 계약에 관하여 별도로 규율하고 있다.

이와 같이 우리나라를 비롯한 각국의 도산법제에서 미이행 쌍무계약에 관하여 특별한 규율을 하는 이유는 무엇인가. 채무자에 대해 도산절차가 개시된다고 하더라도 원칙적으로 도산절차개시 이전부터 이루어진 채무자의 종래 법률관계가 단절되는 것은 아니므로, 채무자가 도산절차개시 이전에 체결한 계약에 따른 법률관계 및 효과 역시 도산절차개시 이전과 동일하게 취급함이 원칙일 것이다. 그러나 채무 초과로 경제적 파탄 상태에 이른 채무자의 재건 또는 청산을 원활하게 함과 동시에 채권자를 비롯한 모든 이해관계인등의 이익을 균형 있게 조정하고자 하는 도산절차의 목적과 취지를 감안할 때, 도산절차 내에서 채무자의 종래

계약에 따른 법률관계 등을 수정 내지 변경할 필요가 있다. 즉, 신속하고 효율적인 도산절차의 진행이라는 측면과 모든 이해관계인들의 형평을 도모하여야 한다는 측면에서, 각국의 도산법제에서는 미이행 쌍무계약에 관하여 특별한 정함을 둔 것이라고 할 수 있다. 문단을 바꾸어 좀 더 구체적으로 살펴본다.

채무자회생법 제119조 및 제335조에 따르면 관리인과 파산관재인은 원칙적으로 도산절차개시 전에 채무자가 체결한 계약의 이행을 선택하거나 계약을 해제·해지할 수 있는 권리가 있다. 관리인과 파산관재인이 도산절차 내에서 계약을 해제·해지할 수 있는 권리는 민법상의 해제·해지권과는 별도로 특별히 인정되는 것인데, 계약 당사자의 채무불이행 등이 있을 것을 요건으로 하지 않는다는 점에서 민법상의 일반 원칙에 수정을 가하는 결과가 된다.

관리인과 파산관재인의 선택권은 채무자가 도산절차개시 전에 체결한 종래의 계약관계와 그에 따른 법률효과를 조기에 확정할 수 있도록 하여 도산절차를 보다 신속하고 효율적으로 진행할 수 있도록 한다는 데에 주된 의의가 있다. 관리인과 파산관재인이 계약의 이행을 선택한 경우 상대방이 갖는 채권은 공익채권 또는 재단채권이 되어 다른 채권자에 비해 유리하게 취급된다. 반면에 계약이 해제·해지된 경우에는 상대방은 회생채권자 또는 파산채권자의 지위에서 손해배상청구권을 행사할 수 있다. 계약이 해제됨으로 인하여 원상회복이 문제되는 때에는 상대방이 채무자에게 이행한 급부가 현존한다면 환취권자로서 반환을 구할 수 있고 급부가 현존하지 않는다면 공익채권자 내지 재단채권자로서 가액의 상환을 구할 수 있다.

즉, 도산절차 내에서 계약관계가 그대로 존속되는 경우 상대방은 공익채권자 또는 재단채권자로서 보호받을 수 있으며, 계약이 해제되는 경우 원상회복과 관련하여서는 본래 민법상 해제로 인한 법률효과가 그대로 유지되는 결과가 된다. 이는 채무자에 대한 도산절차 내에서 계약 상대방의 채권을 보다 균형 있게 취급하고자 함이다. 이에 관하여는 제3장에서 보다 상세히 논한다.

일본의 도산법제는 미이행 쌍무계약과 관련하여 우리나라 채무자회생법과 거의 유사한 규정을 두고 있다. 반면에 영국, 미국, 독일의 법제와 UNCITRAL의 도산법입법지침 및 유럽도산법원칙에서 미이행 계약에 관한 규율 부분은 우리나라 채무자회생법과 매우 상이하다. 영국, 미국, 독일 및 UNCITRAL의 도산법입법지침 및 유럽도산법원칙에서는 관리인에게 미이행 계약의 이행 또는 이행 거절을 선택할 권한을 인정하고 있다. 관리인에게 계약을 해제할 권리가 아니라 그 이행을 거절할 수 있는 권리를 인정하고 있고, 관리인이 계약의 이행을 거절한 경우 그에 따른 계약 상대방의 권리는 모두 일반의 우선권 없는 채권에 해당한다는 점에서 채무자회생법과 다르다. 그러나 영국, 미국 및 독일의 도산법과 UNCITRAL의 도산법입법지침 및 유럽도산법원칙에서도 관리인이 계약의 이행을 선택하여 계약관계가 존속되는 경우 그에 따른 상대방의 권리가 일반 채권에 우선하도록 규정하고 있는데, 이는 각국의 도산법에서 미이행 계약에 관한 특칙을 둔 가장 중요한 이유 중 하나이다. 각 입법례에 관한 구체적인 사항은 제2장에서 논한다.

채무자회생법 제119조 및 제335조에서 정한 원칙은 개별 계약에서 각각 다른 양상으로 적용되고 있고, 이와 관련하여 상당히 복잡하고 다양한 법리적 문제가 존재한다. 먼저 채무자회생법 제119조 및 제335조의 적용 요건을 상세히 검토하고 이와 관련한 여러 쟁점들을 논할 필요가 있다. 다음으로 민법의 채권편에서는 각종 계약과 관련하여 계약의 당사자 일방이 파산한 경우 이를 계약의 종료 사유 내지는 해제·해지 사유 등으로 정하고 있는데, 도산절차 내에서 미이행 쌍무계약의 처리와 관련하여 민법과 채무자회생법에서 어느 규정을 적용할 것인지, 관리인 또는 파산관재인이 채무자회생법에 따라 계약을 해제·해지한 경우 계약 상대방의 지위는 어떠하며 이로 인해 상대방이 갖는 채권은 어떻게 취급할 것인지, 관리인 또는 파산관재인이 채무자에 대한 도산절차개시를 이유로 계약을 해제·해지할 수 있다는 원칙에 대한 예외는 어떻게 인정할 것인지 등의 문제가 있다. 또한 도산해제조항의 효력에 관하여 최초로 판단한 대법원 판결을 둘러싸고, 미이행 쌍무계약의 법리와 도산해제조항의 관계를 어떻게 해석할 것인지 및 보다 근본적으로는 도산해제조항의 효력을 어떻게 취급할 것인가에 관한 논의도 활발히 이루어지고 있다.

그리고 무엇보다도 미이행 쌍무계약에 관한 민법 및 채무자회생법의 규율에 대하여 비판적으로 검토할 필요성이 매우 크다. 현재의 법률상황을 비판적으로 검토하고 이를 토대로 올바른 법해석 및 입법론을 모색하기 위해서는 민법과 채무자회생법의 관련 규정을 유기적이고 종합적으로 연구하여야 한다. 나아가 미이행 쌍무계약에 관한 외국의 입법례도 참고하여야 할 것이다. 외국에서도 도산절차 내에서 미이행 쌍무계약을 어떻게 취급할 것인지에 관하여 많은 논의가 이루어지고 있다. 성문법, 판례법 및 학설을 중심으로 전개되는 다양한 논의를 살펴보아야 한다. 외국의 입법례에 대한 비교법적 검토는 미이행 쌍무계약에 관한 현행 민법 및 채무자회생법상 법리의 문제점을 더욱 명확히 파악하여 법체계를 재정립하는 데 시사하는 바가 매우 크다.

제2절 논의의 범위 및 방법

채무자회생법상 도산절차는 회생절차, 파산절차 및 개인회생절차로 구분된다. 회생절차와 파산절차의 경우 채무자의 재산에 대한 관리 및 처분권한이 관리인이나 파산관재인에게 귀속되므로(회파 제56조 제1항, 제384조), 종래 채무자가 체결한 계약의 존속 여부에 관하여 관리인이나 파산관재인의 선택권 행사가 문제된다. 반면에 개인회생절차의 경우 회생절차나 파산절차와는 달리 인가된 변제계획에서 다르게 정하지 않는 한 채무자가 여전히 개인회생재단을 관리하고 처분할 권한을 갖고 있어(회파 제580조 제2항),[1] 미이행 쌍무계약의 존속 여부에 대한 선택은 문제되지 않으며 별도의 규정도 존재하지 않는다. 따라서 연구의 대상인 도산절차는 회생절차와 파산절차를 의미하며, 개인회생절차는 포함되지 않는다. 다만 회생절차 및 파산절차와 비교할 때 특별히 개인회생절차에 관한 사항을 함께 다루어야 할 필요가 있는 경우에 한하여 관련 내용을 논하기로 한다.

채무자회생법은 재정적 파탄에 처한 채무자에 대하여 채권자·주주·지분권자 등 이해관계인의 법률관계를 조정하여 채무자 또는 그 사업의 효율적인 회생을 도모하거나, 회생이 어려운 채무자의 재산을 공정하게 환가·배당하는 것을 목적으로 한다(회파 제1조). 이와 같은 채무자회생법의 입법 목적인 채무자의 회생·재건과 채권자를 비롯한 이해관계인의 권리보호는 일견 서로 모순되는 듯하다. 그러나 양자는 채무자회생법 전반에 걸쳐 맞물려 있는 이념이며, 규정의 문언 및 그 해석론에 있어서도 양자를 균형 있게 고려한 조정이 필요하다. 미이행 쌍무계약에 관한 특칙인 채무자회생법 제119조 및 제335조 등도 이와 같은 관점에서 해

---

1) 서울회생법원 재판실무연구회, 개인파산·회생실무(제5판), 박영사, 2019, 503면.

석할 필요가 있다.

본서의 핵심 논제는 미이행 쌍무계약에 관한 총칙적 규정인 채무자회생법 제119조, 제335조와 이에 따른 법률효과 등을 규율하거나 예외사항을 정하는 관련 규정들의 요건 및 그 의미를 분석하고 이를 둘러싼 다양한 쟁점들을 검토한다는 데에 있다. 특히 미이행 쌍무계약과 관련한 법률적 쟁점들에 대하여는 구 회사정리법 및 구 파산법 시행 당시부터 많은 수의 법원 판결례가 존재하므로, 해당 부분에서 관련 판결례를 상세히 소개하고 검토한다.

또한 미이행 쌍무계약에 관한 국내외의 문헌을 살펴보고, 그 중에서 논제와 관련하여 유용한 논의들을 소개하는 한편 비판적인 관점에서 분석해볼 것이다. 도산절차는 채무자와 채권자를 비롯한 이해관계인들의 자유로운 법률행위에 기해서가 아니라 법정 요건에 따라 법원의 지도·감독 하에서 진행된다는 특징이 있다. 그러므로 채무자회생법에서 명시적으로 정하지 않은 사항이나 법원의 판결례가 없는 쟁점에 관하여는 법원의 도산사건처리 실무, 특히 서울회생법원(구 서울중앙지방법원 파산부)의 실무가 매우 중요한 참고가 된다. 따라서 여러 해석론이 대립되어 있는 쟁점과 관련하여서는 가능한 범위 내에서 현재 법원 실무의 입장도 함께 살펴보기로 한다.

앞서 언급한 바와 같이 채무자회생법에서 정하고 있는 미이행 쌍무계약의 법리는 일본의 회사갱생법, 파산법 등 도산법제에서 정하고 있는 규정과 매우 유사하다. 따라서 가능한 한 일본의 학설이나 판례상 논의도 함께 검토한다. 또한 미이행 쌍무계약의 개념을 최초로 정립한 영국을 비롯하여 이를 발전시켜온 미국, 독일 등 서구의 입법례와 UNCITRAL의 도산법입법지침 등에서 미이행 쌍무계약에 관한 내용을 살펴본다. 이를 통해 우리 법제도와의 차이점을 분석하고 법해석 및 입법론에 있어서 시사점을 도출할 수 있다.

한편 채무자회생법 등에서 정하고 있는 미이행 쌍무계약에 관한 규율 내용은 회생절차와 파산절차에 공통적으로 적용되는 사항도 있으나, 전혀 다르게 취급되는 경우도 있다. 따라서 회생절차와 파산절차에 공통적으로 문제되는 사항은 통합하여 논하되, 그렇지 않은 사항에 관하여는 양자를 구분하여 검토한다.

제3절 체계 및 구성

　본서의 서론인 제1장에 이어 제2장 이하는 다음과 같은 내용으로 구성된다.

　제2장에서는 미이행 쌍무계약의 개념이 형성되고 발전된 외국의 입법례 및 이에 관한 학설상의 논의를 살펴본다. 미이행 쌍무계약의 개념이 최초로 등장한 영국의 경우를 먼저 살펴본 다음 미국, 독일, 일본, UNCITRAL 도산법입법지침 및 유럽도산법원칙의 순으로 관련 내용을 검토한다.

　제3장에서는 채무자회생법상 미이행 쌍무계약에 관한 규정의 의의 및 법률효과 등을 분석하는 총론적인 논의를 진행한다. 여기서는 미이행 쌍무계약의 의의, 요건, 각 요건과 관련하여 문제되는 법적 쟁점, 관리인과 파산관재인의 선택권 행사 및 그에 따른 법률효과에 관하여 논한다. 이어서 미이행 쌍무계약에 대한 관리인과 파산관재인의 선택권과 밀접한 관련이 있는 도산해제조항에 관하여 상세히 살펴본다.

　미이행 쌍무계약에 관하여 총론적 검토를 진행한 제3장에 이어서, 제4장에서는 개별적인 계약 유형별로 문제되는 법적 쟁점들을 정리하고 분석한다. 주로 민법 채권편에서 당사자 일방의 파산에 관한 규정을 두고 있는 계약을 중심으로 검토하되, 아울러 채무자회생법에서 특칙을 두고 있거나 법령상 명문으로 규정하는 바는 없지만 실무상 첨예하게 문제되는 유형의 계약에 관하여도 논한다. 계약 유형별로 쟁점은 차이가 있으나 민법과 채무자회생법상 관련 규정의 충돌과 이를 해결하기 위한 올바른 해석론 내지 입법론을 주로 다룬다. 제4장에서 다루는 계약 유형 중 일부는 쌍무계약에 해당하지 않거나 쌍무계약인지 여부가 논란이 되는 경우도 있다. 이러한 유형의 계약도 이행이 완료되지 않은 상태인 경우 도산절차 내에서 당해 계약의 처리가 문제될 수 있으므로, 제4

장에서 함께 논한다.

　제5장에서는 제2장 내지 제4장에서의 논의를 토대로 하여 현행 채무자회생법에 대한 개정 논의를 비판적으로 검토한다. 이는 대체로 관리인과 파산관재인에게 미이행 쌍무계약을 해제할 권리를 인정할 것인지 아니면 이행거절권을 부여할 것인지에 관한 문제와 계약 상대방이 갖는 채권을 어떻게 취급할 것인가에 관한 문제이다. 이에 대한 비판적 검토를 토대로 하여, 채무자회생법과 민법상 미이행 쌍무계약에 관한 바람직한 입법론을 조명하고자 한다. 나아가 채무자회생법상 도산절차 내에서 계약을 이전하는 것에 관한 법리를 도입할 수 있는지에 관하여도 살펴본다.

　결론에 해당하는 제6장에서는 본서에서 다룬 주요 쟁점과 내용을 전체적으로 정리하는 한편, 법해석과 입법론에 관한 전망을 제시한다.

제2장
미이행 계약 법리에 관한 비교법적 검토

제1절 서설

영국, 미국, 독일, 일본 등 외국의 도산법제에서도 미이행 계약과 관련하여 관리인 또는 파산관재인의 선택권을 인정하고 그에 따른 법률효과를 정하는 규정을 두고 있다. 또한 UNCITRAL이 채택한 도산법입법지침에서도 미이행 계약에 관한 여러 권고규정(Recommendation)을 마련해 두고 있으며, 유럽도산법원칙에도 미이행 계약의 취급에 관한 규정이 존재한다.

제2장에서는 미이행 계약에 관한 법리를 다루고 있는 주요 국가의 입법례와 그와 관련한 논의들에 대하여 검토한다. 외국의 도산법제에서 미이행 계약에 관한 개념을 어떻게 정의하고 있으며, 그에 따른 법률관계와 효과에 관하여 어떠한 규정이 존재하는지 및 이러한 규정을 어떻게 해석하고 있는지 등을 살펴보는 것은 연구의 중요한 출발점이 된다. 본서의 제3장에서는 채무자회생법상 미이행 쌍무계약의 법리 일반, 제4장에서는 개별 계약관계에 대한 쟁점 등에 관하여 논하게 될 것인데, 제2장의 비교법적 검토와 관련한 사항들은 제3장 이하의 논의와도 밀접하게 관련된다. 특히 이와 같은 비교법적 검토를 통해 채무자회생법상 미이행 쌍무계약 법리의 특징을 보다 명확하게 파악할 수 있으며, 나아가 현행 규정에 대한 입법론적 시사점도 도출할 수 있을 것이다.

미이행 계약의 개념과 법리는 1818년 영국 법원의 판결에서 유래한다고 봄이 일반적이다.[2] 먼저 영국의 도산법부터 살펴보기로 한다.

---

2) *Copeland v. Stephens*, 106 E.R. 218(1818).

제2절 영국

I. 영국 도산법의 연혁 및 체계

영국은 중세시대 이전부터 개인의 도산과 관련된 법적 개념이 존재했는데, 당시에 도산한 채무자는 중죄인(felony)과 같은 취급을 받아 형사처벌을 받았다.3) 이후 채무자의 재산을 집합적으로 취급하고 이를 처분하여 채권자들이 그들의 채권액에 따라 변제받는다는 내용의 법리가 발전하여 1542년 파산법(Bankruptcy Act)이 최초로 제정되었다. 그리고 19세기 회사 제도의 발전과 더불어 개인 채무자가 아닌 회사의 도산에 관한 개념이 등장한다. 즉, 회사를 별개의 법적 주체(legal entity)로 규정한 1844년 합작주식회사법(Joint Stock Companies Act 1844)이 제정된 이래로 영국 회사법에서는 회사의 도산에 관한 사항을 규율하는 특칙을 두었고, 1862년부터 회사의 도산과 관련된 쟁송은 영국 형평법원(Chancery Court)의 전속관할에 속하게 되었다. 이러한 과정을 통해 영국은 개인 채무자의 도산을 다루는 법제와 회사의 도산을 다루는 법제가 각각의 체계를 형성하며 발전하였다. 개인 채무자의 도산에 관한 법규정과 원칙들은 회사의 도산에 대해서도 상당부분 동일하거나 유사하게 적용된다.

영국은 1973년에 유럽경제공동체(European Economic Community, EEC)에 가입한 것을 계기로 하여 도산법제에 대한 전면적인 재검토에 착수하였다. 이를 위하여 Kenneth Cork가 이끈 자문위원회(advisory committee)에서 도산법제에 대한 정비작업을 진행하였고, 그 결과 1982

---

3) 이하 영국 도산법의 연혁에 관한 내용은 주로 Vanessa Finch, Corporate Insolvency Law Perspectives and Principles(2nd ed.), Cambridge University Press, 2009, pp.10-19 참조.

년 검토위원회(the Review Committee)는 'Insolvency Law and Practice' (Cmnd. 8558, 통상 'Cork Report'라 칭한다)라는 제목의 최종 보고서를 발간하였다. 이후 Cork Report의 내용은 영국의 도산법제 및 실무에 막대한 영향을 끼치게 된다.

영국은 Cork Report를 바탕으로 각각의 단행법으로 존재하던 회사와 개인에 관한 도산 관련 법을 통합하여 1986년 단일화된 도산법(Insolvency Act 1986, 이하 '1986년 영국 도산법')을 제정하였다. 그 이후에 몇 차례 개정이 있었으나 1986년 영국 도산법이 현재까지도 도산절차의 기본법으로 적용되고 있다.4) 다만 1986년 영국 도산법은 회사와 개인의 도산에 관해서만 규정하고 있고, 조합에 대해서는 별도로 1994년 도산조합규정(Insolvent Partnership Order 1994)이, 사망한 채무자에 대해서는 1986년 사망자도산재단관리규정(Administration of Insolvent Estate of Deceased Persons Order 1986)이 적용된다.5) 도산법 이외의 법에서도 도산 처리에 관한 절차 등을 규정하고 있는 경우가 있는데, 회사법(Companies Act 1985)상의 화해와 채무조정증서법(Deeds of Arrangement Act 1914)에 의한 조정절차가 그러하다.

1986년 영국 도산법은 회사의 도산절차(제1장 내지 제7장), 개인의 도산절차(제8장 내지 제11장) 및 회사와 개인의 도산절차에 공통적으로 적용되는 규정과 해석규정, 경과규정 등(제12장 내지 제19장)으로 구성되어 있다.6) 회사의 도산절차는 임의적 회사채무조정(Company Volun-

---

4) 1986년 영국 도산법은 1994년, 2000년, 2002년 등에 걸쳐 수차례 개정되었다.

5) 박승두, 도산법 총론, 법률 SOS, 2002, 620면; 장완규, 도산법 개론, 한국학술정보㈜, 2009, 44면에 따르면 영국의 도산법은 지역별로 적용되는 법이 다르다. 크게는 ① 잉글랜드, 웨일즈 및 스코틀랜드에 적용되는 1986년 영국 도산법, ② 스코틀랜드에 적용되는 스코틀랜드 파산법(Bankrupcy(Scotland) Act 1985), ③ 북부 아일랜드에 적용되는 도산법으로 구분된다. 따라서 1986년 영국 도산법 중에서 일부는 스코틀랜드에 적용되고 일부는 적용되지 않는다는 특색이 있다.

6) 윤영신, 영국의 도산법(연구보고 98-6), 한국법제연구원, 1998, 14면에서는 수탁

tary Arrangements, 제1장), 관리(Administration Orders, 제2장), 수탁 (Receivership, 제3장), 청산(liquidation/winding up, 제4장 및 제5장) 절차로 구분된다. 임의적 회사채무조정은 채권자에 의해 회사가 청산되는 것을 막기 위하여 채무자인 회사와 채권자를 비롯한 이해관계인의 합의 하에 채무를 감면하거나 변제기를 유예하는 등의 내용으로 계획 (scheme)을 작성하여 자발적으로 채무를 조정하는 절차이고, 관리는 도산실무가를 관리인으로 선임하여 영업의 계속을 통해 채무변제를 도모하는 절차이며, 수탁은 담보권자가 수탁자를 선임하여 담보권을 실행하는 절차이다.[7]

개인의 도산절차는 채무구제명령(Debt Relief Orders, 제7A장), 임의적 개인채무조정(Individual Voluntary Arrangements, 제8장)와 파산 (bankruptcy, 제9장) 절차로 구분된다. 채무구제명령은 채무액, 소득 및 자산의 규모가 일정 금액 이하인 채무자에 대해 인정되는 간이한 방식의 파산절차이고, 임의적 개인채무조정은 임의적 회사채무조정과 마찬가지로 채권자와의 협의를 통해 자발적으로 채무를 조정하는 절차이며, 파산은 지급불능 상태에 놓인 채무자가 파산재단에 의한 배당을 통해 면책을 받게 되는 가장 기본적인 형태의 도산절차이다.[8]

(Receivership)을 재산보전관리제도(Receivership), 수탁관리제도(Administrative Receivership) 라고 번역하고 있다. 이재희, "영국 도산법제 운용실태에 관한 소고", 재판자료 제111집: 외국사법연수논집 26(상), 법원도서관, 2006, 500면에서는 임의적 회사채무조정(Company Voluntary Arrangements)을 회사화의라고 번역하고 있다.

7) Ian F. Fletcher, The Law of Insolvency(4th ed.), Sweet & Maxwell, 2009, pp.417-421. 참고로 관리 절차의 경우에는 본래 법원이 관리인을 선임하는 결정을 하였으나 2002년 기업법(Enterprise Act 2002)에 따라 채무자나 유동담보권자(floating charge holder)등도 법원의 결정에 의하지 않고 관리인을 선임할 수 있게 되었다. 한편 수탁 절차의 경우 법원에 의해 선임되는 자는 수탁자(receiver), 유동담보권자에 의해 선임되는 자는 관리수탁자(administrative receiver)라고 하는데, 2002년 기업법에 따라 개정된 1986년 영국 도산법 제72A조에 따르면 제2장의 관리절차가 진행 중인 경우에는 유동담보권자가 관리수탁자를 임명할 수 없다.

II. 미이행 계약의 법리

1. 미이행 계약 개념의 등장과 발달

가. 서설

1986년 영국 도산법에서는 미이행 계약, 즉 'executory contract'라는 용어를 명시적으로 사용하고 있지 않다. 대신 후술하는 바와 같이 채무자에 대해 도산절차가 개시되어 관리인이 지명되면, 관리인은 제315조 등에 근거하여 도산재단에 부담이 되는 재산(onerous property)을 거절(포기, disclaim)할 수 있다고 규정하고 있다. 즉, 동조는 도산절차개시 당시 아직 이행이 완료되지 않은 상태의 계약(채무자의 재산에 해당할 것이다)에 대한 관리인의 선택권을 인정하는 규정이다. 이에 비추어 볼 때 영국 도산법상 미이행 계약이라는 용어를 명시적으로 사용하고 있지는 않다고 하더라도 미이행 계약의 개념을 수용하여 입법화하고 있다는 점은 분명해 보인다. 아래 논하는 바와 같이 영국에서는 매우 오래 전부터 다수의 판결을 통해 도산절차 내에서 미이행 계약을 취급하는 방식 등에 관한 법리가 형성되어 왔고, 학설상으로도 이에 대한 논의가 이루어지고 있다.

나. 판결례

(1) *Copeland v. Stephens* 사건

도산절차 내에서 미이행 계약을 어떻게 취급할 것인지에 관한 문제는 1800년대 초 영국 법원의 *Copeland v. Stephens* 사건에 관한 판결에서

---

8) Fletcher(주 7), pp.50-53.

최초로 등장한다.9) 이 판결의 사실관계는 다음과 같다.10)

이 사건의 원고 Copeland는 그 소유의 부동산을 소정의 차임을 지급 받고 임차인에게 임차해주었고 임차인은 피고 Stephens에게 임차권을 양도하였다. 임대차계약 기간이 만료되지 않은 상태에서 피고 Stephens 에 대해 도산절차가 개시되었고, 원고 Copeland는 피고 Stephens에 대 해 연체된 임차료의 지급을 구하는 소를 제기하였다. 이에 대해 피고 Stephens는 채무자의 재산은 도산법에 따라 도산관리인(bankruptcy assignee)에게 모두 양도되므로 이 사건 임차권 역시 도산관리인에게 양 도되었고 따라서 자신은 더 이상 원고 Copeland의 부동산에 관하여 권 리를 갖고 있지 않아 임차료 지급에 대해 어떠한 책임도 없다고 주장했 다. 이 사안에서 법원은 도산관리인이 채무자의 재산을 양수하는 것에 관한 동의를 표시하는 어떤 행위를 하여야만 비로소 채무자의 재산은 도산관리인에게 이전되고 그 전까지는 채무자의 재산 및 그에 대한 책 임은 오직 채무자에 귀속되는 것이어서, 이 사안의 경우에도 도산관리 인이 임차권을 양수할 때까지 임차권은 채무자인 피고 Stephens에게 남 아있으므로 피고 Stephens가 임차료를 지급할 책임이 있다고 판단하였 다. 나아가 법원은 채무자의 재산이 도산관리인에게 양도되는 것은 채 무자의 채무를 변제하기 위함이며, 도산관리인은 도산위원회(commis- sion)의 지휘를 받아 그가 양수한 채무자의 재산의 범위 내에서 채무자 의 채무를 변제할 책임이 있다고 하였다.

이 판결에서는 채무자인 임차인에 대해 도산절차가 개시될 당시 존 재하는 계약의 효력은 도산절차의 개시에도 불구하고 일단 유지된다고 전제하고, 도산관리인은 채무자가 도산절차개시 전에 체결하였으나 그 이행이 완료되지 않은 계약을 도산재단에 포함시킬지 여부를 결정할 수

---

9) Arnold M. Quittner A, "Executory Contracts and leases", Commercial Law and Practice Course Handbook Series(PLI Order No. 11410), Practising Law Institute, 2007, p.943.
10) *Copeland v. Stephens*, 106 E.R. 218(1818).

있다는 점을 인정하였다. 이 판결에서 미이행 계약이라는 용어를 명시적
으로 사용하고 있는 것은 아니나, 채무자가 도산절차개시 당시 이행이
완료되지 않은 계약의 개념을 설명하는 한편 도산관리인의 선택에 따라
미이행 계약을 도산재단에 포함시킬 것인지를 결정할 수 있다고 판단했
다는 점에서 미이행 계약의 개념과 취급 방식에 관한 문제를 다룬 최초
의 사안이라고 평가할 수 있다.

이 판결에서 법원은 도산관리인이 채무자의 재산을 도산재단에 편입
시키는 행위를 하여야만 채무자의 재산이 이전되며, 도산관리인이 채무
자의 재산을 수용할 것을 선택한 경우에만 그에 관한 책임을 부담한다
고 하였다. 그러나 이러한 법리는 1869년 영국 도산법에서 도산절차가
개시되면 채무자의 재산은 일단 도산재단에 전부 이전되지만 도산관리
인이 도산재단에 불리한 계약 등을 거절할 수 있다는 입법이 이루어지
면서 더 이상 유효하지 않게 되었다.11) 현행 영국 도산법 제306조 등에
서도 채무자에 대해 도산절차가 개시되고 도산관리인이 선임되면 채무
자의 재산에 관한 일체의 권한은 도산관리인에게 이전된다고 규정하고
있다. 현행 법과 차이가 있기는 하지만, 이 판결에서 인정한 도산관리인
의 채무자 재산에 대한 선택권(the right to accept or refuse)이라는 개
념은 이후 미이행 계약에 대한 도산관리인의 선택권이라는 법리로 변형
되어 발전한 것으로 보인다.

(2) *In re Edwards* 사건 등

Copeland v. Stephens 사건에서 미이행 계약에 관한 개념이 최초로 등
장한 이래 영국의 법원은 여러 판결에서 계약 당사자의 일방이 도산하
더라도 이에 의하여 계약이 당연히 종료되지는 않으며, 도산관리인이나

---

11) Michael T. Andrew, "Executory Contracts in Bankruptcy: Understanding 'Rejection'",
 59 U.Colo.L.Rev.845(1988), p.858.

채무자는 전체 채권자에게 이익이 되는지 여부 등을 고려하여 계약의
이행 여부를 결정하여야 한다고 판단하였다. 이하 대표적인 몇몇 판결
의 주요 내용을 살펴본다.

먼저 *Griffiths v. Perry* 사건과 *In re Edwards* 사건에서 법원은 계약의
일방 당사자에 대해 도산절차가 개시되었다는 사정만으로 계약이 종료
되는 것은 아니며, 당해 계약을 존속시키는 것이 채권자에게 이익이 된
다면 채무자인 계약 당사자는 이러한 사실을 채권자나 도산법원에 알리
고 계약을 이행하여 그 결과를 채무자의 재산의 일부로 귀속시킬 의무
가 있으므로, 채무자가 독자적으로 자신이 체결한 계약상의 이익을 채
권자로부터 박탈할 권리는 없다고 판결하였다.12)

다음으로 *Jennings' Trustee v. King* 사건에서 법원은 파산한 당사자가
체결한 계약은 파산신청 또는 파산선고에 의해 종료되지 않으며 파산관
재인은 파산한 채무자가 체결한 계약의 이행 여부를 결정할 수 있고 이
를 위해 당해 계약을 이행하는 것이 채권자에게 이익이 되는 것인지 여
부를 판단하여야 한다고 보았다.13) 또한 동 판결에서는 채무자가 파산
선고를 받고 파산관재인이 선임되었으나 파산관재인이 아직 계약의 이
행 여부를 결정하지 않은 상태라면 상대방은 파산관재인에 대해 계약의
이행을 거절할 수 없다고 하였다.14)

본서의 '제3장 제3절 Ⅱ. 3. 가' 부분에서 도산해제조항의 효력과 관
련하여 논하게 될 영국법상의 박탈금지의 원칙(Anti-Deprivation Rule)

---

12) *Griffiths v. Perry*, 120 E.R. 1065(1859); *In re Edwards*, L.R. 8 Ch. App. 289(1872-73).
In re Edwards 사건은 물품판매계약을 체결한 매수인에 대해 청산(liquidation)절
차가 개시되었음을 이유로 매도인이 물건의 공급을 거절한 것에 대하여 관재
인이 손해배상을 청구한 사안이다.

13) *Jennings' Trustee v. King*, Ch. 899(1952). 이 판결은 토지매매계약을 체결한 후
매수인이 파산선고를 받았다는 이유로 매도인이 계약을 취소할 수 있는가가
문제된 사안이다.

14) *Jennings' Trustee v. King*, Ch. 899(1952).

역시 근본적으로는 채무자에 대해 도산절차가 개시된다고 해서 도산절차개시 이전에 채무자가 체결한 계약의 효력이 당연히 종료되는 것은 아니라는 원칙에서 유래한다. 이에 관한 구체적인 사항은 관련 부분에서 논하기로 한다.

다. 학설상의 논의

학설상으로는 이행된 계약(executed contract)과 미이행 계약(executory contract)을 엄격히 구분하고 있다. 유력한 견해에 따르면 이행된 계약이란 상대방 당사자가 당사자 일방은 그 의무를 전부 이행하고 오직 상대방 당사자가 이행하지 않은 의무가 남아있는 계약(An executed contract is one which has been wholly performed by one party, leaving outstanding only the unperformed obligations of the other party)을 의미하는 반면, 미이행 계약이란 양 당사자 모두 이행할 의무가 남아 있는 계약(An executory contract is one in which obligations remain to be performed on both sides)으로서 각 당사자의 장래 의무 이행이 서로 연관되어 있고 당사자의 의무 이행에 대한 의지와 능력에 좌우될 수 있다(each party's right to future performance is linked to and dependent upon that party's own willingness and ability to perform)는 것을 본질적 요소로 하는 계약이라고 설명한다.15) 영국에서 학자들이 제시하는 미이행 계약의 개념은 우리나라 채무자회생법상 미이행 쌍무계약의 개념과 거의 유사하다.

다만 현행법에서 미이행 계약이라는 용어를 명시적으로 사용하고 있지 않기 때문에, 영국에서는 미이행 계약이란 무엇이며 그 요건은 어떻

---

15) Roy Goode, Principles of Corporate Insolvency Law(Student ed.), Sweet & Maxwell, 2011, pp.194-195; Adrian Cohen, "Counterparty risk-termination of contracts on insolvency", Insolv. L., 1999, p.26.

게 구성되는가 등에 관한 쟁점에 관하여 많은 논의가 이루어지고 있지
는 않은 것으로 보인다.[16]

2. 성문법

가. 1869년 영국 도산법

앞서 논한 바와 같이 *Copeland v. Stephens* 사건에서 법원은 최초로 도
산관리인이 미이행 계약을 인수 또는 거절할 수 있다고 하였다. 이러한
개념이 발전하여 1869년 영국 도산법(1869 Bankruptcy Act) 제23조에
서는 도산관리인이 도산재단에 불리한 재산을 거절(disclaim)하여 도산
재단의 책임을 면하게 할 수 있다는 내용을 최초로 성문화하였다.[17]

---

16) 반면에 후술하는 바와 같이 미국의 경우에는 미이행 계약에 관하여 상대적으
   로 더욱 많은 논의가 이루어지고 있는 것으로 보인다.

17) 규정의 원문은 다음과 같다. "When any property of the bankrupt acquired by the
   trustee under this Act consists of land of any tenure burdened with onerous
   covenants, of unmarketable shares in companies, of unprofitable contracts, or of any
   other property that is unsaleable, or not readily saleable, by reason of its binding
   the possessor thereof to the performance of any onerous act, or to the payment of
   any sum of money, the trustee, notwithstanding he has endeavoured to sell, or has
   taken possession of such property or exercised any act of ownership in relation
   thereto, may, by writing under his hand, disclaim such property, and upon the
   execution of such disclaimer the property disclaimed shall, if the same is a contract,
   be deemed to be determined from the date of the order of adjudication, and if the
   same is a lease be deemed to have been surrendered on the same date, and if the
   same be shares in any company be deemed to be forfeited from that date, and if
   any other species of property it shall revert to the person entitled on the
   determination of the estate or interest of the bankrupt, but if there shall be no
   person in existence so entitled, then in no case shall any estate or interest therein
   remain in the bankrupt." 동조는 Henry Philip Roche/William Hazlitt, The Bank-
   ruptcy act, 1869; the Debtors act, 1869; the Insolvent debtors and bankruptcy repeal

1869년 영국 도산법에서 관리인의 거절권을 도입한 이유는 도산관리인이 채무자의 재산에 대한 일체의 권한을 갖게 되면서 자동적으로 그에 대한 책임을 부담하게 되는데 그러한 책임에서 벗어날 수 있는 균형적 수단을 마련하기 위함이라고 설명한다.[18]

나. 1986년 영국 도산법

1986년 영국 도산법에서도 미이행 계약이라는 용어를 명시적으로 사용하고 있지는 않다. 그러나 1986년 영국 도산법에서는 1869년 영국 도산법에서 최초로 성문화한 관리인의 거절권(disclaim)을 계수하는 한편 그 동안 영국법원의 판례에 의해 형성된 원칙을 반영하여 다음과 같은 규정을 두고 있다.

먼저 개인의 파산절차(bankruptcy)에 관한 제9장 제306조 1항에 따르면 파산관재인 지명의 효력이 발생하는 즉시 파산재단은 파산관재인에게 귀속된다(앞서 본 바와 같이 *Copeland v. Stephens* 사건에서 제시한 법리와는 차이가 있다). 제315조에서는 'Disclaimer'라는 표제 하에 파산관재인이 미이행 계약의 이행 여부를 선택할 수 있다고 규정한다. 파산관재인이 계약의 이행 여부를 선택할 수 있다는 것은 채무자가 파산선고를 받았다는 이유만으로 그 전에 체결된 계약이 당연히 종료되는 것은 아니라는 원칙을 전제한다.

즉, 파산관재인은 규정된 통지(the prescribed notice)에 의해 파산재단에 이익이 되지 않는 계약이나 파산재단에 속한 재산 중 매각이 불가능하거나 어려운 재산, 그 밖에 금전을 지급할 책임을 초래할 수 있는 재산 등을 거절(포기, disclaim)할 수 있고, 이에 따라 손해를 입은 상대

---

act, 1869, Stevens & Haynes, 1870, pp.20-21에서 찾아볼 수 있다.

18) United Kingdom Parliament, Insolvency Law and Practice(Report of the Review Committee, Cmnd. 8558), 1982, p.270.

방은 손해액을 한도로 파산절차 내에서 우선권 없는 일반 파산채권(a bankruptcy debt)을 행사할 수 있다(제315조 1항, 2항 및 5항). 파산관재인이 계약의 이행을 거절하지 않는 경우, 종래의 계약관계는 파산재단에 귀속된다. 이 때 계약 상대방이 파산재단에 대해 갖는 채권을 어떻게 취급할 것인가와 관련하여 1986년 영국 도산법에서는 명시적인 규정을 두고 있지 않으나, 동법의 하위 법규인 1986년 도산규칙(Insolvency Rules 1986) 제4.218조 1항에 따르면 파산관재인이 계약의 이행을 선택하는 경우 계약 상대방이 갖는 채권은 파산비용(the expenses of liquidation)에 해당하는데, 파산비용에 관한 채권은 다른 일반 채권에 우선하여 변제된다.[19]

한편 파산관재인이 미이행 계약에 대한 거절권을 행사하는 것과는 별개로 제345조에서는 당사자의 신청에 의해 법원이 계약을 해제할 수 있도록 하는 근거를 두고 있다. 즉, 법원은 어느 당사자의 신청에 의해 신청인 또는 파산선고를 받은 채무자가 그의 채무불이행으로 인해 발생한 손해를 상대방에게 배상할 것을 조건으로 하거나 또는 그 밖에 법원이 형평에 부합하는 조건을 부가하여 계약상의 의무를 면제하는 결정(an order discharging obligations under the contract)을 할 수 있으며, 법원의 결정에 따라 파산채무자가 배상하여야 할 손해는 우선권 없는 파산채권으로 취급된다(a bankruptcy debt, 제345조 2항 및 3항). 즉, 채무자에 대한 파산선고 당시 아직 이행되지 않은 계약의 당사자는 법원에 계약을 해제하여 줄 것을 신청할 수 있고, 법원은 손해배상 등 합리적인 조건을 부가하여 해제결정을 내릴 수 있다는 의미로 이해된다.

회사법상 등기된 회사의 파산절차(Winding Up of Companies Registered under the Companies Acts)에 관한 제4장 제178조도 'Power to

---

19) Goode(주 15), pp.263-264에 따르면 파산절차개시 이후에 체결된 계약에 기해 발생한 채권만을 파산비용으로 취급하는 원칙에 대한 중대한 예외라고 한다.

disclaim onerous property'라는 표제 하에 앞서 논한 제315조와 동일한 내용을 규정하고 있다.

제3절 미국

Ⅰ. 미이행 계약의 의의

1. 연혁

미국에서는 역사상 도산법(Bankruptcy Act 또는 Bankruptcy Law)이라는 명칭으로 총 5회에 걸쳐 법률을 제정하였다. 도산에 관한 최초의 입법은 1800년 도산법(Bankruptcy Act of 1800, 1803년 폐지)이며, 이후 1841년 도산법(Bankruptcy Act of 1841, 1843년 폐지), 1867년 도산법(Bankruptcy Act of 1867, 1878년 폐지), 1898년 도산법(Bankruptcy Act of 1898, 1938년 이른바 'Chandler Act'에 의해 전면 개정되어 시행되다가 1979년 폐지)과 현행 도산법(USC Title 11 Bankruptcy)인 1978년 도산법(Bankruptcy Reform Act of 1978, 통상 'Edwards Act'라 한다)이 제정되었다.[20] 1978년 도산법은 1978년 11월 6일 공포되어 1979년 10월 1일부터 시행되었다.

미국 도산법의 연혁상 미이행 계약(executory contract)의 개념 및 관리인의 선택권 행사에 관한 문제는 1898년 도산법 제정 당시 최초로 다루어진 것으로 보인다.[21] 당시에는 실패한 채무자의 사업에 관한 관리·처분권을 인수한 관리인이 기존에 채무자가 체결한 계약에 구속된다고 볼 것인가라는 관점에서 논의가 이루어졌는데, 미이행 계약에 관한 사항을 명시적으로 규정하지는 않았다.[22]

---

20) Kenneth N. Klee, "Legislative History of the New Bankruptcy Law", 28 DePaul L. Rev. 941(1979), pp.941-942.

21) Quittner A(주 9), p.943.

22) Quittner A(주 9), pp.943-944.

1898년 도산법이 제정되기 이전에도 미국 연방대법원은 채무자에 대해 도산절차가 개시된 경우 관리인은 도산절차개시 이전에 채무자가 체결한 계약이 도산재단에 불이익(unprofitable)하거나 바람직하지 않다(undesirable)고 판단할 경우 그러한 계약의 인수에 구속되지 않으며, 이와 같이 관리인은 계약의 인수(adopt) 또는 거절(repudiate)을 선택할 권리가 있다고 판단하는 한편,23) 도산절차의 개시에 의해 채무자의 재산을 인수한 관리인은 채무자가 체결한 계약의 이행 여부를 선택할 수 있도록 합리적인 시간을 부여받을 권리가 있다고 하였다.24) 한편 위 연방대법원의 판결이 있기 이전 미국의 각급 법원에서 영국의 *Copeland v. Stephens* 사건을 인용한 예가 있는데,25) 당시 미국의 법원은 *Copeland v. Stephens* 사건과 그 이후 이루어진 논의로부터 많은 영향을 받았던 것으로 보인다.

1938년 개정된 도산법(Chandler Act)에서는 현행법과 같이 계약의 인수를 뜻하는 'assume'이라는 용어와 거절을 뜻하는 'reject'라는 용어를 사용하여 관리인의 미이행 계약에 대한 선택권을 최초로 규정하였다(제70조b).26) 그리고 현행 도산법인 1978년 도산법에서 현재와 같은 형태의 제365조를 규정하였으며, 이후 특히 1994년과 2005년 법 개정을 통해 보다 세부적인 내용들을 보완하였다.27)

---

23) *United States Trust Co. v. Wabash W. Ry.*, 150 U.S. 287, 299-300(1893).

24) *Sunflower Oil Co. v. Wilson*, 142 U.S. 313(1892).

25) *Martin v. Black*, 9 Paige Ch. 641, 642(N.Y. 1842); *Journeay v. Brackley*, 1 Hilt. 447, 453-54(N.Y. Ct. C.P. 1857); *Horwitz v. Davis*, 16 Md. 313, 317(1860).

26) Andrew(주 11), p.861. 한편 James McLaughlin, "Amendment of the Bankruptcy Act", 40 Harv. L. Rev. 583(1927), p.605 이하에 따르면, 1938년 도산법 개정 작업에 참여한 McLaughlin은 그 이전부터 판례에 의해 형성된 미이행 계약에 대한 관리인의 선택권에 관한 법리를 명문의 규정으로 입법하여야 하며 매우 상세하게 구성할 것을 주장하였다.

27) Charles Jordan Tabb, The Law of Bankruptcy(2nd ed.), Foundation Press, 2009, p.802.

미국 도산법에서는 미이행 계약에 관한 구체적인 정의 규정을 두고 있지 않다. 종래 도산법 개정 과정에서 미이행 계약이란 일반적으로 양 당사자가 일정 범위에서 부담하는 이행이 남아 있는 계약을 포함한 의미라는 논의가 이루어진 적은 있으나,[28] 정의 규정을 명문화하지는 않았다.

한편 미이행 계약이 쌍무계약일 것을 요하는지 여부와 관련하여, 미이행 계약에서 계약의 본질은 쌍방이 개입되어 있다는 것(bilateral involvement)에 있다고 판단한 사례가 있다.[29] 이는 미이행 계약에서 계약이란 쌍방계약(bilateral contract), 즉 양 당사자가 서로 약속을 함으로써 성립하는 계약으로서 각 당사자가 모두 약속자인 동시에 수약자인 계약을 의미한 것으로 해석된다.[30] 미국 도산법에서 "쌍방"이라는 용어를 명시적으로 사용하는 것은 아니지만 미국 도산법상 미이행 계약이란 쌍방계약을 의미한다는 점에 관하여 별다른 이견은 없어 보인다. 이하에서는 미이행 계약의 개념 요건 중 특히 논란이 된 미이행 (executory)이란 무엇을 의미하는지를 중심으로 논한다.

2. 학설 및 판례상의 논의

가. 논의의 배경

계약이 미이행 상태인 경우에만 관리인이 당해 계약의 인수(assumption) 또는 거절(rejection)을 선택할 수 있으며, 이행이 완료된 계약은 그 상태로 도산재단에 편입되고 채무자에 대한 도산절차의 진행으로 인

---

28) United States House of Representatives, "Bankruptcy Reform Act of 1978", H.R. Rep. No. 595, 95th Cong. 1st Sess., 1977, p.347.

29) In re Matter of Smith Jones, Inc., 26 B.R. 289(Bankr. Minn. 1982).

30) 엄동섭, 미국계약법 I, 법영사, 2010, 9면.

해 어떠한 영향도 받지 않는다(이에 관하여 보다 상세하게는 아래 'Ⅱ'항에서 논한다). 따라서 채무자에 대한 도산절차가 개시되는 경우 어느 계약이 미이행 상태에 해당하는지 여부는 도산재단의 구성과 관련하여 매우 중요한 문제이다. 그럼에도 불구하고 미국 도산법상 미이행 계약에 관한 구체적인 정의 규정이 존재하지 않기 때문에 미이행 계약에서 미이행(executory)이라는 개념이 과연 무엇을 의미하는지에 관하여 많은 논란이 있었다.

일반적인 관념에 기초해 용어의 의미를 이해한다면, 미이행이란 당사자들이 계약상 상대방에 대하여 부담하는 각자의 의무를 전부 이행하지 않은 상태를 의미하므로 각 당사자의 의무 중 일부라도 이행하지 않은 부분이 있다면 이러한 계약은 미이행 계약에 해당한다고 해석할 수 있을 것이다. 그런데 미국의 법원은 통상적인 이해와는 달리 당사자들이 채무자에 대한 도산절차개시 전에 계약상의 의무를 모두 이행하지 않은 것으로 볼 수 있음에도 불구하고 문제된 계약의 이행이 완료된 상태이므로 관리인이 인수 또는 거절의 선택권을 행사할 수 없다고 판단한 사례가 있었고,31) 이 때문에 미국 도산법 제365조에서 규정하는 미이행 계약이 무엇을 의미하는가에 대한 논란이 더욱 가중되었다.32)

학자들 사이에서는 실체법상 계약의 효력이 도산법에서 어떻게 변형되는가와 그 근거를 중심으로 미이행 계약에 관한 논의가 이루어지고 있는 것으로 보인다. 계약이 미이행된 경우 파산절차에서 이를 해제된 것으로 또는 존속하는 것으로 다룰 것인지, 그 선택권은 관리인과 상대방 중 누구에게 있는 것인지, 관리인의 선택권 행사에 대하여는 제한이

---

31) *Matter of New York Investors Mutual Group,* 143 F.Supp. 51(S.D.N.Y. 1956); *Matter of Philadelphia Penn Worsted Company,* 278 F.2d 661(3d Cir. 1960); *Gulf Petroleum, S. A. v. Collazo,* 316 F.2d 257(1st Cir. 1963).

32) Elizabeth Warren/Jay Lawrence Westbrook, The Law of Debtors and Creditors(6th ed.), Aspen Publishers, 2008, p.535.

있는지 혹은 어느 정도 존중되는 것인지, 계약에서 미리 당사자 일방이 파산신청을 하는 경우 계약은 자동해제된 것으로 본다는 이른바 'Ipso Facto' 조항을 둔 경우 그 효력을 인정할 것인지 및 미이행 계약에 관한 조항이 적용되지 아니하는 계약은 무엇인지 등에 관한 논의 등이 그러하다.33) 이하에서는 미이행 계약의 개념 및 요건과 관련하여 주목할 만한 학설과 판결례를 살펴본다.

나. Vern Countryman의 '중대한 위반 기준'

미이행 계약의 개념을 둘러싼 논란이 계속되던 상황에서 Vern Countryman(이하 'Countryman')은 1973년에 발표한 논문을 통해 미이행 계약에 관한 새로운 정의를 제시한다.34) 그 때부터 현재까지 미국에서는 Countryman의 정의가 가장 많은 지지를 얻어 널리 인용되고 있는 것으로 보인다.

Countryman에 따르면 미이행 계약이란 도산한 채무자와 상대방의 채무가 모두 이행되지 않은 계약으로서 어느 당사자가 의무를 전부 이행하지 않는 것이 상대방 당사자의 의무를 면제시킬 수 있을 정도로 중대한 위반을 구성하는 계약을 의미한다.35) 여기서 가장 중요한 요건은 어느 당사자의 계약상 의무 불이행이 중대한 것인지 여부인바, 미국에서는 Countryman의 정의를 통상 '중대한 위반 기준(material breach test)'이라고 칭한다.36) 미이행 계약이란 양 당사자가 본질적인 범위

---

33) 임치용, "회사정리절차와 쌍무계약", 사법논집 제36집, 법원도서관, 2003, 312면.

34) Vern Countryman, "Executory Contracts in Bankruptcy: Part I ", 57 Minn. L. Rev. 439(1973), p.439.

35) "a contract under which the obligation of both the bankrupt and the other party to the contract are so far unperformed that the failure of either to complete performance would constitute a material breach excusing the performance of the other", 보다 상세하게는 Countryman(주 34), pp.439-460.

(substantial extent)에서 의무의 이행을 완료하지 않은 계약을 의미한다고 설명하기도 하는데, 이 역시 '중대한 위반 기준'을 전제한 것이다.[37] 우리나라에서는 Countryman의 정의를 도산한 채무자와 상대방의 계약상 의무가 모두 미이행(executory)되어 당사자 중 어느 일방의 불이행이 상대방의 이행을 면하게 하는 중요한 계약위반이 될 정도로 불이행된 (material unperformed duties) 계약을 의미한다고 해석하여 소개하는 견해가 있다.[38]

이후 여러 법원에서 Countryman이 제시한 미이행 계약의 개념을 수용해왔고, 현재까지 '중대한 위반 기준'은 미이행 계약에 관한 분쟁을 해결하는 유용한 판단기준으로 사용되고 있다. 이하에서는 '중대한 위반 기준'을 채택한 대표적 사안인 *In re Rovine Corp.* 사건을 살펴본다.[39]

피고 Rovine Corp.(이하 'Rovine')은 원고 Burger King과 프랜차이즈 계약을 체결하고 상점을 운영하는 업체이다. 원고와 피고가 체결한 프랜차이즈 계약에는 Burger King이 상점 설비 및 기술 등을 제공할 의무, Rovine이 로열티 등 금전을 지급할 의무를 비롯하여 통상적인 프랜차이즈 계약에 포함되는 내용들이 대체로 다 포함되어 있었는데, 특히 Burger King은 Rovine에게 햄버거 제조 및 커팅(cutting) 기술을 제공하는 한편 지명도가 높은 브랜드(brand)를 사용할 것을 허락할 의무가 있

---

36) Warren/Westbrook(주 32), p.537.

37) Thomas H. Jackson, "Translating assets and liabilities to the bankruptcy forum", Corporate Bankruptcy: Economic and Legal Perspectives, Cambridge University Press, 1996, p.70.

38) 정영수, "도산절차상 미이행쌍무계약에 관한 연구", 민사소송 제13권 제2호, 한국민사소송법학회, 2009, 283면.

39) *Burger King Corp. v. Rovine Corp.(In re Rovine Corp.)*, 5 B.R. 402(Bankr. W.D. Tenn. 1980); *Burger King Corp. v. Rovine Corp.(In re Rovine Corp.)*, 6 B.R. 661(Bankr. W.D. Tenn. 1980). 두 판결은 사실관계가 동일하며, 여기서는 두 판결을 합하여 *In re Rovine Corp.* 사건이라 한다.

고, Rovine은 어떤 이유에서든지 프랜차이즈 계약이 종료된 이후 일정 기간 동안에는 일정 지역 내에서 Burger King과 경쟁하지 않는다(a covenant not to compete with Burger King)는 일종의 경업금지약정을 체결하였다. 그러나 햄버거 상점의 운영 이익에 비해 과도한 로열티를 부담하던 Rovine은 결국 미국 도산법 제11장에 따른 회생절차 (Reorganization)를 신청하였고, 동법 제1107조 a항의 점유를 계속하는 채무자(Debtor in Possession, DIP)로서 채무자인 Rovine이 관리인이 되었다.[40] Rovine은 Burger King이 제시한 로열티 액수가 과도하고 이미 주변에 Burger King과 프랜차이즈 계약을 체결한 다른 업체들이 존재하여 일정 이상의 수익을 낼 수 없기 때문에 Burger King과 체결한 프랜차이즈 계약을 해지하고 독자적으로 햄버거 상점을 운영하기를 원하는 상황이었다.

이에 따라 관리인인 Rovine은 경업금지약정을 포함하고 있는 프랜차이즈 계약의 거절을 선택하였는데, 반면에 Burger King은 프랜차이즈 계약은 이미 이행이 완료된 계약이므로 관리인이 미이행 계약에 대한 선택권을 행사하여 계약을 거절할 수 없다고 주장하였다. 이에 대해 법원은 "중대한 위반 기준"에 따를 때 프랜차이즈 계약상 ① Rovine은 Burger King에 대해 로열티 지급 의무 등을 부담하고 있어 아직 이행이

---

40) 미국 도산법 제1107조 a항에 따르면 법원이 별도로 관리인(trustee)을 선임하지 않는 한 채무자인 회사 자신이 관리인의 지위를 갖는데(DIP), 이에 관하여는 Tabb(주 27), pp.1053-1054 참조. 우리나라 채무자회생법에서는 일정한 예외 사유에 해당하지 않는 한 채무자의 대표자를 관리인으로 선임하여야 한다는 기존 경영자 관리인제도를 규정하고 있는데(제74조 제2항), 미국 도산법과는 달리 채무자 회사 자체가 아니라 채무자의 대표자를 관리인으로 선임한다는 점에서 차이가 있다. 이에 관하여는 김재형, "관리인제도의 개선방안에 관한 검토-미국의 DIP제도의 수용문제-", BFL 제9호, 서울대학교 금융법센터, 2005, 25면; 유해용, "기존 경영자 관리인 제도의 明暗", 저스티스 통권 제117호, 한국법학원, 2010, 42면 참조.

완료되지 않은 의무가 남아 있음이 명백한 반면에, ② Burger King은 프랜차이즈 계약에서 정한 시설 제공 및 직원 훈련 등의 의무를 이미 이행한 상태여서 Rovine에 대해 이행이 완료되지 않은 어떤 중대한 의무를 부담하고 있는가를 확정하는 것은 용이하지 않으나, ③ Burger King은 Rovine에 대해 여전히 최신의 햄버거 제조 기술 등을 제공하고 지도할 의무를 부담하고 있다고 볼 수 있고 이러한 의무는 위반시 상대방의 의무이행을 면제할 정도로 중대하므로 당해 프랜차이즈 계약은 미이행 계약에 해당하여 관리인의 거절권 선택은 적법하다고 하였다.

이외에도 다수의 판결례에서 미이행 계약에 해당하는지 여부를 판단하는 기준으로 '중대한 위반 기준'을 채택하였다.41) 또한 비록 법령에서 명문으로 규정하지는 않았지만 현행 미국 도산법의 입법과정에서도 Countryman의 정의를 상당부분 수용하는 등 우호적인 논의가 이루어진 바 있다.42)

다. '중대한 위반 기준'에 대한 비판

(1) 판결례

Countryman의 정의를 수용한 많은 판결례와는 달리, 몇몇 법원은 중대한 위반이라는 개념이 모호하다는 등의 이유로 이를 배척하고 미이행 계약에 해당하는지 여부를 판단하기 위해 다른 기준을 적용한 사례들이 있다.

---

41) '중대한 위반 기준'을 명시적으로 채택한 판결들은 다음과 같다. *Northwest Airlines v. Klinger(In re Knutson)*, 563 F.2d 916, 917(8th Cir. 1977); *Benevides v. Alexander(In re Alexander)*, 670 F.2d 885, 887(9th Cir. 1982); *Counties Contracting and Constr. Co. v. Constitution Life Ins. Co.*, 855 F.2d 1054, 1060(3d Cir. 1988); *Mitchell v. Streets(In re Streets & Beard Farm Partnership)*, 882 F.2d 233, 235(7th Cir. 1989).

42) United States House of Representatives(주 28), p.347.

(가) 의무의 중대성 여부를 기준으로 채택하지 않은 사례

먼저 *In re Jolly* 사건에서 법원은 '중대한 위반 기준'이 매우 유용하기는 하지만, 그 내용이 지나치게 제한적(constraining)이고 정형화(static)된 것이어서 실제로 미이행 계약에 관한 문제를 해결하기에는 미흡하다고 지적하였다.[43] 또한 연방대법원은 *NLRB v. Bildisco* 사건에서 양 당사자가 이행의무를 부담하는 경우에는 아무리 이행의무가 사소한 것일지라도 미이행 계약이 된다고 하였는데,[44] 이 판결에서는 계약 당사자가 부담하는 의무의 중대성을 기준으로 미이행 계약 여부를 판단하는 Countryman의 정의를 명시적으로 배척하였다.

(나) 금전지급의무가 유일한 미이행 의무인지를 기준으로 한 사례

In re Richmond Metal Finishers, Inc. 사건에서 법원은 도산절차개시 당시 채무자가 이행하여야 할 유일한 의무가 금전지급의무라면 비록 상대방 당사자가 의무 이행을 완료하지 않았다고 하더라도 당해 계약은 미이행 계약에 해당하지 않는다고 판단했다(where the only performance remaining by the debtor is the payment of money, there can be no executory contract even if the other side's performance is not completed either).[45] 즉, 당사자 사이에 금전지급의무만이 남아 있는 상태라면 이는 계약이 미이행 상태에 있다고 볼 수 없다는 것이다.

In re Oxford Royal Mushroom Products, Inc. 사건에서는 미이행 계약이란 금전의 지급을 제외하고 어느 당사자가 계약에 따른 본질적인 이행을 할 필요가 있는 것이라고 하였다.[46] 이 사안에서는 입법 연혁상 어음상의 의무(an obligation on a note)가 항상 미이행 계약인 것은 아니라

---

43) *Chattanooga Memorial Park v. Still(In re Jolly)*, 574 F.2d 349(6th Cir. 1978).

44) *NLRB v. Bildisco*, 465 U.S. 513(1984).

45) *Lubrizol Enterprises v. Richmond Metal Finishers(In re Richmond Metal Finishers, Inc.)*, 756 F.2d 1043(4th Cir. 1985).

46) *In re Oxford Royal Mushroom Products, Inc.*, 45 B.R. 792(Bankr. Pa. 1985).

상 근거를 들고 있는데

는 근거를 들고 있는데, 이에 대해서는 어음상 채무를 부담하는 자가 더 이상 이행할 의무가 존재하지 않아 어음계약이 미이행 계약이 아니라는 것과 금전지급의무만이 남아 있는 경우는 아무런 관계가 없으므로, 채무자의 금전지급의무가 남아 있다면 이는 미이행 계약이 될 수 있다는 비판이 있다.[47] 이러한 비판에도 불구하고 Countryman의 견해에 찬동하되 여전히 위 판결 사안과 같이 오직 금전을 지급할 의무만이 남아 있는 계약은 미이행 계약이 아니라고 보는 견해가 있다.[48]

(다) 도산재단에 부담을 주는지 여부를 기준으로 한 사례

In re Booth 사건에서 법원은 미이행 상태인 계약의 특성에 비추어 당해 계약이 도산재단에 이익(benefit)이 되는지 여부를 기준으로 미이행 계약에 해당하는지를 판단하였다.[49] 또한 *In re Arrow Air, Inc.* 사건의 경우 법원은 채무자에게 실질적으로 부담을 주는 계약은 미이행 계약으로서 채무자가 거절할 수 있다고 해석하였다.[50] 이러한 입장은 계약의 미이행성을 판단하기보다는 채무자가 도산절차개시 전에 체결한 계약이 도산재단에 이익이 되는지를 기준으로 미이행 계약에 해당하는지 여부를 판단한다는 점에서 선택권 행사로 인한 경제적 효과를 강조하는 학자들의 견해와 유사해 보인다.

(2) 기능적 분석론

Jay Lawrence Westbrook(이하 'Westbrook')은 1989년에 발표한 논문에서 Countryman의 '중대한 위반 기준'이 미이행 계약에 관한 논의를

---

47) Barry E. Adler/Douglas G. Baird/Thomas H. Jackson, Cases, Problems, and Materials on Bankruptcy(4th ed.), Foundation Press, 2007, p.225.

48) Quittner A(주 9), p.953.

49) *In re Booth*, 19 B.R. 53(Bankr. D. Utah 1982).

50) *Arrow Air v. The Port Authority of New York and New Jersey(In re Arrow Air, Inc.)*, 60 B.R. 117(Bankr. S.D.Fla.1986).

정리하여 일응의 지침을 제공하고 그로 인해 법원에서 다수의 복잡한 사안들을 해결할 수 있게 되었다는 점에서 의의가 있으나, 그 기준이 매우 추상적이고 배타적이어서 미이행 계약의 개념을 충분히 인식할 수 없다고 비판한다.[51]

Westbrook은 우선 관리인이 미이행 계약을 인수(assume)하거나 거절(reject)할 수 있는 권한(power)을 갖는 것은 도산법상 특별한 법리가 존재하기 때문이 아니라고 한다. 본래 실체법상 계약의 당사자는 계약을 이행(perform)하거나 위반(breach)할 수 있는데, 관리인이 갖는 미이행 계약에 대한 이행 여부의 선택권은 이러한 실체법상의 계약 이행 내지 위반과 다를 것이 없고 이러한 권리는 채무자가 도산절차개시 이전부터 가지고 있던 권한에서 유래한 것이기 때문이다.[52] 입법 연혁적인 측면에서 보더라도 미이행 계약이란 당사자가 이행할 무언가가 남아 있는 것, 즉 'some performance due'라는 포괄적인 개념으로 논의되어 온 것이라고 한다.

이와 같이 관리인의 미이행 계약에 대한 선택권은 특별한 것이 아니므로, Westbrook은 관리인이 선택권을 행사하기 위한 전제조건으로 미이행 계약의 개념을 정하고 그 요건을 정형화하는 것은 불필요하다고 한다. 따라서 미이행 계약의 개념과 요건을 특정하려는 Countryman의 '중대한 위반 기준'은 타당하지 않다고 한다. 특히 Westbrook에 따르면,

51) 이하의 내용은 Jay Lawrence Westbrook, "A Functional Analysis of Executory Contracts", 74 Minn. L. Rev. 227(1989), pp.228-338 참조.

52) Andrew(주 11), p.845 이하에서는 종래 미이행 계약에 관한 논의 및 '중대한 위반 기준'의 문제점을 지적하면서 미이행 계약의 거절은 계약 위반에 해당하지 않는다고 주장하였다. Westbrook은 그의 논문(주 51)에서 Andrew의 위 견해에 일부 동의하면서도 미이행 계약의 거절이라는 개념 자체를 비판하였는데, Andrew는 다시 Westbrook의 견해를 반박하는 논문을 발표하였다. 이에 관하여는 Michael T. Andrew, "Executory Contracts Revisited: A Reply to Professor Westbrook", 62 U. Colo. L. Rev. 1(1991) 참조.

굳이 미이행(executoriness)의 요건을 특정하지 않더라도, 관리인은 도
산법상의 중요한 원칙인 채권자 평등(equity) 및 비례적 배분(pro rata
distribution)의 원칙, 부인권(avoiding power) 및 채무면제(discharge)의
효력 등을 종합적으로 고려하여 계약의 이행 여부를 신중하게 선택하게
될 것이며, 도산법에서는 그로 인한 선택의 효과만을 다루면 족하다고
본다.

이와 같은 Westbrook의 견해를 통상 기능적 분석론(the Functional
Analysis)이라고 하는데, Countryman의 견해보다 좀 더 유연한 측면이
있다. 가령 '중대한 위반 기준'에 의할 때는 미이행 계약의 요건을 충족
하지 못하는 경우라고 하더라도 Westbrook의 견해에서는 관리인의 선
택권 행사의 대상인 계약에 해당할 수 있다.

앞서 '중대한 위반 기준'을 채택한 대표적인 예로 *In re Rovine Corp.*
사건을 살펴보았다. 그런데 Westbrook은 이 사건을 예로 들면서 관리인
의 거절권 행사를 인정한 판결의 결론에는 동의하나, '중대한 위반 기준'
을 적용하여 Burger King이 Rovine에게 최신의 햄버거 제조기술 등을
제공하여야 할 의무가 중대한 의무이기 때문에 당해 프랜차이즈 계약이
미이행 계약에 해당한다고 판단한 것은 잘못이라고 비판한다.[53] West-
brook의 기능적 접근론에 따르면 *In re Rovine Corp.* 사건의 경우 미이행
계약에 대한 관리인의 선택권 행사를 인정하기 위해 당사자가 이행을
완료하지 않은 의무가 무엇인지를 특정하고자 할 것이 아니라 그 중대
성 여부를 막론하고 당사자들 간에 어떠한 법률관계가 존재한다면 이는
미이행 계약에 해당하고, 관리인은 여러 사정들을 종합적으로 고려하여
도산재단에 편입된 프랜차이즈 계약의 이행 또는 거절을 선택하면 될
뿐이기 때문이다.

한편 Westbrook은 1989년에 위 논문을 발표한 이후에도 계속해서

---

53) Westbrook(주 51), pp.299-302.

기능적 접근론을 견지하는 한편 그 논리를 확장하여 워런트(warrant) 계약의 일종인 옵션(option) 계약을 예로 들어 '중대한 위반 기준'을 비판하기도 한다.[54] '중대한 위반 기준'에 따르면 옵션 계약은 미이행 계약에 해당하지 않는다. 옵션 계약에서 옵션제공자(optionor)는 상대방의 옵션행사를 수용할 의무가 있는 반면, 옵션수령자(optionee)는 계약에서 정한 바에 따라 옵션을 행사할 권리를 가지고 있을 뿐 옵션을 행사하여야 할 법적 의무는 없기 때문이다. 옵션수령자가 옵션을 행사하지 않을 경우 이는 옵션 행사시 양 당사자가 부담하는 의무의 발생을 위한 조건이 성취되지 않은 것에 불과하며 옵션제공자의 이행 의무를 면제시킬 정도로 옵션수령자가 중대하게 의무를 위반한 경우에 해당하지 않는다. 그러므로 '중대한 위반 기준'을 그대로 적용한다면 옵션 계약은 미이행 계약에 해당하지 않고 그 결과 관리인은 옵션 계약의 인수 또는 거절을 선택할 수 없게 된다.

그럼에도 불구하고 Countryman의 '중대한 위반 기준'을 근거로 하여 옵션 계약은 미국 도산법 제365조에서 규정한 미이행 계약에 해당한다고 본 법원의 판결례들이 존재하는데, Westbrook은 이 판결들이 결론적으로는 타당하지만 그 근거는 잘못되었다고 비판한다. 당사자가 이행하여야 할 무언가가 남아 있는지를 기준으로 하는 'some performance due'에 따를 때, 각 당사자가 상대방의 의무이행에 따른 이익을 얻기 위하여 권리를 행사하여야 하거나 그 권리 행사를 통한 조건의 성취로 말미암아 자신의 의무를 이행하여야 하는 상황이라면 당해 계약은 미이행 계약에 해당한다. 그러므로 각 당사자가 계약상의 이익을 획득하기 위하여 각자의 권리 및 의무를 이행하여야 하고 그러한 권리 및 의무가 남아 있는 한 옵션 계약은 미이행 계약이라고 한다.[55]

---

54) 이하의 내용은 Warren/Westbrook(주 32), pp.541-543 참조.
55) 여기서 논의하는 옵션 계약이 문제된 사안은 *In re Riodizio, Inc.*, 204 B.R. 417 (Bankr. S.D.N.Y. 1997). 이 판결은 채무자인 Riodizio, Inc.가 채권자인 Riodizio

결론적으로 Westbrook은 미이행 계약의 개념 요건을 미리 정하고 그 요건에 해당할 경우에만 미이행 계약이라고 볼 것이 아니라 관리인이 도산절차개시 이전에 채무자가 체결한 계약을 인수할 것인지 아니면 계약을 위반할 것인지를 선택할 수 있으면 되므로, 미국 도산법 제365조 등에서 규정한 미이행(executoriness) 요건은 불필요하다고 주장한다.56) Countryman이 중대한 위반을 판단기준으로 삼은 것과는 달리, Westbrook은 미이행 계약의 요건이나 판단기준 자체를 특정하지 않고 도산절차개시 당시 도산재단에 편입된 계약이라면 모두 관리인의 선택권 행사 대상에 해당하고, 관리인은 계약상의 권리 관계와 그 밖에 도산법상의 여러 기본 원칙들을 고려하여 선택권을 행사하는 것이 타당하다고 한다.

실제로 이와 같은 Westbrook의 견해를 입법화하려는 시도가 있었다. 1997년 미국 도산심사위원회(National Bankruptcy Review Commission)는 Westbrook의 기능적 분석론을 채택하여 미국 도산법 제365조에서 관리인의 선택권 행사의 전제가 되는 미이행 요건을 삭제할 것을 건의하였으나, 법 개정시 이러한 주장이 채택되지는 않았다.57)

(3) 경제적 효과론

이는 계약이 미이행 상태(executory)인지 여부, 즉 이행을 완료하지 않은 상태가 무엇을 의미하는지 라는 개념과 요건은 고려하지 않고, 관리인이 당해 계약을 인수하거나 거절하는 것이 도산재단에 이익이 되는

Company, LLC.로부터 금원을 차용하고 부동산을 임차하는 계약을 체결하면서 채무자가 채권자에게 향후 25년 동안 채무자가 발행한 주식 총수의 약 60%에 상당하는 주식의 전부 또는 일부를 1주당 1달러에 매수할 수 있는 권리를 부여히였는데, 채무지에 대해 도산절차가 개시되자 관리인이 위 옵션 계약이 미이행 계약에 해당한다는 이유로 거절할 수 있는지 여부 등이 문제된 사안이다.

56) Westbrook(주 51), pp.281-285.

57) National Bankruptcy Review Commission, Bankruptcy: The Next Twenty Years(Final Report), 1997, p.21; Tabb(주 27), p.807.

지 또는 채무자의 효율적인 회생에 도움이 되는지를 기준으로 하여 미이행 계약 해당 여부를 결정하여야 한다고 보는 견해이다(경제적 효과론, the Economic Effect).[58] 이 견해에서는 Countryman의 정의에서 말하는 중대한 위반이라는 요건이 모호하여 구체적인 사례 해결이 곤란하다고 비판하면서 미이행 계약, 즉 이행을 완료하지 않은 상태인지 여부는 문제삼지 않는다. 즉, 관리인이 선택권을 행사한 결과가 도산재단에 이익이 되는 계약이라면 당해 계약은 미이행 계약에 해당하는데, 이 기준을 채택한 판결도 있다.[59]

그러나 이와 같은 입장은 Countryman의 정의가 불분명한 측면이 있다는 한계를 지적하고 나아가 분쟁 해결시 도산재단에 이익이 되는지 여부가 사실상의 고려사유가 될 수 있다는 점에서 의의가 있지만, 전적으로 타당하다고 보기는 어려울 것이다.[60] 미국 도산법 제365조에서 명시적으로 미이행을 요건으로 정하고 있는 이상 양 당사자의 의무 이행이 완료되었는지를 전혀 문제 삼지 않은 채 도산재단에 이익이 되는지 여부만을 기준으로 적용할 수는 없기 때문이다. 당해 계약이 미이행 계약에 해당하는지 여부를 먼저 판단하여 미이행 상태임이 인정될 경우에 관리인이 당해 계약을 인수할 것인지 아니면 거절할 것인지를 결정하는 것이 타당하므로, 도산재단에 이익이 되는가라는 결과를 잣대로 하여 미이행 계약에 해당하는지 여부를 판단한다는 것은 논리적인 선후가 뒤바뀌는 문제가 있다고 생각한다. 그러므로 이 견해는 성문법상의 미이행이라는 요건을 정면으로 무시하는 것이어서 채택하기 어렵다.[61]

---

58) Frank R. Lacy, "Land Sale Contracts in Bankruptcy", 21 UCLA L. Rev. 477(1973), p.482; James J. White/Raymond T. Nimmer, Bankruptcy: Cases and Materials(3rd ed.), West Publishing Co., 1996, pp.225-226.

59) *Sipes v. Atlantic Gulf Communities Corp.(In re General Development Corp.)*, 84 F.3d 1364, 1375(11th Cir. 1996).

60) Warren/Westbrook(주 32), p.540.

61) *In re Child World, Inc.*, 147 B.R. 847, 851(Bankr. S.D.N.Y. 1992).

II. 미이행 계약의 취급

1. 미이행 계약의 인수 또는 거절

미국 도산법에서는 제365조에서 미이행 계약(executory contract)에 관한 일반적인 사항을 규정하고 있으며,[62] 제744조에서는 증권중개인(Stockbroker)의 파산(Liquidation)과 관련하여 미이행 계약의 처리에 관한 특칙을 두고 있다. 그리고 연방도산절차규칙(Federal Rules of Bank-ruptcy Procedure) Rule 6006에서는 관리인(trustee)의 이행인수(assump-tion), 거절(rejection) 또는 양도(assignment)에 관한 구체적인 절차 등을 규정하고 있다. 이하에서는 미국 도산법상 미이행 계약에 관한 일반조항인 제365조를 중심으로 살펴본다.

미국 도산법에 따르면 관리인은 법원의 허가를 얻어 미이행 계약의 이행을 인수하거나 거절할 수 있으며(제365조 a항), 미이행 계약의 이행을 거절하는 것은 계약의 위반(breach)에 해당한다(제365조 g항). 여기서 계약의 이행을 거절한다는 것은 계약을 해제(terminate), 취소(cancel), 철회(rescind)하거나 계약상의 어떤 책임을 회피(avoid)하기 위한 특별한 권리(special power)가 아니라, 단지 계약의 이행을 인수하지 않는다는 것(not to assume)을 의미한다.[63] 그리고 이행의 거절에는 처음에 이행을 인수했다가 후에 다시 이를 거절하는 경우도 포함된다(제365조 g항 2호). 관리인이 선택권을 행사하기 위해서는 반드시 법원의 허가를 받아야 하는데(제365조 a항), 미국의 법원은 예외적인 경우를 제외하고 대체로 관리인의 선택권 행사를 허가하고 있다.[64]

---

62) 동조에서는 또한 기간이 만료되지 않은 리스(unexpired lease)에 관하여도 규율하고 있다.

63) Tabb(주 27), p.818.

64) Epstein D. G./Nickles S. H./White J. J., Bankruptcy, Westpublishing, 1993, p.244.

제365조 b항 1호에서는 미이행 계약의 인수를 선택하기 위한 요건 등에 관하여 정하고 있다. 이에 따르면 원칙적으로 미이행 계약이 채무 불이행 상태에 있는 경우(default), 관리인은 채무불이행 상태를 치유 (cure)하거나 채무불이행이 신속하게 치유될 수 있다는 적절한 보장 (adequate assurance)을 제공하고, 채무불이행으로 인해 발생한 모든 손해를 배상하거나 신속하게 배상할 것이라는 적절한 보장을 제공하며, 장래 계약이 적절히 이행될 것이라는 보장을 제공하여야만 미이행 계약의 이행을 선택할 수 있다.

여기서 적절한 보장이 구체적으로 무엇을 의미하는지가 문제이다. 미국 도산법에서는 적절한 보장의 개념과 요건 등에 관하여 명시적인 규정을 두고 있지 않은데, 이는 결국 의회가 적절한 보장에 대한 개념 정의를 법원에 맡긴 것이라고 설명하기도 한다.[65] 제365조를 입법할 당시의 논의에 따르면 적절한 보장이란 관리인의 계약상 의무 이행을 통해 상대방이 그 거래의 완전한 이익(the full benefit of the bargain)을 얻을 수 있도록 보장함을 의도한 것으로 보인다.[66] 해석론상으로는 적절한 보장은 실제적(practical)이고 실용적(pragmatic)인 내용으로 구성되어야 하며, 적절한 보장에 해당하는지 여부는 실질적인 조건(factual condition)에 의해 결정되어야 한다고 본다.[67]

한편 제365조 c항에서는 그 특성상 관리인이 이행을 인수하거나 제3자에게 계약을 양도할 수 없는 계약 유형을 열거하고 있다. 구체적으로는 ① 계약상 권리의 양도가 제한 또는 금지되는지 여부를 불문하고, 준거법(applicable law)상 계약 상대방이 채무자 이외의 자에 대하여 이행

---

65) Don Fogel, "Executory Contracts and Unexpired Leases in the Bankruptcy Code", 64 Minn. L. Rev. 341(1980), p.359.

66) United States House of Representatives(주 28), 348.

67) Margaret Howard, Bankruptcy: Cases and Materials(3rd. ed.), Thomson West, 2004, p.586.

을 하지 않을 수 있거나 채무자 이외의 자가 이행하는 것을 수령하지 않을 수 있는데 계약 상대방이 계약의 이행 인수 또는 양도에 동의하지 않는 경우, ② 채무자에 대해 또는 채무자의 이익을 위한 대출계약(loan), 그 밖에 채무자에게 금융(financing)을 제공하거나 금융상의 편의(financial accommodations)를 확장시키는 계약, 또는 채무자의 증권(security)을 발행하는 계약, ③ 구제명령(the order for relief) 이전에 도산법 이외의 실체법에 따라 종료된 비거주용 부동산(nonresidential real property)에 관한 임대차계약이 이에 해당한다.

앞서 본 관리인이 이행을 인수할 수 없는 계약 유형 중 '①'의 경우는 계약관계의 특성상 특정인의 의무이행이 중시되는 경우를 의미하는 것으로 보이는데, 예를 들면 채무자가 노무를 제공하기로 한 계약을 체결한 경우에는 상대방이 동의하지 않는 이상 관리인이 그 계약의 이행을 선택하거나 제3자에게 계약을 양도할 수 없다는 것이다.[68] '③'의 경우와 관련하여서는 이는 이미 종료된 계약이지 미이행 계약이 아니므로 이와 같은 규정을 둔 것은 적절치 않다는 지적이 있다.[69]

2. 선택권 행사의 효과

가. 계약을 인수한 경우

관리인이 계약의 이행을 인수하면 도산재단(bankruptcy estate)이 계약의 당사자가 되고 채무자는 더 이상 계약의 당사자가 아니다. 그 결과 상대방의 의무 이행에 따른 계약상의 이익이 전부 도산재단에 귀속되는 한편 도산재단은 계약 상대방에 대하여 계약에서 정한 채무자의 의무를

---

68) 윤영신, 미국의 도산법(연구보고 98-3), 한국법제연구원, 1998, 97면.
69) 윤영신(주 68), 97면.

모두 이행하여야 한다.[70] 계약 상대방의 입장에서 본다면 계약의 인수를 통해 계약의 당사자가 된 도산재단에 대해 계약상의 의무 이행을 구할 수 있다는 의미이다.

미국 도산법에서는 담보부채권(secured claim)과 무담보채권(unsecured claim)을 구분하고 있으며, 담보부채권은 무담보채권에 우선한다 (제506조). 그리고 무담보채권은 그 유형을 세분화하여 순위를 정하고 그에 따라 변제받도록 규정하고 있다(제507조). 관리인이 계약을 인수함에 따라 계약 상대방이 도산재단에 대하여 갖는 채권은 관리비용채권 (administrative expense claim)에 해당한다(제503조 b항 1호 및 7호).[71] 관리비용채권은 무담보채권 중 우선권(priority)을 갖는 채권에 속하며, 이와 같은 우선채권 중에서도 가장 선순위의 채권으로 취급된다(제507조 a항 1호).

나. 계약의 이행을 거절한 경우

관리인이 계약의 이행을 거절하면 도산재단은 당해 계약을 이행할 의무가 없다. 관리인이 미이행 계약의 이행을 거절함으로 인하여 발생하는 상대방의 청구권은 마치 그러한 청구권이 도산절차개시 신청일 이전에 발생한 경우와 동일하게 취급된다(제502조 g항 1호). 이는 관리인이 이행을 거절한 경우 상대방은 우선권 없는 일반의 무담보채권자로서 권리를 행사한다는 의미이다.[72]

---

70) Tabb(주 27), p.845.

71) *Nostas Associates v. Bernard W. Costich(In re Klein Sleep Products, Inc.)*, 78 F.3d 18, 27-28(2nd Cir. 1996).

72) Tabb(주 27), p.819.

3. 미이행 계약의 양도

미국 도산법에서는 미이행 계약 이행의 인수 또는 거절 이외에 미이행 계약을 제3자에게 양도(assign)할 수 있는 권리를 인정하고 있다. 제365조 f항에 따르면 제365조 b항과 c항에서 정하는 바를 제외하고, 관리인은 미이행 계약이나 다른 법률상 미이행 계약의 양도를 금지하거나 제한하는 규정이 있다고 하더라도 이와 상관없이 관리인은 일정한 요건 하에서 미이행 계약을 제3자에게 양도할 수 있다. 관리인이 제3자에게 계약을 양도하려면 먼저 계약의 이행을 선택하여야 하는데, 제365조 b항은 미이행 계약에 채무불이행이 있는 경우 일정한 요건이 충족되지 않는 한 이행을 선택할 수 없다는 것에 관한 내용이고, 제365조 c항은 이행의 선택이나 계약의 양도가 불가능한 계약에 관한 조항이다. 따라서 제365조 b항과 c항에 규정된 사항에 대하여는 제365조 f항이 적용될 수 없다.

제365조 f항에 따라 관리인이 계약을 양도하기 위해서는 ① 관리인은 먼저 미이행 계약의 이행을 인수하여야 하고, ② 미이행 계약에 채무불이행이 발생하였는지 여부와 관계 없이 양수인은 미이행 계약의 장래 이행(future performance)에 대하여 적절한 보장(adequate assurance)을 하여야 한다는 요건이 충족되어야 한다. 여기서 장래 이행에 대한 적절한 보장의 의미에 대하여는 별도로 규정하는 바가 없는데, 제365조 f항의 적절한 보장은 앞서 '1'항에서 논한 제365조 b항 1호의 적절한 보장과 동일하게 해석할 수 있다.[73] 실제로 미국에서는 관리인이 계약을 양도하는 경우 양수인이 제공하는 보장이 제365조 f항에 부합하는 것인지 여부가 다투어지고 있다. 적절한 보장에 해당하는지가 문제된 *In re Pin Oaks Apartments* 사건의 경우 법원은 임대차계약에서 차임액에 관한

---

73) Fogel(주 65), p.362.

조항을 변경하는 내용의 보장과 관련하여서는 당사자가 금전지급의무를 이행할 수 있는 능력이 있는지 등을 고려하여야 한다고 하였으며,74) *In re Lafayette Radio Electronics Corp.* 사건에서도 양수인의 재무 상태 및 양수인이 계약상의 재정적(financial) 의무를 전부 이행할 능력이 있는지를 기준으로 하여야 한다고 보았다.75) 이러한 법원의 판단은 미국 통일상법전(Uniform Commercial Code) 제2-609조에서 규정한 적절한 보장에 해당하는지를 판단함에 있어서 계약 당사자의 재무 상태와 재정적 의무를 충족시킬 수 있는 능력을 기준으로 하는 해석론이 반영된 것으로 보인다.76)

이와 같이 양수인으로 하여금 적절한 보장을 제공할 의무를 부여하는 이유는 계약 상대방을 보호하기 위함이다. 즉, 관리인이 미이행 계약을 양도한 이후에는 관리인과 도산재단은 계약의 양도 이후에 발생하는 계약 위반에 대한 책임에서 면제되기 때문에(제365조 k항), 계약 상대방을 보호하기 위한 요건을 규정한 것이다. 양수인은 관리인이 계약을 양도한 때로부터 계약에 따른 모든 의무를 부담한다. 이와 같은 양수인의 의무와 책임에 관하여 법에서 명시적으로 규정한 것은 아니나, 계약의 양도 이후 관리인과 도산재단의 책임을 면제하는 제365조 k항 및 계약법의 원칙에 따른 당연한 결과이다.77)

관리인의 계약 양도를 이유로 상대방이 계약을 해제하거나 변경할 수 있도록 정한 계약 조항은 효력이 없다(제365조 f항 3호). 한편 전대차(sublease)는 제365조 f항에서 규정한 계약의 양도에 해당하지 않으므로, 관리인이 계약을 인수하고 제3자에게 전대차하는 경우 제365조 f항에서 정한 계약의 양도에 관한 요건은 적용되지 않으며 전대차 이후에

---

74) *In re Pin Oaks Apartments*, 7 B.R. 364(Bankr. Tex. 1980).

75) *In re Lafayette Radio Electronics Corp.*, 9 B.R. 993(Bankr. N.Y. 1981).

76) Howard(주 67), p.586.

77) Tabb(주 27), p.863.

도 도산재단은 계약상의 모든 책임을 부담한다.[78]

정리하면, 미국 도산법상 관리인은 미이행 계약의 이행을 인수하거나 거절하거나 또는 이행을 인수한 후 이를 제3자에게 양도할 수 있는 권리가 있다. 하지만 도산절차에서 관리인이 계약을 해제(termination)할 수는 없다고 해석되며, 이는 우리나라 채무자회생법과 확연히 다른 점이다.

---

78) Tabb(주 29), p.864.

제4절 독일

Ⅰ. 독일 도산법의 연혁 및 특징

독일은 기존에 구 서독지역에서 적용되던 파산법(Konkursordnung) 및 화의법(Vergleichsordnung)과 독일의 통일 이후 동독지역에서 적용 되었던 포괄집행법(Gesamtvollstreckungsordnung)을 통합하여 1994년 10월 5일 새로운 도산법(Insolvenzordnung)을 제정하였으며, 이 법은 1999년 1월 1일부터 시행되고 있다.[79] 이후 독일의 도산법은 총 31회에 걸쳐 크고 작은 범위의 개정이 이루어졌으며, 가장 최근에 개정된 법률 은 2012년 12월 5일자로 개정된 법률이다.[80]

1999년 1월 1일부터 시행된 독일 도산법은 기존의 개별법을 통합했 을 뿐만 아니라 새롭게 회사의 재건을 위한 회생절차(Sanierungsver- fahren), 소비자파산절차(Verbraucherinsolvenzverfahren) 및 채무자에 의한 자기관리절차(Eigenverwaltung)를 도입하였다는 점에 의의가 있 다. 이 중 자기관리절차는 채무자가 자신의 재산에 대한 관리권 및 처분 권을 유지한 상태에서 채권자와 채무자간의 합의에 의해 권리 및 의무 내용을 조율할 수 있는 절차라는 점에서 기존의 화의절차와 유사한 면 이 있다(독일 도산법 제270조 제1항).[81]

---

79) 동법의 시행에 관하여는 도산법시행법(Einfürungsgesetz zur Insolvenzordnung vom 5. Oktober 1994)에서 정한다. 독일 도산법의 국문 번역명칭은 최성근, 독 일의 도산법(연구보고 98-1), 한국법제연구원, 1998, 11면 이하 참조.

80) 독일 도산법 제1조 제1문은 "도산절차는 채무자의 재산을 환가, 배당하거나 특 히 도산계획에 회사의 존속을 위한 조항을 두어, 채권자들이 공동의 만족을 얻는 것을 목적으로 한다."고 규정한다. 1999년 1월 1일 이후 이루어진 독일 도 산법의 개정 사항 및 그 주요 내용 등에 관하여는 http://www.rechtliches.de/ info_InsO.html 참조.

한편 1999년에 새로운 도산법이 시행되기 이전까지 독일에서는 파산
절차에서의 재단의 환가나 양도 또는 화의절차를 통해서만 회사의 회생
을 도모할 수 있었으나, 1999년에 새로운 도산법이 시행되면서 회사의
청산 이외에 다른 방식을 예정한 도산계획(Insolvenzplan)을 통해서 회
사의 회생이라는 목적을 달성할 수 있게 되었다.[82] 다만 독일 도산법에
도입된 회생절차의 주된 목적은 채무자의 유지 또는 재건이 아니라 채
권자에게 최대한의 만족을 주기 위한 데에 있다는 특징이 있다.[83] 새로
도입된 회생절차에 관한 내용은 독일 도산법 제6편 제217조 내지 제269
조에서 정하고 있는데, 주요 내용은 다음과 같다.

---

81) FK-InsO/Foltis, Vor § § 270 ff, Rn.2ff.
82) 양형우, "독일 통합도산법에 관한 소고", 법조 제507호, 법조협회, 1998, 240면.
한편 문우식, "기업회생관점에서 본 EU국가의 파산제도 비교", 국제지역연구
제8권, 서울대학교 국제지역원, 1999, 94면에 따르면 1999년에 독일 도산법이
시행되기 이전에는 도산법제에 따른 기업의 구조조정이 매우 어려워 기업들이
법원을 통한 제도적 해결에 의존하는 대신 민간영역에서 구조조정을 시도하는
경우가 많았다고 한다.
83) 최성근(주 79), 12면; Heiko Fialski, "Insolvency Law in the Federal Republic of
Germany", Corporate Bankruptcy and Reorganization Procedures in OECD and
Central and Eastern European Countries, Organisation for Economic Cooperation and
Development(OECD), 1994, p.29. 한편 독일 도산법에서 회생절차를 도입하였음
에도 불구하고 기업들이 법률상의 절차에 따라 회생을 도모하기가 용이하지
않다는 문제점을 개선하는 한편 기업들이 보다 신속하고 효율적으로 재건할
수 있도록 하기 위해 2011년 12월 7일 기업회생촉진법(Gesetz zur weiteren
Erleichterung der Sanierung von Unternehmen)을 제정하고 도산법을 일부 개정하
였다. 기업회생촉진법은 2012년 3월 1일부터 시행되었는데, 동법은 채권자협의
회의 관리인 지명에 대해 구속력을 부여하는 것을 비롯해 도산절차의 진행 과
정에 대한 채권자들의 영향력을 강화하고, 사전적 회생절차를 도입하는 등의
내용을 규정하고 있다는 점에서 그 의의가 매우 크다. 이에 관하여는 Jürgen
Van Kann/Rouven Redeker, "Reform Act on German Insolvency Law: New Oppor-
tunities for Distressed Investors?", Pratt's Journal of Bankruptcy Law vol. 8, 2012,
pp.436-441 참조.

도산계획은 양도계획(Übertragungsplan), 회생계획(Sanierungsplan) 및 청산계획(Liquidationsplan) 등으로 그 내용을 정할 수 있으며, 도산계획에서는 별제권자(absonderungsberechtigten Gläubiger)와 도산채권자(Insolvenzgläubiger)에 대한 변제, 도산재단의 환가와 이해관계인에 대한 배당 및 도산절차 종료 후의 채무자의 책임에 관하여 법률 규정과 다른 정함을 할 수 있다(제217조).[84] 본래 실체법상 담보권을 가진 채권자인 별제권자는 도산계획과 상관없이 별제권의 목적물로부터 채권을 변제받을 수 있음이 원칙이나, 도산계획에서 달리 정하는 경우에는 그러하지 아니하다(제223조). 별제권자가 도산절차에 구속되지 않고 채권을 변제받을 수 있다는 원칙은 파산절차의 경우와 동일하나, 채무자와 채권자들의 합의를 통해 도산계획에서 별제권자의 권리 내용을 변경하는 정함을 할 수 있다는 의미로 해석된다.

이와 같은 독일 도산법 규정은 회생계획이 법률의 규정에 적합할 것을 인가요건의 하나로 규정하고, 회생담보권자라 할지라도 개별적으로 담보권을 실행할 수 없으며 반드시 회생계획에 의해서만 권리의 만족을 얻을 수 있다고 정한 우리나라 채무자회생법과는 차이가 있다(회파 제58조, 제243조 제1항 제1호, 제250조 제1항).

제219조 내지 제221조에 의하면 도산계획은 설명부(darstellender Teil)

---

84) Harald Hess/Manfred Obermüller, Insolvenzplan, Restschuldbefreiung und Verbraucherinsolvenz(3 Aufl.), C. F. Müller, 2003, S.4. 독일 도산법상 별제권자란 도산재단에 속하는 물건에 관하여 법률행위에 의한 담보권(약정담보권, rechtsgeschäftliches Pfandrecht), 압류에 기한 담보권(durch Pfändung erlangtes Pfandrecht) 및 법정담보권(gesetzliches Pfandrecht)을 가진 채권자를 의미하며, 별제권자는 당해 담보목적물에 대하여 제166조 내지 제173조에서 정한 바에 따라 원본채권, 이자 또는 비용에 대한 권리를 갖는다(제50조 제1항). 반면에 도산채권자란 도산절차가 개시될 당시 채무자에 대해 재산상청구권(Vermögensanspruch)을 가진 채권자를 의미하며(제38조), 개시후이자 및 도산절차참가비용 등에 관한 권리를 제39조의 후순위도산채권자(nachrangige Insolvenzgläubiger)로서 행사할 수 있는 것과 구별된다.

와 형성부(gestaltender Teil)로 구성되는데, 설명부에는 도산계획의 원칙 및 효력에 관한 부가사항과 도산절차개시 전후로 취해야 하는 조치를 기술하고, 형성부에는 이해관계인의 법적 지위를 변동시키는 방법을 기술한다. 그 밖에 채권자를 별제권자와 일반 도산채권자 등 여러 그룹으로 구분하고(제222조), 각 그룹별로 동일한 유형의 권리를 가진 채권자들은 동등하게 취급해야 한다는 채권자 평등대우의 원칙(Gleichbe-handlungsgrundsatz)을 정하며(제226조),85) 도산계획에 관하여 채권자들과의 협의 및 의결을 거쳐 법원이 도산계획을 인가하는 결정을 할 수 있다고 규정한다(제235조 내지 제248조).86)

II. 미이행 계약의 취급

1. 규정 체계

독일 도산법 제35조 제1항에 따르면 도산절차는 도산절차개시 당시 채무자가 소유한 재산 또는 도산절차 진행 중 채무자가 취득한 전 재산에 그 효력이 미치며, 도산재단(Insolvenzmasse)이란 도산절차의 효력이 미치는 범위에 있는 채무자의 재산을 말한다. 채무자에 대해 도산절차가 개시되는 경우 원칙적으로 법원은 관리인을 임명하고(제27조 제1항), 이 때 도산재단에 속하는 재산에 대한 관리권(Verwaltungsrecht) 및 처분권(Verfügungsrecht)은 모두 관리인에게 이전된다(제80조 제1항).87) 따라서 관리인은 채무자가 도산절차개시 이전에 체결하여 도산재단에 편입된 계약에 대해서도 관리권 및 처분권을 갖는다.

---

85) Hess/Obermüller(주 84), S.48-49.

86) Hess/Obermüller(주 84), S.44-47.

87) Fritz Binz/Harald Hess, Der Insolvenzverwalter, C. F. Müller, 2004, S.114.

독일 도산법 제103조는 도산절차개시 당시 양 당사자의 의무 이행이 완료되지 않은 쌍무계약(gegenseitiger Vertrag)에 대한 관리인의 선택권에 관하여 정하고 있다. 동조는 1999년 1월 1일 통합 이전의 구 파산법 제17조와 동일하다. 현행 독일 도산법에서 구 파산법과 동일한 내용으로 관리인의 선택권을 인정한 이유는 입법적으로 도산재단의 보호 및 도산채권자의 조화로운 취급을 도모하는 동시에 일관된 법 규정을 적용하여 그 동안의 도산실무를 모순 없이 처리하기 위한 것이다.[88]

독일 도산법 제103조는 채무자가 도산절차개시 이전에 계약을 체결하였으나 계약에 기한 채권 및 채무 관계가 완전히 청산(Gesamtabwicklung)되지 않은 상태에서 도산절차가 개시되어 당해 계약이 도산재단에 속하게 된 경우(동법 제35조 제1항), 도산절차 내에서 계약에 따른 법률관계를 합리적이고 공평하게 처리하기 위한 데에 그 입법취지가 있다.[89] 또한 관리인이 채권자 모두의 이익을 위하여 전체 채권자에게 유리한 계약을 이행할 수 있도록 하는 한편, 만일 이 규정이 없다면 계약 상대방은 자신의 급부를 모두 이행하여야 하는 반면에 채무자가 이행하여야 할 반대급부에 대하여는 일반의 도산채권자로서 일부만 변제받는 결과가 되어 부당하므로 이를 방지하여 계약 상대방을 보호하기 위한 규정이기도 하다.[90]

한편 제104조 내지 제118조에서는 개별 계약 유형별로 미이행 계약의 취급방식 등에 관하여 보다 구체적으로 정하고 있다.[91] 그리고 제

---

88) MK-InsO/Huber, § 103, Rn.2.

89) Ludwig Häsemeyer, Insolvenzrecht(3. Aufl.), Carl Heymanns, 2003, S.435-436.

90) Baur/Stürner, Zwangsvollstreckungs-, Konkurs- und Vergleichsrecht. Band Ⅱ. Insolvenzrecht(12. Aufl.), C. F. Müller, 1990, S.103.

91) 독일 도산법 제104조는 정기행위(Fixgeschäft), 제106조는 가등기(Vormerkung), 제107조는 소유권유보(Eigentumsvorbehalt), 제109조 내지 제112조는 사용임대차(Mietverhältnis) 및 용익임대차(Pachtverhältnis), 제113조 및 제114조는 고용(Dienstverhältnis), 제115조는 위임(Auftrag), 제117조는 대리(Vollmacht)와 관련하여 미이

119조에 따르면 미이행 계약에 관한 규정인 제103조 내지 제118조에서
정한 사항을 배제하거나 제한할 목적으로 이루어진 합의는 무효(Unwirk-
samkeit)이다. 한편 법원이 채무자에 의한 자기관리를 명하여 채무자가
자신의 재산에 대한 관리권 및 처분권을 갖는 경우, 즉 제270조 이하의
규정이 적용되는 경우에도 미이행 계약에 관한 제103조가 준용된다(제
279조).

2. 내용

가. 제103조의 적용요건

제103조에 따르면 쌍무계약에 관하여 채무자와 그 상대방이 모두 도
산절차개시 당시에 채무를 아직 이행하지 않았거나 불완전하게 이행한
때 관리인(Insolvenzverwalter)은 채무자를 대신하여 채무를 이행하고
상대방의 채무이행을 청구할 수 있고(제1항), 반면에 채무의 이행을 거
절할 수도 있다(제2항). 즉, 관리인은 도산절차가 개시되기 전에 체결된
쌍무계약으로서 계약의 당사자들이 상대방에 대해 부담하는 채무의 일
부 또는 전부를 이행하지 않은 경우에 선택권을 행사할 수 있는데, 여기
서 쌍무계약이란 독일 민법 제320조 이하에서 정하는 쌍무계약을 말한
다.[92] 그리고 제103조는 계약의 양 당사자가 모두 자신이 부담하는 채
무의 전부 또는 일부를 이행하지 않은 경우에만 적용되므로, 양 당사자
가 채무를 전부 이행한 경우뿐만 아니라 당사자 중 일방이 자신의 채무
를 전부 이행한 경우는 본조의 적용대상이 아니다.[93]

한편 제108조 제1항 및 제2항에 따르면 부동산(unbewegliche Gegen-

행 계약에 대한 사항을 정하고 있다.

92) MK-InsO/Huber, § 103, Rn.55.

93) Häsemeyer(주 89), S.443; MK-InsO/Huber, § 103, Rn.57ff.

stände) 또는 공간(Räume)에 대한 채무자의 사용임대차관계(Mietverhäl-tnisse) 및 용익임대차관계(Pachtverhältnisse)와 고용관계(Dienstverhäl-tnisse)는 도산재단에 대해 계속 효력이 있으며, 이는 채무자가 사용임대인(Vermieter) 또는 용익임대인(Verpächter)인 경우와 그 목적물이 제3자를 위해 담보로 제공된 경우에도 적용된다. 즉, 제108조 제1항 및 제2항에서 규정한 계약관계는 채무자에 대해 도산절차가 개시되더라도 그대로 유효하게 존속하므로, 이에 대하여는 관리인이 제103조에 기해 계약의 이행 또는 이행거절을 선택할 수 없다.94)

나. 선택권 행사의 효과

제53조 및 제55조 제1항 제2호에 따르면, 관리인이 제103조 제1항에 기해 계약의 이행을 선택함으로 인하여 상대방이 도산재단에 대해 갖는 채권은 기타의 재단채무(Sonstige Masseverbindlichkeiten)에 해당하는데, 이 경우 상대방은 재단채권자(Massegläubiger)로서 도산재단으로부터 선순위로 변제를 받는다.

반면에 관리인이 계약의 이행을 거절할 경우 계약 상대방이 그로 인해 발생한 손해의 배상을 청구할 수 있는지, 나아가 계약 상대방이 도산절차개시 전에 일부 급부를 이행하였다면 그 반환을 구할 수 있는지가 문제될 것이다. 이에 관하여 독일 도산법은 관리인이 계약의 이행을 거절한(ablehnen) 경우, 즉 불이행(Nichterfüllung)을 선택한 경우 상대방은 관리인의 이행거절로 인해 갖게 된 청구권을 도산채권자(Insolvenz-gläubiger)로서만 행사할 수 있다고 규정한다(제103조 제2항 제1문). 그리고 가분적 급부(Teilbare Leistung)의 경우 채무자와 계약을 체결한 상

---

94) Christian Berger, "Absonderungsrechte an urheberrechtlichen Nutzungsrechten in der Insolvenz des Lizenznehmers", Insolvenzrecht im Wandel der Zeit(Festschrift für Hans-Peter Kirchhof), ZAP, 2003, S.6.

대방이 도산절차개시 전에 일부급부(Teilleistung)를 이행하였고 이행된 부분이 이미 채무자의 재산에 속하게 되었다면, 그 상대방은 이미 이행된 부분으로 인해 채무자에 대해 가지는 자신의 반대급부청구권이 이행되지 않았다는 이유로 도산재단으로부터 이미 이행된 가분급부를 반환(Rückgabe)할 것을 청구할 수 없다(제105조 제2문). 따라서 관리인이 이행의 거절을 선택한 경우 도산절차개시 전에 급부의 일부를 이행한 계약 상대방은 도산채권자의 지위에서 이행거절로 인하여 발생한 손해에 대한 배상청구권(Schadensersatzanspruch)을 행사할 수밖에 없으며, 이미 이행한 급부의 반환은 구할 수 없다.[95] 독일 도산법에서 계약의 상대방이 관리인의 계약 불이행에 대응하여 이와 같은 손해배상청구권을 갖는다는 점을 명문으로 규정하고 있지는 않지만, 계약의 해제와 손해배상 등에 관한 규정인 독일 민법 제325조 및 제326조에 근거하여 상대방의 손해배상청구권을 인정하고 있다.[96]

한편 관리인이 계약의 이행을 거절함으로 인하여 발생한 계약 상대방의 청구권은 관리인이 이행을 거절한 때가 아니라 채무자에 대한 도산절차가 개시된 때로부터 소멸시효가 진행한다.[97] 그리고 이때 소멸시효 기간은 본래 체결한 계약상 이행청구권의 소멸시효 기간에 따른다.[98]

상대방이 관리인에 대해 선택권 행사를 최고한 때에는 관리인은 지체 없이 이행을 청구할 것인지 여부를 확답하여야 하는데(제103조 제2항 제2문), 만일 관리인이 확답하지 아니하면 관리인은 더 이상 상대방에 대해 채무의 이행을 청구할 수 없다(동항 제3문). 본조는 관리인이

---

95) Baur/Stürner(주 90), S.106.

96) Baur/Stürner(주 90), S.106.

97) MK-InsO/Huber, § 103, Rn.55; Uhlenbruck-InsO/Wegener, § 103, Rn.176; FK-InsO/Wegener, § 103, Rn.112.

98) MK-InsO/Huber, § 103, Rn.55; Uhlenbruck-InsO/Wegener, § 103, Rn.176; FK-InsO/Wegener, § 103, Rn.112.

선택권 행사의 의사표시를 하지 않음으로 인하여 계약 상대방이 불안정한 상태에 놓이는 것을 방지하여 계약상대방을 보호하고자 하는 취지의 규정이다.[99] 그리고 여기서 지체 없이라는 용어는 독일 민법 제121조에서 규정하고 있는 유책한 지연이 없는 것(ohne schuldhaftes Zögern)을 의미한다.[100]

우리나라 및 일본과는 달리 독일 도산법 제103조에서는 관리인이 미이행 쌍무계약을 해제할 수 있는 권한을 부여하지 않고 있다. 독일 도산법 제103조 등에 따르면, 관리인은 채무자가 체결한 계약의 이행 또는 거절을 선택할 수 있을 뿐 미이행 쌍무계약 자체를 해제할 수 있는 권한은 없다. 다시 말해 계약상 또는 법률상의 다른 근거에 기해 해제권이 발생하는 경우는 별론으로 하고, 독일 도산법상 관리인이 미이행 쌍무계약에 관하여 특별히 행사할 수 있는 해제권은 존재하지 않는다. 앞서 본 미국의 경우와 동일하다.

---

99) FK-InsO/Wegener, § 103, Rn.109.

100) FK-InsO/Wegener, § 103, Rn.109.

제5절 일본

I. 논의의 범위

일본의 도산법제는 우리나라 채무자회생법과 유사한 면이 많으며, 미이행 쌍무계약에 관한 논의도 그러하다. 본절에서는 일본 파산법, 회사갱생법 및 민사재생법상 미이행 쌍무계약에 관한 주요 규정의 개념과 내용을 대략적으로 살펴보고, 보다 세부적인 법률상황과 쟁점 등에 관하여는 개별 계약관계를 다루는 제4장에서 채무자회생법과 비교하여 논하기로 한다.

II. 파산법

일본 파산법에서 미이행 쌍무계약에 관한 일반 규정은 제53조 및 제54조이다. 이에 따르면 파산절차개시시 파산자 및 그 상대방이 모두 쌍무계약의 이행을 완료하고 있지 않은 경우 파산관재인은 계약을 해제하거나 파산자의 채무를 이행하고 상대방이 채무를 이행할 것을 청구할 수 있으며(파산법 제53조 제1항), 상대방의 최고권을 인정하고 파산관재인이 확답을 하지 않는 경우에는 계약이 해제된 것으로 간주한다(파산법 제53조 제2항). 이와 같은 규율은 채무자회생법과 거의 동일하다.

미이행 쌍무계약이 해제된 경우의 법률효과에 대하여는 '전조 제1항 또는 제2항에 의해 계약이 해제된 때에는 상대방은 손해배상에 관하여 파산채권자로서 권리를 행사할 수 있다'(파산법 제54조 제1항), '전항의 경우에 상대방은 파산자가 받은 반대급부가 파산재단에 현존하는 때에는 그 반환을 청구할 수 있고, 현존하지 않은 때에는 그 가액에 관하여 재단채권자로서 그 권리를 행사할 수 있다'고 규정한다(파산법 제54조 제2항).

일본에서는 파산법상 미이행 쌍무계약에 관한 규정의 취지는 계약의 일방 당사자에 대해 도산절차가 개시되더라도 본래 인정되는 쌍무계약상의 대가관계를 유지하거나 동시이행관계에 있는 쌍무계약을 도산절차 내에서 합리적으로 처리하기 위한 데에 있으며, 나아가 채무자의 일반 승계인인 파산관재인의 역할에 중점을 두어 파산관재인이 채무자의 완결되지 않은 계약관계를 파산재단에 유리하게 변경할 수 있다는 데에 그 의의가 있다고 보는 것이 일반적이다.[101]

III. 회사갱생법

일본의 도산법제상 재건형 도산절차는 회사갱생법이 정하는 갱생절차와 민사재생법이 정하는 재생절차로 구분된다. 회사갱생법은 본래 주식회사에 대한 갱생절차를 전제로 한 것이나, 1996년 제정된 금융기관 등의 갱생절차의 특례 등에 관한 법률(金融機関等の更生手続の特例等に関する法律)에 따라 주식회사 이외의 법인 형태인 금융기관 등에 대해서도 적용된다(동법 제3조 및 제168조 이하).

일본 회사갱생법 제61조에서는 미이행 쌍무계약의 의의와 행사 방식 등을 정하고 있다. 이에 따르면 쌍무계약에 관하여 갱생회사 및 그 상대방이 갱생절차개시 당시 어느 쪽도 아직 그 이행을 완료하지 아니한 때에는 관리인은 계약을 해제하거나 또는 갱생회사의 채무를 이행하고 상

101) 中西正, "双方未履行双務契約の破産法上の取り扱い", 現代民事司法の諸相 谷口安平先生古稀祝賀, 成文堂, 2005, 497-503頁; 河野正憲, "双務契約一般", 倒産処理法制の理論と実務(櫻井孝一/加藤哲夫/西口元 編), 経済法令研究会, 2006, 278-281頁; 大コンメンタ-ル破産法, 第53条(松下淳一), 204-206頁.

대방의 채무이행을 청구할 수 있고(제61조 제1항), 상대방이 관리인에 대하여 상당한 기간을 정해 그 기간 내에 계약의 이행 또는 해제 여부를 확답할 것을 최고할 수 있으며, 이 경우 관리인이 그 기간 내에 확답을 하지 않는 경우에는 해제권을 포기한 것으로 간주한다(동조 제2항).

관리인이 이행을 선택한 경우 상대방이 가지는 채권은 공익채권으로 취급된다(제61조 제4항). 반면에 관리인이 해제를 선택한 경우에 대하여는 회사갱생법 제61조 제5항에서 파산법 제54조를 준용하고 있다. 따라서 이 경우 상대방은 갱생채권자로서 손해배상채권을 행사할 수 있고, 상대방은 갱생회사가 받은 반대급부가 갱생회사 재산에 현존하는 때에는 그 반환을 청구할 수 있고, 현존하지 않은 때에는 그 가액에 관하여 공익채권자로서 그 권리를 행사할 수 있다.

Ⅳ. 민사재생법

일본의 민사재생법은 1999년에 제정되어 2000년부터 시행되었다. 동법은 폐지된 구 화의법을 대체하여 화의절차와 같이 절차의 기본구조를 간소화하는 한편 회사갱생절차의 강점을 도입하여 특히 중소기업을 효율적으로 재건할 수 있도록 하기 위한 데에 그 취지가 있다.[102] 재건형 절차에 속하는 민사재생법상의 재생절차와 회사갱생법상의 갱생절차는 모두 채권자 등의 의결에 의해 변제 등에 관한 계획을 정하고 이에 따라 채무를 변제하여야 한다는 점 등에서 공통점이 있는 반면, 담보권자의 취급, 절차수행의 주체가 되는 기관 및 주주의 지위 등에 관하여는 양 절차에 많은 차이가 있다.[103]

---

102) 박승두, "일본 민사재생법의 이념과 기본구조", 청주법학 제32권 제1호, 청주대학교출판부, 2010, 204-205면.

103) 山本克己 編, 破産法·民事再生法槪論, 商事法務, 2012, 8-9頁. 특히 절차를 수

민사재생법에서 미이행 쌍무계약에 관한 일반조항은 제49조인데, 그 내용은 회사갱생법 제61조와 거의 동일하다. 이에 따르면 쌍무계약에 대하여 재생절차개시 당시 재생채무자 및 그 상대방이 모두 아직 그 이행을 완료하지 아니한 때에는 재생채무자 등은 계약을 해제하거나 또는 재생채무자의 채무를 이행하고 상대방에 대해 채무의 이행을 청구할 수 있으며(제49조 제1항), 상대방이 재생채무자 등에게 선택권 행사 여부의 확답을 최고할 수 있도록 하고 재생채무자 등이 확답하지 않은 경우에는 해제권을 포기한 것으로 간주한다(동조 제2항).

재생채무자 등이 채무의 이행을 선택한 경우 상대방이 가지는 청구권은 공익채권이다(제49조 제4항). 재생채무자 등이 해제를 선택한 경우에 대하여는 회사갱생법 제61조 제5항과 동일하게 민사재생법 제49조 제5항에서 파산법 제54조를 준용하고 있다. 따라서 이 경우 상대방은 재생채권자로서 손해배상채권을 행사할 수 있고, 상대방은 재생채무자가 받은 반대급부가 재생채무자 재산에 현존하는 때에는 그 반환을 청구할 수 있으며, 현존하지 않은 때에는 그 가액에 관하여 공익채권자로서 권리를 행사할 수 있다.

행하는 기관에 관하여 보면, 일본 민사재생법에서 정하는 재생절차의 기관으로는 감독위원, 조사위원, 관재인 및 보전관리인의 4유형이 있다. 그런데 재생절차는 재생채무자가 업무의 수행권 및 재산의 관리·처분권을 가지고 수행함이 원칙이어서(제38조 제1항), 위 4가지 기관은 모두 임의적으로 선임된다. 즉, 다른 도산절차의 경우와는 달리 재생절차에 대하여는 반드시 선임되어야 하는 필수기관을 두고 있지 않다. 이 때문에 민사재생법 제49조에서는 '재생채무자등'이라는 용어를 사용하고 있는데, '재생채무자등'이란 관재인이 선임되어 있지 아니한 경우에는 재생채무자, 관재인이 선임되어 있는 경우에는 관재인을 의미한다(아래 제2조 참조). 이에 관하여 상세하게는 최성근, 일본의 기업갱생절차에 관한 연구-민사재생절차를 중심으로-(연구보고 2000-17), 한국법제연구원, 2000, 41-44면 참조.

제6절 UNCITRAL 도산법입법지침

Ⅰ. 서설

UNCITRAL이 제정한 도산법입법지침은 2004년 6월 25일 채택되었다.[104] 도산법입법지침은 다양한 형태의 여러 법제를 초월하여 동 지침 내에서 도산과 관련한 여러 요소를 결합시키는 동시에 합의(consensus)가 이루어졌거나 이루어질 필요가 있는 사항들을 적절히 결합하여 정교하게 규정 유형(rule-type)을 배열하고 있다는 점에 의의가 있다.[105]

도산법입법지침의 내용은 크게 동 지침에서 사용되는 용어나 개념을 정의하는 부분(Glossary), 권고규정의 의의와 그 근거 법리, 입법례, 그에 관한 세부적인 내용을 설명하는 해설 부분(Commentary) 및 권고규정(Recommendation)으로 이루어져 있다. 한편 권고규정을 그 내용에 따라 구분하면 크게 명령규정(Imperative Recommendation), 제한 규정(Constraining Recommendation), 초점 규정(Focusing Recommendation), 정책 규정(Policy Recommendation)으로 나뉜다.[106] 도산법입법지침은

---

104) UNCITRAL은 1997년 국제도산에 관한 모델법(Model Law on Cross-Border Insolvency with Guide to Enactment)을 채택한 이후 도산실체법의 조화를 위한 규범을 제정하기 위해 1999년에 제5실무작업반(working group V)을 재구성하여 도산법입법지침을 마련하였다. 도산법입법지침은 크게 3부분으로 구성되어 있는데, 제1장(Part One) 및 제2장(Part Two)은 2004년 6월 25일에 채택되었고, 이후 기업집단의 도산에 관한 제3장(Part Three)이 추가되어 2010년 7월 21일 공개되었다. 이에 관하여는 우선 법원행정처, 국제규범의 현황과 전망: 2008년 국제규범연구반 연구보고 및 국제회의 참가보고, 2008, 224-225면 참조.

105) Susan Block-Lieb/Terence Halliday, "Harmonization and Modernization in UNCITRAL's Legislative Guide on Insolvency Law", 42 Tex. Int'l L.J. 475(2007), p.498.

106) 여기서 명령규정(Imperative Recommendation)은 실체적(substantive)·절차적(procedural)·조건부(conditional) 규정으로, 제한규정(Constraining Recommendation)은

절차적 권고규정은 최소한으로 하고, 주로 국내 도산실체법과 관련된 권고규정으로 구성되어 있다는 특징이 있다.[107]

도산법입법지침 권고규정 제69조 내지 제86조에서는 "Treatment of contracts"이라는 표제 하에 도산절차 내에서 계약을 취급하는 방식 등에 관한 내용을 정하고 있다. 항을 바꾸어 구체적으로 살펴본다.[108]

II. 미이행 계약 관련 주요 내용

도산법은 관리인이 도산재단(insolvency estate)에 이익이 될 수 있는 계약의 이행을 결정할 수 있다고 정하고(제72조),[109] 또한 관리인이 계약의 이행을 거절하는 것을 허용할 수 있다(제73조).[110] 도산법입법지침에서 규정하는 도산재단이란 관리인에 의해 지배되고 도산절차에 종속되는 채무자의 재산을 의미하는 기능적인 개념이다. 여기에는 원칙적으로 채무자의 모든 재산이 포함되나, 제3자 소유의 재산과 같이 타인의

기초적(baseline)·허용적(permissive)·최소한(minimalism)의 규정으로, 초점규정(Focusing Recommendation)은 건설적(architectural)·공개적(disclosure) 규정으로 세분화할 수 있다. 이에 관하여는 Lieb/Halliday(주 105), pp.502-506 참조.

107) 법원행정처(주 104), 225면.

108) 이 중 도산해제조항 및 기한이익상실조항에 관한 권고규정 제69조 내지 제71조는 이하 도산해제조항에 관한 '제3장 제3절 II. 3. 마'항에서 논한다.

109) 72. The insolvency law should specify that the insolvency representative may decide to continue the performance of a contract of which it is aware where continuation would be beneficial to the insolvency estate. The insolvency law should specify that:

(a) The right to continue applies to the contract as a whole; and

(b) The effect of continuation is that all terms of the contract are enforceable.

110) 73. The insolvency law may permit the insolvency representative to decide to reject a contract. The insolvency law should specify that the right to reject applies to the contract as a whole.

권원에 속한다는 것이 명백한 재산 등은 도산재단에서 제외될 수 있다.111)

　도산법에서는 관리인이 계약의 이행 또는 거절을 결정할 수 있는 기한을 정하는 한편 그 기간은 법원의 결정에 의해 연장될 수 있다고 규정한다(제74조).112) 도산법에서는 관리인이 계약의 이행을 거절하는 경우 거절의 효력이 발생하는 시점을 정하고(제75조),113) 관리인이 계약의 이행 또는 거절을 선택한 때에는 상대방에게 관리인의 선택에 따라 발생하는 상대방의 채권과 그 채권을 신고할 수 있는 기간 및 상대방이 법원에서 이루어지는 청문절차에 참여하는 것을 허락한다는 내용이 포함된 이행 또는 거절의 통지를 해야 한다고 규정한다(제76조).114) 또한 도산법에서는 제74조에서 정한 기한에도 불구하고, 당사자는 관리인에게 신속한 선택을 할 것을 요청할 수 있고, 그럼에도 불구하고 관리인이 선택하지 않는 경우 법원에 대하여 관리인에게 계약의 계속 또는 이행을 선택할 것을 지시하도록 요청할 수 있다고 규정한다(제77조).115)

　도산법에서는 관리인이 알고 있는 계약에 대하여 정해진 기간 내에

---

111) 도산법입법지침 제2장, 77-78.

112) 74. The insolvency law should specify a time period within which the insolvency representative is required to make a decision to continue or reject a contract, which time period may be extended by the court.

113) 75. The insolvency law should specify the time at which the rejection will be effective.

114) 76. The insolvency law should specify that where a contract is continued or rejected, the counterparty is to be given notice of the continuation or rejection, including its rights with respect to submitting a claim and the time in which the claim should be submitted, and permit the counterparty to be heard by the court.

115) 77. Notwithstanding recommendation 74, the insolvency law should permit a counterparty to request the insolvency representative (within any specified time limit) to make a prompt decision and, in the event that the insolvency representative fails to act, to request the court to direct the insolvency representative to make a decision to continue or reject a contract.

그 이행 여부를 선택하지 않을 경우의 효과에 관하여 정하여야 하는데, 다만 관리인이 알고 있지 않은 계약의 경우 관리인이 정해진 기간 내에 선택을 하지 않았다고 하더라도 이에 대해 계약의 이행을 선택한 것으로 볼 수는 없다(제78조).116) 이는 관리인이 채무자가 체결한 계약의 존재를 알지 못할 수도 있는데, 관리인이 계약에 접근할 수 있는 기회를 갖기도 전에 도산법에서 관리인이 선택권을 행사하지 않은 것에 대한 책임을 부담하게 하는 것은 바람직하지 못하기 때문이다.117)

도산법에서는 채무자가 계약을 위반한 경우라도 그 위반 상태가 해소된다면 관리인이 계약의 이행을 선택할 수 있고, 귀책사유가 없는 상대방은 위반이 없었던 이전 상태로 경제적 지위가 회복되고 도산재단은 유지되는 계약을 이행할 수 있다고 정한다(제79조).118) 도산법에서는 관리인이 계약의 이행 또는 거절을 선택하기 전에 상대방의 이행을 수용하거나 상대방에 대해 의무의 이행을 요청할 수 있는데, 이로 인해 발생하는 상대방의 채권은 관리비용(an administrative expense)으로 취급된다고 정한다(제80조).119) 이와 관련하여 상대방이 계약을 이행한 경

---

116) 78. The insolvency law should specify the consequences of the failure of the insolvency representative to make a decision within the specified time period with respect to contracts of which it is aware. Failure by the insolvency representative to act within the specified time period should not operate to continue a contract of which the insolvency representative was not aware.

117) 도산법입법지침 제2장, 125.

118) 79. The insolvency law should specify that where the debtor is in breach of a contract the insolvency representative can continue the performance of that contract, provided the breach is cured, the non-breaching counterparty is substantially returned to the economic position it was in before the breach and the estate is able to perform under the continued contract.

119) 80. The insolvency law should specify that the insolvency representative may accept or require performance from the counterparty to a contract prior to continuation or rejection of the contract. Claims of the counterparty arising from performance accepted or required by the insolvency representative prior to continuation or

우 관리비용은 계약 이행의 대가로서 그에 상응하는 금액이어야 하며
(제80조 a항), 관리인이 계약에 따라 채무자가 점유하는 제3자 소유의
자산을 이용할 경우, 소유자는 당해 자산의 가치 감소로부터 보호되어
야 하고 관리채권(administrative claim)을 갖는다(제80조 b항). 여기서
관리비용(an administrative expense)이란 도산절차를 신청한 이후에 채
무자의 사업 운영을 계속하기 위해 채무자에 의해 발생한 필수적인 비
용을 의미하는데, 관리비용채권을 갖는 자는 도산재단으로부터 우선적
으로 변제받을 권리가 있다.120) 이는 우리나라 채무자회생법상 회생절
차에서의 공익채권 및 파산절차에서의 재단채권에 해당하는 도산절차의
수행에 필요한 비용을 지출하기 위하여 인정된 채무자에 대한 청구권
개념과 매우 유사해 보인다.121)

도산법에서는 관리인이 계약의 이행을 선택한 이후 계약을 불이행함
으로써 발생하는 손해는 관리비용으로 취급된다고 정한다(제81조).122)

---

rejection of the contract should be payable as an administrative expense:

(a) If the counterparty has performed the contract the amount of the administrative expense should be the contractual price of the performance; or

(b) If the insolvency representative uses assets owned by a third party that are in the possession of the debtor subject to contract, that party should be protected against diminution of the value of those assets and have an administrative claim in accordance with subparagraph (a).

120) A cost incurred by the debtor, after filing a bankruptcy petition, that is necessary for the debtor to continue operating its business. Administrative expenses are entitled to payment on a priority basis when the estate is distributed. 이러한 정의 는 Bryan A. Garner, Black's Law Dictionary(8th ed), Thomson, 2004, p.48 참조.

121) 채무자회생법 제179조 제1항 및 제473조, 특히 회생절차개시 후의 채무자의 업무 및 재산의 관리와 처분에 관한 비용청구권(제179조 제1항 제4호), 파산 재단의 관리에 관한 비용(제473조 제3호)과 유사하다.

122) 81. The insolvency law should specify that where a decision is made to continue performance of a contract, damages for the subsequent breach of that contract should be payable as an administrative expense.

그리고 도산법은 도산절차개시 이전에 체결된 계약의 이행을 거절함에 따라 발생하는 손해를 어떻게 취급할 것인가에 대하여는 준거법 (applicable law)에 따라 결정된다고 정하고 손해배상채권은 일반의 무담보채권(a ordinary unsecured claim)으로 취급된다고 정하며, 한편 장기계약의 거절과 관련한 손해배상채권을 제한할 수 있다고 정한다(제82조).[123]

도산법에서는 도산재단에 이익이 되는 한, 계약의 양도를 제한하는 당사자들 간의 약정이 존재한다고 하더라도 관리인은 계약을 양도할 수 있다고 정할 수 있다(제83조).[124] 계약 상대방이 계약의 양도를 반대할 경우, 도산법은 (a) 관리인이 계약의 계속 이행을 선택하고, (b) 양수인이 양수인에게 이전된 계약상의 의무를 이행할 능력이 있으며, (c) 계약 상대방이 양도에 의해 중대한 불이익을 입는 것이 아니며, 또한 채무자가 그때까지 계약상 의무를 이행하지 않은 것이 있다면 양도 전에 그러한 불이행이 모두 치유된다는 조건이 모두 충족될 경우 법원은 계약 상대방의 반대에도 불구하고 계약의 양도를 승인할 수 있다고 정할 수 있다(제84조).[125] 그리고 도산법에서는 계약이 양도된 경우 양도의 효력

---

123) 82. The insolvency law should specify that any damages arising from the rejection of a pre-commencement contract would be determined in accordance with applicable law and should be treated as an ordinary unsecured claim. The insolvency law may limit claims relating to the rejection of a long-term contract.

124) 83. The insolvency law may specify that the insolvency representative can decide to assign a contract, notwithstanding restrictions in the contract, provided the assignment would be beneficial to the estate.

125) 84. Where the counterparty objects to assignment of a contract, the insolvency law may permit the court to nonetheless approve the assignment provided:
   (a) The insolvency representative continues the contract;
   (b) The assignee can perform the assigned contractual obligations;
   (c) The counterparty is not substantially disadvantaged by the assignment; and
   (d) The debtor's breach under the contract is cured before assignment.

이 발생한 날로부터 양수인은 채무자를 대신하여 계약 당사자의 지위에 놓이게 되며, 도산재단은 더 이상 계약상의 책임을 부담하지 않는다고 정할 수 있다(제85조).[126) 그리고 도산법에서는 도산절차개시 후에 체결된 계약에 대하여 도산재단은 도산절차개시 이후에 발생한 의무를 부담한다고 정하는데, 도산절차개시 이후에 체결된 계약으로부터 발생하는 채권은 관리비용으로 취급되어야 한다(제86조).[127)

---

126) 85. The insolvency law may specify that, where the contract is assigned, the assignee will be substituted for the debtor as the contracting party with effect from the date of the assignment and the estate will have no further liability under the contract.

127) 86. The insolvency law should specify that contracts entered into after the commencement of insolvency proceedings are post-commencement obligations of the estate. Claims arising from those contracts should be payable as an administrative expense.

제7절 유럽도산법원칙

Ⅰ. 서설

유럽도산법원칙은 2003년 6월 유럽도산법에 관한 국제실무작업반 (International Working Group Insolvency Law)이 유럽연합 회원국들의 도산법제에서 공통적인 사항 등을 추출·정리하여 공표한 것이다. 유럽 도산법에 관한 국제실무작업반은 1999년에 10개 회원국 출신의 전문가 15명으로 구성되었다. 유럽도산법원칙은 유럽연합 회원국 간 도산법제 의 차이를 이해하고, 점차 법률용어와 개념의 통일을 도모하기 위한 목 적에서 제정되었으며, 특히 국제도산과 관련하여 주로 준거법과 도산절 차의 승인 문제를 다룬 유럽연합의 도산절차에 관한 이사회규정{Council Regulation(EC) No.1346/2000 of 29 May on Insolvency Proceedings, 일반적으로 "EC 도산규정"이라 한다}이 2002년 5월 발효됨에 따라 유럽 연합의 회원인 각국의 도산법제를 보다 잘 파악하기 위한 데에도 그 취 지가 있다.128) 유럽도산법원칙은 유럽연합 회원 각국의 도산법제에서 공통적으로 규율하고 있는 내용을 총 14개의 규정(각 규정은 다시 여러 개의 하위 규정으로 구성된다)으로 정리한 것이며, 유럽연합의 회원국들 에게 그 내용을 국내법화할 것을 강제하는 효력은 없다.129)

---

128) Bob Wessels, "Principles of European Insolvency Law", 28 ABI Journal, 2003, p.9.
129) 유럽도산법원칙의 규정과 그에 대한 해설은 William W. McBryde/Axel Flessner/S.
　　　Kortmann, Principles of European Insolvency Law(Law of Business & Finance
　　　vol.4), Kluwer Law International, 2005 참조.

II. 미이행 계약 관련 규정의 내용

유럽도산법원칙 제6조에서는 계약의 취급(Treatment of contracts)이라는 표제 하에 미이행 계약에 관하여 총 3개의 하위 규정을 두고 있다. 그 내용은 다음과 같다. 채무자에 대해 도산절차가 개시되더라도 채무자가 당사자인 계약은 자동으로 해제되지 않는다(제6.1조).130) 계약 상대방은 관리인에 대해 계약의 이행을 강제할 수 없다(제6.2조).131) 관리인이 도산절차개시 당시 양 당사자가 의무 이행을 전부 완료하지 않은 계약의 이행을 요청하는 경우 계약상 채무자가 부담하는 의무는 전부 이행되어야 하며 이 때 상대방이 갖는 채권은 도산채권에 우선하나, 반면에 관리인이 계약을 이행하지 않기로 결정하는 경우 계약의 불이행으로 인해 상대방이 갖는 채권은 전부 도산채권이고, 한편 상대방은 관리인이 합리적인 기간 이내에 계약의 이행 여부를 결정할 것을 요청할 수 있다(제6.3조).132)

---

130) 6.1 The opening of the proceeding does not automatically terminate a contract to which the debtor is a party.

131) 6.2 The other party cannot enforce performance by the administrator.

132) 6.3 If the administrator demands performance of a contract which at the time of the opening of the proceeding neither party has fully performed, the debtor's obligations arising out of the contract must be satisfied as they fall due and in priority to insolvency claims. If the administrator has decided not to perform such a contract, any claim of the other party based on non-performance of the contract is an insolvency claim. The other party can demand that the administrator decides within a reasonable time whether to adopt the contract or not.

제3장
미이행 쌍무계약 일반론

제1절 미이행 쌍무계약의 의의 및 요건

I. 의의 및 취지

쌍무계약이란 다른 것을 받기 위해 이것을 준다는 관계에 있는 채권·채무관계를 발생시키는 계약을 말한다.[133] 다시 말해 당사자 쌍방이 서로 대가적 의미를 가지는 채무를 부담하게 되는 계약을 의미하되, 양 채무가 객관적·경제적으로 동등한 의미를 가지고 있어야 하는 것은 아니며 급부가 양 당사자에게 주관적으로 상호의존관계에 있으면 족하다.[134] 원래 쌍무계약에서 당사자 쌍방의 채무는 법률적·경제적으로 대가적 견련성을 갖고 서로 담보하는 관계에 있어, 민법에서는 동시이행항변권을 부여하여 양자의 공평을 유지하고 있다.[135]

이와 같은 특성을 감안하여 채무자회생법에서는 미이행 쌍무계약이란 회생절차개시 당시 또는 파산선고 당시 채무자와 상대방이 모두 아직 그 이행을 완료하지 않은 쌍무계약이라고 정의한다(회파 제119조 제1항, 제335조 제1항). 대법원은 구 회사정리법 제103조 제1항에 관한 사안에서 여기서의 쌍무계약이란 쌍방 당사자가 상호 대등한 대가관계에 있는 채무를 부담하는 계약으로서 쌍방의 채무 사이에는 성립·이행·존속상 법률적·경제적으로 견련성을 갖고 있어서 서로 담보로서 기능하는 것이라고 하였다.[136]

---

133) 양창수, 민법입문(제8판), 박영사, 2020, 23면.
134) 곽윤직, 채권각론(제6판 중판), 박영사, 2012, 27면.
135) 민중기, "회사정리법 제103조 제1항 소정의 쌍무계약의 의미", 대법원판례해설 통권 제34호, 법원도서관, 2000, 295면.
136) 대법원 2000. 4. 11. 선고 99다60559 판결; 대법원 2007. 3. 29. 선고 2005다35851 판결. 구 회사정리법 제103조 제1항은 현행 채무자회생법 제119조 제1항과 동

도산절차의 개시로 인해 채무자의 종래 법률관계가 단절되는 것은 아니며, 원칙적으로 도산절차가 종료될 때까지 그 동일성이 유지된다.[137] 그런데 예외적으로 도산절차개시 이전에 채무자가 형성해놓은 종래의 법률관계를 관리인이나 파산관재인이 도산절차 내에서 변경시킬 수 있는 경우가 있는데, 그 중 가장 대표적인 것이 바로 미이행 쌍무계약에 관한 규율이다.

채무자회생법 제119조 및 제335조에서 채무자에 대해 도산절차가 개시된 때 관리인이나 파산관재인에게 종래 채무자가 체결하였으나 아직 그 이행이 완료되지 않은 계약의 이행 여부를 선택할 수 있도록 하는 이유는 무엇인가. 이는 결국 채무자회생법상 미이행 쌍무계약에 관한 특칙의 존재 의의에 대한 근본적인 의문이다.

회생절차의 경우 관리인은 채무자에게 유리한 계약은 존속시키고 불리한 계약은 종료시키기를 원할 것이며, 파산절차의 경우 파산관재인은 채무자의 계약관계를 정리하거나 파산재단에 이익이 되도록 계약을 유지시킬 필요가 있다. 이러한 점을 고려하여 채무자회생법은 회생절차개시 당시 또는 파산선고 당시에 쌍방 모두 아직 이행을 완료하지 않은 쌍무계약이 있는 경우 원칙적으로 관리인이나 파산관재인에게 계약의 해제·해지 또는 이행을 선택할 수 있는 권한을 부여하되 상대방 보호를 위한 일련의 규정을 두고 있다.[138] 즉, 관리인이나 파산관재인으로 하여금 채무자의 회생 또는 파산에 필요한지 또는 유리한지 여부에 따라 이행이 완료되지 않은 계약의 존속 여부를 결정하게 하는 것이다.[139] 그

일하다.

137) 서울회생법원, 회생사건실무(상)(제5판), 박영사, 2019, 165면.

138) 임치용(주 33), 311-312면에서는 채무자회생법상의 미이행 쌍무계약에 관한 특칙은 미국 도산법상의 미이행 계약을 계수한 것이라고 한다. 반면에 독일의 구 파산법 제17조를 계수한 것이라고 설명하는 문헌은 민중기(주 135), 295면.

139) 남효순, "도산절차와 계약관계-이행미완료쌍무계약의 법률관계를 중심으로-",

리고 채무자회생법에서 계약 상대방을 보호하기 위한 규정을 둔 것은 계약을 체결한 당사자 중 일방에 대해 도산절차가 개시되었다고 해서 상대방이 보유하던 실체법상의 권리를 무력화하여 일방적 불이익을 강요하는 것은 공평의 관념에 현저히 어긋나므로 상대방의 이익보호를 위한 배려가 필요하다는 입법적 고려이다.[140] 회생절차의 경우 채무자의 회생에 이바지한 자를 특별히 보호하고자 하는 취지라고 설명하기도 한다. 이상의 논의에 따를 때 채무자회생법상 미이행 쌍무계약에 관한 특칙은 채무자 사업의 정리·재건 또는 청산을 원활하게 함과 동시에 양 당사자 사이의 형평을 도모하기 위하여 마련된 것이라고 할 수 있다.[141]

채무자회생법상 미이행 쌍무계약에 관한 특칙이 존재하는 경우와 존재하지 않는 경우의 법률효과 등을 비교해보면, 특칙의 존재 의의를 보다 잘 이해할 수 있다.

만일 채무자회생법에서 미이행 계약의 취급에 관하여 별도의 규정을 두지 않았다고 가정해본다. 채무자에 대해 도산절차가 개시되면 채무자의 재산을 관리하고 처분할 권한은 관리인에게 속하므로(회파 제56조

도산법강의(남효순/김재형 공편), 법문사, 2005, 29면.

140) 박병대, "파산절차가 계약관계에 미치는 영향", 파산법상의 제문제(상), 재판자료 제82집, 법원도서관, 1999, 439면; 남효순(주 139), 48면.

141) 구 회사정리법 제103조와 관련한 대법원 2000. 4. 11. 선고 99다60599 판결 참조. 한편 대법원 2002. 5. 28. 선고 2001다68068 판결에서는 "정리회사가 재정적 궁핍으로 파탄에 직면하였으나 경제적으로 갱생의 가치가 있는 주식회사에 관하여 채권자, 주주 기타 이해관계인의 이해를 조정하며 그 사업의 정리 재건을 목적으로 하는 점(제1조) 및 정리채권자는 물론 정리담보권자까지도 정리계획에 의하여 채권의 만족을 얻을 수 있을 뿐이며 정리절차 외에서 권리를 행사할 수 없는 점(제112조, 제123조 제2항) 등을 보태어 보면, 법 제103조 소정의 쌍무계약이라 함은 쌍방 당사자가 상호 대등한 대가관계에 있는 채무를 부담하는 계약으로서, 쌍방의 채무 사이에는 성립·이행·존속상 법률적·경제적으로 견련성을 갖고 있어서 서로 담보로서 기능하는 것을 가리키는 것이라고 봄이 상당하다"고 하였다.

제1항, 파산절차의 경우에는 제384조에 따른 파산관재인의 파산재단에 대한 관리 및 처분 권한을 의미한다), 도산절차개시 이전에 채무자가 체결한 계약은 관리인에게 이전되거나 파산재단에 귀속되어 결국 도산절차 내에서 그대로 존속한다. 계약이 계속 유지되는 경우 계약 상대방이 관리인이나 파산재단에 대해 갖는 권리는 회생채권 내지 파산채권에 해당할 것이다. 계약 상대방의 권리는 회생절차 내지 파산절차 이전에 체결된 계약에 기해 발생한 것이기 때문이다(회파 제118조 제1호, 제423조). 반면에 관리인이나 파산관재인이 계약상의 의무를 이행하지 않았고 이러한 채무불이행을 이유로 계약 상대방이 계약을 해제한다면, 계약 상대방은 회생채권자 또는 파산채권자의 지위에서 손해배상채권을 행사할 수 있다. 이 때 계약 상대방이 도산절차개시 이전에 채무자에게 이미 이행한 의무가 있고 그 급부가 채무자의 재산에 현존한다면, 계약관계가 소급적으로 소멸함에 따라 상대방은 현존 급부에 대한 소유권을 회복하므로 환취권을 행사하여 급부의 상환을 구할 수 있다(회파 제70조, 제407조). 그러나 상대방이 이미 이행한 급부가 현존하지 않는 경우에는 가액의 상환을 구할 수밖에 없는데, 급부가 존재하지 않는 이상 상대방에게 환취권자의 지위를 인정할 수 없으므로 상대방이 갖는 가액상환청구권은 회생채권 내지 파산채권에 해당할 것이다.

그러나 미이행 쌍무계약에 대한 특칙을 규정한 채무자회생법에 따를 경우에는 특칙이 존재하지 않는 경우와 비교하여 법률효과 등에 큰 차이가 있다. 먼저 관리인이나 파산관재인이 계약을 존속시키고자 하는 경우, 즉 계약의 이행을 선택하는 경우 계약 상대방이 갖는 권리는 공익채권 내지 재단채권으로 취급된다(회파 제179조 제1항 제7호, 제473조 제7호). 본래 회생채권 내지 파산채권에 해당하는 상대방의 채권이 우선적으로 변제받을 수 있도록 한 것이다. 관리인이나 파산관재인이 계약을 해제하는 경우 상대방의 손해배상채권이 회생채권 내지 파산채권에 해당한다는 점은 특칙이 없는 경우와 동일하다(회파 제121조 제1항, 제337조

제1항). 그러나 원상회복과 관련하여 보면, 상대방이 이미 이행한 급부가 현존하는 경우에는 환취권자로서 급부의 상환을, 현존하지 않는 경우에는 공익채권자 내지 재단채권자로서 가액의 상환을 구할 수 있다는 점에서 특칙이 없는 경우와 다르다(회파 제121조 제2항, 제337조 제2항).

이상의 논의를 정리하면, 채무자회생법에서 미이행 쌍무계약에 관한 특칙을 규정한 취지는 계약 상대방의 권리를 어떻게 취급하는가라는 측면에서 볼 때 도산절차개시 이전에 채무자가 체결한 계약이 도산절차 내에서도 그대로 존속되는 경우 계약 상대방의 권리를 공익채권 내지 재단채권으로 격상시켜 보호하고, 계약이 종료되는 경우에는 그로 인한 원상회복과 관련하여 상대방의 가액상환청구권을 공익채권 내지 재단채권으로 인정하여 준다는 점에 있다. 특히 계약이 존속되는 경우 상대방의 권리를 우선적인 채권으로 보호함으로써 도산절차가 개시되기 이전부터 존재하는 쌍무계약상의 대가관계나 동시이행관계를 도산절차 내에서도 관철시킬 수 있게 된다.[142] 뿐만 아니라 도산절차를 효율적이고 신속하게 진행할 수 있도록 관리인과 파산관재인이 민법상의 채무불이행 사유가 없음에도 불구하고 계약을 해제할 수 있는 일종의 특별한 해제권을 인정한 것이라는 점에서도 의의가 있다.

제2장에서 논한 바와 같이 영국, 미국, 독일의 도산법과 UNCITRAL의 도산법입법지침 및 유럽도산법원칙에서는 관리인에게 미이행 계약의 이행 또는 이행 거절을 선택할 권한을 인정하고 있다. 관리인에게 계약을 해제할 권리가 아니라 그 이행을 거절할 수 있는 권리를 인정하고 있고, 그에 따른 계약 상대방의 권리는 모두 일반의 우선권 없는 채권으로 규정하고 있다는 점에서 채무자회생법과는 차이가 있다. 그러나 영국, 미국, 독일의 도산법과 UNCITRAL의 도산법입법지침 및 유럽도산법원

---

142) 中西正(주 101), 497-503頁; 河野正憲(주 101), 278-281頁; 大コンメンタール破産法, 第53条(松下淳一), 204-206頁.

칙에서 관리인이 계약의 이행을 선택하여 계약관계가 존속되는 경우 그
에 따른 상대방의 권리가 일반 채권에 우선하도록 규정한 것은 도산법
에서 미이행 계약에 관한 특칙을 둔 가장 중요한 이유 중 하나이다. 이
밖에도 영국 도산법 제345조에서 규정한 법원의 결정에 의한 계약상 의
무의 면제, 미국 도산법 제365조 f항에서 규정한 미이행 계약의 양도 등
을 비롯한 미이행 계약에 관한 여러 특별한 규정들에서 각 국가별 법제
의 특색과 의의를 찾을 수 있다.

II. 요건

채무자회생법상 미이행 쌍무계약에 해당하기 위한 요건을 구체적으
로 분설하면 다음과 같다.

1. 쌍무계약일 것

여기서 쌍무계약이란 앞서 본 채무자회생법상의 쌍무계약을 말한다.
본래 쌍방의 채무 사이에 법률적·경제적 견련관계가 없음에도 불구하고
당사자 사이의 특약으로 쌍방의 채무를 상환 이행하기로 한 경우는 채
무자회생법 제119조 및 제335조의 쌍무계약에 해당하지 않는다.143) 대
법원도 원고가 인수한 채무를 대위변제함으로써 취득한 피고에 대한 구
상금채권과 원고와 피고가 체결한 대리점계약에 기하여 발생하는 피고
의 원고에 대한 물품대금채권을 상계처리하기로 합의한 사안에서 그러
한 합의는 구 회사정리법 제103조 제1항 소정의 쌍무계약이라고 할 수
없다고 보았다.144) 또한 대법원은 갑과 을이 신탁계약을 체결하고 수탁

---

143) 정영수(주 38), 280면.

자인 을이 도급인으로서 수급인인 피고와 공사도급계약을 체결하였는데, 피고가 을의 요구에 따라 신탁계약의 특약사항으로 갑이 을에게 부담하는 신탁비용 등 채무를 포괄적으로 보증하기로 약정한 사안에서, 신탁계약에 부가된 특약에 의하여 피고가 부담하는 신탁비용 등 상환채무와 공사도급계약에 의하여 원고가 부담하는 공사대금지급채무 상호간에는 구 회사정리법 제103조가 규정하는 쌍무계약상의 대가적 견련관계가 없다고 하였다.[145]

2. 계약이 유효하게 성립할 것

가. 의의

회생절차개시 또는 파산선고 당시 유효하게 성립하여 존재하는 계약이어야 한다. 일반적으로 계약은 계약을 체결하고자 하는 당사자들의 청약과 승낙의 의사표시에 의해 성립된다. 그런데 구체적인 사안에 따라서는 도산절차개시 당시 성립되어 있는 계약에 해당하는지와 관련하여 논란이 생길 수 있다. 이는 결국 채무자회생법 제119조 또는 제335조의 적용 요건인 계약 성립의 범위를 어떻게 획정할 것인가의 문제라고 할 수 있다.

나. 도산절차개시 전 일방의 청약만 있는 경우

(1) 종래의 해석론
계약은 청약과 승낙에 의하여 성립되므로 일방의 청약만 있고 상대

---

144) 대법원 2007. 3. 29. 선고 2005다35851 판결.
145) 대법원 2007. 9. 7. 선고 2005다28884 판결.

방의 승낙이 없는 상태라면 미이행 쌍무계약에 관한 특칙을 적용할 수
없다.146) 우리나라에서 이와 달리 해석하는 견해는 존재하지 않는다.

반면에 일본에서는 일단 청약의 의사표시가 효력이 발생한 경우 도
산절차가 개시되었다고 해서 그 효력이 소멸되는 것은 아니므로, 채무
자의 청약이 있었으나 상대방이 승낙을 하기 전에 도산절차가 개시된
경우 도산절차개시 이후라도 상대방이 승낙하면 미이행 쌍무계약에 관
한 규정을 유추적용해야 한다는 견해가 있다.147) 계약이 성립하기 위한
법률요건인 청약은 그에 응하는 승낙만 있으면 곧 계약이 성립하는 구
체적·확정적 의사표시로써 계약의 내용을 결정할 수 있을 정도의 사항
이 포함되어야 한다는 점에 근거하여,148) 채무자의 청약의 의사표시를
중시하는 견해로 보인다.

(2) 검토

먼저 상대방이 채무자에 대해 청약을 하였는데 채무자가 이를 승낙
하기 전에 채무자에 대해 도산절차가 개시된 경우를 생각해보자. 회생
절차의 경우 채무자가 회생절차개시 후 채무자의 재산에 관하여 한 법
률행위는 회생절차와의 관계에서 그 효력을 주장할 수 없고(회파 제64
조 제1항), 파산절차의 경우 파산선고 후 채무자가 파산재단에 속하는
재산에 관하여 한 법률행위는 파산채권자에게 대항할 수 없다(회파 제
329조 제1항). 여기서 법률행위란 채무자의 재산에 관한 권리·의무에
영향을 미치는 모든 행위를 의미한다.149) 이에 따르면 도산절차가 개시
된 이후 채무자가 상대방의 청약을 승낙하더라도 채무자의 승낙은 도산
절차와의 관계에서 효력이 없다. 그러므로 이 경우에는 채무자가 상대

---

146) 서울회생법원(주 137), 167면.

147) 条解 会社更生法(中), 第103条, 294頁.

148) 대법원 2003. 5. 13. 선고 2000다45273 판결 등.

149) 서울회생법원(주 137), 163면.

방의 청약을 승낙한다고 하더라도 도산절차 내에서 계약이 유효하게 성립한 것이 아니며, 미이행 쌍무계약에 관한 특칙의 적용 여부를 논할 필요가 없을 것이다.

다음으로 채무자가 청약을 하였는데 상대방이 이를 승낙하기 전에 채무자에 대해 도산절차가 개시된 경우를 생각해본다. 도산절차개시 이전에 채무자가 한 청약의 효력이 채무자에 대한 도산절차개시로 인해 당연히 소멸하는 것은 아니므로 채무자의 청약은 유효하다. 그런데 채무자에 대한 도산절차개시 후 상대방은 채무자와 관리인 또는 파산관재인 중 누구에게 승낙을 하여야 하는가. 채무자의 청약이 채무자의 재산에 관한 권리·의무에 영향을 미치는 내용의 것이라면, 도산절차개시로 인해 채무자의 청약으로 인한 법률관계는 관리인이나 파산관재인에게 이전된다고 해석하여야 할 것이다. 또한 상대방은 채무자가 도산절차개시 이전에 한 청약의 효력이 도산절차 내에서 유효함을 주장할 수 있다(회파 제64조 제1항 및 제329조 제1항의 반대해석). 따라서 이 경우 상대방은 관리인에게 승낙의 의사표시를 해야 한다.

상대방이 도산절차개시 후 채무자의 청약을 승낙한 경우 계약은 유효하게 성립한다. 원칙적으로 이는 도산절차개시 이후에 성립된 계약이므로 채무자회생법 제119조 또는 제335조는 적용될 수 없고, 상대방이 갖는 채권은 공익채권 또는 재단채권에 해당한다. 그럼에도 불구하고 채무자의 청약이 도산절차개시 이전에 이루어졌다는 점에 근거하여 미이행 쌍무계약의 특칙을 확장 적용하면, 관리인이나 파산관재인이 계약의 존속 여부를 선택할 수 있다는 결과가 된다. 현실적으로 관리인이나 파산관재인은 채무자가 청약을 한 사실을 알지 못할 수 있고, 도산절차개시 이후 상대방의 승낙에 의해 성립한 계약이 채무자의 재산이나 파산재단에 불리하거나 부담이 될 가능성도 있다. 이러한 경우 특칙을 적용하여 관리인이나 파산관재인으로 하여금 계약을 해제할 수 있도록 하는 것이 전체 이해관계인의 이익에 보다 부합하는 결과일 수 있다. 반면

에 관리인이나 파산관재인이 계약의 이행을 선택하면 상대방은 공익채
권자 또는 재단채권자로서 권리를 행사할 수 있으며(회파 제179조 제1항
제7호, 제473조 제7호), 이는 특칙을 적용하는 경우와 동일한 결과이다.

결국 특칙을 확장하여 적용하는 실익은 계약 상대방의 희생 하에 전
체 이해관계인의 이익을 위하여 관리인이나 파산관재인이 계약을 해제
할 수 있는 기회를 부여하는 데에 있다. 그러나 채무자회생법 제119조
및 제335조의 문언상 명백히 도산절차개시 당시 유효하게 성립하여 존
재하는 계약일 것을 요건으로 하고 있다는 점과 도산절차가 개시되더라
도 채무자의 청약은 여전히 유효하고 상대방이 도산절차에 대해 그 효
력을 주장할 수 있다는 점에 비추어 볼 때, 특칙을 확장하여 적용하기는
어렵다고 생각한다. 채무자의 청약과 상대방의 승낙에 의해 성립되는
계약이 전체 채권자 등의 평등을 해하는 내용이거나 채무자의 재산이나
파산재단을 감소시키는 등의 불리한 내용인 경우에는 채무자회생법 제
100조 또는 제391조 등에서 규정하는 부인권 행사 대상에 해당할 가능
성이 높다. 이 경우 관리인이나 파산관재인은 상대방의 승낙이 있기 이
전에 채무자의 청약을 부인하여 계약의 성립을 막을 수 있을 것이다.

이상의 논의에 따를 때 채무자의 청약에 대한 상대방의 승낙이 도산
절차개시 이후에 이루어진 경우 채무자회생법 제119조 및 제335조를 적
용하는 것은 법 문언에 반하며, 동 규정을 적용함에 따른 실익을 정당화
할 근거를 찾기도 어렵다. 그러므로 상대방이 채무자에 대한 도산절차
개시 이후 승낙을 하여 계약이 성립한 경우 이는 도산절차개시 이후에
성립한 계약이므로 특칙은 적용되지 않는다고 해석함이 타당하다.

다. 도산절차개시 전 상대방이 예약완결권을 갖는 경우

(1) 쟁점

상대방이 도산절차개시 전부터 이미 향후 계약을 성립시킬 수 있는

권리를 보유하고 있었으나, 도산절차가 개시된 이후에 비로소 그러한 권리를 행사하여 계약이 성립된 경우에 대해서도 미이행 쌍무계약의 특칙을 적용할 수 있는가. 이는 주로 도산절차개시 당시 상대방이 예약완결권을 가지는 쌍무계약의 예약이 존재하는데 이후 상대방이 예약완결권을 행사하여 계약이 성립한 때에도 미이행 쌍무계약의 특칙을 적용할 수 있는지와 관련하여 문제된다.

(2) 판결례

대법원은 원고가 합작투자계약 제23조 제2항 및 제24조 제3항에 의하여 회사정리절차개시 이전부터 이미 계약해지권 및 주식매도청구권을 행사하고 그에 따라 매매계약을 체결할 권리를 보유하고 있었으나 회사정리절차개시 당시 원고가 위 권리를 행사하지 않아 매매계약이 체결되지 않은 상태에서 법원에 위 권리의 행사를 정지조건으로 한 주식인도청구권에 관하여 정리채권확정의 소를 제기한 사안에서, 회사정리절차개시 당시에 매매계약을 체결할 권리가 존재하였고 회사정리절차가 개시된 후에 비로소 상대방의 권리행사에 의하여 매매계약이 성립하거나 장차 매매계약이 성립할 수 있어 아직 쌍방의 채무가 이행되지 아니한 경우에도 미이행 쌍무계약의 법리가 유추적용될 수 있다고 하였다.[150]

---

150) 대법원 2007. 9. 6. 선고 2005다38263 판결. 이 판결에서는 "구 회사정리법 제102조의 정리채권이라 함은 의사표시 등 채권 발생의 원인이 정리절차개시 전의 원인에 기해 생긴 재산상의 청구권을 말하는 것이므로, 원래 채권 발생의 원인이 정리절차개시 전의 원인에 기한 것인 한 그 내용이 구체적으로 확정되지 아니하였거나 변제기가 정리절차개시 후에 도래하더라도 정리채권으로 될 수 있지만, 채권의 발생원인이 미이행 쌍무계약에 해당하는 경우에는 구 회사정리법 제103조 및 제104조의 규정이 적용되어 관리인이 이행 또는 해제를 선택하기 전에는 관리인에게 그 이행을 청구할 수 없고, 나아가 관리인이 이행을 선택하면 공익채권으로 취급되어 정리채권의 신고 대상이 아니며, 반대로 관리인이 해제를 선택하면 채권 자체가 소멸하여 역시 정리채권의 신고 대상이 되지 못하고 단지 그 해제권 행사로 인한 손해배상청구권을 정리

(3) 검토

본래 미이행 쌍무계약의 특칙은 도산절차개시 전에 이미 계약이 성립하였으나 도산절차개시 당시에 그 이행이 완료되지 않은 경우에 적용된다. 앞서 본 바와 같이 대법원은 회사정리절차개시 당시에 아직 매매계약이 성립한 것은 아니라고 하더라도 매매계약을 체결할 권리가 존재하였고 회사정리절차가 개시된 이후에 비로소 상대방의 권리행사에 의하여 계약이 성립하거나 장차 계약이 성립할 수 있어 아직 쌍방의 채무가 이행되지 아니한 경우에도 미이행 쌍무계약의 법리가 유추적용된다고 판단하였다. 이에 따르면 회사정리절차개시 당시에 이미 계약이 성립되어 있는 경우뿐만 아니라, 회사정리절차개시 당시 계약을 체결할 권리가 존재하여 장차 계약이 성립하거나 성립할 수 있는 개연성이 있는 경우까지 미이행 쌍무계약의 법리를 확대 적용하는 결과가 된다. 위 대법원 판결은 회생절차개시 또는 파산선고 당시 상대방이 예약완결권을 가지는 쌍무계약의 예약이 존재하는데 회생절차개시 또는 파산선고 이후 상대방이 예약완결권을 행사하여 쌍무계약이 성립한 경우에 미이행 쌍무계약 특칙의 적용을 긍정하는 종래 학설상의 논의와 동일한 취지로 이해된다.151)

앞서 '나'항에서 논한, 도산절차개시 이전에 이루어진 채무자의 청약을 도산절차개시 후 상대방이 승낙한 경우와 비교해본다. 도산절차개시 이전에 채무자의 청약만 존재하는 경우나 상대방이 예약완결권을 갖는

채권으로 신고할 수 있을 뿐이므로, 어느 경우에나 위 채권은 정리채권이 될 수 없다. 그리고 이와 같은 법리는 정리절차개시 당시에 매매계약을 체결할 권리가 존재하였고 정리절차가 개시된 후에 비로소 상대방의 권리행사에 의하여 매매계약이 성립하거나 장차 매매계약이 성립할 수 있어 아직 쌍방의 채무가 이행되지 아니한 경우에도 유추적용된다."고 하였다. 이 판결의 보다 구체적인 사실관계와 판결 내용 등에 관하여는 본장의 '제3절 Ⅱ. 1'항 부분 참조.

151) 백창훈/임채홍, 회사정리법(상)(제2판), 한국사법행정학회, 2002, 352면.

경우 모두 도산절차개시 당시 아직 계약이 성립되지 않았다는 점은 동일하다. 반면에 상대방이 예약완결권을 갖는 경우에는 적어도 예약에 터잡아 맺어질 본계약의 요소가 되는 목적물, 이전방법, 가액 및 지급방법 등의 내용이 확정할 수 있거나 확정될 수 있어야 예약이 성립될 수 있으므로 쌍무계약에 대한 예약은 하나의 기 형성된 법률관계를 구성할 수 있다는 점,152) 당사자들의 계약 내용에 대한 의사는 이미 상당부분 합치되어 있는 상태라는 점, 예약완결권은 형성권이며 상대방이 예약완결권을 행사하는 즉시 이미 예정한 내용대로 본 계약이 성립한다는 점에 특징이 있다. 계약이 성립하기 위한 법률요건인 청약의 경우에도 그에 응하는 승낙만 있으면 곧 계약이 성립하는 구체적·확정적 의사표시로서 계약의 내용을 결정할 수 있을 정도의 사항이 포함되어야 하지만,153) 계약의 내용이 실질적으로 형성되어 계약 성립의 개연성이 높은 예약완결권과는 차이가 있다. 즉, 채무자의 청약만 존재하는 경우에 비해 상대방이 예약완결권을 갖는 경우는 보다 더 계약의 성립에 근접해 있는 단계라고 할 수 있다.

그럼에도 불구하고 상대방이 도산절차개시 이전에 예약완결권을 갖고 있는 경우 역시 채무자회생법 제119조 및 제335조의 문언상 요건에 해당하지 않음은 명백하다. 만일 상대방이 도산절차개시 이전에 예약완결권을 갖고 있는 경우에 대하여 특칙의 적용을 긍정한다면, 상대방은 채무자에 대한 도산절차개시 이전부터 예약완결권을 행사할 수 있음에도 불구하고 자신의 채권을 공익채권 또는 재단채권으로 취급받기 위해 예약완결권을 행사하지 않고 있다가 도산절차개시 이후에 행사하려는 경우가 발생할 수 있다. 이는 예약완결권을 갖는 상대방이 자신의 권리 행사에 대한 법률효과를 임의로 결정하는 결과를 초래할 수 있어 부당

---

152) 대법원 1993. 5. 27. 선고 93다4908 판결.
153) 대법원 2003. 5. 13. 선고 2000다45273 판결.

하다. 그리고 앞서 '나'항에서 논한 바와 마찬가지로, 특칙을 적용하여 관리인이나 파산관재인에게 계약을 해제할 수 있는 권리를 인정하는 실익은 부인권 행사와 같은 다른 법적 수단에 의해서도 달성될 수 있다. 따라서 현행법의 해석론상 상대방이 도산절차개시 이전에 예약완결권을 갖고 있는 경우에 대하여 미이행 쌍무계약에 관한 특칙을 유추적용하는 것은 타당하지 않다고 생각한다.

3. 쌍방이 모두 이행을 완료하지 아니할 것

가. 의의

도산절차개시 당시 채무자와 상대방이 모두 이행을 완료하지 않은 쌍무계약이어야 한다. 채무자는 채무의 이행을 완료하였으나 상대방이 채무의 이행을 완료하지 않은 경우라면, 도산절차개시 후 관리인 또는 파산관재인이 상대방에 대해 채무의 이행을 청구하면 되고 이는 채무자 또는 파산재단의 재산을 구성한다. 반대로 상대방은 채무의 이행을 완료하였으나 채무자가 반대급부를 이행하지 않은 경우에는 상대방은 회생채권자 또는 파산채권자로서 채무자에게 급부의 이행을 청구할 수 있다.

이행을 완료하지 않은 상태라는 것은 채무의 전부 불이행뿐만 아니라 일부만을 불이행한 경우도 포함한다.[154] 채무의 이행을 완료하지 아니한 이유는 불문한다.[155] 채무자가 도산절차개시 전에 이미 기한이 도래한 채무의 이행을 지체하고 있는 상태에서 도산절차가 개시된 경우도

---

154) 서울회생법원, 법인파산실무(제5판), 박영사, 2019, 188면.
155) 대법원 1998. 6. 26. 선고 98다3603 판결; 대법원 2003. 5. 16. 선고 2000다54659 판결. 이 두 판결에서는 모두 구체적인 이유를 설시하고 있지는 않으나, 여러 이해관계인의 법률관계를 조정한다는 회생절차의 특성상 구체적인 채무불이행의 사유를 달리 취급할 필요는 없다는 고려에 기인한 것으로 보인다.

이행을 완료하지 아니한 때에 해당한다.[156] 계약 당사자의 귀책사유로 인하여 채무를 이행하지 않은 경우뿐만 아니라 기한이 도래하지 않았거나 동시이행의 항변권에 기해 채무의 이행을 거절하고 있는 것과 같이 정당한 사유에 근거하여 채무를 이행하지 않고 있는 상태인 경우도 포함된다.[157]

이와 같이 미이행 쌍무계약은 계약의 양 당사자가 모두 의무의 이행을 완료하지 않은 상태에 놓인 계약이며, 또한 계약 당사자의 자산의 일부를 구성하는 동시에 그에 따른 책임의 문제가 혼합되어 있는 상태의 계약이다.[158] 이 때문에 양 당사자가 각각 상대방에 대해 부담하는 의무 및 그에 대응하는 권리에 따른 법률관계는 도산절차 내에서 상당히 복잡하고 다양한 문제들을 초래한다.

나. 목적물 이전 후 담보책임이 문제되는 경우

(1) 매매계약

(가) 쟁점

매도인과 매수인이 매매계약을 체결하였는데 매도인은 재산권이전의무를 전부 이행하였으나 매수인이 대금지급의무의 전부 또는 일부를 이행하지 않은 경우는 미이행 쌍무계약에 해당하지 않는다. 그런데 만일 매도인이 목적물을 매수인에게 이전하였으나 목적물에 존재하는 하자로

---

156) 注解 破産法, 第59条(斎藤秀夫), 221頁.

157) 注解 破産法, 第59条(斎藤秀夫), 221頁. 한편 배현태, "회사정리절차에 있어서 리스채권의 취급", 법조 제521호, 법조협회, 2000. 2, 156-157면에서는 이행을 완료하지 아니한 때란 이행의 결과인 채무의 소멸이 발생하지 않은 경우를 말하는 것이 아니라 동시이행을 주장할 수 있는 경우와 같이 적극적인 의무의 이행이 없는 경우 또는 적극적으로 행하여야 할 채무이행행위가 없는 경우가 아닌 때라는 의미라고 설명한다.

158) Jackson(주 37), p.70.

인하여 담보책임을 부담하고 매수인도 아직 대금을 전부 지급하지 않은 상태라면, 매도인과 매수인이 각자의 의무를 전부 이행하지 않은 미이행 쌍무계약에 해당하는지 여부가 문제될 수 있다.[159]

매매계약을 체결하고 그에 따라 인도한 목적물에 물건의 하자 또는 권리의 하자가 있는 경우, 이로 인해 계약의 목적을 달성할 수 없다면 매수인은 계약을 해제할 수 있고 그 이외의 경우에는 매도인에 대해 손해배상만을 청구할 수 있다(민법 제575조, 제580조). 한편 종류매매의 경우 매수인은 계약의 해제나 손해배상청구 대신 하자 없는 즉, 완전물의 급부를 청구할 수 있다(민법 제581조).

매수인이 목적물의 하자를 이유로 매매계약을 해제한다면 더 이상 당해 계약이 미이행 상태인지 여부를 논할 실익은 없을 것이다. 그러나 매수인이 계약의 목적을 달성할 수 없는 경우가 아니어서 손해배상청구권을 행사하거나 계약의 해제 대신 완전물급부청구권 등을 행사하는 경우, 매도인은 매수인의 청구에 대응하여 일정한 의무를 부담하게 된다. 이와 관련하여 매도인이 매매계약에 따른 재산권이전의무는 모두 이행하였으나 담보책임으로 인한 의무를 부담하는 경우, 재산권이전의무의 일부 또는 전부를 이행하지 않은 경우와 마찬가지로 이행이 완료되지 않은 상태라고 보아 채무자회생법 제119조 내지 제335조를 적용할 수 있는지가 문제이다.

(나) 해석론

우리나라에서는 목적물 또는 이행된 급부에 하자가 있는 경우 이는 본래의 채무 내용에 따른 이행이 아니므로 이행이 완료된 것이라고 볼 수 없다는 견해가 있다.[160]

---

159) 매매계약의 목적물이 부동산이라면 인도 이외에 등기·등록 등을 구비하여야 하나, 동산인 경우에는 인도에 의해 권리가 이전되므로, 여기서는 이를 통칭하여 매도인의 재산권이전의무라 한다.

이 문제에 관하여 논하는 일본 학자들의 견해는 대립되어 있다. 먼저 매도인이 부담하는 담보책임의 성질이 법정책임이라는 전제 하에 매도인의 담보책임에 기하여 매수인이 갖는 손해배상청구권 등은 모두 갱생채권(파산절차의 경우에는 파산채권)에 불과하고 목적물의 하자로 인해 계약의 목적 달성이 불가능한 경우 민법의 담보책임 규정에 따라 계약을 해제할 수는 있으나 관리인의 선택권에 관한 구 회사갱생법 제103조는 적용할 수 없다는 견해가 있다.161) 즉, 이 견해에서는 매도인이 일단 재산권이전의무를 전부 이행하였다면 매도인은 의무의 이행을 완료한 것이므로 이후 매도인이 담보책임을 부담한다고 하더라도 이는 미이행 의무의 범위에 포함되지 않는다고 본다. 반면에 비록 매도인이 재산권이전의무를 전부 이행하였다고 하더라도 담보책임으로 인한 손해배상의무나 완전물급부의무 등을 부담하고 있다면 매도인은 아직 의무의 이행을 완료하지 않은 것이므로 당해 매매계약은 미이행 쌍무계약에 해당한다거나, 하자 있는 목적물을 대체할 수 있는 완전물을 급부하지 않은 경우는 미이행 상태에 포함된다고 해석하는 견해도 있다.162)

독일의 경우 종래에는 목적물에 하자(Mangel)가 있어 그로 인해 담보책임(Gewährleistung)을 부담하는 매도인에 대해 도산절차가 개시된 경우 관리인은 매수인에게 매매대금 전액의 지급을 요구할 수 없고, 미이행 계약에 관한 독일 도산법 제103조의 적용을 긍정할 경우 매수인은 동법 제55조 1항 2호에 근거하여 재단채권자(Massegläubiger)의 지위에서 매매대금감액(Minderung)이나 손해배상(Schadensersatz)을 청구할 수 있게 되는데 이는 도산재단에 불리한 결과를 초래하기 때문에 어차

---

160) 남효순(주 139), 33-34면.

161) 宗田親彦, 破産法研究, 慶應通信株式会社, 1995, 279頁.

162) 竹內康二, "動産売買と倒産法", 倒産実体法の契約処理, 商事法務, 2011, 162-163頁; 谷口安平, 倒産処理法(第2版), 筑摩書房, 1980, 175頁; 注解 破産法, 第59条(斎藤秀夫), 221頁.

피 관리인은 계약의 이행을 선택할 수 없을 것이므로 동법 제103조는 적용되지 않는다고 해석하는 견해가 있었다.163) 하지만 현재는 일반적으로 매도인이 매수인에게 하자 있는 목적물을 인도하고 그로 인해 민법(BGB)상의 담보책임을 부담한다면 이는 매도인이 매매계약상의 의무이행을 완료하지 않은 것이므로, 이에 따라 매도인이 담보책임을 부담하고 매수인은 아직 매매대금을 전부 지급하지 않은 경우에는 미이행 계약에 해당하므로 독일 도산법 제103조가 적용될 수 있다고 해석한다.164)

(다) 검토

이 문제는 채무의 이행이 완료된 시점을 언제로 볼 것인가에 관한 것이기도 하지만 아래 '4'항에서 논하게 될 주된 의무와 부수의무의 구별기준과도 관련이 있다. 매도인이 매수인에게 재산권을 전부 이전했다고 하더라도 목적물에 하자가 있어 민법상 담보책임을 부담한다면, 매도인의 매매계약상 의무는 여전히 남아 있다고 볼 수밖에 없다. 매매계약을 체결하는 당사자들, 특히 매수인의 입장에서는 특별한 사정이 없는 한 당연히 하자 없는 상태의 목적물 매수를 의도하였고 매매대금 역시 그에 따라 책정되었을 것이며, 이러한 매수인의 권리 보장을 위하여 민법에서 매도인의 담보책임에 관한 규정을 두고 있기 때문이다. 통상 매수인은 하자 있는 목적물이라면 매수하지 않았을 것이므로, 매도인이 목적물의 하자로 인해 부담하는 담보책임은 단순히 부수의무에 불과한 것이 아니라 계약의 성립을 좌우할 정도의 주된 의무라고 해석함이 타당하다.

---

163) Gerhart Kreft, "Ausgesuchte Fragen zum Einfluss des neuen Schuldrechts auf die Erfüllungswahl nach § 103 InsO", Insolvenzrecht im Wandel der Zeit(Festschrift für Hans-Peter Kirchhof), ZAP, 2003, S.281.

164) MK-InsO/Huber, § 103, Rn.129ff.

다음으로 미이행 쌍무계약에 해당하지 않는다는 견해와 해당한다는 견해에 따를 때, 각 경우의 법률효과에 어떠한 차이가 있는지 살펴본다.

미이행 쌍무계약에 해당하지 않는다는 견해에 의하면, 관리인이나 파산관재인은 선택권을 행사할 수 없고 매도인이 부담하는 담보책임으로 인해 매수인이 갖는 권리는 도산절차개시 이전의 원인으로 발생한 것으로서 회생채권 내지 파산채권에 해당한다(회파 제118조 제1항, 제423조). 목적물의 하자로 인하여 계약의 목적을 달성할 수 없는 경우라면 매수인은 매매계약을 해제할 수 있으며(민법 제575조, 제580조), 그로 인한 법률관계는 민법에서 정한 바에 따른다. 매수인이 계약을 해제할 수는 없고 목적물의 하자로 인한 손해배상이나 완전물급부만을 청구할 수 있는 경우라면, 매수인은 매도인이 그 의무를 이행하기 전까지 매매대금의 지급을 거절할 수 있을 것이다. 매수인은 매도인에 대한 매매대금지급채무와 손해배상채권을 상계할 수 있고 그 결과 손해배상채권의 액수만큼 감액된 매매대금을 지급할 수 있다(회파 제144조 제1항, 제416조). 따라서 실제로 매수인이 회생채권자 내지 파산채권자의 지위에서 권리를 행사하는 경우는 드물 것이다.

미이행 쌍무계약에 해당한다는 견해에 의하면, 매도인인 채무자의 관리인이나 파산관재인은 매매계약의 이행 또는 해제를 선택할 수 있다. 이와는 별도로 목적물의 하자로 인하여 계약의 목적을 달성할 수 없는 경우 매수인은 민법에 따라 매매계약을 해제할 수 있다. 도산절차개시 이전에 이미 매수인이 계약을 해제할 수 있는 사유가 존재하는 이상 관리인이나 파산관재인의 선택권 행사 여부와는 무관하게 매수인은 계약을 해제할 수 있기 때문이다.[165] 매수인이 계약을 해제할 수 없거나 해제하지 않은 경우, 관리인이나 파산관재인은 선택권을 행사할 수 있다. 계약의 이행을 선택할 경우 매수인의 매도인에 대한 권리는 공익채권

---

165) 백창훈/임채홍(주 151), 360면. 이에 관하여는 본장의 '제2절 Ⅱ. 3. 다'항 참조.

내지 재단채권이 되고(회파 제179조 제1항 제7호, 제473조 제7호), 매수인은 매도인에 대해 매매대금 전부를 지급할 의무를 부담하는데 이는 매도인에 대한 권리와 상계할 수 있다. 반면에 계약을 해제한다면 원상회복에 따라 매수인은 매도인에게 목적물을 반환하여야 하고, 매수인이 매도인에게 매매대금의 일부 등 지급한 것이 있다면 그 반환을 구할 수 있다(회파 제121조 제2항, 제337조 제2항). 그리고 계약의 해제로 인해 매수인에게 손해가 발생한 경우 매수인은 회생채권자 내지 파산채권자로서 손해배상청구권을 행사할 수 있다(회파 제121조 제1항, 제337조 제1항).

법률효과의 측면에서 두 입장의 차이는 목적물에 하자가 있으나 민법상 매수인이 계약을 해제할 수 없는 경우(즉, 목적물의 하자에도 불구하고 계약의 목적은 달성할 수 있는 경우) 또는 매수인이 계약을 해제하지 않는 경우에 발생한다. 이 경우에도 계약이 그대로 존속하는 때에는 매수인이 갖는 권리의 성질에는 차이가 있으나 매수인이 상계 후 감액된 매매대금을 지급할 수 있다는 결론은 동일하다. 하지만 미이행 쌍무계약에 해당한다는 견해에 따르면, 민법상으로는 매매계약을 해제할 수 없으나 관리인이나 파산관재인이 특별히 계약을 해제할 수 있다. 이 때 매수인은 목적물을 반환하여야 하고 회생채권자 또는 파산채권자로서 손해배상을 구할 수 있다.

이와 같이 미이행 쌍무계약에 해당한다고 보더라도 매수인에게 특별히 불리한 결과가 발생하지는 않는다. 매수인이 손해를 전부 전보받기는 어려울 것이나, 이는 채무자인 매도인에 대한 다른 채권자들과의 형평상 크게 불이익하다고 할 수는 없기 때문이다. 또한 관리인이나 파산관재인은 여러 사정을 고려하여 목적물의 하자에 상응하는 대금의 감액을 감수하고서라도 계약의 이행을 선택할 가능성이 있으므로, 항상 계약의 해제를 선택할 것이라고 단정할 수는 없다. 한편 매도인이 담보책임으로 인한 의무를 부담하는 상황에서 관리인이나 파산관재인이 채무자의 재산이나 파산재단에 대한 영향을 종합적으로 고려하여 계약의 존속 여부를 신속하게 결정할 수 있도록 하는 것은 매도인의 다른 채권자를 비롯한 전체 이해관계인에게도 유리할 수 있다. 이는 채무자의 신속하고 효율적인 재건 또는 청산을 도모하기 위해 채무자회생법에서 관리인과 파산관재인에게 특별히 계약의 해제권을 부여한 것이라는 입법취지에 부합한다. 그러므로 매도인이 매매계약에 따라 목적물을 이전하였으나 목적물의 하자로 인해 담보책임을 부담하고 있으며 또한 매수인이 대금지급의무를 전부 이행하지 않은 경우, 이는 미이행 쌍무계약에 해당하므로 채무자회생법 제119조 내지 제335조를 적용함이 타당하다.

(2) 건축공사 도급계약

(가) 쟁점

수급인인 건설회사가 건축공사 도급계약에 따라 건물을 완성하여 수급인에게 건물을 인도하였으나 그 건물에 하자가 있어 수급인이 도급인에게 하자보수를 요구하였고 도급인이 수급인에게 공사대급을 전부 지급하지 않은 상태에서 수급인이 파산선고를 받은 경우, 당해 건축공사 도급계약이 미이행 쌍무계약에 해당하는가. 이는 수급인이 완성된 건물을 인도하였으나 하자보수의무를 부담하는 경우 건축공사 도급계약에 따른 의무를 전부 이행한 것으로 볼 수 있는지에 관한 문제로서 앞서 '(1)'항에서 논한 매매계약의 경우와 유사하다.

만일 완성된 건물에 하자가 있는 것이 아니라 아예 건물이 미완성인 상태이고 도급인도 수급인에게 대급을 지급하지 않은 경우라면, 도급계약의 양 당사자가 모두 의무의 이행을 완료하지 않았음이 명백하다. 이와 관련하여 신축된 건물이 미완성 상태인지 아니면 완성되었으나 하자가 있는 정도에 불과한지 여부를 구별하는 것이 중요하다. 대법원은 건물 신축공사의 미완성과 하자를 구별하는 기준은 공사가 도중에 중단되어 예정된 최후의 공정을 종료하지 못한 경우에는 공사가 미완성된 것으로 보지만, 당초 예정된 최후의 공정까지 일단 종료하고 그 주요 구조 부분이 약정된 대로 시공되어 사회통념상 건물로서 완성되었으나 다만 그것이 불완전하여 보수를 하여야 할 경우에는 공사가 완성되었으나 목적물에 하자가 있는 것에 지나지 않는다고 해석함이 상당하고, 개별 사건에 있어서 예정된 최후의 공정이 일단 종료하였는지 여부는 당해 건물 신축공사 도급계약의 구체적 내용과 신의성실의 원칙에 비추어 객관적으로 판단할 수밖에 없다고 하였다.166)

(나) 판결례

신축된 건물이 완성되었다는 점에 대해서는 다툼이 없으나 완성된 건물을 인도받은 도급인이 공사대금을 지급하지 않은 채 수급인에 대해 하자보수를 청구하였는데 수급인이 파산선고를 받았고 파산관재인이 구 파산법 제50조에 따라 계약을 해제할 수 있는지가 문제된 사안이 있다. 이 사안에서 대법원은 민법 제668조 단서에 따르면 건축공사가 완성된 경우 특별한 사정이 있는 경우를 제외하고 더 이상 공사도급계약을 해제할 수 없으므로, 수급인이 건물을 완공하여 인도함으로써 이미 도급계약을 해제할 수 없게 된 이상 도급인에 대한 건축공사 도급계약상의 채무를 전부 이행한 것으로 보아야 하고, 수급인이 채무를 모두 이행한 것이라면 공사도급계약은 파산선고 당시에 미이행 쌍무계약이 아니므로 파산법 제50조를 적용할 수 없다고 하였다.167)

반면에 이 사건의 원심은 공사도급계약상 동시이행의 관계에 있는 도급인의 공사대금지급의무와 수급인의 하자보수의무가 각각 이행되지 못하고 있는 동안 계약 당사자의 일방이 파산선고를 받은 경우 그 도급계약은 파산법 제50조 1항의 미이행 쌍무계약에 해당한다고 하였다.168)

---

166) 대법원 1996. 2. 23. 선고 94다42822 판결; 대법원 1997. 12. 23. 선고 97다44768 판결.
167) 대법원 2001. 10. 9. 선고 2001다24174 판결.

즉, 대법원은 공사도급계약에서 이행을 완료한 때란 공사가 완성되어 계약을 해제할 수 없는 시점이라고 판단한 반면에, 원심은 완성된 건물을 도급인에게 인도하였다고 하더라도 그 건물에 하자가 있어 이로 인해 수급인이 하자보수의무를 부담하는 경우에는 이행이 완료되지 않은 상태라고 보아 서로 다른 기준을 적용한 것이다.[169]

(다) 검토

앞서 매매계약과 관련하여 논한 바와 같이 완성된 목적물에 하자가 있어 수급인이 하자보수의무를 부담한다면, 수급인이 도급계약상의 의무 이행을 완료한 것으로 볼 수는 없다. 위 대법원 판결에서는 민법 제668조 단서에 따라 도급계약을 해제할 수 없는 상태와 구 파산법 제50조(채무자회생법 제335조에 해당한다)의 적용요건인 계약의 미이행 상태를 동일한 기준에 의해 판단하고 있는데 이러한 논리가 타당한지는 의문이다. 민법 제668조 단서에서 건물 등이 완성된 경우 해제를 제한하는 이유는 해제를 인정하면 수급인에게 막대한 손실을 입힐 수 있고 이미 세워진 건물을 부숴서 원상회복할 경우 사회경제적으로 손실이 크므로 바람직하지 않다는 점에 기인한 것이다.[170] 따라서 엄밀히 볼 때 동 규정은 수급인이 건물을 신축하기로 하는 공사도급계약상의 의무를 전부 이행하였는지 여부와는 무관하다. 그리고 위 대법원 94다42822 판결 등에서 제시한 기준에 따라 건물이 완성되었다고 보더라도, 그 건물에 하자가 있는 경우 수급인은 하자보수의무를 부담하며 이는 민법 제667조 이하에서 명문으로 인정하는 수급인의 의무이다.

즉, 건물이 거의 완성된 상태에서 파산관재인이 도급계약을 해제할

---

168) 서울고등법원 2001. 3. 29. 선고 2000나18754 판결.

169) 유수열, "도급계약에 있어서의 파산법 제50조의 적용여부", 판례연구 제14집, 부산판례연구회, 2003, 703면.

170) 民法注解 ⅩⅤ, 제668조(金龍潭), 462면.

수 있다고 할 경우에는 민법 제668조 단서의 취지가 몰각될 우려가 있음은 부인할 수 없으나, 건물의 완성 여부와 수급인이 도급계약상 부담하는 의무의 이행 완료 여부를 동일한 잣대로 판단하는 것은 타당하지 않다. 그러므로 이 경우에는 논리적으로 채무자회생법 제119조 또는 제335조상 채무의 이행이 완료되지 않은 상태에는 해당하나, 관리인이나 파산관재인의 해제권 행사를 허용한다면 민법 제688조 단서의 취지가 몰각될 수 있다는 점에 근거하여 해제권 행사를 제한하는 해석을 하는 것도 생각해볼 수 있다. 민법 제668조 단서는 완성된 건물과 관련하여 계약의 해제를 제한하는 규정이므로, 본래 공작물이 완성되기 전에는 채무불이행의 일반원칙에 따라 계약을 해제할 수 있다.171) 그러나 대법원은 위 규정의 취지를 고려하여 건물이 미완성인 상태의 경우에도 공사의 진행 정도 등을 고려하여 도급인의 해제권 행사를 제한하는 해석을 하고 있는바,172) 이러한 논리는 채무자회생법상 관리인이나 파산관재인의 해제권 행사에도 동일하게 적용할 수 있을 것이다.

다. 도산절차개시 전에 가등기가 경료된 경우

(1) 쟁점

도산절차가 개시되기 전에 매매계약이 체결되고 그에 따라 가등기가 경료되었으나 아직 본등기가 경료되지 않은 상태에서 도산절차가 개시된 경우, 당해 매매계약이 쌍방이 이행을 완료하지 않은 계약에 해당하는지 문제될 수 있다. 매매계약은 도산절차개시 전에 이미 유효하게 체결된 것이므로, 상대방이 도산절차개시 전에 계약을 성립시킬 수 있는

---

171) 民法注解 ⅩⅤ, 제668조(金龍潭), 462면.
172) 대법원 1986. 9. 9. 선고 85다카1751 판결; 대법원 1997. 2. 25. 선고 96다43454 판결.

권리를 보유하고 있었으나 도산절차가 개시된 이후에 비로소 그러한 권리를 행사하여 계약이 성립된 경우와는 차이가 있다.

(2) 판결례

매도인인 채무자와 매수인이 부동산 매매계약을 체결하고 매수인은 동 부동산에 순위보전의 가등기를 경료하였는데 부동산 매매계약의 이행이 아직 완료되지 않은 상태에서 채무자에 대해 회사정리절차가 개시되었는바, 이 경우 관리인이 구 회사정리법 제103조 제1항에 따라 매매계약을 해제할 수 있는지 여부가 문제된 사안이 있다. 이 사안에서 원심은 채무자에 대해 회사정리절차가 개시되기 이전에 매매목적 부동산에 관하여 매수인 명의의 가등기가 경료되었다고 하더라도 관리인은 미이행 쌍무계약의 법리에 따라 매매계약을 적법하게 해제할 수 있다고 판단하였다.[173] 하지만 대법원은 다음과 같은 이유로 원심판결을 파기하였다.[174]

"회사정리법 제103조 제1항에는 위와 같은 내용으로 회사정리절차개시 당시 쌍방 미이행의 쌍무계약에 관한 관리인의 해제권을 규정하고 있으나 한편 같은 법 제58조 제1항에는 '부동산 또는 선박에 관하여 정리절차개시 전에 생긴 등기원인으로 정리절차개시 후에 한 등기 또는 부동산등기법 제3조에 의한 가등기는 정리절차의 관계에 있어서는 그 효력을 주장하지 못한다. 그러나 등기권자가 정리절차개시의 사실을 알지 못하고 한 등기 또는 가등기는 그러하지 아니하다'고 규정하고 있기 때문에 위 제58조 제1항 본문의 반대 해석으로서 정리절차개시 전의 등기원인으로 정리절차개시 전에 부동산등기법 제3조에 의하여 한 가등기는 정리절차의 관계에 있어서 그 효력을 주장할 수 있다고 할 것이고 따

---

173) 서울고등법원 1980. 12. 1. 선고 80나3178 판결.
174) 대법원 1982. 10. 26. 선고 81다108 판결.

라서 위와 같은 가등기권자는 정리회사의 관리인에게 대하여 본등기청
구를 할 수 있다고 보아야 하므로 이러한 유효한 가등기가 경료된 부동
산에 관한 쌍무계약에 대하여는 회사정리법 제103조의 적용이 배제된다
고 할 것이다."

(3) 검토

채무자회생법 제66조 제1항 본문에서도 구 회사정리법 제58조 제1항
본문과 동일한 규정을 두고 있기 때문에, 위 대법원 판결에서 설시한 법
리는 일응 현행법 하에서도 동일하다고 볼 수 있다.[175] 이에 따르면 회
생절차가 개시되기 전에 가등기를 경료한 채권자는 회생절차개시 이후
관리인에 대하여 본등기절차의 이행을 청구할 수 있고 관리인은 매매계
약을 해제할 수 없다. 나아가 가등기에 기해 본등기를 경료한 자는 소유
권에 기한 환취권자의 지위에서 관리인에 대해 매매목적물의 인도를 구
할 수도 있을 것이다.

하지만 학설상으로는 위 대법원 판결에 반대하는 견해가 지배적이다.
먼저 가등기권자라고 해서 다른 정리채권자와 특별히 달리 취급할 근거
는 희박하므로 채무자회생법 제66조 제1항 및 제331조 제1항에서 가등
기에 관한 부분은 삭제함이 옳다는 견해가 있다.[176] 다음으로 구 회사
정리법 제58조 제1항은 가등기의 순위보전적 효력에 대해서만 언급한
것일 뿐 가등기에 기한 본등기청구권을 보장하는 것이 아니며, 단순히
가등기가 되어 있다는 것만으로 본등기청구를 절대적으로 보장함으로써
이미 본등기까지 마친 권리자와 실질적으로 동일한 법적 지위를 보장하
는 것은 관리인에게 선택권을 부여하여 정리회사의 갱생을 도모하려는

---

175) 문구에 일부 차이가 있기는 하나, 채무자회생법 제331조에서도 파산절차에
    관하여 거의 동일한 내용을 규정하고 있다.
176) 임준호, "소유권이전등기청구권 보전의 가등기와 쌍방미이행의 쌍무계약에
    대한 해제권", 상사판례연구Ⅴ, 박영사, 2000, 223-225면.

구 회사정리법 제103조의 입법취지에 반한다는 견해도 존재한다.177) 이 견해에서는 특히 구 회사정리법 제58조 제1항 본문에서 회사정리절차 이후에 한 가등기에 효력을 인정하지 않은 것은 그 가등기에 대하여는 부동산등기법이 정한 순위보전의 효력이 인정되지 않는다는 것이고, 동 항 단서 규정에 의하여 가등기의 효력을 주장할 수 있는 경우에는 그 가 등기에 기한 본등기가 경료되었을 때 가등기 시점을 기준으로 권리의 우선순위를 보장받을 수 있다는 의미에 그치는 것이라고 하는데,178) 타 당한 해석이라고 생각한다. 현실적으로 가등기권리자를 보호해야 할 필 요성이 있다는 점을 인정하더라도, 특별한 근거 없이 법 규정의 본래 입 법취지를 달리 해석하면서까지 가등기권리자를 우대하는 것은 타당하지 않다.

일본의 경우 회사갱생법 제56조와 파산법 제49조에서도 도산절차개 시 이전의 등기원인에 기하여 도산절차개시 이후에 경료한 가등기의 효 력에 관하여 규정하고 있다. 여기서 채무자회생법 제66조 및 제331조와 차이가 나는 부분은 일본의 회사갱생법 제56조와 파산법 제49조에 따라 도산절차에 대해 효력을 주장하지 못하는 가등기의 범위는 일본 부동산 등기법 제105조 제1호의 가등기로 한정된다는 점이다. 일본 부동산등기 법 제105조 제1호의 가등기란 등기신청 당시 등기소에 제출하여야 할 서류 중 법무성령에서 정한 바에 따른 일부가 구비되지 않은 경우 등 절 차상 일부 요건을 결한 경우에 경료하는 가등기를 의미하며,179) 권리의 설정·이전·변경·소멸의 청구권보전을 위한 가등기에 관하여는 동조 제2 호에서 정한다(위 대법원 판결 사안에서 문제된 매매계약에 따른 소유

---

177) 박병대(주 140), 487-489면; 박승두, "도산절차상 미이행쌍무계약의 해결방안", 산은조사월보, 한국산업은행, 2000. 5., 30면; 백창훈/임채홍(주 151), 355면.

178) 박병대(주 140), 488면.

179) 부동산등기법 제105조 제1호에서 정한 가등기의 구체적인 내용에 관하여는 条解 破産法, 第49条, 372-373頁 참조.

권이전을 보전하기 위한 가등기가 이에 해당한다).

이와 같이 회사갱생법과 파산법에서 권리의 설정·이전·변경·소멸의 청구권보전을 위한 가등기의 효력에 관하여 명시적으로 규정하고 있지 않았기 때문에, 종래 이를 어떻게 취급할 것인가에 대해 학설상 견해가 대립되었다. 그런데 최근에는 일본 부동산등기법 제105조 제1호의 가등기는 실체법적인 권리관계가 모두 확정된 상태에서 다만 절차적인 요건을 아직 구비하지 못해 등기신청서류를 제출할 수 없는 상태에서 이루어지는 가등기인 반면, 동조 제2호의 가등기는 조건 내지는 기한 등 일정한 제한에 실체법적인 권리관계가 아직 확정되지 않은 상태이므로 양자를 질적으로 달리 취급하는 것이 타당하다고 해석하는 견해가 지배적이다.180) 이에 따르면 일본 부동산등기법 제105조 제1호와는 달리 명문의 규정이 없는 회사갱생절차 또는 파산선고 이전에 경료된 동조 제2호 가등기의 경우 이후 관리인이나 파산관재인을 상대로 효력을 주장할 수 없으므로 당해 가등기에 기한 본등기청구를 할 수 없다.181)

이와 같이 도산절차개시 전에 경료된 가등기의 효력과 관련하여 우리나라와 일본의 법 규정 및 해석론은 상이하다. 일본에서 도산절차개시 전에 경료된 가등기의 효력이 도산절차개시 후에도 인정되는 경우는 부동산등기법 제105조 제1호의 가등기에 제한되는데, 채무자회생법 제66조와 제331조에서는 등기원인이나 종류를 불문하고 등기 및 가등기라고 일률적으로 규정하고 있어 논란의 소지가 크다. 채무자회생법 제66조 및 제331조는 본래의 입법취지에 따라 가등기의 순위보전적 효력에 관한 규정으로 보아야 하고, 가등기에 기한 본등기청구권을 절대적으로 보장하는 내용으로 해석하기는 어렵다고 생각한다.

---

180) 宗田親彦, 破産法槪說(新訂第二版), 慶應義塾大學出版會, 2005, 147頁; 注解 破産法, 第55条(吉永順作), 213頁.

181) 宗田親彦(주 180), 147頁; 注解 破産法, 第55条(吉永順作), 214頁; 条解 破産法, 第49条, 374頁.

4. 부수적이지 않은 채무의 미이행일 것

가. 해석론

우리나라에서는 일반적으로 미이행의 대상이 되는 채무는 계약의 주된 채무이어야 하고, 단순히 부수적인 채무에 불과한 경우에는 이를 미이행한 경우라고 하더라도 미이행 쌍무계약 특칙이 적용되지 않는다고 해석한다.[182] 미이행 부분이 사소한 부분이라면 미이행 쌍무계약에 관한 규정이 적용될 수 없으며, 중요한 부분을 이행하지 않고 있는 경우에 특칙이 적용된다는 것이다. 이는 부수적 채무를 불이행한 경우에는 손해배상책임은 발생하지만 해제 또는 해지는 허용되지 않는다는 판례 법리와 동일하게 해석할 수 있을 것이라는 견해가 있다.[183]

판례의 입장도 동일하다. 대법원은 도산절차개시 당시 이미 상대방이 주된 급부의무의 이행을 완료한 상태에서 오직 부수적인 의무만이 남아 있고 그것이 계약을 좌우할 성질의 것이 아니라면 미이행 쌍무계약의 특칙에 따라 관리인 또는 파산관재인이 채무의 이행을 선택할 경우 상대방이 채무자에 대해 가지는 채권을 공익채권 내지는 재단채권으로 취급하는 것은 타당하지 않다고 하였다.[184]

---

182) 서울회생법원(주 137), 167면.
183) 김재형, "도산절차에서 담보권자의 지위", 민법론Ⅲ, 박영사, 2007, 219-220면.
184) 대법원 1994. 1. 11. 선고 92다56865 판결. 이 판결에서는 정리회사의 공유수면 매립공사에 적극 협력하기로 하는 채무가 회사정리절차개시 당시 아직 이행되지 아니한 상태에서 관리인이 채무자의 채무를 이행한 경우 상대방이 채무자에 대해 가지는 청구권이 구 회사정리법 제208조 제7호의 공익채권에 해당하는지 여부가 문제되었는데, 대법원은 "회사정리법 제208조 제7호에서 같은 법 제103조 제1항의 규정에 의하여 관리인이 채무의 이행을 하는 경우에 상대방이 가진 청구권을 공익채권으로 규정한 것은 관리인이 상대방의 이행을 청구하려고 하는 경우에는 계약상의 회사의 채무도 이를 이행하도록 함으로

나. 검토

이는 결국 미이행 쌍무계약에서 이행이 완료된 상태의 경계를 어떻게 획정할 것인가의 문제라고 할 수 있다. 도산절차개시 이전에 채무의 이행을 완료한 계약 상대방의 채권이 회생채권 내지는 파산채권으로 취급되는 반면에 미이행 쌍무계약의 경우에는 관리인이나 파산관재인이 계약의 이행을 선택할 경우 상대방의 채권은 공익채권 또는 재단채권으로 취급되므로 상대방에게 보다 유리하다.185) 따라서 주된 급부는 모두 이행되었으나 부수의무의 이행만이 남아 있는 상태라면 다른 회생채권자나 파산채권자들과의 형평상 이러한 경우까지 미이행 쌍무계약의 법리를 적용하여 계약 상대방의 권리를 보호할 필요는 없다고 볼 수 있다.

채무자회생법에서 계약의 주된 급부의무에 해당하는지 아니면 부수의무에 불과한지를 구분하는 별도의 기준을 두고 있는 것은 아니므로, 주된 급부의무와 부수의무의 구별은 결국 민법상의 원칙에 의하여야 할 것이다. 대법원은 계약상의 의무 가운데 주된 채무와 부수적 채무를 구별함에 있어서는 급부의 독립된 가치와는 관계없이 계약을 체결할 때 표명되었거나 그 당시 상황으로 보아 분명하게 객관적으로 나타난 당사자의 합리적 의사에 의하여 결정하되, 계약의 내용·목적·불이행의 결과 등의 여러 사정을 고려하여야 한다고 판단하였다.186)

써 양 당사자 사이에 형평을 유지하도록 하자는 데 그 뜻이 있음은 소론과 같으나 이때의 회사와 상대방의 채무는 쌍무계약상 상호 대등한 대가관계에 있는 채무를 의미한다 할 것이고 계약상의 채무와 관련이 있다 하여도 소론과 같은 막연한 협력의무는 특정조차 되지 아니하여 가사 미이행의 경우에도 이를 소구할 수 있는 것도 아니어서 이러한 부수적인 채무는 이에 해당하지 아니한다"고 보아 원심의 판단이 정당하다고 하였다. 원심은 서울고등법원 1992. 11. 10. 선고 92나22802 판결.

185) 관리인과 파산관재인의 선택권 행사와 그에 따른 법률효과에 관하여는 본장의 '제2절 Ⅱ'항 참조.

통상 부수의무는 계약의 목적을 달성하기 위하여 주된 급부의 준비, 확보 또는 완전한 실현에 이바지하는 의무로 주된 급부의무를 보충하는 의미를 갖는 의무를 의미한다. 한편 쌍무계약에서 부수의무는 상대방의 의무와 견련관계에 있지 않고 그 위반이 계약해제권을 발생시키지 않는 다고 해석함이 통설적 입장이다.[187] 대법원도 채무불이행을 이유로 매매계약을 해제하려면, 당해 채무가 매매계약의 목적 달성에 있어 필요불가결하고 이를 이행하지 아니하면 매매계약의 목적이 달성되지 아니하여 매도인이 매매계약을 체결하지 아니하였을 것이라고 여겨질 정도의 주된 채무이어야 하고 그렇지 아니한 부수적 채무를 불이행한 데에 지나지 아니한 경우에는 매매계약 전부를 해제할 수 없다고 하였다.[188] 반면에 종래의 주된 의무와 부수의무의 개념과 분류는 해제권의 발생 여부를 판단하는 데에 유용한 기준이 아니며, 계약을 체결하게 된 경위나 과정, 계약의 내용이나 목적, 채무불이행의 양태와 그 결과, 당사자의 이익 상태 등 채무불이행의 제반사정을 고려해볼 때 해제권을 허여하는 것이 정당한지 여부에 따라 판단하여야 한다는 견해가 있다.[189]

앞서 본 대법원 2005다53705 판결 등에 따를 때 당사자가 계약에 기해 부담하는 의무의 내용이 주된 것인지 아니면 부수적인 것에 불과한지 여부는 결국 객관적·외부적으로 표명된 당사자의 의사와 그 밖에 계약을 둘러싼 여러 가지 사정을 종합적으로 고려하여 판단하여야 한다. 그런데 구체적인 사안에 따라서는 미이행 쌍무계약의 이행 완료 여부를

---

186) 대법원 2005. 11. 25. 선고 2005다53705 판결 등.

187) 곽윤직(주 134), 95면.

188) 대법원 1997. 4. 7.자 97마575 결정. 또한 청주지방법원 2010. 5. 26. 선고 2009가합1075 판결에서도 계약상 부수의무의 불이행에 대하여는 해제권을 인정할 수 없다고 하였다.

189) 최수정, "해제권을 발생시키는 채무불이행-주된 의무와 부수적 의무의 구분에 대한 재검토", 저스티스 제35권 제4호(통권 제68호), 한국법학원, 2002, 83-85면 및 90-91면.

판단하기가 용이하지 않을 수 있다. 우리나라에서는 아직까지 미이행 쌍무계약의 개념이나 요건 그 자체에 관한 분석이나 기존의 법리에 대한 비판적인 논의가 이루어지지는 않고 있는 것으로 보인다. 다양한 유형의 계약에서 미이행 쌍무계약과 관련하여 부수의무의 개념과 범위를 어떻게 획정할 것인가는 실무상 매우 중요한 문제이다.

　　생각건대 이행이 완료되지 않은 의무의 내용이 부수적인지 여부를 판단하기가 어려울 경우에는 일단 미이행 쌍무계약에 해당할 가능성을 열어 두되, 관리인이나 파산관재인이 여러 사정을 감안하여 선택권을 행사하는 것이 적절한지 및 그러한 선택권 행사가 채무자의 재산에 유리하여 궁극적으로 이해관계인 전체의 이익으로 귀속될 수 있는지 여부 등을 종합적으로 고려함이 타당할 것이다. 도산절차의 특성과 제119조 및 제335조의 입법 취지를 고려할 때 미이행 쌍무계약의 요건을 판단함에 있어 일률적으로 의무의 내용이 주된 것인지 부수적인 것인지를 구별하는 것 자체가 중요한 것이 아니며, 구체적인 사안에 따라 관리인이나 파산관재인의 선택권 행사를 허용하는 것이 적절한지를 판단할 수밖에 없을 것이기 때문이다.

　　이와 관련하여 Countryman의 '중대한 위반 기준'을 비롯해 미이행 계약의 개념에 관한 외국에서의 논의들을 참고할 수 있다. '중대한 위반 기준'에 따르면 미이행 계약이란 도산한 채무자와 상대방의 채무가 모두 이행되지 않은 계약으로서 어느 당사자가 의무를 전부 이행하지 않는 것이 상대방 당사자의 의무를 면제시킬 수 있을 정도로 중대한 위반을 구성하는 계약이다.[190] 즉, 어느 당사자가 이행을 완료하지 않은 계약상의 의무가 중대한 것이 아니라면, 이는 미국 도산법에서 정하는 미이행 계약이 아니라 이행이 완료된 계약에 해당한다. 이러한 측면에서 볼 때 적어도 제119조 및 제335조의 적용 여부와 관련하여 의무의 내용을

---

190) Countryman(주 34), p.460.

판단할 때에는 개념적으로 주된 의무와 부수의무를 구분하는 종래의 통설 및 판례의 입장이 아니라 채무 자체의 내용과 그 불이행으로 인한 결과 등을 종합적으로 고려하여 해제권 발생 여부를 판단하는 견해에 따르는 것이 보다 합리적인 결과를 도출할 수 있다.[191]

---

191) 최수정(주 189), 90-91면.

제2절 채무자회생법상 미이행 쌍무계약의 취급

Ⅰ. 서설

채무자회생법 제119조 및 제335조 등에서는 도산절차가 개시된 경우 이러한 절차의 개시를 이유로 종래의 법률관계에 따른 의무를 그대로 이행하거나 또는 계약을 해제할 수 있도록 하고 그에 따라 변경되는 권리의무의 내용을 정하고 있다. 이에 따르면 도산절차가 개시되면 관리인이나 파산관재인은 미이행 쌍무계약의 해제 또는 이행 중 채무자 등에게 유리한 선택을 할 수 있으며, 이러한 관리인의 권한은 여러 가지 측면에서 도산절차에 참가하는 채권의 내용이나 변제방법 등과 관련하여 채권자와 협상할 수 있는 수단으로 기능할 수 있다.[192]

또한 채무자회생법에서 관리인과 파산관재인에게 미이행 쌍무계약에 대한 선택권을 부여한 것은 당사자들 사이에서 계약을 이행하지 않는 것이 바람직한가라는 윤리적 고려와는 상관없이 채무자 등 이해관계인의 이익을 위해 민법과는 별도로 특별히 계약을 해제할 수 있는 권한을 부여한 것이라는 점에 의의가 있다. 이와 같이 관리인의 선택권은 도산절차의 진행과 관련하여 법적으로나 사실적으로나 매우 강력한 권리이다.

---

192) 오수근, 도산법의 이해, 이화여자대학교출판부, 2008, 30-31면.

Ⅱ. 관리인·파산관재인의 선택권 행사와 법률효과

1. 선택권의 내용과 상대방의 최고

가. 관리인·파산관재인의 선택권

(1) 의의

도산절차가 개시되면 관리인과 파산관재인은 미이행 쌍무계약의 해제 또는 해지나 이행을 선택할 수 있다(회파 제119조 제1항, 제335조 제1항).[193] 관리인과 파산관재인은 기본적으로 모든 채권자의 이익을 대표하는 지위에 있으므로, 관리인과 파산관재인의 선택권 행사를 통해 미이행 쌍무계약에 따른 법률관계의 존속 여부를 신속하고 명확하게, 나아가 통일적으로 결말지어 모든 채권자에게 공평한 만족을 보장할 수 있도록 하기 위함이다.[194] 법리상으로 볼 때 관리인과 파산관재인이 먼저 해제권·해지권이나 이행청구권 중 어느 하나를 선택하는 것과 그 후에 선택된 권리를 행사하는 것은 구분하여야 하고 여기서 해제권·해지권이나 이행청구권 중 하나를 선택할 수 있는 지위인 선택권은 형성권이라고 설명하기도 한다.[195]

1962년 1월 20일에 제정되어 같은 날부터 시행된 구 파산법 제50조, 1962년 12월 12일에 제정되어 1963년 1월 1일부터 시행된 구 회사정리

---

193) 임종헌, "파산절차가 미이행계약관계에 미치는 영향", 인권과 정의 제241호, 대한변호사협회, 1996, 27면에서는 일반적으로 도산절차개시 당시 미이행 쌍무계약을 어떻게 처리할 것인가와 관련하여서는 관리인과 파산관재인만이 계약의 이행과 해제를 선택하는 권능을 통해 주도권을 행사하는 방식과 상대방에게도 이행과 해제를 선택할 수 있는 자유를 부여하는 방식을 상정할 수 있는데, 채무자회생법은 전자의 방식을 채택한 것이라고 한다.

194) 임종헌(주 193), 27면.

195) 남효순(주 139), 29-30면.

법 제103조에서도 현행 채무자회생법 제119조 및 제335조와 거의 동일
하게, 관리인과 파산관재인에게 미이행 쌍무계약의 해제나 해지 또는
이행을 선택할 수 있는 권리를 인정하였다. 구 회사정리법과 구 파산법
은 동법의 시행으로 폐지된 의용 파산법 등을 상당 부분 계수하였는데,
그 결과 현행 채무자회생법에서도 일본의 파산법이나 회사갱생법과 동
일하거나 유사한 규정이 적지 않다. 이 때문에 미이행 쌍무계약을 둘러
싼 법률관계를 구체적으로 검토하기 위해 일본에서의 논의를 참고할 필
요가 있는데, 관련 부분에서 상세히 논한다.

(2) 선택권의 행사
(가) 관리인·파산관재인의 권리

　관리인과 파산관재인은 미이행 쌍무계약의 이행 또는 해제·해지를
선택할 수 있는 권한이 있으므로, 상대방은 관리인이나 파산관재인이
선택권을 행사하기 전에 임의로 계약을 이행하거나 관리인이나 파산관
재인에게 계약의 이행을 청구하거나 해제할 수 없다.196) 나아가 관리인
이나 파산관재인이 아직 선택권을 행사하지 않은 상태라면, 관리인이나
파산관재인이 채무를 이행하지 않더라도 그에게 책임 있는 사유로 인하
여 채무불이행에 빠졌다고 할 수는 없다. 따라서 이 경우 상대방은 선택
권을 행사하지 않은 관리인이나 파산관재인의 채무불이행을 이유로 해

---

196) 대법원 1992. 2. 28. 선고 91다30149 판결. 이 판결에서는 회사정리법 제103조
　　제1항 및 제2항의 규정에 의하면 매수인이 매도인인 정리회사에 대한 회사정
　　리절차의 개시결정 당시 매매계약상의 대금지급의무를 완전히 이행하지 아
　　니한 경우 정리회사의 관리인에게 이 매매계약에 관하여 그 계약의 해제나
　　그 이행의 청구를 선택할 권리가 있다 할 것이므로 위 매매계약의 운명은 관
　　리인의 선택권 행사에 관한 재량에 따르게 되어 있고, 그 상대방은 관리인이
　　계약의 이행을 선택하거나 계약의 해제권이 포기된 것으로 간주되기까지는
　　임의로 변제를 하는 등 계약을 이행하거나 관리인에게 계약의 이행을 청구할
　　수 없다고 하였다.

제권을 행사할 수는 없다.197)

관리인이나 파산관재인이 계약의 이행 또는 해제를 상당기간 동안 선택하지 않고 있는 경우는 어떠한가. 법 문언에 따를 때 미이행 쌍무계약에 대한 선택권 행사는 관리인과 파산관재인의 권리이지 의무는 아니다. 따라서 관리인이나 파산관재인이 선택권 행사를 게을리 했다고 하더라도 이는 업무상 부담하는 주의의무 위반이 되는 것은 별론으로 하고 상대방에 대해 불법행위를 구성하는 것은 아니다(회파 제82조 제1항, 제361조 제1항).198) 이 경우 계약의 존속 여부가 불확실한 상태에 놓이게 되어 법률관계가 장기간 불안정해질 우려가 있으나, 아래 '나'항에서 논하는 바와 같이 이러한 경우 상대방은 관리인이나 파산관재인에게 최고권을 행사하여야 할 것이다. 대법원은 관리인이 제119조 제1항 단서에서 정한 기한 내에 선택권을 행사한 것이고 상대방의 최고도 없었다면 회생절차가 개시된 때로부터 상당기간이 경과한 후에 관리인이 해제권을 행사하였다고 하더라도 이러한 해제권 행사는 적법하다고 하였다.199)

(나) 선택권 행사의 범위

관리인 또는 파산관재인이 미이행 쌍무계약 중 일부만의 이행을 선택하고 나머지는 해제 또는 해지하는 선택을 할 수 있는지 문제된다. 우

---

197) 백창훈/임채홍(주 151), 360면.

198) 백창훈/임채홍(주 151), 356면.

199) 대법원 2003. 5. 16. 선고 2000다54659 판결. 이 판결에서는 구 회사정리법 제103조 제1항의 규정에 따라 관리인이 미이행 쌍무계약에 관하여 그 계약을 해제 또는 해지하거나 회사채무를 이행하고 상대방의 채무이행을 청구할 수 있는 선택권은 동조 제2항의 규정에 의한 상대방의 최고가 없는 한 그 행사의 시기에 제한이 있는 것은 아니라고 할 것이므로 정리절차개시 후 상당기간이 경과된 뒤에 관리인이 해제권을 행사하였다거나 부인권의 행사와 선택적으로 행사되었다는 등의 사정만으로는 그 해제권의 행사가 실기한 공격방어방법에 해당하거나 신의칙에 반하는 것으로서 권리남용에 해당한다고는 할 수 없다고 하였다.

리나라에서는 계약의 전부에 대하여 이행을 선택하여야 한다고 전제하고 실무를 처리하고 있는 것으로 보인다.[200)

이 문제는 계약의 내용 또는 계약을 통해 달성하고자 하는 결과가 가분적인지 여부와 관련하여서도 생각해볼 수 있다. 계약의 내용 등이 불가분적이라면 관리인이나 파산관재인은 계약의 전부에 대해 선택권을 행사하여야 할 것이고, 일부의 이행 선택이 가능한지 여부는 문제될 여지가 없을 것이다. 반면에 계약의 내용 등이 가분적이라면 계약 일부만의 이행을 선택하는 것도 가능하지 않은가라는 의문이 생길 수 있다. 채무자회생법에서는 계약 내용 등의 가분성에 관하여 명시적인 규정을 두고 있지 않다. 독일 도산법 제105조에서는 가분급부(teilbare Leistungen)의 경우 채무자에 대한 도산절차개시 이전에 상대방이 자신의 급부의 일부를 이행한 때 상대방은 도산채권자로서 자신이 이행한 급부에 상응하는 반대급부를 청구할 수 있으나, 상대방의 반대급부청구권이 이행되지 않았다고 하더라도 상대방이 일부 이행하여 도산재단에 속한 자신의 급부를 반환할 것을 청구할 수는 없다고 규정하고 있다.

그런데 현행 채무자회생법의 해석상 가분적인 계약에서 일부 이행을 선택하거나 전부 이행을 선택하는 각각의 경우, 법률효과에 별다른 차이는 없는 것으로 보인다. 먼저 계약 전부의 이행을 선택하는 경우라면 이행이 선택된 이후에 발생하는 상대방의 채권은 공익채권 또는 재단채권으로 취급되지만(회파 제179조 제1항 제7호, 제473조 제7호), 그 이전에 발생한 채권은 회생절차개시 또는 파산선고 전의 원인에 기한 것이므로 회생채권 또는 파산채권에 해당한다(회파 제118조 제1호, 제423조). 계약 일부의 이행을 선택한다고 하더라도 이행을 선택한 이후에 발생하는 상대방의 채권만이 공익채권 또는 재단채권에 해당한다는 점에서 계약 전부의 이행을 선택하는 경우와 동일하다. 이는 채무자회생법

---

200) 서울회생법원(주 137), 170면.

에서 관리인이나 파산관재인이 계약의 이행을 선택한 경우 이행 선택 이후에 발생한 채권만을 공익채권 내지 재단채권으로 취급하고 있는 것에서 비롯된다. 즉, 채무자회생법에서는 계약 내용의 가분성 여부를 불문하고 관리인이나 파산관재인이 이행을 선택한 시점을 기준으로 상대방이 갖는 권리 내용을 다르게 취급하고 있기 때문에 계약 내용의 가분성 여부를 논할 실익은 크지 않다고 생각한다.

(다) 선택권 행사의 기준

관리인과 파산관재인이 미이행 쌍무계약의 이행 또는 해제·해지 중 어느 하나를 선택하는 기준이 무엇인지 생각해본다. 무엇보다도 가장 중요한 기준은 어느 방안이 채무자의 회생이나 청산에 이익이 되는지 여부일 것이다. 즉, 도산절차개시 당시 양 당사자가 의무의 이행을 완료하지 않은 계약의 이행을 선택하는 경우와 해제·해지를 선택하는 경우 그로 인해 발생하는 결과를 비교형량하여 채무자에게 보다 유리한 경우를 선택할 것이다.

채무자에 대한 이익의 유무나 유·불리 여부는 대체로 경제적인 이익의 규모에 따라 좌우될 것으로 보인다. 아래 '2'항 이하에서 상세히 논하는 바와 같이 관리인과 파산관재인이 계약의 이행을 선택한다면 관리인과 파산관재인은 상대방에 대해 계약상의 의무를 이행하여야 하고 상대방 역시 그가 부담하는 의무를 이행하여야 한다. 반면에 관리인과 파산관재인이 계약의 해제나 해지를 선택한다면 상대방에 대한 계약상의 의무를 이행할 필요는 없지만 이로 인해 상대방은 손해배상채권을 갖게 된다. 상대방의 손해배상채권은 우선권 없는 일반의 회생채권 또는 파산채권에 해당하므로(회파 제121조 제1항, 제337조 제1항), 관리인과 파산관재인은 통상 회생계획에서 정하는 바에 따라 또는 파산재단의 환가를 통해 그 상대방이 입은 손해의 일부만을 변제하게 될 것이다. 관리인과 파산관재인이 계약을 이행할 경우에는 손해가 발생하는 상황이라

고 가정해보자. 이 경우 계약을 해제 또는 해지함으로 인하여 상대방이
갖게 되는 손해배상채권 중 실제로 변제되는 금액의 규모가 계약을 이
행함으로 인하여 발생하는 손해액보다 적다면, 관리인과 파산관재인은
손해배상의무의 부담을 감수하고서라도 계약의 해제나 해지를 선택할
것이다.

나. 상대방의 최고권

계약의 이행 또는 해제 여부는 전적으로 관리인과 파산관재인이 결
정한다. 따라서 관리인과 파산관재인이 선택권을 행사하지 않고 있는
경우, 상대방은 계약의 존속 여부를 알 수 없어 불안정한 지위에 놓일
우려가 크다. 이에 대비하여 채무자회생법에서는 상대방이 관리인과 파
산관재인에게 선택권 행사 여부를 최고할 수 있도록 하고 그에 따른 법
률효과를 정하고 있다.

(1) 회생절차의 경우

상대방은 관리인에 대해 선택권 행사 여부를 최고할 수 있다(회파 제
119조 제2항). 즉, 상대방은 관리인에 대하여 계약의 해제나 해지 또는
그 이행의 여부를 확답할 것을 최고할 수 있다. 관리인이 이에 확답을
하여 선택권을 행사한 경우에는 그에 따른 법률효과가 발생할 것이나,
만일 관리인이 상대방의 최고를 받은 후 30일 이내에 확답을 하지 않는
다면 이때는 관리인이 해제·해지권을 포기한 것으로 본다.

(2) 파산절차의 경우

파산절차의 경우에도 상대방은 파산관재인에 대하여 이행 또는 해제
선택의 확답을 최고할 수 있으나, 파산관재인이 확답을 하지 않는 경우
에는 계약을 해제한 것으로 본다는 점에서 회생절차와는 차이가 있다

(회파 제335조 제2항). 회생절차는 채무자 사업의 계속을 전제로 하나 파산절차는 채무자의 청산을 예정한 절차이므로, 파산절차의 경우 법률관계의 신속한 종료를 위해 계약이 해지된 것으로 간주한다.

2. 이행을 선택하는 경우

가. 채무자의 계약상 지위의 승계

회생절차개시결정이 있는 때에는 채무자의 업무 수행과 재산의 관리 및 처분을 하는 권한은 관리인에게 전속한다(회파 제56조 제1항).[201] 파산절차의 경우에도 채무자가 파산선고시에 가진 모든 재산은 파산재단을 구성하고(회파 제382조), 파산재단을 관리 및 처분할 권리는 파산관재인에게 전속한다(회파 제384조). 즉, 관리인과 파산관재인은 채무자의 포괄승계인과 같은 지위를 갖게 된다.[202]

그러므로 관리인과 파산관재인이 미이행 쌍무계약의 이행을 선택하면, 관리인과 파산관재인은 이행을 선택한 계약상의 채무자 지위를 승계한다. 관리인과 파산관재인은 회생절차 또는 파산절차개시 당시를 기준으로 채무자가 상대방에게 주장할 수 있었던 권리를 주장할 수 있고, 상대방 역시 채무자에게 주장할 수 있었던 권리를 관리인과 파산관재인에게 주장할 수 있다.[203]

---

201) 대법원 1974. 6. 25. 선고 73다692 판결.
202) 서울중앙지방법원 파산부 실무연구회(주 154), 101면. 관리인과 파산관재인은 채무자와는 별도의 독립적 지위를 갖는 공적 수탁자이다.
203) 백창훈/임채홍(주 151), 357면.

나. 관리인·파산관재인의 이행의무

채무자회생법에 따르면 관리인과 파산관재인이 계약의 이행을 선택한 경우에는 채무자의 채무를 이행하고 상대방의 채무이행을 청구할 수 있다(회파 제119조 제1항, 제335조 제1항). 관리인과 파산관재인이 이행을 선택한 경우 법 문언에 충실하게 먼저 채무자의 채무를 이행하여야 하는지 아니면 양자의 이행이 동시이행관계에 있다고 볼 것인지가 문제된다.

이에 대하여는 관리인과 상대방의 계약관계에는 민법 제536조 이하가 적용되므로, 당사자 일방이 계약상 또는 채무의 성질상 선급부의무를 부담하는 경우가 아닌 한 양 당사자의 의무는 동시이행관계에 있다고 해석함이 일반적이다.[204] 이와는 달리 도산절차가 개시된 채무자는 일단 채무불이행의 가능성이 높고 채무를 이행하는 경우에도 엄격한 법집행절차에 따라야 하므로, 상대방에 대한 형평성을 보장하기 위해서는 관리인과 파산관재인이 먼저 자신의 채무에 대한 이행의 제공을 해야 한다고 해석하는 견해도 있다.[205] 후자의 견해에서는 미국 도산법의 경우 관리인이 이행을 선택하기 위해서는 미이행 채무를 이행하거나 조속한 시일 내에 이를 이행할 것이라는 보증을 제공하여야 한다는 점 등을 근거로 제시하고 있다.

상대방에 대한 형평성을 중시하여 채무자회생법의 문언 그대로 관리인과 파산관재인이 선급부의무를 부담한다고 해석하는 견해도 일리가 있다. 그러나 관리인과 파산관재인이 이행을 선택하는 경우 아래 논하는 바와 같이 상대방이 채무자에 대해 갖는 채권은 공익채권 또는 재단채권으로 취급되므로, 이로써 상대방은 충분히 보호될 수 있다. 관리인

---

204) 백창훈/임채홍(주 151), 357-358면.
205) 박승두(주 177), 30면.

과 파산관재인이 먼저 상대방에 대한 급부를 이행하여야 한다면 반대로 상대방의 채무불이행 위험을 차단하기가 어려울 수 있다. 한편 선급부 의무를 부담한다고 주장하는 견해에서 근거로 제시하는 미국 도산법의 규정은 관리인이 미이행 계약의 이행을 선택하기 전에 이미 채무불이행 이 존재하는 경우 계약의 이행을 선택하기 위해서는 그러한 채무불이행 상태를 치유해야 한다는 취지의 내용이므로 동시이행항변권이 배제되어 야 하는 적절한 근거라고 보기 어렵다.

생각건대 관리인과 파산관재인은 계약상의 채무자 지위를 그대로 승 계하므로, 관리인과 파산관재인이 이행을 선택한 경우 민법상 동시이행 항변권의 적용을 배제할 특별한 이유는 존재하지 않는다. 채무자회생법 에서 미이행 쌍무계약에 관한 특칙을 둔 이유, 특히 계약의 이행을 선택 한 경우 상대방의 권리를 공익채권이나 재단채권으로 보호함으로써 도 산절차가 개시되기 이전부터 존재하는 쌍무계약상의 대가관계나 동시이 행관계를 도산절차 내에서도 관철시킬 수 있게 된다는 취지에 비추어 볼 때는 더욱 그러하다.206) 따라서 계약상 또는 채무의 성질상 선급부 의무를 부담하는 경우가 아닌 한 미이행 쌍무계약의 이행을 선택한 경 우 양 당사자의 채무는 동시이행관계에 있다고 해석함이 타당하다.

다. 상대방의 채권

관리인과 파산관재인이 이행을 선택하는 경우 상대방이 채무자에 대 해 가지는 채권은 회생절차의 경우 공익채권, 파산절차의 경우 재단채 권에 해당한다(회파 제179조 제1항 제7호, 제473조 제7호). 관리인이나 파산관재인이 이행을 선택하면 상대방은 계약상 자신이 부담하는 의무

---

206) 中西正(주 101), 497-503頁; 河野正憲(주 101), 278-281頁; 大コンメンタル破産 法, 第53条(松下淳一), 204-206頁.

를 전부 이행하여야 하므로, 상대방이 채무자에 대해 갖는 채권도 회생
채권이나 파산채권이 아니라 공익채권 또는 재단채권으로 인정하는 것
이 형평에 부합하고, 쌍무계약상의 대가관계나 동시이행관계를 도산절
차 내에서도 유지한다는 취지이다. 관리인이나 파산관재인이 이행을 선
택하기 이전에 발생한 상대방의 채권은 회생절차개시 또는 파산선고 이
전의 원인에 기한 것이므로 회생채권 내지 파산채권에 해당함이 원칙이
다(회파 제118조 제1호, 제423조). 다만 대법원은 건설도급계약의 경우
관리인이 계약의 이행을 선택하기 이전에 발생한 공사대금채권도 이행
선택 이후에 발생한 채권과 마찬가지로 공익채권에 해당한다고 보는데,
이에 관하여는 제4장에서 상세히 논한다.

　　공익채권은 회생절차에 의하지 아니하고 수시로 변제할 수 있으며,
회생채권과 회생담보권에 우선하여 변제된다(회파 제180조 제1항, 제2
항). 재단채권 역시 파산절차에 의하지 아니하고 수시로 변제할 수 있으
며, 파산채권에 우선하여 변제된다(회파 제475조, 제476조). 따라서 관
리인과 파산관재인이 미이행 쌍무계약의 이행을 선택한 경우 이행 선택
이후에 발생한 채권에 관하여 상대방인 채권자는 일반의 회생채권자 또
는 파산채권자에 비해 유리한 지위를 갖는다.

3. 해제·해지를 선택하는 경우

가. 법률효과

(1) 규정의 의의
(가) 특징
　　채무자회생법 제121조 제2항 및 제337조 제2항은 해제와 해지를 함
께 규정하고 있으며, 일반적으로 동조는 원상회복과 관련한 조항이라고
설명한다.207) 그러나 계약 당사자들 간의 원상회복은 계약이 해제되었

을 경우에 문제될 수 있는 것이지 계약의 해지를 전제로 한 개념은 아니다. 따라서 채무자회생법 제121조 제2항 및 제337조 제2항은 계약 당사자 간의 해제에 따른 원상회복관계 및 해지에 따른 청산관계와 관련한 규정이다.

(나) 해제의 경우

계약 해제시 발생하는 법률효과와 관련하여 종래 직접효과설과 청산관계설이 대립되어 있다. 우리나라 통설과 판례는 직접효과설을 따르고 있다고 해석되며, 특히 판례는 직접효과설 중 물권행위의 유인성을 인정하는 입장이다.[208] 이에 따를 때 계약 해제시 채권행위로서의 계약은 소급적으로 소멸하고 그 결과 그와 유인적 관계에 있는 물권행위의 효력도 소급적으로 소멸하기 때문에 해제로 인해 이전되었던 물권은 당연히 복귀한다.[209]

관리인과 파산관재인이 채무자회생법에 따라 미이행 쌍무계약을 해

---

207) 서울회생법원(주 137), 170-171면.

208) 대법원 1977. 5. 24. 선고 75다1394 판결(우리 법제가 물권행위의 독자성과 무인성을 인정하고 있지 않은 점과 민법 제548조 제1항 단서가 거래안정을 위한 특별규정이라는 점을 생각할 때 계약이 해제되면 그 계약의 이행으로 변동이 생겼던 물권은 당연히 그 계약이 없었던 원상태로 복귀한다고 판단한 사안); 대법원 1982. 11. 23. 선고 81다카1110 판결(계약 해제에 대비하여 매도인의 소유권이전등기청구권을 가등기한 사안에서 매매계약이 해제되면 그 계약의 이행으로 변동이 생겼던 물권은 당연히 그 계약이 없었던 원상태로 복귀한다고 판단한 사안); 대법원 1989. 9. 12. 선고 88누10916 판결(증여나 증여의제 되는 양도계약이 해제된 경우 증여세의 부과 가부가 문제된 사안에서 증여나 상속세법 제34조 1항에 의하여 증여한 것으로 보게 되는 재산의 양도가 있는 경우라도 과세관청에서 증여를 과세원인으로 하는 부과처분 전에 그 양도계약이 적법하게 해제되고 그 해제에 의한 말소등기가 된 때에는 그 계약의 이행으로 생긴 물권변동의 효과는 소급적으로 소멸하고 증여나 증여로 볼 수 있는 양도는 처음부터 없었던 것으로 본 사안).

209) 民法注解 XIII, 제548조(金龍德), 312면.

제한 경우 그 법률효과는 민법상의 해제에 따른 법률효과와 동일하다.[210] 따라서 채무자회생법 제119조 제1항 및 제335조 제1항에 따라 관리인과 파산관재인이 계약을 해제하는 경우 계약의 효력은 소급적으로 소멸한다(직접효과설). 여기서 해제의 효과는 종국적이므로 향후 회생절차나 파산절차가 폐지된다고 하더라도 해제로 소멸된 계약의 효과가 부활하는 것은 아니다.[211] 이와 같은 통설과 판례의 입장에 따를 때, 채무자회생법 제121조 제2항 및 제337조 제2항에 기해 상대방이 채무자에게 반환을 청구할 수 있는 권리는 상대방이 채무자에게 이전된 반대급부의 소유권이 복귀한 상태에서 행사하는 환취권에 해당한다.[212]

(다) 해지의 경우

해지란 계속적 계약관계에서 일방적 의사표시로 계약의 효력을 장래에 향하여 소멸케 하는 행위이며(민법 제550조), 해제와 달리 소급효가 인정되지 않는다. 당사자들은 지금까지 계속된 계약관계를 정리해야 할 의무, 즉 청산의무(Abwicklungspflicht)를 부담한다.[213] 예를 들면 임대차계약이 해지되면 임차인은 목적물을 반환할 의무를 부담하게 되는데, 이는 계약의 종료에 따른 채권·채무가 임대차계약의 성질과 미리 약정한 바에 따라 정하여지는 것이다.[214] 해지시 당사자들의 청산의무는 계약이 해제된 경우 계약이 체결되기 이전의 상태로 법률관계가 회복되는 것과는 차이가 있다. 본서에서는 편의상 채무자회생법 제121조 제2항 및 제337조 제2항에 관한 논의를 원상회복에 관한 사항이라고 통칭한다.

---

210) 백창훈/임채홍(주 151), 358면.
211) 백창훈/임채홍(주 151), 358면.
212) 회생절차개시는 채무자에게 속하지 아니하는 재산을 채무자로부터 환취하는 권리에 영향을 미치지 아니한다(회파 제70조).
213) 民法注解 XⅢ, 제548조(金龍德), 327면.
214) 民法注解 XⅢ, 제548조(金龍德), 327면.

(2) 계약 상대방의 권리

관리인 또는 파산관재인이 계약을 해제·해지하는 경우, 계약 상대방에 대하여는 손해배상과 급부의 원상회복이 문제될 수 있다.

(가) 손해배상채권

계약 상대방이 채무자에 대해 갖는 손해배상채권은 회생채권 또는 파산채권에 해당한다(회파 제121조 제1항, 제337조 제1항). 즉, 계약 상대방은 계약의 해제·해지로 인해 발생한 손해에 관하여 회생채권자 또는 는 파산채권자로서 권리를 행사할 수 있다.

파산절차의 경우 해제로 인해 상대방이 갖는 손해배상채권은 채무자회생법 제446조 제1항 제2호에서 정한 파산선고 후의 불이행으로 인한 손해배상액 및 위약금에 해당하므로 후순위파산채권으로 되어야 하나, 공평을 위해서 일반 파산채권으로 승격시킨 것이라는 견해가 있다.[215] 그러나 해제로 인해 계약이 무효로 됨에 따라 상대방이 갖는 손해배상채권은 파산선고 이후에도 계약이 유효하게 존속한다는 것을 전제로 그 의무를 불이행한 경우에 발생하는 손해배상채권과는 그 성격이 다르다. 해제로 인해 상대방이 갖는 손해배상채권은 파산선고 전의 원인으로 생긴 청구권으로서 본래부터 일반 파산채권에 해당한다고 해석함이 타당할 것이다(회파 제423조).

(나) 원상회복

계약 상대방이 채무자에 대해 급부의 일부를 이행한 상태에서 관리인이나 파산관재인이 계약의 해제·해지를 선택한 경우, 채무자가 받은 반대급부가 채무자의 재산 중에 현존하는 때에는 상대방이 그 반환을 청구할 수 있으며, 현존하지 아니하는 때에는 상대방이 그 가액의 상환에 관하여 공익채권자 또는 재단채권자로서 권리를 행사할 수 있다(회

---

215) 서울회생법원(주 154), 191면.

파 제121조 제2항, 제337조 제2항). 여기서 계약 상대방이 채무자에게 이행한 급부의 현존 여부는 민법의 법리에 따라 판단하여야 할 것이다. 대법원은 일반적으로 급부의 내용이 금전이라면 소비 여부를 불문하고 현존하는 것으로 추정하고,216) 그 성질상 계속적으로 반복하여 거래되는 물품으로서 곧바로 판매되어 환가될 수 있는 금전과 유사한 대체물도 마찬가지라고 한다.217)

계약이 해제된 경우 당사자가 부담하는 원상회복의무는 부당이득반환의 성격을 가지므로,218) 수익자는 상대방에게 민법 제548조에 따라 받은 이익 전부를 반환하여야 한다.219) 원물반환의 경우 수익자는 받은 급부를 그대로 반환하여야 하며, 반환 대상에는 원물로부터 발생한 과실이나 사용이익도 포함된다. 따라서 관리인이나 파산관재인이 계약을 해제한 경우 상대방은 본래 급부한 물건은 물론 채무자가 그 물건을 사용하여 얻은 이익의 반환도 청구할 수 있다.220) 원물반환의 대상 급부가 금전인 경우, 계약 상대방은 채무자가 금전을 받은 날로부터의 이자도 청구할 수 있다(민법 제548조 제2항).221)

---

216) 대법원 1996. 12. 10. 선고 96다32881 판결; 대법원 2009. 1. 15. 선고 2008다 58367 판결.

217) 대법원 2009. 5. 28. 선고 2007다20440 판결.

218) 대법원 1962. 3. 29. 선고 4294민상1429 판결.

219) 대법원 1998. 12. 23. 선고 98다43175 판결에 의하면, 계약해제의 효과로서 원상회복의무를 규정한 민법 제548조 1항 본문은 부당이득에 관한 특별규정의 성격을 가진 것이어서, 그 이익 반환의 범위는 이익의 현존 여부나 선의·악의 불문하고 특단의 사유가 없는 한 받은 이익의 전부이다. 대법원 1997. 12. 9. 선고 96다47586 판결 등 다수.

220) 대법원 2000. 2. 25. 선고 97다30066 판결에 의하면, 계약 해제로 인하여 계약 당사자가 원상회복의무를 부담함에 있어서 당사자 일방이 목적물을 이용한 경우 그 사용에 의한 이익을 상대방에게 반환하여야 한다.

221) 대법원 2003. 7. 22. 선고 2001다76298 판결에 의하면, 민법 제548조 제2항에서 말하는 이자의 반환은 원상회복의무의 범위에 속하는 것으로 일종의 부당이

　반대급부가 채무자의 재산에 현존하지 아니하여 계약 상대방이 가액의 상환을 청구할 경우, 어느 시점을 기준으로 반환대상 가액을 산정할 것인지가 문제된다. 민법 제548조에 따른 원상회복의 경우 가액반환시 그 가액의 산정기준시점에 관하여는 견해가 대립된다. 원물반환이 처음부터 불가능한 급부(노무의 제공과 같은 무형의 급부 등)의 경우에는 해제 당시의 가격을 기준으로 하는 견해와 급부 당시의 가격을 기준으로 하는 견해 중 후자가 다수의 입장이다.222) 본래 원물반환이 가능하였으나 물건의 멸실·훼손·소비 등으로 인하여 반환이 불가능해진 경우에는 해제 당시의 가격을 기준으로 하여야 한다는 견해와 반환 당시의 가격으로 해야 한다는 견해 중 전자가 다수의 입장이다.223) 매매계약이 해제되어 계약 당사자들이 원상회복의무를 부담하고 있는 상태에서 일방 당사자가 원상회복의무를 이행할 수 없게 된 경우와 같이 원상회복의무가 계약 해제 이후에 이행불능이 된 경우에는 이행불능 당시를 기준으로 가액을 산정한다.224)

　생각건대 급부의 특성상 원물반환이 처음부터 불가능한 경우라면 급부가 이루어질 당시의 가액을 기준으로 하는 것이 당사자 간에 보다 객관적이고 명확하다. 반면에 본래 원물반환이 가능했으나 물건의 멸실 등으로 반환이 불가능해진 경우라면, 반환의무자에 의해 가액의 범위가 좌우되는 것은 부당하므로 반환 당시의 가격이 아니라 해제시를 기준으로 가액을 산정함이 원물반환의 취지에 보다 부합할 것이다.225)

득반환의 성질을 가지는 것이지 반환의무의 이행지체로 인한 손해배상은 아니다.
222) 이은영, 채권각론(제5판), 박영사, 2005, 262면; 곽윤직(주 134), 105면; 民法注解 XIII, 제548조(金龍德), 321면.
223) 곽윤직(주 134), 105면; 民法注解 XIII, 제548조(金龍德), 321면. 이와는 달리 반환 당시의 가격이라는 견해는 이은영(주 222), 261면.
224) 대법원 1998. 5. 12. 선고 96다47913 판결.
225) 백창훈/임채홍(주 151), 359면에서는 가액반환시의 금액은 관리인이 미이행

나. 해제권·해지권 행사의 기한

(1) 회생절차의 경우

관리인은 회생계획안 심리를 위한 관계인집회가 끝나기 전 또는 채무자회생법 제240조의 규정에 의한 서면결의에 부치는 결정이 있기 전까지만 미이행 쌍무계약에 대한 해제권을 행사할 수 있다(회파 제119조 제1항 단서). 회생계획안 심리를 위한 관계인 집회는 실무상 제2회 관계인집회를 의미하며(회파 제224조 본문), 제3회 관계인집회는 심리를 마친 회생계획안의 결의를 위한 집회이다(회파 제232조). 법원은 대부분의 사안에서 제2회 관계인집회, 제3회 관계인집회 및 추후 보완신고된 회생채권 등에 대한 특별조사기일을 병합하여 실시하고 있다(회파 제186조). 한편 채무자회생법 제240조에 따른 서면에 의한 결의제도란 회생계획안의 심리 및 의결을 위한 관계인집회를 개최하지 않고 회생채권자, 주주·지분권자 등 의결권자가 회생계획안에 동의하는지 여부를 서면으로 회답하여 회생계획안의 가결 여부를 결정하는 제도를 말한다.226)

이와 같이 관리인의 해제권 행사에 대해 기간을 제한하는 이유는 회생계획안 심리를 위한 관계인집회가 끝난 후 또는 채무자회생법 제240조에 의한 서면 결의에 부치는 결정이 있은 후에는 회생채권의 추후 보완신고를 할 수 없다는 동법 제153조 제3항과의 균형을 고려하였기 때문이다.227) 관리인이 계약을 해제하면 상대방은 회생채권자로서 손해배

쌍무계약을 해제할 당시를 기준으로 산정하여야 한다고 한다.

226) 회생계획안 의결을 위한 관계인집회를 개최할지 아니면 서면결의에 의할지 여부는 법원이 재량으로 정한다. 개인 급여소득자, 소규모 자영업자, 의결권자의 대다수가 원격지에 거주하고 있는 경우, 이해관계인이 지나치게 많아서 집회를 개최하기가 곤란한 경우, 이해관계인이 소수이고 회생계획안에 대한 설명이 이루어져 집회의 형식을 취할 필요가 없는 경우 등이 서면결의에 부치기에 상당하다고 인정되는 예에 해당한다.

227) 서울회생법원(주 137), 168면.

상채권을 행사할 수 있는데, 이를 위해 상대방은 회생절차 내에서 채권을 신고하여야 한다. 그런데 회생채권의 신고기간이 만료된 이후에도 관리인이 해제권을 행사할 수 있다면, 상대방은 그로 인해 발생한 손해배상채권을 더 이상 신고할 수 없어 회생계획에 따라 변제받을 수 없게 된다. 따라서 관리인의 해제권 행사로 손해배상채권을 갖게 된 상대방을 보호하기 위해 관리인의 해제권 행사시기를 회생채권의 추후 보완신고가 가능한 날까지로 제한한 것이다.

채무자회생법 제119조 제1항 단서에서 관리인의 해제권 행사시기를 제한한 것은 구 회사정리법과 비교할 때 입법적으로 개선된 사항이기도 하다. 구 회사정리법에서는 해제권 행사시기를 제한하지 않아 관리인이 부득이 정리채권의 추후 보완신고 기간 이후에 쌍무계약을 해제할 경우 상대방은 손해배상청구권을 정리채권으로 신고할 수 없어서 결국 정리계획이 인가되면 실권될 수밖에 없다는 문제점이 있었다.228) 이에 대하여는 입법적 개선이 필요하다는 지적이 있었고,229) 채무자회생법에서는 제119조 제1항 단서에서 관리인의 해제권 행사기한을 제한하게 되었다.

---

228) 서울회생법원(주 137), 168-169면; 대법원 1998. 6. 26. 선고 98다3603 판결. 이 판결에서는 회사정리법 제103조 제1항에서 정리회사의 관리인에게 정리절차 개시 당시에 채무이행이 완료되지 아니한 쌍무계약에 대한 해제권 및 해지권을 부여한 것은 정리회사의 사업의 정리·재건을 원활하게 하기 위하여 마련한 것이고, 동법 제103조 제2항에 의하면 제1항의 경우 상대방은 관리인에 대하여 계약의 해제나 해지 또는 그 이행의 여부를 확답할 것을 최고할 수 있으며, 동법 제104조 제1항에 의하면 계약이 해제 또는 해지된 때에는 상대방은 그 손해배상에 관하여 정리채권자로서 그 권리를 행사할 수 있는바, 상대방이 이와 같은 최고권을 행사하지 아니한 탓으로 정리채권 신고기간 내에 정리회사에 대한 손해배상채권에 관한 권리신고를 하지 못하게 됨으로써 정리채권자로서 권리를 행사하거나 상계 주장 등을 할 수 없게 되어 정리회사 관리인의 계약 해제로 상대방만이 원상회복의무를 부담하게 되는 결과가 되었다고 하더라도, 정리회사 관리인의 원상회복청구가 권리남용이며 신의칙에 반한다고 단정할 수는 없다고 하였다.
229) 임치용(주 33), 309면.

그리고 상대방의 최고가 없는 상태에서 관리인이 채무자회생법 제119조 제1항 단서에서 정한 기한 내에 선택권을 행사한 것인 한, 회생절차개시 후 상당기간이 경과한 후에 관리인이 해제권을 행사하였다고 하더라도 이는 적법한 권리행사이며 권리남용 등에 해당하지 않는다.[230]

(2) 파산절차의 경우

회생절차와는 달리 파산절차의 경우에는 파산관재인의 선택권 행사 시기를 제한하는 명문의 규정을 두고 있지 않다. 이는 파산절차의 경우 채권신고의 종기를 명시적으로 제한하고 있지 않은 것과 관련이 있다.

법원은 파산선고 당시 채권신고기간을 함께 정하는데, 그 기간은 파산선고를 한 날로부터 2주 이상 3월 이하이어야 한다(회파 제312조 제1항 제1호).[231] 그러나 법원이 정한 채권신고기간이 경과하더라도 신고 만료일이 법정되어 있지 않고 채권신고기간 후에 신고한 채권도 조사가 가능하며(회파 제453조), 파산채권자가 최후배당의 배당제외기간까지 채권을 신고하여 채권확정의 절차를 밟을 경우에는 최후배당 및 추가배당에 참가할 수 있다. 따라서 파산절차의 경우 최후배당의 배당제외기간까지 채권신고가 가능하다고 해석된다.[232] 여기서 최후배당이란 파산재단의 환가 종료 후 파산종결을 전제로 하여 1회만 행하는 최종의 배당절차를 말한다. 그런데 실무상으로는 최후배당의 배당제외기간 만료일 이전에 신고채권이 확정될 수 있을 정도의 시간적 여유가 있는 날까지 채권자의 채권신고가 가능하다고 본다. 최후배당의 배당제외기간 만료일까지 신고된 채권은 특별조사기일을 열어 그 채권을 확정하여야 하는데, 채권을 확정할 수 있는 시간적 여유가 없는 상태에서 채권을 신고하

---

230) 대법원 2003. 5. 16. 선고 2000다54659 판결.
231) 실무상 대체로 파산선고일로부터 4주 전후로 정한다.
232) 서울회생법원(주 154), 258면.

게 되면 사실상 배당에 참가할 수 없게 되기 때문이다.[233]

따라서 해제권 행사시기를 제한하는 명문의 규정이 없더라도, 파산관재인은 상대방인 채권자가 최후배당의 배당제외기간 만료일 이전에 손해배상채권을 신고하여 확정할 수 있을 정도의 시간적 여유가 있는 때까지 선택권을 행사하여야 할 것이다. 다만 파산절차는 채무자의 청산을 목적으로 하므로, 통상 파산관재인은 파산선고 후 절차의 초기 단계에서 미이행 쌍무계약을 해제 또는 해지하는 경우가 많을 것이다.

다. 민법상 해제권·해지권과의 양립

(1) 민법상 해제권·해지권

해제권과 해지권(본항에서는 통칭하여 '해제권'이라고만 한다)은 계약 또는 법률의 규정에 기하여 발생한다(민법 제543조). 따라서 해제권은 그 발생근거에 따라 크게 법정해제권과 약정해제권으로 구분할 수 있다.[234]

법정해제권이란 법률의 규정에 의해 당연히 발생하는 해제권을 말한다. 당사자의 채무불이행이 있는 경우에 발생하는 해제권(민법 제544조 이하), 매도인의 담보책임에 기한 해제권(민법 제570조 이하) 등 각종의 계약에서 특수한 해제권을 정하고 있는 경우(민법 제555조, 제640조, 제673조 등)가 대표적이다. 채무자회생법 제119조 제1항 및 제335조 제1항에 따른 관리인의 해제권도 법정해제권에 속한다.

약정해제권이란 당사자 사이의 특약으로 해제권을 유보한 것이므로, 해제권의 행사방법이나 해제권 행사에 따른 효과 등도 당사자들이 정한 바에 따르는 것이 원칙이다. 다만 당사자들이 별도의 약정을 하지 않았

---

233) 서울회생법원(주 154), 259면.
234) 民法注解 XIII, 제548조(金龍德), 223면.

거나 의사가 불분명해 그로 인해 다툼이 생기는 경우 등에 대비하여 민법에서는 약정해제권에 관해 일정한 규율을 하고 있다. 이에 따르면 당사자 간에 계약금이 교부된 경우에는 해제권을 유보한 것으로 해석된다 (민법 제565조 제1항).

채무불이행으로 인해 발생하는 법정해제권과 약정해제권은 서로 별개의 권리이다. 따라서 계약서에 명문으로 위약시 법정해제권을 포기한다거나 배제한다는 규정을 두지 않은 이상 계약 당사자 중 어느 일방에 대한 약정해제권의 유보 또는 위약벌에 관한 특약의 유무 등은 채무불이행으로 인한 법정해제권의 성립에 영향을 미치지 않는다.235)

(2) 민법상 권리와의 병존

채무자회생법 제119조 제1항 및 제335조 제1항에 따른 관리인과 파산관재인의 해제권은 채무자의 정리·재건 또는 청산을 원활하게 하기 위해 특별히 인정되는 것이다. 그러므로 미이행 쌍무계약의 법리에 따른 관리인과 파산관재인의 해제권은 채무불이행을 이유로 하는 민법상의 해제권과는 성격이 다르다. 또한 채무자회생법에서 관리인과 파산관재인에 대해 미이행 쌍무계약의 이행 여부를 선택할 수 있는 권한을 부여하면서 동시에 계약 상대방을 보호하기 위한 규정을 두고 있는 취지에 비추어 볼 때, 동조는 민법상의 법정해제권 및 약정해제권과는 전혀 별개의 권리이다. 즉, 채무자회생법 제119조 제1항 및 제335조 제1항에 따른 관리인과 파산관재인의 해제권이 민법상 채무불이행으로 인한 해제권 등을 배제하는 것은 아니며, 양자는 병존할 수 있다고 해석된다. 따라서 관리인이나 파산관재인이 미이행 쌍무계약의 이행을 선택한 경우라고 하더라도 이후 관리인이나 파산관재인이 계약상의 채무를 이행하지 않는다면 상대방은 채무불이행을 이유로 계약을 해제할 수 있

---

235) 대법원 1990. 3. 27.자 89다카14110 결정.

다.236) 또한 회생절차개시 전에 이미 해제권을 취득하여 언제라도 해제의 의사표시를 할 수 있는 상태였다면 회생절차개시 이후 계약을 해제할 수 있다.237)

한편 관리인 또는 파산관재인이 채무자회생법 제119조 제1항 및 제335조 제1항에 따라 미이행 쌍무계약을 해제하는 경우에 대하여도 해제권 행사의 불가분성에 관한 민법 제547조가 적용되는지 여부가 문제된다. 이에 관하여 대법원은 관리인의 해제권 행사의 성질상 민법 제547조는 적용되지 않는다고 판단하였다.238) 동 판결에서 판단의 근거를 구체적으로 제시하고 있지는 않은데, 민법 제547조는 계약 당사자 일방 또는 쌍방이 다수인 경우 각자가 자기의 부분에 관하여 해제를 하거나 해제를 받을 수 있다면 법률관계가 매우 복잡해질 수 있다는 고려에 기인한 임의규정이므로,239) 명문의 근거 없이 민법 제547조가 채무자회생법상 관리인이나 파산관재인의 선택권 행사에도 당연히 적용된다고 볼 수는 없다는 판단을 전제한 것으로 보인다.

채무자회생법 제119조에서 상대방의 최고 등에 관한 별도의 규정을 두고 있으므로, 해제권 행사 여부의 최고에 관한 민법 제552조, 해제권의 소멸에 관한 민법 제553조는 채무자회생법상 관리인과 파산관재인의 해제권 행사에는 적용되지 않는다고 본다. 반면에 쌍방이 계약의 일부씩을 이행한 상태에서 관리인이 미이행 쌍무계약을 해제한 경우, 관리인과 상대방이 각각 부담하는 원상회복의무는 동시이행관계에 있다고 해석함이 합당할 것이다(민법 제549조).240)

---

236) 서울회생법원(주 154), 192-193면.

237) 백창훈/임채홍(주 151), 360면.

238) 대법원 2003. 5. 16. 선고 2000다54659 판결에서는 정리회사의 관리인이 회사정리법 제103조 제1항의 규정에 따라 미이행 쌍무계약을 해제함에 있어서는 성질상 민법 제547조의 제한을 받지 아니한다고 하였다.

239) 民法注解 XⅢ, 제548조(金龍德), 301면.

(3) 변제금지 보전처분과 상대방의 해제권 행사

회생절차개시신청 또는 파산신청을 한 채무자라도 회생절차개시결정 또는 파산선고가 내려지기까지는 여전히 재산에 대한 관리처분권을 갖고 있으므로, 이 기간 동안 채무자가 재산의 은닉·도피, 일부 채권자에 대한 편파변제 등의 행위를 하여 재산을 산일시킬 우려가 있다.241) 채권자들 역시 채무자에게 개별적으로 변제를 요구하면서 자신의 채권을 추심하려고 시도할 가능성이 있다. 이러한 문제점을 방지하기 위하여 채무자회생법에서는 회생절차개시 또는 파산선고 전이라도 법원이 보전처분을 명할 수 있는 제도를 두고 있다.242)

회생절차의 경우 법원은 회생절차개시신청이 있는 때에는 이해관계인의 신청에 의하거나 직권으로 회생절차개시신청에 대한 결정이 있을 때까지 채무자의 업무 및 재산에 관하여 가압류·가처분 그 밖에 필요한 보전처분을 명할 수 있다(회파 제43조 제1항). 그리고 실무상으로는 변제금지·처분금지·차재금지·임직원채용금지 등을 내용으로 하는 보전처분이 발령되고 있다.243) 또한 보전처분 이외에도 법원은 필요하다고 인정하는 경우 관리위원회의 의견을 들어 보전관리인에 의한 채무자 재산의 관리를 명할 수 있다(회파 제43조 제3항).

파산절차의 경우 보전처분은 인적 보전처분과 물적 보전처분으로 구분된다. 인적 보전처분이란 법원이 파산선고 전이라도 채무자 등의 구인을 명하는 것을 의미하는데(회파 제322조), 신체의 자유를 구속하는 처분이라는 점에서 실무상 거의 활용되지 않는다. 물적 보전처분이란 회생절차의 경우와 마찬가지로 법원이 파산선고 전에 채무자의 재산에 관하여 가압류·가처분 그 밖에 필요한 보전처분을 명하는 것을 말한다

---

240) 정영수(주 38), 288면.
241) 서울회생법원(주 154), 47면.
242) 서울회생법원(주 137), 95면.
243) 서울회생법원(주 137), 98면.

(회파 제323조). 회생절차와 비교할 때 파산절차의 경우 통상 파산신청
에서 파산선고에 이르는 기간이 길지 않아 보전처분을 발령하는 경우가
많지 않다.[244]

채무자에 대해 회생절차개시결정 또는 파산선고가 내려지기 전에 법
원이 채무자에 대해 변제금지 보전처분을 명하였고 그로 인해 채무자가
보전처분 이후에 이행기가 도래한 채무를 이행하지 못하는 경우, 채권
자가 채무자의 채무불이행을 이유로 계약을 해제할 수 있는지 문제된다.
이와 관련하여 변제금지 보전처분은 채무자에 대해 임의적인 변제를 금
지하는 효력만 있을 뿐 채권자까지 구속하는 것으로 보기는 어려우므로,
변제금지 보전처분이 있더라도 채무자의 채무불이행이 발생한 이상 채
권자는 해제권을 행사할 수 있다고 보는 견해와 이에 반대하는 견해가
대립된다.[245] 대법원도 법원이 회사정리절차개시결정을 하기에 앞서 구
회사정리법 제39조 제1항의 규정에 의한 보전처분을 명하여 회사에 대
해 채권자에 대한 채무의 변제를 금지하였다 하더라도 그 처분의 효력
은 원칙적으로 회사에만 미치는 것이어서 회사가 채권자에게 임의로 변
제하는 것이 금지될 뿐 회사의 채권자가 강제집행을 하는 것까지 금지
되는 것은 아니라고 하였다.[246] 동 판결에서 채권자의 해제권·해지권
행사 가부를 직접적으로 언급한 것은 아니지만, 채무자의 채무불이행에
대한 채권자의 권리행사를 인정하고 있다는 점에 비추어 볼 때 법원이
변제금지 보전처분을 명하였다고 하더라도 채권자는 채무자의 채무불이

---

244) 서울회생법원(주 154), 47면.

245) 서울회생법원(주 137), 100면.

246) 대법원 1993. 9. 14. 선고 92나12728 판결. 나아가 이 판결에서는 정리절차개시
이후에도 정리채권자 또는 정리담보권자는 회사정리법 제162조에 정한 바에
따라 정리절차에 의하지 아니하고 상계를 할 수 있음이 원칙인 점에 비추어
볼 때 보전처분만이 내려진 경우에는 회사의 채권자에 의한 상계가 허용되지
않는다고 할 수 없다고 하였다.

행에 대해 해제권을 행사할 수 있다는 입장인 것으로 보인다. 구 화의법 제20조 제1항에 의한 보전처분이 발령된 이후 채무불이행이 발생한 사안에서는 명시적으로 변제금지 보전처분에도 불구하고 채권자의 해지권 행사가 가능하다고 판단한 사안이 있다.[247]

이와 같은 실무 및 판례의 입장과는 달리, 채권자의 해제권 행사를 인정하는 것은 변제금지 보전처분의 효력을 무력화시키는 것이므로 허용될 수 없다고 보는 견해도 유력하다. 구체적으로는, 보전처분의 효력으로 인해 채무자가 채무를 이행하지 않더라도 채무자에게 귀책사유를 인정할 수 없으므로 상대방은 계약을 해제할 수 없다는 견해,[248] 보전처분은 채무자의 재건 가능성을 예상하여 발령하는 것이므로 보전처분 이후에 해제권이 발생하더라도 보전처분의 목적에 반하는 결과가 되는 해제권 행사는 허용될 수 없다는 견해,[249] 채무불이행으로 인해 채권자의 해제권 자체는 발생하나 이를 행사하는 것은 채무자 회사의 재건에 지장을 초래하고 미이행 쌍무계약에 관한 관리인의 선택권을 박탈하는 것이어서 인정할 수 없다는 견해 등이 그러하다.[250] 일본의 경우 도산

---

247) 대법원 2007. 5. 10. 선고 2007다9856 판결. 이 판결은 피고가 법원에 화의신청을 하여 법원으로부터 회사재산보전처분을 받았고 그 이후 원고와 체결한 보험계약에 따른 보험료를 납부하지 않아 원고가 보험계약을 해지하였고 이후 보험사고가 발생하여 피고가 원고에게 보험금지급을 청구하자 원고가 보험금채무부존재확인의 소를 제기한 사안인데, 대법원은 화의절차개시신청을 받은 법원이 그 결정에 앞서 구 화의법 제20조 제1항의 규정에 의한 보전처분으로서 채무자에 대하여 채권자에 대한 채무의 변제를 금지하였다 하더라도 그 처분의 효력은 원칙적으로 채무자에게만 미치는 것이므로 채무자가 채권자에게 임의로 변제하는 것이 금지될 뿐이고, 채무자의 채권자가 이행지체에 따른 해지권을 행사하는 것까지 금지되는 것은 아니라고 하였다.

248) 한민, "미이행쌍무계약에 관한 우리 도산법제의 개선방향", 선진상사법률연구 통권 제53호, 법무부, 2011, 76면; 백창훈/임채홍(주 151), 360면.

249) 김상수, "변제금지보전처분의 효력: 대법원 2007. 5. 10. 선고 2007다9856 판결", 2007. 6. 28.자 로앤비 전자평석.

절차 내에서 회사재산의 보전과 채권자 평등의 원칙을 관철하기 위해서는 이행지체의 모든 효과를 그대로 인정할 수 없으므로 채권자가 채무자의 이행지체를 이유로 하여 해제권을 행사할 수 없다고 판단한 최고재판소 판결이 있다.[251]

현실적으로 보전처분이 발령된 이후의 채무불이행에 관하여 채무자에게 귀책사유를 인정할 수 있는지에 대하여는 논란이 있을 수 있다. 하지만 현행 채무자회생법상으로는 회생절차개시 전에 미리 채무자 재산의 일탈을 막기 위해 발령하는 보전처분의 효력이 채권자의 권리행사까지 모두 금하는 효력이 있다고 해석하는 것은 무리이며, 이는 오히려 채권자의 권리를 지나치게 제한하는 결과가 될 수 있다. 채무자가 회생절차개시신청을 하면 법원은 통상 신청일로부터 3일 이내에 변제금지 보전처분을 명하는데, 실무상 이러한 보전처분결정을 공고하지 않고 있다는 점에서도 보전처분의 효력을 채권자를 비롯한 제3자에 대해서까지 확장하기는 어렵다. 민사집행법상의 보전처분인 가압류, 가처분의 경우 이와 같은 보전처분에 관한 법원의 결정이 채무 그 자체를 면하게 하는 것은 아니므로 보전처분이 있다 하여도 채권의 이행기가 도래하면 채무자는 이행지체로 인한 책임을 부담한다.[252] 이러한 법리는 별도의 규정이 없는 한 채무자회생법상 보전처분에 대하여도 동일하게 적용되어야 할 것이다. 그러므로 현행법의 해석상으로는 보전처분 이후 이행기가 도래했음에도 불구하고 채무자가 채무를 이행하지 못할 경우 채무자는 이행지체에 따른 책임을 부담하므로, 채권자가 채무불이행을 이유로 한 해제권을 행사할 수 있다는 견해가 타당하다.

---

250) 홍일표, "회사정리법상의 변제금지의 보전처분과 이행지체", 회사법상의 제문제(하), 재판자료 제38집, 법원도서관, 1987, 636면.

251) 日最裁 1982(昭和 57). 3. 30. 判決(民集 第36卷 第3号 484).

252) 대법원 1994. 12. 13. 선고 93다951 판결; 대법원 2004. 7. 9. 선고 2004다16181 판결; 대법원 2010. 2. 25. 선고 2009다22778 판결.

그러나 입법론적으로는 채권자의 해제권 행사를 제한하는 방안이 바람직하다고 생각한다. 앞서 논한 바와 같이 전체 채권자를 위한 집단적 강제집행절차로서의 특징을 갖는 도산절차는 채권자가 개별적으로 권리를 실현하는 수단인 일반적인 강제집행절차와 차이가 있다. 채무자회생법상의 보전처분은 전체 채권자의 이익과 도산절차의 효율적인 진행을 위해 도산절차가 개시될 때까지 채무자 재산의 일탈을 방지하는 데에 그 취지가 있다. 보전처분이 발령되면 채무자의 모든 채권자에 대한 변제 등이 일률적으로 제한된다. 이와 같은 채권자 평등의 원칙과 채무자의 효율적인 회생 또는 청산이라는 도산절차의 목적을 고려할 때, 채무자회생법에서 민사집행법에 따른 일반적인 보전처분의 효력을 일부 제한하는 방안도 가능할 수 있다. 즉, 채무자가 법원의 보전처분 결정을 준수하여 채권을 변제하지 못한 경우 채권자의 해제권 행사를 일정 범위 내에서 제한하는 규정을 두는 것이다.[253] 다만 도산절차가 개시되기 이전에 이미 상대방에게 해제권이 발생한 경우는 채무자가 보전처분의 효력으로 인해 채무를 이행하지 못한 경우가 아니므로, 이때는 상대방의 해제권 행사를 제한할 수 없을 것이다.

라. 해제권의 행사

채무자회생법에서 관리인과 파산관재인이 미이행 쌍무계약을 해제하는 방식에 관하여 특별히 정한 바는 없다. 따라서 해제권의 행사, 즉 해제의 의사표시를 하는 방식 등은 민법에서 정한 일반원칙에 따른다.

도산절차 내에서 채권자는 채권을 신고하고 관리인과 파산관재인은 채권조사 절차를 통해 채권자가 신고한 채권을 시인하거나 부인한다. 이와 같은 채권자의 채권신고 행위나 관리인과 파산관재인의 채권의 시

---

253) 한민(주 248), 77면.

인 또는 부인에 관한 의사표시를 채권자가 해제권을 행사하는 의사표시 또는 관리인과 파산관재인의 미이행 쌍무계약에 대한 선택권 행사의 의사표시로 볼 수 있는지가 문제된다. 이와 관련하여 대법원은 파산채권 등에 대한 신고 및 조사 절차의 진행과정에서 파산관재인이 시인 또는 부인을 한 것에 대하여 미이행 쌍무계약의 해제의 의사표시를 한 것으로 보거나, 채권자가 채권신고를 통하여 매매계약 해제의 의사표시를 한 것으로 보려면 채권자가 채권신고에 이르게 된 동기 및 경위, 채권신고서에 기재된 채권의 내용 및 원인, 파산관재인의 시인 또는 부인의 경위 등을 종합적으로 고려하여 볼 때 계약해제의 의사를 표시한 것으로 추단할만한 객관적 사정이 인정되어야 한다고 하였다.254) 동 판결의 취지에 따

---

254) 대법원 2010. 2. 25. 선고 2007다85980 판결. 이 판결은 미쉘과 동아건설이 체결한 매매계약이 미이행 상태인 동안 동아건설에 대해 회사정리절차가 개시되었고 이후 파산선고를 받았는데, 미쉘의 대리인인 도이치은행이 매매계약의 불이행으로 인한 손해배상채권을 파산채권으로 신고하였고, 이에 대해 파산관재인이 채권조사기일에서 위 파산채권 중 일부를 시인한 사안이다. 대법원은 "도이치은행이 신고한 파산채권은 이 사건 매매계약상 채무의 불이행에 따른 손해배상청구권인바, 채무불이행으로 인한 손해배상청구는 매매계약이 해제되는 경우뿐만 아니라 해제되지 않고 존속하는 경우에도 발생될 수 있으므로, 도이치은행의 위와 같은 파산채권 신고만으로는 도이치은행이 이 사건 매매계약 해제의 의사를 표시한 것으로 볼 수 없고, 파산관재인이 위와 같은 신고에 대하여 일부 시인하였다는 사정만으로는 계약해제의 의사를 표시한 것으로 볼 수 없으며, 또한 위 손해배상채권에 관하여 회원권으로 담보되어 있다는 파산관재인의 이의사유가 반드시 이 사건 매매계약의 해제를 전제로 하는 것이라고 단정하기에도 부족하다. 따라서 도이치은행의 파산채권 신고나 파산관재인의 시부인 사실만으로는 도이치은행이나 파산관재인이 이 사건 매매계약을 해제하는 의사를 표시하였다고 추단할 만한 객관적 사정이 있다고 할 수 없다"고 하면서, 파산관재인이 도이치은행의 파산채권신고에 대하여 시부인한 것은 매매계약을 이행할 의사가 없다는 의사표시로 볼 수 있어 구 파산법 제50조에 따라 파산관재인에 의하여 매매계약이 해제된 것으로 인정할 수 있다고 판단한 원심을 파기하였다. 원심은 서울고등법원 2007. 11. 1. 선고 2005나28336 판결.

를 때, 계약해제의 의사표시라고 인정할 수 있는 객관적인 사정이 존재
하는 경우라면 관리인이나 파산관재인의 채권에 대한 시인 또는 부인이
미이행 쌍무계약에 대한 선택권 행사의 의사표시로 해석될 수 있다.

앞서 논한 바와 같이 회생절차의 경우 회생계획안 심리를 위한 관계
인집회(제2회 관계인집회)가 끝날 때까지 또는 제240조의 규정에 의한
서면결의에 부치는 결정이 있는 때까지만 채권자는 회생채권을 추후 보
완신고할 수 있고(회파 제153조 제3항), 관리인은 미이행 쌍무계약에 대
한 해제권을 행사할 수 있다(회파 제119조 제1항 단서). 법원 실무상 일
반적으로 제2회 관계인집회와 회생채권에 대한 특별조사기일은 병합 실
시되고 있으므로, 특별조사기일에 관리인이 시인 또는 부인을 하는 경
우에도 이를 해제의 의사표시로 볼 수 있는 객관적 사정이 존재한다면
제2회 관계인집회가 끝나기 전에 관리인이 미이행 쌍무계약을 해제하는
의사표시를 했다고 인정할 수 있을 것이다.

4. 법원의 허가

가. 회생절차의 경우

(1) 일반론

법원은 관리인이 일정한 행위를 할 때에는 법원의 허가를 받도록 정
할 수 있는데(회파 제61조 제1항), 특히 관리인이 채무자의 영업을 양수
하거나 채무자와 거래하는 행위 등 관리인과 채무자의 이해가 상반될
우려가 있는 행위를 함에 있어서는 반드시 법원의 허가를 받아야 한다
(동조 제2항). 만일 법원의 허가를 받아야 하는 행위에 해당함에도 불구
하고 관리인이 법원의 허가 없이 행위한 경우 그 행위는 무효이나, 선의
의 제3자에게 대항할 수는 없다(회파 제61조 제3항).

(2) 계약의 해제 또는 해지를 선택하는 경우

채무자회생법에서는 관리인의 미이행 쌍무계약에 대한 해제권 행사를 임의적 허가사항의 하나로 규정하고 있는데(회파 제61조 제1항 제4호), 실무상으로는 대부분의 사안에서 법원이 회생절차개시결정을 할 때 관리인의 해제권 행사에 대하여 법원의 허가를 요하는 것으로 정하고 있다. 한편 관리인이 계약을 해제 또는 해지한 경우 원상회복과 관련하여 채무자가 받은 반대급부가 채무자의 재산에 현존하는 때에는 상대방은 환취권을 행사할 수 있으나, 현존하지 않는 때에는 공익채권자의 지위에서 그 가액의 상환을 청구할 수 있다(회파 제121조 제2항). 이 때 관리인이 상대방의 권리행사에 응하기 위해서는 법원으로부터 환취권 또는 공익채권 승인의 허가를 받아야 할 것이다(회파 제61조 제1항 제8호).

(3) 계약의 이행을 선택하는 경우

채무자회생법상 관리인이 미이행 쌍무계약의 이행을 선택할 경우에는 법원의 허가를 요하지 않는다. 실무상으로는 관리인이 법원에 제출하는 보고서를 통해 사후적으로 이행의 선택 사실을 고지한다.[255] 다만 법원이 공익채권의 승인을 허가 대상으로 정한 경우, 관리인이 이행을 선택한 결과 상대방의 공익채권 행사에 따른 의무를 이행하기 위해서는 법원으로부터 허가를 받아야 할 것이다(회파 제61조 제1항 제8호).[256]

---

255) 서울회생법원(주 137), 168면.
256) 통상 법원은 회생절차개시결정과 동시에 관리인을 선임하면서 채무자회생법 제61조에서 규정한 사항을 법원의 허가 대상으로 지정한다.

나. 파산절차의 경우

(1) 일반론

파산관재인이 법원의 허가를 받아야 하는 사항에 관한 채무자회생법 제492조는 회생절차에 관한 동법 제61조와 차이가 있다. 즉, 채무자회생법 제61조에서는 법원이 회생절차개시결정 당시 관리인이 일정한 행위를 할 경우에는 법원의 허가를 받도록 할 수 있되, 다만 특정행위에 대하여는 반드시 법원의 허가를 받아야 한다고 정하고 있다. 반면에 채무자회생법 제492조에서는 파산관재인이 일정한 행위를 할 경우에는 반드시 법원의 허가를 받아야 한다고 정하고 있다. 그리고 회생절차와는 달리 파산관재인이 법원의 허가를 받지 않고 한 행위의 효력이 어떠한지에 관하여 명문의 규정은 존재하지 않으나, 회생절차의 경우와 마찬가지로 허가 없이 이루어진 행위는 무효이나 이로써 선의의 제3자에게 대항할 수는 없다고 해석하여야 할 것이다(회파 제495조).

(2) 계약의 이행을 선택하는 경우

파산관재인이 미이행 쌍무계약의 이행을 선택할 경우에는 반드시 법원의 허가를 받아야 하며, 감사위원이 설치되어 있는 경우에는 감사위원의 동의를 얻어야 한다(회파 제492조 제9호). 다만 그 가액이 1천만원 미만으로서 법원이 정하는 금액 미만인 경우에는 허가대상에서 제외된다(회파 제492조 단서). 이는 회생절차의 경우 관리인이 계약의 해제 또는 해지를 선택하려면 법원의 허가를 받아야 하는 것과 차이가 있다. 회생절차는 채무자의 재건 및 존속을 목적으로 하는 절차이나, 파산절차는 채무자의 청산을 예정한 절차이므로 회생절차와는 달리 기존의 계약관계를 유지하는 행위에 대해 법원의 감독권이 미치도록 함이 보다 적절하다는 고려에 기인한 것이다.

파산관재인이 미이행 쌍무계약의 이행을 선택하면 상대방은 재단채권자의 지위에서 권리를 행사할 수 있게 되는데(회파 제473조 제7호), 재단채권의 승인은 법원의 허가대상에 해당한다. 따라서 파산관재인이 미이행 쌍무계약의 이행을 선택함에 따라 발생한 상대방의 재단채권을 변제하기 위해서는 별도로 법원의 허가를 받아야 한다. 실무상으로는 파산관재인이 이행의 선택에 대한 허가를 받으면서 재단채권에 대한 승인 허가를 함께 받을 수 있을 것이다.

(3) 계약의 해제 또는 해지를 선택하는 경우

파산관재인이 미이행 쌍무계약의 해제 또는 해지를 선택할 경우는 법 문언상 법원의 허가대상에 해당하지 않는다. 그런데 파산관재인이 계약의 해제 또는 해지를 선택한 때 원상회복과 관련하여서는 파산선고 전에 상대방이 채무의 일부를 이행하고 있고 그 급부가 파산재단 중에 현존하는 경우 상대방은 환취권을 행사하여 그 반환을 청구할 수 있고, 현존하지 않은 경우에는 재단채권자로서 그 가액의 배상을 청구할 수 있다(회파 제337조 제2항).257) 이 때 파산관재인은 법원이나 감사위원으로부터 환취권 또는 재단채권에 대한 승인 허가를 받아야 할 것이다 (회파 제492조 제13호).258)

5. 관리인·파산관재인의 선택권 행사가 배제되는 경우

가. 서설

채무자회생법은 몇몇 경우에 제119조와 제335조에 따른 관리인과 파

---

257) 반면에 해제 또는 해지로 인해 발생하는 상대방의 손해배상청구권은 파산채권으로 취급된다(회파 제337조 제1항).
258) 서울회생법원(주 154), 191-192면.

산관재인의 선택권 행사를 명시적으로 제한하고 있다. 임대차계약에 관한 제124조 제4항 및 제340조 제4항, 단체협약에 관한 제119조 제4항, 지급결제제도 등에 관한 제120조 및 제336조, 거래소의 시세 있는 상품의 정기매매에 관한 제338조가 그러하다. 또한 민법에서는 계약 당사자 중 일방이 파산선고를 받은 경우와 관련하여 개별 계약관계별로 여러 규정을 두고 있는데, 이로 인해 채무자회생법 제335조에 따른 파산관재인의 선택권이 제한되거나 배제되는 경우가 있다.

아래 '나' 내지 '마'항에서는 채무자회생법에서 관리인과 파산관재인의 선택권 행사를 명시적으로 제한하는 경우에 관하여 논한다. 그 밖에 민법과 채무자회생법의 해석상 문제되는 사항에 관하여는 제4장에서 계약 유형별로 각각 논한다. 특히 아래 '나' 및 '다'항에서의 논의는 임대차계약 및 고용계약과 관련된 것이므로, 여기서는 채무자회생법상의 규율만을 간략하게 언급하고 제4장의 관련 부분에서 보다 상세히 논한다.

나. 임대인인 채무자에 대해 도산절차가 개시된 경우

임대인에 대하여 회생절차가 개시된 경우, 임차인이 주택임대차보호법 제3조 제1항 또는 상가건물임대차보호법 제3조의 대항요건을 갖춘 때에는 채무자회생법 제119조가 적용되지 않는다(회파 제124조 제4항). 경제적 약자의 지위에 있는 임차인을 특별히 보호하기 위한 취지의 규정이라고 이해된다.

임대인이 파산한 경우에도 대항력을 갖춘 임차인에 대하여는 채무자회생법 제335조의 적용이 배제된다(회파 제340조 제4항). 구 파산법 하에서는 관리인의 해제권 행사를 제한하는 규정이 존재하지 않아, 임대인이 파산한 경우 파산관재인이 미이행 쌍무계약의 법리에 따라 임대차계약을 해지할 수 있는가에 관하여 논란이 있었는데, 현행법은 종전 실무의 입장을 입법화한 것이다.[259] 이에 관하여는 제4장에서 임대차계약과 관련하여 상세히 논한다.

다. 단체협약의 경우

단체협약에 대하여 채무자회생법상 미이행 쌍무계약의 특칙을 적용
할 수 있는지 문제된다. 회생절차의 경우 채무자회생법 제119조 제4항
에서 특칙을 두어 단체협약에 대해 명시적으로 미이행 쌍무계약의 법리
적용을 배제하고 있다. 반면에 파산절차의 경우에는 채무자회생법 제
119조 제4항과 같은 규정이 존재하지 않는다. 한편 단체협약에 대하여
는 민법 이외에도 근로기준법을 비롯한 노동 관련 법령이 적용된다. 이
때문에 도산절차 내에서 단체협약을 어떻게 취급할 것인가와 관련하여
여러 법률문제가 발생할 수 있다. 이에 관하여는 제4장에서 고용계약과
관련하여 상세히 논한다.

라. 지급결제제도 등에 대한 특칙

(1) 의의 및 입법취지

지급결제제도 및 청산결제제도의 참가자, 적격금융거래의 당사자 일
방에 대해 회생절차가 개시된 경우, 참가자와 관련된 지급, 이행, 정산
등 결제에 관하여는 지급결제제도 및 청산결제제도를 운영하는 자가 정
한 규칙이나 적격금융거래의 당사자들이 기본계약에서 정한 바에 따라
법률관계를 처리하며, 이는 채무자회생법상 해제, 해지, 취소 및 부인의
대상이 되지 않는다(회파 제120조). 채무자회생법 제336조는 파산절차
에 대하여 회생절차에 관한 제120조를 준용하고 있으므로, 지급결제제
도 등에 대한 특칙은 회생절차 및 파산절차에 모두 동일하게 적용된다.

---

259) 서울회생법원(주 154), 202-203면.

지급결제제도 등의 경우 거래 종료시 일괄하여 계약기간 동안 이루어진 채권 관계를 정산하고 한국은행, 금융당국 및 금융기관들이 미리 정해 놓은 결제체계에 따라 법률관계를 처리하는데, 통상 거래의 당사자들은 기존의 조직화된 시스템과 결제체계를 강하게 신뢰하는 상태에서 거래를 개시하고 또 유지하게 된다. 그런데 만일 지급결제제도의 참가자 등에게 도산절차가 개시되었는데 이에 대해 관리인이나 파산관재인의 선택권을 인정한다면 기존의 결제체계를 유지할 수 없게 되어 결국 기존의 체계를 신뢰하고 거래한 상대방은 막대한 피해를 입을 우려가 있다. 그리고 고도의 투자자적 판단이 요구되는 사항에 대해 관리인이나 파산관재인의 선택을 구하는 것은 합리적이지 않다.[260) 구 파산법과 회사정리법에서는 현행 제120조 및 제336조와 같은 규정을 두지 않아 많은 논란이 있었는데, 다수의 학자들은 이를 입법적으로 명확히 할 것을 요청하였다.[261) 이와 같은 비판을 수용하여 채무자회생법에서는 금융시스템의 위험을 방지하고 국제금융환경과의 정합성을 유지하기 위해 제120조 및 제336조의 특칙을 신설하였다.[262)

---

260) 임치용, 파산법연구2, 박영사, 2006, 192면.

261) 김건식, "스왑거래에 관한 법적 연구", 한국금융연구원, 1997, 80-82면; 석광현, "스왑거래의 법적 문제점", 민사판례연구 ⅩⅩⅢ, 박영사, 2001, 665-676면; 오수근/김나영, "적격금융거래의 일괄정산에 관한 입법론", 법학논집 제8권 제2호, 이화여자대학교 법학연구소, 2004, 44-50면.

262) 정순섭, "통합도산법상 금융거래의 특칙에 관한 연구-채무자 회생 및 파산에 관한 법률 제120조 제3항의 해석론을 중심으로-", 증권법연구 제6권 제2호, 삼우사, 2005, 248-250면. 이에 따르면 채무자회생법에서 금융거래에 대한 특례를 인정하는 것과 관련하여서는 특히 장외금융상품거래와 관련하여 남용의 가능성이 있으나 이 부분은 거래주체와 특칙의 적용대상 상품에 대한 법원과 규제당국의 역할에 맡겨져 있다고 한다.

(2) 주요 내용 및 법률효과

채무자회생법 제120조는 제1항에서 지급결제제도, 제2항에서 청산결제제도, 제3항에서 적격금융거래에 관하여 각각 규정하고 있다. 동조에서 열거한 거래는 채무자회생법상 해제, 해지, 취소 및 부인의 대상이되지 않는데, 여기서는 미이행 쌍무계약에 대한 관리인과 파산관재인의해제권 내지 해지권과 관련하여서만 논한다. 위 제120조는 각 제도의유형을 구분하여 제도별로 항을 달리하여 규율하고 있기는 하나, 관리인과 파산관재인의 해제권이나 해지권이 인정되지 않는다는 점에는 차이가 없다.

지급결제(payment and settlement)란 경제주체들이 지급수단을 이용하여 각종 경제활동에 따라 발생하는 거래당사자 간의 채권·채무관계를해소하는 행위이다.[263] 채무자회생법 제120조 제1항에 의해 지정된 지급결제제도는 한국은행이 운영하는 신한은금융망, 금융결제원이 운영하는 CD공동망·타행환공동망·전자금융공동망, CLS은행(Continuous Linked Settlement Bank International)이 운영하는 CLS 시스템의 5개 지급결제시스템을 의미한다.[264]

다음으로 청산결제의 개념을 이해하기 위해서는 우선 증권결제의 개념부터 살펴보아야 한다. 증권결제란 유가증권시장에서 증권이 거래된이후 증권을 인도하고 대금을 지급함으로써 거래 당사자가 채권과 채무를 이행하여 거래를 완결시키는 것을 의미하는데, 증권결제는 처리 절차에 따라 청산(clearance)과 협의의 결제(settlement)로 구분된다.[265]청산이란 매매거래 후 매매계약 체결의 확인, 오류자료 수정, 차감을 거쳐 결제자료를 산출하는 일련의 과정이며, 협의의 결제란 청산과정을

---

263) 한국은행, 우리나라의 지급결제제도, 2009, 3면.
264) 각 결제시스템의 의의와 현황 등에 관하여 보다 상세한 내용은 한국은행, 2010년도 지급결제제도 운영관리보고서, 2011 참조.
265) 한국은행(주 263), 194면.

통하여 확정되는 결제자료에 따라 최종적으로 증권과 대금을 교환하여 매매에 따른 채권·채무관계를 해소하는 행위를 말한다.[266] 한국거래소가 운영하는 청산결제제도가 제120조 제2항의 청산결제제도에 해당한다는 데에는 다툼이 없으나, 한국예탁결제원이 운영하는 증권결제제도가 이에 해당하는지에 대하여는 견해가 대립된다.[267]

채무자회생법 제120조 제3항에서 정하는 적격금융거래란 장외파생금융상품과 유가증권의 대차거래 중 일괄정산조항이 있는 기본계약에 근거하여 이루어지는 거래로 대통령령이 정하는 거래를 의미한다.[268] 다만 채무자가 상대방과 공모하여 회생채권자(파산절차의 경우에는 파산채권자) 또는 회생담보권자(파산절차의 경우에는 별제권자)를 해할 목적으로 적격금융거래를 행한 경우에는 동항의 특칙은 적용되지 않는다(회파 제120조 제3항 단서).

채무자회생법 제120조나 제336조의 특칙이 적용되는 경우 지급결제제도 및 청산결제제도의 참가자와 적격금융거래의 당사자 일방에 대해 회생절차나 파산절차가 개시된 때에는 결제 등으로 인한 법률관계에 관하여 위 참가자가 별도로 정한 내부 규정 등이나 당사자 사이의 기본계약이 적용된다. 따라서 관리인이나 파산관재인은 채무자회생법 제120조 또는 제336조의 특칙이 적용되는 경우 제119조와 제335조에 따른 해제권·해지권을 행사할 수 없다.

---

266) 한국은행(주 263), 194면.
267) 윤관식, "자본시장법 시행에 따른 증권결제제도 변경에 관한 고찰", 증권예탁 제68호, 한국예탁결제원, 2009, 30-31면에 따르면 자본시장법의 시행으로 한국예탁결제원은 법률상 결제기관에 포함되어 관련 규정을 모두 갖추었으므로 청산결제제도에 포함된다고 한다. 이와는 달리 한국예탁결제원이 운영하는 증권결제제도는 채무자회생법 제120조 2항의 청산결제제도가 아니라 동조 제1항의 지급결제제도의 대상에 포함된다는 견해로 임치용(주 260), 195 및 198면.
268) 서울회생법원(주 154), 236면.

마. 거래소의 시세 있는 상품의 정기매매

거래소의 시세 있는 상품의 매매(한국거래소에서 거래되는 주식 등 유가증권, 특정한 상품거래소에서 거래되는 상품 등)에서 일정한 일시 또는 기간 내에 이행을 하지 아니하면 계약의 목적을 달성하지 못하는 경우 그 시기가 파산선고 후에 도래하는 때에는 계약이 해제된 것으로 본다(회파 제338조 제1항 제1문). 즉, 거래소의 시세 있는 상품을 매매하는 계약의 경우 당사자 일방에 대한 파산선고시 양 당사자의 계약상 의무이행이 완료되지 않은 상태, 즉 미이행 쌍무계약에 해당한다고 하더라도 채무자회생법 제335조가 적용되지 않고 계약은 해제된 것으로 간주한다. 그러므로 파산관재인은 계약의 이행 또는 해제를 선택할 수 없고, 계약 해제에 따른 법률관계는 채무자회생법 제338조에서 정한 바에 따라 처리한다. 동조의 입법취지는 거래소의 시세 있는 상품을 정기매매하는 거래는 신속한 처리가 필요하고, 현물의 수수보다는 거래소의 시세변동에 따른 이익·불이익을 결제하여 처리하는 것이 중요하다는 데에 있다.[269]

당사자 일방에 대한 파산선고로 계약이 당연 해제되면, 이행지에서 동종의 거래가 동일하게 이행되는 때의 시세와 매매대가의 차액을 손해배상액으로 정한다(회파 제338조 제1항 제2문). 채무자의 상대방이 채무자에 대해 손해배상채권을 행사할 경우 이는 파산채권으로 취급된다(회파 제338조 제2항, 제337조 제1항). 채무자가 상대방에 대해 손해배상채권을 갖는 경우라면 이는 파산선고 당시 채무자에 속하는 재산이므로 파산재단에 편입될 것이다. 다만 거래소에서 상품의 매매와 결제방식 등에 대해 달리 규정하고 있다면 그에 따를 수 있으므로(회파 제338조 제3항), 이 때 동조 제1항은 적용되지 않는다.

---

269) 전병서, 도산법, 법문사, 2006, 137면.

회생절차에 대하여는 위 제338조와 같은 규정을 두고 있지 않다. 그러므로 채무자에 대한 회생절차개시 당시 거래소의 시세 있는 상품의 정기매매가 미이행 쌍무계약에 해당한다면 채무자회생법 제119조를 적용할 수 있다고 본다.

제3절 도산해제조항

Ⅰ. 서설

1. 도산해제조항의 의의

도산해제조항(Ipso Facto Clause, Insolvency/Bankruptcy Clause, Insolvency/Bankruptcy Termination Clause)이란 계약 체결시 계약 당사자 일방의 재산상태가 장래 악화될 것을 대비하기 위하여 당사자 일방에 대하여 지급정지, 도산절차의 개시신청이나 개시결정이 있으면 계약을 해제할 수 있다고 정하거나 또는 계약이 당연히 해제된다고 정하는 특약을 의미한다.[270] 어느 계약의 일방 당사자에 대하여 채무초과 또는 지급불능 등과 같은 도산절차개시의 원인 사실이 발생하는 경우 혹은 도산절차개시 또는 그 신청이 있는 경우에 상대방의 별도 의사표시에 의하여 혹은 그러한 의사표시 없이 자동적으로 그 계약이 해제 또는 해지되거나 그 계약상의 어느 당사자의 권리 또는 의무가 변경 또는 소멸된다는 취지를 규정하고 있는 계약조항이라고 정의하기도 한다.[271] 실무상으로는 도산해제조항, 도산해지조항, 도산실효조항, 도산조항 등의 용어가 혼용되고 있다. 본서에서는 원칙적으로 도산해제조항이라는 용

---

270) 김재형, "2007년 민법 판례 동향", 민법론Ⅳ, 박영사, 2011, 426면; 대법원 2007. 9. 6. 선고 2005다38263 판결. 이 판결에서는 도산해제조항이란 "계약의 당사자들 사이에 채무자인 회사의 재산상태가 장래 악화될 때에 대비하여 지급정지, 회사정리절차의 개시신청, 회사정리절차의 개시와 같이 도산에 이르는 과정상의 일정한 사실이 그 회사에 발생하는 것을 당해 계약의 해지권의 발생원인으로 정하거나 또는 계약의 당연 해지사유로 정하는 특약"이라고 하였다.
271) 김성용, "도산조항의 효력", 사법 제4호, 사법발전재단, 2008, 223면.

어를 사용하되, 계약 유형상 해지가 문제되는 경우에는 도산해지조항이라고 한다.

　도산해제조항은 회생절차와 파산절차, 즉 도산절차개시신청 또는 도산절차개시를 해제권 발생의 요건으로 하는 경우(이하 '협의의 도산해제조항')와 아직 도산절차개시를 신청하였거나 도산절차가 개시되지는 않았으나 도산절차개시의 원인이 되는 사실, 즉 지급정지, 부도 또는 채무초과 등 채무자의 재정상태가 악화된 사실을 해제권 발생의 요건으로 하는 경우(이하 '광의의 도산해제조항')로 구분할 수 있다.[272] 아래 논하는 바와 같이 협의의 도산해제조항은 미이행 쌍무계약에 대한 관리인과 파산관재인의 선택권을 정면으로 침해할 수 있으므로 그 효력을 인정할 수 없다는 데에 이견이 없다. 반면에 광의의 도산해제조항은 아직 도산절차가 개시되지 않은 이상 관리인과 파산관재인의 선택권 행사가 직접적으로 문제되는 상태가 아니라는 점에서 그 효력 유무에 다툼의 여지가 있다.

2. 논의의 필요성

　실제로 도산해제조항은 거래계에서 널리 통용되고 있으며, 당사자들의 법률관계는 그 유효성 인정 여부에 많은 영향을 받게 된다.[273] 당사자들이 계약에서 도산해제조항을 두는 이유는 본질적으로 상대방의 도산위험을 회피하기 위한 것이다. 채무자의 도산이라는 사유는 전적으로

---

272) Tabb(주 27), pp.853-854에 따르면, 도산절차개시신청 그 자체를 채무불이행(default) 사유로 정하는 것을 "ipso facto", 아직 채무자에 대한 도산절차개시신청을 한 것은 아니나 채무자의 재정상태가 악화된 경우를 사유로 정하는 것은 "additional ipso facto"라고 구분한다.

273) 여러 유형의 계약에서 "갑은 을에게 부도, 지급정지, 파산·회생신청 등의 사유가 발생한 경우 즉시 본 계약을 해제할 수 있다"와 같은 조항을 두는 경우가 많다.

채무자의 영역에서 비롯되는 것이며, 아무런 귀책사유도 없는 상대방이 굳이 채무자의 도산위험을 감수할 필요는 없을 것이기 때문이다. 도산절차가 개시되는 채무자의 입장에서 보더라도, 계약 당시 본인의 귀책으로 인해 도산절차가 개시될 경우에는 상대방의 해제권 또는 해지권 행사에 의해 계약이 유지되지 않을 수 있다는 정도의 위험을 전제하는 것이 당연하다고 볼 수도 있다. 따라서 당사자들의 계약 자유의 원칙이라는 측면에서만 본다면 도산해제조항의 효력을 인정할 여지가 있다.

그런데 미이행 쌍무계약에 관한 특칙과 관련하여 보면, 계약 자유의 원칙에 근거하여 도산해제조항의 효력을 그대로 인정할 수 있는지 여부가 다시 문제된다. 계약 상대방이 채무자에 대한 도산절차의 개시를 이유로 도산해제조항에 근거하여 미이행 쌍무계약을 해제 또는 해지한다면, 채무자회생법에서 명문으로 정하고 있는 관리인 또는 파산관재인의 선택권을 침해하는 결과가 발생할 수 있기 때문이다.

후술하는 바와 같이 외국의 입법례에서는 명문으로 도산해제조항의 효력에 관하여 규정하고 있는 경우도 있으나, 우리나라에서는 도산해제조항의 효력에 관하여 명문의 규정을 두고 있지 않다. 이 때문에 종래부터 학설상 도산해제조항의 효력에 관하여 많은 논의가 이루어져 왔는데, 최근 대법원이 도산해제조항의 효력 및 미이행 쌍무계약에 대한 관리인의 선택권 행사와의 관련성 등에 관하여 의미 있는 판결을 선고하였다. 항을 바꾸어 살펴본다.

II. 종래의 논의 상황

1. 대법원 판결 사안

대법원은 합작투자계약상 도산해지조항의 효력이 문제된 사안에서 도산해지조항의 유효성을 긍정하는 취지로 판단하였다.[274] 동 판결은 도산해지조항의 효력을 정면으로 언급한 최초의 판결이며, 또한 도산해지조항과 미이행 쌍무계약의 취급과 관련하여서도 의미 있는 판단을 하고 있다. 논의의 필요상 먼저 동 판결의 사실관계와 판결 내용을 상세히 소개한다.

가. 사안의 개요

원고는 영국 법률에 따라 설립된 법인이고, 피고는 2003년 5월 14일 회사정리절차가 개시된 주식회사 진로(이하 '진로')의 관리인이다. 원고가 지분을 전부 소유하고 있는 법인인 J. Lyons와 진로는 1999년 9월 17일 주식회사 진로발렌타인스(이하 '진로발렌타인스')라는 합작회사를 설립하기로 하는 내용의 계약을 체결하였다(이하 '이 사건 합작투자계약'). 이 사건 합작투자계약 제4조 2항에 따르면 J. Lyons는 현금으로, 진로는 현물출자 방식으로 신주인수대금을 납입하기로 하였다. 그리고 이 사건 합작투자계약에서는 다음과 같은 도산해지조항을 두고 있다.

> 제23조 ② 다음의 각 호의 경우에는, 일방 당사자가 상대 당사자에게 서면통지함으로써 본 계약을 해지할 수 있다.
>
> 3. J. Lyons만이 해지할 수 있는 경우로서, 제12조 제2항 2호의 사유가 발생하고, 180일 이내에 그 사유가 소멸되지 않은 경우
>
> 제12조 ② "원고의 매수권 행사요건"이란 다음 각 호의 사건이 발생한 경우를 의미한다.[275]

---

274) 대법원 2007. 9. 6. 선고 2005다38263 판결.
275) 원고의 매수권 행사에 관한 사항은 이 사건 합작투자계약 제12조 제1항에서 정하였다.
  제12조 ① 진로는 원고의 매수권 행사요건을 인지하자마자 그 원고의 매수권

2. (a) 합작투자계약일 현재 존재하는 화의상태를 제외하고, 진로 또
는 진로의 채권자들이 진로의 해산, 청산, 회사정리, 파산 또는 화의
를 신청하는 경우

(b) 진로의 재정상태가(1999. 9. 17.에 비하여) 더 악화된 후에 기업구
조조정촉진을 위한 금융기관 협약에 따라 진로의 채권자들과 부채재
조정 계획이 개시되는 경우

이 사건 합작투자계약이 해지된 때 그 효력에 관하여는 다음과 같이
정하였다.

제24조 ③ 본 계약이 제23조 제2항 제1호, 제3 내지 5호에 의하여, J. Lyons에
의해 해지된 경우에는

2. J. Lyons는 진로의 비용으로 제22조 제4항에 따른 합작투자회사 주
식에 대한 공정시장가격의 감정을 요구할 권리가 있다. 감정이 종료
된 직후, J. Lyons는 진로에 대하여 진로 소유의 합작투자회사 주식
전부를 J. Lyons 또는 J. Lyons가 지명하는 자에게 공정시장가격으로
매각할 것을 요구할 권리가 있다.[276]

행사 요건을 J. Lyons에게 통지하여야 한다. 진로의 그러한 통지를 받은 날로
부터 30일 이내에 또는 J. Lyons가 진로의 통지 없이 그러한 매수권 행사요건
을 알게 된 후 J. Lyons는 다음과 같은 권리를 가진다.
1. 제12조 제2항 제1호에 있어서 새로운 지배주주가 J. Lyons의 경쟁회사인 경
우나 제12조 제2항 제2호의 경우 진로의 주식 전부를 매수할 수 있는 권리(이
하 '매수권'이라 한다). J. Lyons는 매수권 행사의사를 서면으로 진로에게 통지
함으로써 행사한다. 매수권은 공정한 시장가격에 행사된다. 제10조 제12항에
규정된 질권 또는 기타 담보로 인하여 매수권 행사시 그리고 매수권 이행완
료시 진로가 주식을 인도할 수 없는 경우 J. Lyons는 일방적으로 본 정관을 수
정할 수 있으며, 나아가 J. Lyons는 합작투자계약을 해지할 수 있다.
276) 대상판결에서는 '주식매도청구권'이라 한다.

1999년 12월 14일 이 사건 합작투자계약에 따라 진로발렌타인스를 설립하였고, 원고는 2002년 12월 23일 J. Lyons와 J. Lyons로부터 J. Lyons가 소유한 진로발렌타인스의 주식 전부를 양수받고, 이 사건 합작투자계약에 따른 당사자의 지위를 인수하기로 하는 계약을 체결하였다. 진로는 1999년 12월경 진로발렌타인스와의 사이에 부동산 등을 현물출자하기로 하는 계약을 체결하였는데, 현물출자 대상인 부동산에 근저당권이 설정되어 있어 위 근저당권을 해지하기 위하여 근저당권자에게 100억원을 지급하였고 이 사건 주식 중 250만주에 대하여 질권을 설정하여 주었으나, 그 과정에서 이 사건 합작투자계약 제10조 제12항에서 정한 절차를 이행하지 않았다.

한편 자금사정이 악화된 진로는 1997년 9월 9일 부도로 인하여 은행으로부터 거래정지처분을 받았고, 1997년 9월 8일 서울지방법원에 화의개시신청을 하여 1998년 2월 3일 위 법원으로부터 화의개시결정을, 같은 해 3월 19일 화의인가결정을 받았다. 이후 자금사정이 더욱 어려워진 진로에 대해 해외 채권자가 2003년 4월 3일 회사정리절차개시신청을 하였고, 같은 해 5월 14일 진로에 대해 회사정리절차가 개시되었다.

원고는 정리채권 신고기한 내인 2003년 6월 28일 해지권 및 주식매도청구권의 행사를 조건으로 이 사건 주식의 인도를 청구할 정지조건부 정리채권이 있음을 신고{27,450,000,000원(=액면가 10,000원×이 사건 주식 2,745,000주)을 정리채권으로 신고}하였으나, 관리인은 2003년 9월 24일 개최된 일반조사기일에서 위 채권 전부에 대하여 주식인도청구 사유의 미발생을 이유로 이의하였다. 원고는 정리회사인 진로에 대하여 위와 같은 주식의 인도를 청구할 정지조건부 정리채권이 있음을 확정한다는 내용의 판결을 구하는 소를 제기하였다.

나. 쟁점

동 판결에서 도산해지조항과 관련한 중요 쟁점은 두 가지로 구분할 수 있다.[277] 먼저 이 사건 합작투자계약에서 회사정리절차개시를 계약의 해지사유로 정한 조항, 즉 도산해지조항이 유효한지 여부이다. 다음으로 구 회사정리법 제102조 및 제103조에 따라 원고가 정리회사에 대하여 해지권 및 주식매도청구권의 행사를 조건으로 이 사건 주식의 인도를 청구할 정지조건부 정리채권을 가지는지 여부이다.[278]

다. 판결 내용

대법원은 도산해지조항이 회사정리법상 부인권의 대상이 되거나 공서양속에 위반된다는 등의 이유로 효력이 부정되어야 할 경우를 제외하고, 도산해지조항으로 인하여 정리절차개시 후 정리회사에 영향을 미칠 수 있다는 사정만으로는 그 조항이 무효라고 할 수는 없다고 하였다. 나아가 대법원은 ① 민법은 몇 가지 계약 유형에 관하여 일방 당사자에게 선고된 파산이 계약에 미치는 영향에 관한 규정을 두고 있을 뿐, 도산해지조항의 효력과 관련하여서는 별다른 규정이 없고, ② 구 회사정리법이

---

277) 이외에 원심(서울고등법원 2005. 6. 10. 선고 2004나87017 판결)에서는 진로의 질권설정 행위 및 계약 제10조 제12항에 따른 절차 불이행이 계약 제23조 제2항 제1호 소정의 중대한 의무위반에 해당하는지 여부도 문제되었으나, 1심(서울중앙지방법원 2004. 10. 22. 선고 2003가합78569 판결)과 마찬가지로 중대한 의무위반이 아니라고 보았다. 이에 관하여는 원고가 상고이유로 삼지 않은 것으로 보인다.
278) 구 회사정리법 제102조(정리채권) 회사에 대하여 정리절차개시전의 원인으로 생긴 재산상의 청구권은 이를 정리채권으로 한다.
제103조(쌍무계약) ① 쌍무계약에 관하여 회사와 그 상대방이 모두 정리절차개시당시에 아직 그 이행을 완료하지 아니한 때에는 관리인은 계약을 해제 또는 해지하거나 회사의 채무를 이행하고 상대방의 채무이행을 청구할 수 있다.

나 그 후속 입법에 해당하는 현행 채무자회생법에서도 도산해지조항을 일반적으로 금지하는 규정은 없으며, ③ 도산해지조항의 적용 결과가 정리절차개시 후 정리회사에 미치는 영향이라는 것은 당해 계약의 성질, 그 내용 및 이행 정도, 해지사유로 정한 사건의 내용 등의 여러 사정에 따라 달라질 수밖에 없다는 이유에 근거하여, 구체적인 사정을 도외시한 채 도산해지조항을 일률적으로 무효로 보는 것은 계약자유의 원칙을 심각하게 침해할 수 있고, 채무자의 도산으로 초래될 법적 불안정에 대비할 상대방의 보호가치 있는 정당한 이익을 무시하는 것이 될 수 있으므로 이 사건 합작투자계약의 도산해지조항은 유효하다고 보았다.

그런데 대법원은 도산해지조항의 유효성을 긍정하면서도, 미이행 쌍무계약에 대한 관리인의 선택권과 관련하여서는 계약의 이행 또는 해제에 관한 관리인의 선택권을 부여한 회사정리법 제103조의 취지에 비추어 도산해지조항의 효력을 무효로 보아야 한다거나 아니면 적어도 정리절차개시 이후 종료시까지의 기간 동안에는 도산해지조항의 적용 내지는 그에 따른 해지권의 행사가 제한된다는 등으로 해석할 여지가 없지는 않다고 보면서, 도산해지조항의 효력을 부정할 수 있는 여지를 남기고 있다. 다만 이 사건 합작투자계약은 본질상 둘 이상의 당사자가 모여 상호출자하여 회사를 설립·운영하는 것을 목적으로 하는 조합계약이므로 구 회사정리법 제103조가 적용될 수 없으며, 일반적인 재산상의 계약과는 달리 서로 간 고도의 신뢰관계를 전제로 하므로 일방 당사자에게 지급정지 등의 사유가 발생하고 회사정리절차가 개시되어 장차 계약당사자가 아닌 제3자인 관리인이 상대방으로 될 것으로 예상되는 경우에는 다른 당사자로서는 그로 인하여 초래될 상황에 대비할 정당한 이익을 갖는다고 보아야 할 것이므로 이 사건 합작투자계약의 성질상 도산해지조항을 둘 실익이 충분히 인정된다고 하였다.

2. 우리나라 학설상의 논의

가. 무효라는 입장

위 대법원 판결이 선고되기 이전까지 학설상으로는 도산해제조항의 효력을 부정하는 견해가 지배적이었다. 구체적으로는 ① 회사정리절차의 경우 상대방이 지급불능상태에 빠진 자와 계약관계를 계속하는데 대하여 불안감을 느끼기 때문에 해제권 유보 특약을 하게 되나, 이를 유효하다고 하면 상대방에게 회사정리절차개시 전에 항상 해제권이 발생하여 구 회사정리법 제103조에서 관리인에게 이행과 해제의 선택 권한을 부여한 의미가 사실상 몰각될 수 있다는 견해,[279] ② 파산신청이 있었다는 것만을 원인으로 약정해제권이 발생하도록 정한 약정해제권 유보 특약은 파산절차가 개시되기까지 반드시 일어나는 사실을 해제권의 발생원인으로 한 것이므로, 해제를 인정하게 되면 파산재단의 재산이 특정 채권자에 의하여 탈취되는 것과 같은 결과가 되어 총채권자의 희생으로 특정채권자가 이익을 얻는 것이 되므로 부당할 뿐 아니라, 채권자 사이의 형평을 도모하면서 채무자의 총재산을 청산하여 총채권자에게 공평한 만족을 주려는 파산절차의 목적에 어긋난다는 견해 등이 그러하다.[280] 그리고 최근에는 관리인과 파산관재인의 선택권을 침해할 수 있으므로 미이행 쌍무계약의 경우 도산해제조항을 원칙적으로 무효로 하는 법규정을 채무자회생법에 신설할 필요가 있으나, 미이행 쌍무계약 중에서 대출계약이나 증권발행계약 등 금전소비대차나 그에 준하는 금융계약에 대하여는 예외적으로 도산해제조항의 효력을 인정해줄 필요가 있다는

---

279) 남효순(주 139), 30-31면; 백창훈/임채홍(주 151), 361면. 파산절차와 관련하여 동일한 맥락의 견해로는 임종헌(주 193), 29-30면.
280) 박병대(주 140), 438면.

견해가 있다.[281]

나. 개별 계약별로 효력을 판단해야 한다는 입장

도산해제조항의 효력을 부정한 종래 다수의 견해와는 달리, 도산해제조항을 일률적으로 무효로 하기 보다는 개별·구체적인 사안별로 그 효력을 판단하여야 한다고 보는 견해가 있다. 이에 따르면 위 대법원 판결은 도산해제조항이 일률적으로 유효라고 선언한 것이 아니라 합작투자계약의 경우에 한하여 유효하다고 판단한 것이므로, 그 밖의 계약에서는 도산해제조항이 무효가 될 수 있는 가능성을 열어두고 있다고 본다.[282] 즉, 대상 판결에서 도산해제조항의 유효성을 인정했다고 하더라도, 모든 계약에 통용되는 기준을 제시한 것은 아니라는 점을 강조한다. 대상 판결에 따르면 합작투자계약은 조합계약이어서 쌍무계약에 포함되지 않는다고 하고 있으므로, 일단 조합계약에서 도산해제조항을 두고 있는 경우에는 유효하다고 볼 수 있을 것이다. 한편 이 견해에서는 임대차계약 등 계속적 계약의 경우에는 당사자들의 신뢰 관계가 중시되기 때문에 어느 한 쪽이 도산절차에 들어갔는지 여부가 매우 중요할 수 있고, 따라서 개별 법 규정, 계약의 성격, 당사자 보호의 필요성 등을 고려하여 도산해제조항의 효력을 정해야 한다고 본다.[283]

다음으로 사회적 효율성의 관점에서 도산해제조항의 유효성을 판단하여야 한다는 견해가 있다. 이 견해에 따르면 계약 체결시 당사자들이 도산해제조항을 둘 경우 이로 인하여 사후적으로 사회적 비효율이 발생

---

281) 한민(주 248), 70-73면. 이 견해에서는 미이행 쌍무계약에 해당하지 않는 계약 등 그 밖의 계약 유형에 대한 도산해제조항의 효력 여부 판단은 위 대법원 2005다38263 판결의 취지와 실무운용에 맡길 수 있다고 한다.

282) 김재형(주 270), 428면.

283) 김재형(주 270), 428면.

할 수 있는 반면에 그럼에도 불구하고 당사자들은 사전적으로 도산해제
조항을 규정할 여러 유인(incentive)이 존재하므로 결국 정책적 충돌이
발생하는데 사안별로 어느 정책 목표를 우선하는 것이 바람직한가를 판
단하고, 그에 따라 개별적으로 도산해제조항의 효력을 인정하거나 부인
하는 방안을 충분히 시도할 수 있을 것이라고 한다.[284]

3. 외국에서의 논의

가. 영국

영국의 경우 도산해제조항의 효력에 관하여 명문의 규율은 존재하지
않으나, 종래 판례를 통해 인정되어온 법 원칙인 박탈금지의 원칙
(Anti-Deprivation Rule)에 따를 때 도산해제조항의 효력은 인정될 수
없다고 본다.[285] 박탈금지의 원칙이란 도산절차의 개시를 이유로 파산
자 또는 도산절차가 개시된 회사로부터 그 소유의 재산을 배제시키는
내용의 계약조항은 공서에 반하여 무효라는 도산법의 기본원칙이며, 여
기서 공서란 기본적으로 집단적 집행절차인 도산절차의 특성상 전체 채
권자들을 평등하게 대우해야 한다는 원칙 등을 포함한다.[286] 박탈금지

---

284) 김성용(주 271), 224-238면 참조.

285) 배제금지의 원칙이라 번역할 수도 있다. 한편 Blanca Mamutse, "Drawing the
limits of the anti-deprivation rule in insolvency law", finance & credit law No.5,
Imforma Finance, 2010; Roy Goode, "Flip clauses: the end of the affair?",
L.Q.R.128, 2012, pp.171-178에 따르면 최근 영국에서는 리먼 브러더스(Lehman
Brothers)의 파산 관련 법원의 판결을 둘러싸고 박탈금지의 원칙과 관련하여
많은 논의가 이루어지고 있는 것으로 보인다.

286) 영문으로는 "contractual provisions designed to remove from the estate of a bank-
rupt or insolvent company assets held at the commencement of the bankruptcy or
winding up are void as being contrary to public policy"라고 설명하는데, 이에 관

의 원칙은 과거에는 청산절차(liquidation)에 대해서만 적용되었으나 오
늘날에는 회사의 도산절차의 한 유형인 관리절차(administration)에도
적용되고 있다.[287] 또한 실무상 박탈금지의 원칙은 회사 및 개인의 파
산절차에서 도산법에 반하는 내용의 계약을 체결하지 못한다('There is
a general rule in bankruptcy and corporate liquidation that one
cannot contract out of insolvency legislation.')는 원리를 의미하기도
하며, 나아가 도산법의 적용을 회피하기 위한 어떠한 시도도 공서에 반
한다('the rule that any attempt to avoid the operation of insolvency
legislation is contrary to public policy')는 의미까지도 포함하는 개념이
다.[288] 국내에서는 채무자에 대한 도산절차가 개시되기 전까지는 재산
을 채무자에게 귀속시키되 도산절차가 개시되면 이를 이유로 그 재산을
채무자의 도산재단으로부터 배제하는 계약은 무효라는 법리라고 설명하
는 견해가 있다.[289]

　　판례와 실무의 해석 등을 통해 발전해온 박탈금지의 원칙은 1986년
영국 도산법(Insolvency Act 1986)에 반영되었다. 회사법상 등록된 회사
의 청산에 관한 제127조 1항에 따르면 법원에 의해 개시된 청산절차의
경우 법원이 달리 명하지 않는 한 청산절차의 개시를 이유로 그 이후에
이루어진 회사 재산의 처분·주식의 이전 등은 무효이고,[290] 회사에 대

하여는 Goode(주 15), p.217 참조.

287) Goode(주 15), p.217.

288) http://www.minterellison.com/Pub/NA?20110919_insolvency.

289) 임지웅, "도산해지조항의 효력 및 범위-Flip In 조항의 효력에 관한 영국과 미
국의 판례분석을 중심으로-", 도산법연구 제1권 제2호, 사단법인 도산법연구
회, 2010, 30면.

290) § 127[Avoidance of property dispositions, etc] ① In a winding up by the court, any
disposition of the company's property, and any transfer of shares, or alteration in
the status of the company's members, made after the commencement of the
winding up is, unless the court otherwise orders, void.

한 도산절차인 관리절차(administration) 및 청산절차(liquidation)에 대해 적용되는 제238조 2항 및 3항에서는 회사가 제3자와 저평가(undervalue)된 상태의 거래를 한 경우, 관리인(the office-holder, 관리절차의 경우에는 administrator, 청산절차의 경우에는 liquidator를 의미한다)은 법원에 회사가 그러한 거래를 하지 않았던 상태로 회복시켜달라는 청구를 할 수 있고 이에 따라 법원은 청구에 부합하는 결정을 할 수 있다고 정하고 있다.291) 이러한 1986년 영국 도산법의 규정은 박탈금지의 원칙에 따라 채무자에 대한 도산절차의 개시를 이유로 채무자의 재산을 감소시키는 어떠한 행위도 허용될 수 없다는 법리를 명문화한 것이라고 평가할 수 있다.

나. 미국

1978년 현행 도산법이 제정되기 이전에는 도산해제조항의 효력에 관하여 명문으로 정한 법규가 존재하지 않았다. 거래계에서는 도산해제조항을 널리 이용하고 있었는데, 도산해제조항이 무효라는 법 규정이 존재하지 않은 상태에서 법원은 대부분의 사안에서 도산해제조항의 효력을 인정하였다.292) 반면에 도산해제조항의 효력을 인정하는 것은 다른

---

291) § 238[Transactions at an undervalue] ② Where the company has at a relevant time(defined in section 240) entered into a transaction with any person at an undervalue, the office-holder may apply to the court for an order under this section.

③ Subject as follows, the court shall, on such an application, make such order as it thinks fit for restoring the position to what it would have been if the company had not entered into that transaction.

동 규정은 잉글랜드와 웨일즈 지방에만 적용된다.

292) Tabb(주 27), p.854. 반면에 오수근, "도산실효조항의 유효성", 판례실무연구 IX, 박영사, 2010, 440면에서는 1978년 현행 도산법에서 도산해제조항의 효력을 부정하는 규정을 두기 이전에도 법원은 일반적으로 도산해제조항의 효력

이해관계인들과의 관계에서 형평에 반하고 도산법의 근본 취지에도 부합하지 않는다는 이유로 그 효력을 부정한 사례도 존재했다.[293]

1978년에 제정된 미국 도산법에서는 도산해제조항의 효력을 부정하는 명문의 규정을 신설하였다. 도산해제조항의 효력을 인정할 경우 채무자의 회생을 촉진시키고 전체 채권자의 이익을 도모하여야 하는 도산재단으로부터 가치 있는(valuable) 재산을 박탈하는 결과가 초래되는데, 특정한 채권자의 개인적인 이익(parochial interest)이 이와 같은 결과를 정당화할 수는 없다는 데에 그 입법취지가 있다.[294] 미국 도산법에서 도산해제조항의 효력을 부정하는 규정은 다음과 같다.

먼저 제365조 b항 1호 및 2호는 관리인이 선택권을 행사하기 이전에 이미 채무자의 채무불이행이 있는 경우에는 관리인이 이를 치유하는 등의 행위를 하지 않는 한 선택권을 행사할 수 없음이 원칙이나, 당사자들이 약정한 채무불이행 사유가 채무자의 재정상태나 도산절차개시 등인 경우에 대하여는 위 원칙을 적용하지 않는다고 규정한다. 이는 도산해제조항이 존재하더라도 관리인의 선택권 행사는 제한받지 않는다는 의미이다. 제365조 e항 1호에서는 미이행 계약 및 기한이 만료되지 않은 리스계약의 경우 도산절차의 개시를 이유로 계약이 자동적으로 해지되거나, 일방적으로 상대방에게 해제권을 부여하는 약정에 근거하여 도산절차개시 이후 계약을 해제 또는 변경하는 것은 금지된다고 규정한다. 그리고 제541조 c항 1호에서는 당사자 간의 약정 등에 의해 채무자의 재산에 관한 권리를 제한하거나 채무자에 대한 도산절차개시 등을 조건으로 채무자의 권리를 제한하였다고 하더라도 도산절차개시 후 재산에 대한 채무자의 권리는 도산재단의 재산이 된다고 정하고 있다. 이에 따

을 인정하는 것에 대해 소극적이었다고 하는데, 일반화하기는 어렵다.

293) *Queens Boulevard Wine & Liquor Corp. v. Blum*, 503 F.2d 202(2nd Cir. 1974).

294) United States House of Representatives(주 28), pp.347-348; Tabb(주 27), p.854.

르면 당사자들이 체결한 계약에 도산해제조항이 존재한다고 하더라도 이와는 무관하게 미이행 계약에 대한 채무자의 권리는 도산재단의 재산으로 편입된다고 해석할 수 있다.295)

이와 같이 미국 도산법에서는 미이행 계약 및 기한이 만료되지 않은 리스계약에 대하여 도산해제조항의 효력을 부정하고 있으며, 그 이외의 계약의 경우에도 계약의 당사자들이 일방 당사자에 대한 도산절차개시를 계약의 해제·해지사유로 정하는 도산해제조항을 약정하였다고 하더라도 도산절차와의 관계에서는 그 효력을 부인할 수 있는 근거규정을 두고 있다.

다. 독일

독일에서는 일반적으로 도산해제조항(Lösungsklausel)이란 도산절차가 개시된 경우에 자동으로(automatisch) 또는 계약의 소멸(Erlöschen)을 가져오는 해제조건(auflösende Bedingung)이나 계약 당사자에게 특별히 인정된 형성권(Gestaltungsrecht)인 해지권(Kündigungsrecht) 내지는 해제권(Rücktrittsrecht)에 따라 계약을 해제하는 당사자들의 약정(Vereinbarung)이라고 정의한다.296) 독일에서는 1994년에 구 화의법 등을 통합하여 새로운 도산법을 제정하는 과정에서 '도산절차의 개시를 이유로 쌍무계약의 일방 당사자에게 해제권을 부여하는 합의는 효력이 없다'는 규정이 정부가 제시한 초안(Regierungsentwurf) 제137조 제2항에 포함되어 있었으나 입법 과정에서 법무위원회(Rechtsausschuss)에 의해 삭제되었다고 한다.297) 따라서 현행 독일 도산법상 도산해제조항의 효

---

295) 오수근(주 292), 441면.

296) MK-InsO/Huber, § 119, Rn. 18; Uhlenbruck-InsO/Sinz, § 119, Rn. 10.

297) Uhlenbruck-InsO/Sinz, § 119, Rn. 10.

력 등에 관하여 정하고 있는 명문의 규정은 존재하지 않는다.

독일 도산법의 제정 과정에서 도산해제조항에 관한 논의가 이루어질 당시 그 유효성 여부에 관하여 명확한 결론을 내리지 못했기 때문에, 이후에도 삭제된 도산법 초안 제137조 제2항이 도산해제조항의 효력이 없다는 점을 확인하는 의미의 선언적(deklaratorische) 조항이었는지 아니면 법규정에 따라 비로소 효력이 발생하는 창설적인(konstitutive) 의미의 조항이었는지에 관하여 견해가 대립되었다.298) 이에 대하여는 독일 도산법 제103조에서 관리인에게 계약 이행에 대한 선택권을 부여하고 있고, 제109조에 따르면 제103조를 배제하거나 제한할 목적으로 이루어진 합의는 무효라는 점에 근거하여 관리인의 선택권을 침해하는 내용의 도산해제조항은 효력이 없다고 해석하는 견해가 있다.299) 반면에 입법 과정에서 도산해제조항의 효력을 금지하는 조항이 삭제되었다는 점 및 계약자유의 원칙에 비추어 볼 때 도산해제조항은 유효하며(다만 임대차와 관련하여 일정한 해지금지사유를 정하고 있는 독일 도산법 제112조의 경우에는 예외로 한다), 이에 대하여는 독일 도산법 제119조가 적용되지 않는다는 입장도 있다.300) 도산해제조항의 효력에 관하여 명시적으로 언급한 판결례는 찾아볼 수 없다.

라. 일본

우리나라와 마찬가지로 일본 회사갱생법, 파산법. 민사재생법 등에서는 도산해제조항의 효력에 관한 명문의 규정을 두지 않고 있다. 학설

---

298) Uhlenbruck-InsO/Sinz, § 119, Rn.10.

299) Frank Schwörer, "Lösungsklauseln fur den Insolvenzfall", RWS, 2000, Rn.115ff; Uhlenbruck-InsO/Sinz, § 119, Rn.13ff.

300) MK-InsO/Huber, § 119, Rn.22; Gottwald-InsOHandbuch/Huber, § 35, Rn.13; FK-InsO/Wegener, § 103, Rn.4ff.

상으로는 도산해제조항의 효력을 부정하는 견해가 다수의 입장으로 보인다.[301] 최고재판소는 회사갱생절차와 관련하여 소유권유보부매매계약상의 해제권유보 특약조항의 효력이 문제된 사안에서 회사갱생절차개시신청 사실을 약정 해제사유로 한 특약은 무효라고 한 바 있다.[302] 또한 최근에도 최고재판소는 리스이용자에 대한 민사재생절차와 관련하여 리스계약에 포함된 도산해제조항은 민사재생법의 취지와 목적에 반한다는 이유로 그 효력을 부정하였다.[303]

마. UNCITRAL 도산법입법지침

UNCITRAL이 채택한 도산법입법지침에서는 도산해제조항에 관하여 다음과 같이 정하고 있다. 도산법입법지침 권고규정(Recommendations)

---

301) 伊藤眞, 破産法·民事再生法(第2版), 有斐閣, 2009, 274頁; 山本克己 編(주 103), 216-217頁; 条解 會社更生法(中), 第103条, 308頁.

302) 日最裁 1982(昭和 57). 3. 30. 判決(民集 第36卷 第3号 484). 이 판결은 매수인이 할부대금을 전액 변제할 때까지 매매목적물의 소유권을 매도인이 보유하기로 하는 소유권유보부매매계약을 체결하였는데, 매수인이 회사갱생절차개시신청을 하여 법원으로부터 변제금지 보전처분이 발령되자, 매도인이 해제권 유보특약에 기하여 매수인인 갱생회사에게 매매계약 해제의 의사표시를 하고 그 후 회사갱생절차가 개시되면서 관리인이 선임되자 관리인을 상대로 소유권에 기한 환취권을 행사하여 매매목적물의 인도를 청구한 사안이다. 이에 관하여 일본 최고재판소는 갱생개시절차신청의 원인이 발생한 것을 매매계약의 해제사유로 하는 취지의 특약을 하는 것은 채권자, 주주 기타 이해관계인의 이해를 조정하여 곤궁에 처해있는 주식회사 사업의 유지·갱생을 도모하기 위한 회사갱생절차의 취지·목적을 해치는 것이므로 그 효력을 인정할 수 없다고 판단하였다. 이 판결에 관하여는 백창훈/임채홍(주 151), 361면도 참조. 竹下守夫, "所有權留保と破産·會社更生", 法曹時報 第25卷 第3号, 法曹會, 1973, 430頁에 따르면 위 최고재판소 판결이 이전에도 이미 소유권유보부매매에서 도산해제조항은 효력이 없다는 것이 일본 학설상 다수의 입장이었던 것으로 보인다.

303) 日最裁 2008(平成 20). 12. 16. 判決(民集 第62卷 第10号 2561).

제69조 내지 제70조에 따르면, 도산법은 채무자와 상대방이 모두 아직 그 의무의 이행을 완료하지 않은 계약의 취급방안을 명시하여야 하며 그 중 하나로서 일반적으로 "Ipso Facto" 조항이라고 불리는 자동해제조항(automatic termination clause) 및 기한이익상실조항(acceleration clause)의 효력에 관하여 정하도록 하고 있다.304)

이에 따르면 도산법은 ① 도산절차개시신청, 도산절차의 개시 또는 관리인의 임명과 같은 사유가 발생한 경우 계약이 자동해지된다거나 기한이익이 상실된다는 내용의 어떠한 약정도 관리인(도산대표자, the insolvency representative) 및 채무자에 대해 강제적 효력이 없고(제70조), ② 금융계약, 근로계약과 같이 특별규정에 의하여야 하는 계약 등 상기 ①항의 내용이 적용되지 않는 계약을 명시하여야 한다(제71조).305) 이와 같이 도산법입법지침에서는 원칙적으로 도산해제조항의 효력을 인정하고 있지 않다.

바. 유럽도산법원칙

유럽도산법원칙 제6.1조에서는 채무자에 대해 도산절차가 개시되더라도 채무자가 당사자인 계약은 자동으로 해제되지 않는다고 규정하고

---

304) 69. The insolvency law should specify the treatment of contracts under which both the debtor and its counterparty have not yet fully performed their respective obligations. 이에 관하여 도산법입법지침 제2장, 122의 해설도 참조.

305) 70. The insolvency law should specify that any contract clause that automatically terminates or accelerates a contract upon the occurrence of any of the following events is unenforceable as against the insolvency representative and the debtor:
(a) An application for commencement, or commencement, of insolvency proceedings;
(b) The appointment of an insolvency representative.
71. The insolvency law should specify the contracts that are exempt from the operation of recommendation 70, such as financial contracts, or subject to special rules, such as labour contracts.

있다. 즉, 유럽도산법원칙에서는 도산해제조항의 효력을 인정하지 않는다.

Ⅲ. 검토

1. 미이행 쌍무계약과 도산해제조항

도산해제조항의 효력은 채무자회생법 제119조 및 제335조에 따른 관리인과 파산관재인의 선택권 행사와 관련한 경우와 그 이외의 경우로 나누어 검토할 필요가 있다. 먼저 도산해제조항이 관리인이나 파산관재인의 선택권 행사와 충돌하는 경우 그 효력이 어떠한지에 관하여 본다.

앞서 논한 바와 같이 대법원은 원칙적으로 도산해제조항의 유효성을 긍정하면서도, 미이행 쌍무계약의 경우에는 관리인에게 선택권을 부여한 조항의 취지에 비추어 도산해제조항의 효력을 무효로 보거나 적어도 도산절차개시 이후 종료시까지의 기간 동안에는 도산해제조항의 적용이 제한된다는 등으로 해석할 여지가 있다고 하였다.[306] 즉, 관리인과 파산관재인이 미이행 쌍무계약을 해제할 수 있는 권리를 갖고 있는 상태인 경우 도산해제조항은 효력이 없다는 것이다. 이는 본질적으로 관리인 및 파산관재인의 해제권 행사와 도산해제조항에 따른 계약 상대방의 해제권 행사가 충돌하는 경우에 관한 문제인데, 채무자회생법에 따른

---

306) 대법원 2007. 9. 6. 선고 2005다38263 판결. 다만 이 판결에서 "적어도 도산절차개시 이후 종료시까지의 기간 동안 도산해지조항의 효력이 제한된다"는 내용이 정확하게 무엇을 의미하는지는 분명하지 않다. 도산해제조항이란 도산절차의 개시를 이유로 계약 당사자가 계약을 해제할 수 있는 권리를 부여하는 규정을 의미하고, 미이행 쌍무계약의 경우에는 관리인과 파산관재인의 선택권 행사에 따라 도산절차 내에서 계약에 따른 법률관계가 처리되므로 도산절차 종료시에는 당해 계약에 기해 발생하는 법률관계가 남아 있지 않을 것이기 때문이다.

관리인과 파산관재인의 권리가 우선하는 결과가 된다. 대법원의 판단은 미이행 쌍무계약에 한해서는 도산절차의 개시를 이유로 채무자로부터 그 소유의 재산을 배제하는 내용의 계약조항은 공서에 반하여 무효이며 당사자들이 도산법에 반하는 약정을 체결할 수 없다는 박탈금지의 원칙에 부합하는 것으로 보인다. 도산해제조항의 효력을 인정할 경우 관리인이나 파산관재인의 선택권이 형해화될 수 있고, 나아가 전체 이해관계인에 대해 유리한 영향을 끼칠 수 있는 미이행 상태의 계약관계가 채무자의 재산 또는 파산재단으로부터 일방적으로 제외되는 결과가 된다. 그러므로 도산해제조항의 효력을 부정하는 것이 단체적 강제집행절차라는 도산절차의 특성과 채권자를 비롯한 전체 이해관계인의 이익 보호에 보다 부합할 수 있다.

미이행 쌍무계약과 관련하여 도산해제조항의 효력을 인정하거나 부정하는 각 경우에 계약 상대방의 권리가 어떻게 달라지는지 비교해본다. 도산해제조항에 따라 계약을 해제·해지하는 것이 채권자의 의사에 부합한다고 전제한다.

만일 도산해제조항의 유효성을 인정한 결과 상대방이 채무자에 대한 도산절차개시를 이유로 미이행 쌍무계약을 해제한다면, 상대방이 채무자에 대해 갖게 되는 손해배상채권은 도산절차개시 이전의 원인에 기해 발생한 채권이므로 회생채권 또는 파산채권이 된다.307) 그리고 상대방이 도산절차개시 이전에 채무자에게 이행한 급부가 있고 그 급부가 현존한다면 환취권자의 지위에서 반환을 구할 수 있을 것이다.

반면에 미이행 쌍무계약과 관련하여 도산해제조항이 무효라는 입장

---

307) 채권 발생이 회생절차개시 전의 원인에 기한 것인 한 그 내용이 구체적으로 확정되지 아니하였거나 변제기가 회생절차개시 후에 도래하더라도 회생채권에 해당한다. 한편 미이행 쌍무계약에 대해 관리인이 해제를 선택하면 계약이 소급적으로 무효가 되므로 채권자의 채권 자체는 소멸하되, 해제로 인한 손해배상채권이 발생할 수 있다.

에 의한다면, 계약 상대방의 의사와는 무관하게 관리인 또는 파산관재인은 선택권을 행사할 수 있다. 이 경우 관리인 또는 파산관재인이 계약의 해제를 선택한다면 도산해제조항에 의한 해제의 경우와 동일하게 상대방은 회생채권자 또는 파산채권자로서 손해배상채권을 행사할 수 있다. 관리인이나 파산관재인이 계약의 이행을 선택한다면 채권자의 의사에 반해 계약이 존속되는 경우가 발생할 수 있지만 그 대신 상대방이 갖는 채권은 공익채권으로 취급되므로 법률효과적인 측면에서 볼 때 상대방에게 크게 불리하다고 보기는 어렵다. 채권자의 의사에 반한다는 측면이 있기는 하나, 채무자에 대한 도산절차개시는 계약 체결 당시에는 예상하지 못했거나 발생가능성이 매우 낮은 사유이므로 당초 채권자는 계약이 존속될 확률이 훨씬 더 높다고 인식하였을 것이다. 따라서 미이행 쌍무계약과 관련하여서는 도산해제조항이 무효라고 해석하더라도 계약 상대방인 채권자의 권리를 지나치게 침해하는 결과는 발생하지 않는다.

그러므로 채무자의 회생 또는 청산이라는 도산절차의 목적과 채권자의 권리 보호라는 측면을 모두 균형적으로 고려할 때, 미이행 쌍무계약에 포함된 도산해제조항은 무효라고 해석함이 타당하다. 도산해제조항의 유효성을 일률적으로 인정한다면 법에서 인정된 미이행 쌍무계약에 대한 관리인이나 파산관재인의 선택권이 형해화되는 결과가 되는 반면, 관리인이나 파산관재인의 선택권을 인정할 경우에는 본래 채권자가 의도한 도산해제조항의 효력에 부합하거나 적어도 채권자가 공익채권자로 보호되는 결과가 되어 보다 균형적이다. 한편 미이행 쌍무계약 중에서 대출계약이나 증권발행계약 등 금전소비대차나 그에 준하는 금융계약에 대하여는 예외적으로 도산해제조항의 효력을 인정해줄 필요가 있다는 견해가 있다.[308] 지급결제제도 등에 관한 채무자회생법 제120조나 제336조에서 규정한 금융거래의 경우 미이행 쌍무계약에 관한 특칙이 적

---

308) 한민(주 248), 70-73면.

용되지 않으므로, 이에 속하는 금융계약에 대해 예외적으로 도산해제조항의 효력을 인정한다면 적어도 관리인이나 파산관재인의 선택권을 침해할 여지는 없을 것이다. 그 밖에 이러한 계약 유형만을 특별히 달리 취급하는 근거를 찾기 어렵다.

미이행 쌍무계약에서 정한 협의의 도산해제조항은 무효임이 명백하나, 광의의 도산해제조항의 효력에 관하여는 여전히 논란의 여지가 있다. 광의의 도산해제조항의 경우 도산절차개시의 원인이 되는 사실이 발생하였으나 아직 채무자에 대한 도산절차개시를 신청하였거나 도산절차가 개시되지는 않았다는 점에서 채무자회생법상 관리인과 파산관재인의 선택권을 직접 침해하는 것은 아니라고 볼 수도 있기 때문이다.

그런데 광의의 도산해제조항의 유효성을 인정하면 그로 인해 불합리한 결과가 초래될 수 있다. 채무자의 재정상태 악화라는 도산절차개시의 원인은 도산절차개시신청과 그에 따른 도산절차의 개시가 이루어지는 과정에서 반드시 발생하는 사정일 뿐인데,[309] 그럼에도 불구하고 도산절차개시신청 또는 도산절차개시 전후를 기준으로 도산해제조항의 효력을 달리 취급하는 것은 부당하다. 나아가 계약 상대방은 채무자에 대한 도산절차개시 전에 항상 해제권을 갖게 되는 결과 결국 관리인과 파산관재인에게 이행과 해제의 선택 권한을 부여한 의미가 사실상 몰각될 우려가 있고, 또한 총채권자의 희생으로 특정채권자가 이익을 얻는 결과가 된다.[310] 그러므로 미이행 쌍무계약에서 정한 도산해제조항은 그 내용이 협의의 도산해제조항인지 광의의 도산해제조항인지를 불문하고 모두 관리인과 파산관재인의 선택권을 침해하거나 그 의의를 몰각시킬 우려가 있으므로 효력이 없다고 해석하여야 할 것이다.

도산해제조항의 효력에 관하여 충분한 논의가 이루어지지 않은 상황

---

309) 박병대(주 140), 438면.
310) 임종헌(주 193), 29-30면; 박병대(주 140), 438면; 백창훈/임채홍(주 151), 361면.

이지만, 거래계에서는 도산해제조항이 널리 이용되고 있다. 생각건대 도산해제조항의 효력을 둘러싼 혼란을 방지하기 위해서는 채무자회생법에서 미이행 쌍무계약과 관련하여 도산해제조항의 효력이 문제되는 경우에는 그 효력을 부정하는 취지의 규정을 두는 것이 바람직하다. 이와 관련하여 종래 거래계에서 도산해제조항이 유효성을 인정받아 널리 사용되었음에도 1978년 도산법에서 그 효력을 부정하는 조문을 신설한 미국의 경우를 참고할 수 있다.

2. 미이행 쌍무계약 이외의 계약과 도산해제조항

미이행 쌍무계약 이외의 계약에서 정한 도산해제조항의 경우 그 효력을 인정할 수 있는지 문제된다. 도산절차의 개시를 이유로 채무자로부터 그 소유의 재산을 배제하는 내용의 계약조항은 공서에 반하여 무효라는 박탈금지의 원칙을 엄격히 적용한다면, 미이행 쌍무계약을 비롯한 모든 유형의 계약에서 도산해제조항은 무효라고 해석함이 타당할 것이다.

그런데 대법원은 우리나라의 경우 법령상 도산해제조항을 금지하는 명문의 규정이 없음에도 도산해제조항을 일률적으로 무효로 보는 것은 계약자유의 원칙을 심각하게 침해하는 결과를 낳을 수 있을 뿐만 아니라 상대방 당사자가 채권자의 입장에서 채무자의 도산으로 초래될 법적 불안정에 대비할 보호가치 있는 정당한 이익을 무시하는 결과가 초래될 우려가 있다고 하면서 원칙적으로 도산해제조항의 유효성이 인정될 수 있는 가능성을 열어두었다. 물론 위 대법원 판결에서 단정적으로 도산해제조항의 유효성을 인정한 것은 아니다. 즉, 대법원은 이 사건 합작투자계약의 여러 가지 특성을 고려한 결과 도산해제조항의 유효성을 인정한 것이기 때문에, 그 밖의 계약에서는 도산해제조항이 무효로 판단될 가능성도 배제할 수 없다(도산해제조항을 일률적으로 무효로 볼 수는 없다는 판결 내용이 그러하다). 결국 대법원은 문제되는 각 계약마다 여러 가지 사정을 종합적으로 고려하여 도산해제조항의 유효 여부를 판단하여야 한다는 입장을 채택한 것이다. 개별 사안별로 도산해제조항의 효력을 판단하여야 한다고 한다는 견해도 동일한 맥락으로 보인다.

박탈금지의 원칙을 엄격하게 적용하는 경우와는 달리, 도산해제조항의 유효성을 원칙적으로 긍정하는 대법원의 입장을 정당화할 수 있는 특별한 근거가 있는가. 위 판결에서 설시한 이유 이외에 다음과 같은 점을 생각해볼 수 있다.

앞서 제2장에서 검토한 바와 같이 영국, 미국, 독일과 도산법입법지침 및 유럽도산법원칙에서는 관리인이 미이행 계약의 이행을 선택하거나 이행을 거절할 권한을 인정하고 있을 뿐 계약을 해제할 권한까지 부여하고 있지는 않다. 관리인에게 도산절차의 개시로 인한 일방적인 해제권을 부여하고 있지 않은 법제의 경우 권리 상호간의 균형상 계약 상대방에 대하여도 도산해제조항의 효력을 인정할 수 없다는 판단이 내재된 것일 수 있다. 관리인이 갖는 계약의 이행 또는 이행거절을 선택할 권리는 본래 계약의 이행 여부를 자유롭게 선택할 수 있다는 원칙에서 비롯된 것이므로 통상의 계약관계와 동일한데,[311] 그럼에도 불구하고 계약 상대방에 대해서만 도산절차개시를 원인으로 계약을 해제할 권한을 인정하는 것은 타당하지 않다고 볼 수 있기 때문이다. 반면에 우리의 채무자회생법에 의하면 관리인과 파산관재인에게 도산절차의 개시라는 사정으로 인해 계약의 해제를 선택할 수 있는 특별한 권리를 부여하고 있으므로, 대법원은 계약의 상대방 역시 도산절차개시를 원인으로 계약을 해제할 수 있는 권리를 가질 수 있다는 논리에 입각하여 도산해제조항의 유효성을 인정할 여지를 둔 것은 아닐까.[312]

---

311) 이에 관한 보다 상세한 내용은 '제5장 제1절 Ⅳ. 1. 가'항 참조.
312) 다만 채무자에 대해 도산절차가 개시된 이상 채권자들은 도산절차 내에서 권

실무상으로는 위 대법원 판결에서 문제된 합작투자계약뿐만 아니라 다른 여러 유형의 계약에서도 도산해제조항을 두는 사례가 매우 많다. 하지만 계약 체결 당시 당사자들은 도산해제조항이 법리적으로 유효한지 여부에 관하여 특별히 고려하지 않는 경우가 대부분이다(거래계에서는 일반적으로 해제권 발생 사유를 약정하는 것과 마찬가지로 계약 자유의 원칙상 당연히 허용된다고 전제하고 있는 것으로 보인다). 나아가 앞서 논한 바와 같이 도산해제조항으로 인하여 사회적 비효율이 발생할 수 있다는 점을 인식하면서도 당사자들은 여전히 도산해제조항을 규정하고자 하는 유인이 존재한다.313) 이와 같이 도산해제조항이 나름의 효용성을 가지고 널리 사용되고 있는 현실과 도산해제조항은 계약의 존속여부를 좌우할 수 있다는 점에서 계약 내용 중 본질적인 사항에 해당한다는 점 등을 감안할 때, 명문의 규정이 없는 현 상황에서 개별 계약에 따라 도산해제조항의 효력을 인정할 수 있다는 주장도 부득이한 면이 있다.

다만 현행 법령상 도산해제조항의 효력을 부정하는 명문의 규정이 없어 개별·구체적인 사안별로 도산해제조항의 효력을 판단하는 것이 불가피하더라도, 그러한 판단 자체가 용이하지 않을 뿐만 아니라 각 계약 유형에 따라 판단을 달리할 경우 그 판단의 결과가 형평에 반할 수 있다는 문제가 여전히 존재한다. 개별 판단에 따른 문제의 소지를 최소화하기 위해서는 객관적이고 공평한 판단 기준을 적용하여야 한다. 이와 관련하여 도산해제조항의 본질과 취지, 당해 계약의 내용 및 성격, 계약 당사자 보호의 필요성, 도산해제조항으로 인하여 초래되는 여러 이익의 형량 등을 판단기준으로 삼을 수 있을 것이다. 예를 들어 쌍무계약이 아

리를 행사하고 채무를 변제받는 것이 원칙이므로, 채권자와 채무자 간에 체결된 도산해제조항에 따라 도산절차를 회피하는 결과가 발생할 경우 이는 다른 채권자들과의 형평상 바람직하지 않다는 점은 여전히 논란이 될 수 있다.

313) 김성용(주 271), 224-238면.

닌 계약, 즉 편무계약(민법 제598조 이하에서 정하는 무이자 소비대차나 동법 제609조 이하의 사용대차 등)이나 양자 어디에도 속하지 않는 특수한 형태의 계약은 채무자회생법상 관리인이나 파산관재인의 선택권 행사 대상이 아니므로 도산해제조항의 효력이 인정될 여지가 있으나, 이 경우에도 여러 사정을 종합적으로 고려하여 효력 유무를 결정하여야 한다.

제4장
개별 계약관계의 검토

제1절 서설

제4장에서는 제2장 및 제3장에서의 논의를 토대로 하여 구체적인 계약 유형별로 도산절차 내에서 미이행 상태에 있는 각 계약을 어떻게 취급할 것이며 그에 따른 법률효과는 무엇인지, 그리고 관련 법률의 규율 내용은 타당한 것인지 등에 관하여 검토하고자 한다. 민법 등에서 규정하고 있는 전형계약 이외에도 현실에서는 거래계의 필요 등으로 인해 다양한 형태의 계약 유형이 존재하는데, 제4장에서는 채무자회생법과 민법에서 미이행 쌍무계약과 관련한 규정을 두고 있는 계약 유형 및 실무상 특별히 쟁점이 되고 있는 몇몇 계약을 중심으로 그에 관한 법적 쟁점 등을 검토한다. 다만 제2장 및 제3장에서 이미 미이행 쌍무계약의 개념, 요건 및 법률효과 등을 상세히 검토하였으므로, 제4장에서는 제2장 및 제3장에서 논의한 사항과 차이가 나거나 일반론에서는 언급하지 않았지만 각 계약 유형에서 특별히 문제되는 사항 등에 관하여 논한다.

제4장의 논의 대상인 계약 유형은 다음과 같다. 민법에서는 각종의 계약에 대해 당사자 일방의 파산시 계약이 실효된다거나 계약을 해제·해지할 수 있다는 규정을 두고 있다. 민법 제599조(소비대차), 제614조(사용대차), 제637조(임대차), 제663조(고용), 제674조(도급), 제690조(위임) 및 제717조(조합)가 그러한데, 이 중에서는 본래적 의미의 쌍무계약에 해당하지 않는 경우도 있다. 그리고 채무자회생법 제122조는 회생절차의 경우 매매계약의 특수한 형태인 계속적 공급계약과 관련하여 특별한 정함을 하고 있으며, 이외에도 상호계산, 공유관계, 배우자 등 재산관리와 관련하여 별도의 규정을 두고 있다. 한편 명문의 규정은 없으나 도산절차 내에서 소유권유보부매매계약과 리스계약을 어떻게 취급할 것인지도 실무상 중요하게 다루어지고 있다. 이에 관하여도 함께 논하기로 한다.

　민법의 채권편에서 정하고 있는 계약 유형과 관련하여서는 특히 제3
장에서 살펴본 관리인과 파산관재인의 선택권에 관한 채무자회생법 제
119조 및 제335조 등과 민법 규정의 관계를 어떻게 해석할 것인지가 중
요하다. 이에 관하여 합리적이고 균형있는 해석론을 정립하기 위해서는
민법 규정을 분석하고 그 타당성 여부를 비판적으로 검토할 필요가 있다.

　궁극적으로는 제5장에서 논하는 바와 같이 채무자회생법 제119조와
제335조에서 관리인과 파산관재인에게 계약을 해제·해지할 수 있는 권
리를 인정할 것인지 아니면 계약의 이행을 거절할 수 있는 권리를 부여
하는 것에 그칠 것인지에 관한 입법론, 채무자회생법의 규정에도 불구
하고 계약 유형별로 당사자의 파산에 따른 법률효과를 특별히 취급할
필요가 있는 경우 이를 채무자회생법에서 규정할 것인지 아니면 현재와
같이 민법에서 관련 규정을 둘 것인지 등에 관한 논의의 결과에 따라 개
별 계약관계에서 미이행 쌍무계약을 어떻게 취급할 것인지는 달라질 수
있다. 다만 위와 같은 궁극적인 입법론은 별론으로 하고, 본장에서는 먼
저 현행 민법과 채무자회생법의 체계 하에 각종 쟁점 사항에 관하여 논
한다.

　이하 본장의 제2절 내지 제11절에서는 회생절차와 파산절차별로 항
목을 구분하여 세부사항을 검토한다. 법률 효과에 차이가 없거나 쟁점
이 동일한 경우에는 양 절차를 구분하지 않고 용어만 달리하여 같은 항
목에서 다룬다.

제2절 특수한 매매계약

Ⅰ. 계속적 공급계약

1. 의의 및 성질

채무자회생법에서 계속적 공급계약의 개념을 정의하고 있지는 않으나, 일반적으로 계속적 공급계약이란 당사자 일방은 일정기간 또는 기한의 정함이 없이 종류로 정해진 공급을 행할 의무를 부담하고, 상대방은 각 공급마다 또는 일정한 기간을 정하여 그 기간 내에 행해진 공급을 일괄하여 그에 대한 대가를 지급할 의무를 부담하는 계약을 의미한다.[314] 전기·가스·수도나 원자재 등에 대한 공급계약이 대표적이다.[315] 1회적 급부로 계약관계가 종료되는 것이 아니라는 점에서 통상적인 매매계약과 구별된다. 계속적 공급계약은 종류물매매와 같은 매매계약의 일종이며 계속적 채권관계에 해당한다.[316] 계속적 공급계약은 계약의 목적물에 가분성이 인정되어 분할하더라도 각각 그 독립성이 유지되는 경우에 한하여 성립될 수 있다.[317]

계속적 공급계약은 1회적 의무 이행으로 계약관계가 종료하는 것이 아니라 당사자 간에 계속하여 권리와 의무를 부담하는 법률관계가 형성된다는 특성이 있기 때문에, 당사자 간의 신뢰관계가 무엇보다도 중요하다. 이러한 점을 고려하여 대법원은 계속적 공급계약에 대해 계약의

---

314) 서경환, "회사정리절차가 계약관계에 미치는 영향", 회사정리법·화의법상의 제문제, 재판자료 제86집, 법원도서관, 2000, 655면; 곽윤직(주 134), 31면.

315) 서울회생법원(주 154), 199면.

316) 곽윤직(주 134), 31면.

317) 서경환(주 314), 655면.

즉시 해지권 및 동시이행항변권에 대한 일정한 예외를 인정하고 있다. 즉, 대법원은 계속적 공급계약에서 당사자의 일방이 계약상의 의무를 위반하여 신뢰관계가 파괴된 결과 계약관계를 그대로 유지하기 어려운 정도에 이른 경우 상대방은 당해 계약을 즉시 해지할 수 있고,318) 나아가 공급자가 선이행의 자기 채무를 이행하였지만 이행기가 지난 전기의 대금을 지급받지 못하였거나 상대방의 채무가 아직 이행기가 되지 아니하였지만 이행기의 이행이 현저히 불안한 사유가 있는 경우에는 민법 제536조 제2항 및 신의성실의 원칙에 비추어 공급자는 이미 이행기가 지난 전기의 대금을 지급받을 때 또는 전기에 대한 상대방의 이행기 미도래 채무의 이행 불안 사유가 해소될 때까지 선이행의무가 있는 다음 기간의 자기 채무의 이행을 거절할 수 있다고 판단하였다.319) 이와 같은 항변권이 인정되는 경우 공급자는 지급조건의 변경이나 적정한 담보의 제공 등 장래 채무이행의 불안사유가 해소될 때까지 급부를 거절할 수 있다.320)

계속적 공급계약은 계약의 양 당사자가 각각 상대방에 대하여 의무를 부담하는 계약 유형이므로 쌍무계약에 해당한다. 따라서 양 당사자가 각각 의무의 이행을 완료하지 않은 상태에서 당사자 중 일방에 대해 도산절차가 개시된 경우에 이행이 완료되지 않은 계속적 공급계약 관계를 어떻게 다룰 것이며 그에 따른 상대방의 권리는 어떻게 취급할 것인지가 문제된다. 실무상으로는 계속적 공급계약의 공급자인 매도인이 공공기관 등인 경우가 많기 때문에, 특히 매수인에 대해 도산절차가 개시

---

318) 대법원 1995. 3. 24. 선고 94다17826 판결; 대법원 2002. 11. 26. 선고 2002두5948 판결.

319) 대법원 1995. 2. 28. 선고 93다53887 판결; 대법원 2001. 9. 18. 선고 2001다9304 판결.

320) 김계순, "쌍무계약에 있어서 불안의 항변권", 민사법학 제34호, 한국민사법학회, 2006, 36-38면.

된 경우에 관한 논의가 중요하게 다루어지고 있다.

2. 회생절차의 경우

가. 채무자회생법 제119조 등의 적용 여부

회생절차가 개시되기 전에 공급자가 수회에 걸쳐 채무자인 매수인에게 계약 목적물을 공급하였는데 매수인이 이에 대한 대금을 지급하지 않은 상태에서 매수인에 대해 회생절차가 개시된 경우, 매수인이 대급 지급의무를 이행하지 않은 것은 분명한데 공급자도 계약상의 의무 이행을 완료하지 않은 것인지에 관하여 논란이 있다. 이 문제는 종래 주로 파산절차와 관련하여 논의되었는데, 채무자회생법 제119조와 제335조 모두 양 당사자의 의무 이행이 완료되지 않았을 것을 요건으로 하므로 파산절차뿐만 아니라 회생절차에서도 동일하게 문제될 수 있다.

계속적 공급계약에 따른 매회의 개별적인 공급과 그에 대한 대가의 지급을 세분화하여 각각의 계약을 개별적으로 파악한다면, 개별적인 공급이 이루어질 때 공급자의 의무 이행은 완료된 것이고 상대방인 매수인의 대금지급의무만이 불이행 상태이므로 미이행 쌍무계약이 아니라고 해석할 여지가 있다.[321] 그러나 당사자들은 단일한 계약관계로서 계속적 공급계약을 체결하는 것이고 그에 따른 구체적인 채무이행은 당사자들이 의도한 바에 따라 정기적 또는 부정기적으로 분할하여 이행하는 것일 뿐이라고 해석함이 통상적인 거래관념에 부합할 것이다. 이에 비추어 볼 때 하나의 계속적 공급계약에서 정한 바에 따라 이루어지는 각각의 공급과 그에 대한 대가의 지급을 다시 별도의 계약관계로 보는 것은 타당하지 않다.[322] 우리나라에서 이와 다른 견해는 찾아볼 수 없다.

---

321) 전병서(주 269), 118면.

그러므로 계속적 공급계약에서 정한 계약기간이 아직 만료되지 않았고 계약에서 정한 공급자의 공급과 매수인의 대금지급이 전부 이루어지지 않은 상태에서 매수인에 대해 회생절차가 개시된 경우 이는 공급자와 매수인 모두가 이행을 완료하지 않은 계약에 해당하고, 채무자회생법 제119조 이하의 규정이 적용된다고 할 것이다.

나. 공급자의 항변권에 대한 제한

앞서 '1'항에서 살펴본 대법원 판결에 따르면 계속적 공급계약의 경우 공급자가 이미 이행기가 지났음에도 불구하고 대금을 지급받지 못했다면 그 대금을 지급받을 때까지 상대방에 대해 다음 기간의 공급을 거절할 수 있다. 즉, 원칙적으로 이행기가 지난 채권을 변제받지 못한 공급자는 상대방에 대해 이후의 공급을 거절할 수 있는 항변권을 행사할 수 있다. 그런데 채무자의 신속하고 효율적인 회생을 목적으로 하는 회생절차에 대하여 이러한 원칙을 그대로 적용할 경우 채무자는 재건을 도모하기가 어려울 수 있다. 특히 채무자가 사업이나 영업을 수행하는 데 필수적인 기반이 되는 전기·수도·가스를 비롯한 공공재의 경우 그 공급을 중단한다는 것은 사실상 회생절차의 진행을 저해하거나 불가능하게 하는 결과를 초래할 수 있기 때문에, 이러한 재화의 계속적인 공급을 확보하는 것은 채무자의 회생을 위해 필수적이다.[323]

이러한 이유에서 1981년 3월 5일 개정되어 같은 해 4월 1일부터 시행된 구 회사정리법 제103조 제4항에서는 계속적 공급계약의 당사자인

---

322) 임종헌(주 193), 30면; 박병대(주 140), 464면; 전병서(주 269), 118면; 伊藤眞, 破産法(第4版補訂版), 有斐閣, 2006, 261頁. 이외에도 서울회생법원(주 154), 199면에서는 계속적 공급계약이 미이행 쌍무계약에 해당한다고 명시하고 있지는 않으나 그러한 전제 하에 논의를 전개하고 있다.

323) 백창훈/임채홍(주 151), 363면; 大コンメンタール破産法, 第55条(松下淳一), 226頁.

공급자가 갖는 공급 거절의 항변권을 제한하는 취지의 규정을 신설하였
다. 채무자회생법 제122조 제1항은 구 회사정리법 제103조 제4항과 동
일하다. 이에 따르면 채무자에 대하여 계속적 공급의무를 부담하는 쌍
무계약의 상대방은 회생절차개시신청 전의 공급으로 발생한 회생채권
또는 회생담보권을 변제하지 아니함을 이유로 회생절차개시신청 후 그
의무의 이행을 거절할 수 없다. 그런데 채무자회생법 제122조 제1항은
공급자의 항변권을 인정하는 범위가 너무 넓어 그 이익을 침해하므로,
일본 회사갱생법 제62조 등과 같이 회생절차개시 후에만 공급자의 항변
권을 부정하고 회생절차개시신청 단계에서는 신청 전의 대금 미지급에
기한 공급자의 항변권을 인정하는 것이 타당하다는 비판이 있다.324)

채무자회생법 제122조 제1항은 공급자의 항변권을 제한하는 것이며,
채무자 내지 관리인이 계속적 공급계약의 이행을 원할 경우에 공급자가
이행을 거절할 수 없도록 하는데 그 의의가 있다. 따라서 채무자회생법
제122조 제1항이 제119조 제1항에 따른 관리인의 미이행 쌍무계약에
대한 선택권 행사를 배제하는 것은 아니다.

---

324) 한민(주 248), 83면. 일본 회사갱생법 제62조에 따르면 공급자는 회사갱생절차
    개시신청 이전에 발생한 대금채권이 연체되었음을 이유로 회사갱생절차개시
    이후의 공급을 거절할 수 없고(제1항), 이 때 회사갱생절차개시신청 후부터
    회사갱생절차개시 전까지 발생한 공급자의 채권은 공익채권으로 취급한다
    (제2항). 즉, 채무자회생법 제122조 제1항에 따르면 공급자는 채무자에 대한
    회생절차개시신청이 있는 때로부터 항변권을 행사할 수 없으나, 일본 회사갱
    생법 제62조에 따르면 공급자의 항변권은 회생절차개시 이후부터 제한된다는
    점에서 차이가 있다. 이 문제에 대하여는 구 회사정리법 제103조 제4항의 입
    법과정에서 논의가 이루어졌고 그 결과 현행 규정과 같이 회생절차개시신청
    후부터 항변권을 제한하는 것으로 하였는데, 이에 관하여는 백창훈/임채홍
    (주 151), 363면 참조.

다. 공급자가 갖는 채권의 취급

구 회사정리법은 1981년 개정시 공급자의 항변권 제한 규정인 제103조 제4항 이외에도 제208조 제8호를 신설하여 정리절차개시신청 후부터 정리절차가 개시될 때까지 이루어진 공급으로 인해 발생한 공급자의 채권은 공익채권에 해당한다고 규정하였다. 채무자회생법 제179조 제1항 제8호는 구 회사정리법 제208조 제8호와 동일하다. 본래 회생절차개시결정 이전의 원인으로 발생한 채권은 회생채권에 해당하지만, 공급자의 항변권을 제한하여 채무자에게 계속 공급할 의무를 부담하게 하면서 그로 인한 채권은 회생채권으로 취급하여 회생계획에서 불리한 변제를 받게 함은 타당치 못하다는 고려에서 공급자의 채권을 공익채권으로 취급한 것이다. 또한 공급자의 채권을 공익채권으로 보호하게 되면 공급자의 자산상태가 악화되는 것을 방지할 수 있고, 공급자가 채무자에 대해 공급을 계속할 수 있어야만 채무자 역시 더욱 원활한 회생을 도모할 수 있다는 데에도 그 의의가 있다.[325]

그러므로 계속적 공급계약의 경우 채무자에 대한 회생절차개시신청 이전까지 이루어진 공급으로 인해 발생한 공급자의 채권은 회생채권, 회생절차개시신청 후부터 회생절차개시결정이 있는 때까지의 채권은 채무자회생법 제179조 제1항 제8호에 따라 공익채권으로 취급된다. 회생절차개시결정이 내려진 이후에도 계속하여 공급이 이루어졌다면, 이는 관리인이 미이행 쌍무계약인 계속적 공급계약의 이행을 선택한 결과이므로 상대방인 공급자의 채권은 채무자회생법 제179조 제1항 제7호에서 정하는 공익채권에 해당한다.

---

325) 백창훈/임채홍(주 151), 364면.

3. 파산절차의 경우

가. 채무자회생법 제335조 등의 적용 여부

앞서 회생절차에 대해 논한 바와 동일하게 계속적 공급계약은 단일한 계약이며, 계약 내용에 따른 당사자의 의무 이행이 전부 완료되지 않은 이상 미이행 쌍무계약에 해당한다. 따라서 이 경우 채무자회생법 제335조 이하에서 정하는 미이행 쌍무계약에 관한 법리가 적용되며, 파산관재인은 계속적 공급계약의 이행 여부를 선택할 수 있다.

나. 공급자에 대한 항변권의 제한

회생절차와 달리, 파산절차와 관련하여서는 채무자회생법 제122조 제1항과 같은 규정이 존재하지 않는다. 이 때문에 공급자가 채무자에 대한 파산선고 이전에 발생한 채권이 변제되지 않았음을 이유로 이후의 공급을 거절할 수 있는지에 관하여 해석상 논란이 있다.

먼저 채무자의 청산을 목적으로 하는 파산절차에서는 회생절차의 경우와는 달리 채무자가 영업을 지속하는 것이 아니므로 파산관재인이 계속적 공급계약의 이행을 구할 필요가 없고, 공급자의 항변권을 제한하는 별도의 규정이 없는 이상 공급자가 파산관재인의 이행을 거절할 수 있다고 해석하는 견해가 있다.[326] 다만 계속적 공급계약의 경우에도 파산재단의 관리 등을 위해 이행을 선택하여야 하는 경우가 있을 것이다.[327] 한편 명문의 규정이 없더라도 파산선고 후 상대방에게 공급 거절의 권능을 인정하게 되면 파산관재인은 공급을 받기 위해 먼저 선고

---

326) 박병대(주 140), 466면.
327) 서울회생법원(주 154), 199면.

전의 미지급 대금을 지급하여야 하는데 그로 인해 공급자가 우선변제를 받아 파산채권자들 사이의 공평을 저해하게 되므로 파산관재인이 이행을 선택한 경우에는 공급자가 공급을 거절할 수 없다고 해석하여야 한다는 견해도 있다.[328]

생각건대 회생절차와 같은 명문의 규정이 없는 이상 파산절차에서 계속적 공급계약의 당사자인 공급자의 항변권을 제한하기는 어렵다. 항변권을 제한하자는 견해에서는 공급자가 미지급 대금을 우선변제 받는 것은 다른 채권자들 간의 공평을 해하는 것이라고 하는데, 일단 통상적으로 파산채권을 미리 우선적으로 변제하는 경우는 상정하기 어렵고 나아가 만일 환가 전에 조기 변제가 이루어지는 경우라면 이는 사실 모든 채권자들의 이익을 위해 법원의 허가 하에 극히 예외적으로 행해지는 것이므로 다른 채권자들을 해한다고 단정할 수 없다. 명문의 근거 없이 다른 채권자들을 보호하기 위해 마찬가지로 채권자 중 1인에 불과한 공급자에게만 손해를 감수하도록 하는 것도 옳지 않다. 그러므로 채무자 회생법 하에서는 현재의 법원 실무와 동일하게 공급자가 미지급 대금의 연체를 이유로 공급을 거절할 수 있다고 해석할 수밖에 없다고 본다.

다만 파산절차가 채무자의 청산을 위한 절차이기는 하지만 그럼에도 불구하고 그 절차가 종료할 때까지 파산관재인은 채무자의 일상적인 영업 등을 계속 수행할 수 있다. 특히 전기·수도·가스 등과 같은 공공재의 공급은 파산절차에서도 일정 기간 동안 확보될 필요가 있을 것이다. 또한 파산관재인이 계속적 공급계약의 이행을 선택하였음에도 불구하고 공급자가 미지급 대금의 연체를 이유로 이후의 공급을 거절한다면, 결국 파산관재인이 이행을 선택한 의의가 몰각되어 효율적인 청산절차를 진행할 수 없게 될 우려가 있다. 따라서 파산절차와 관련하여서도 회생

---

328) 임종헌(주 193), 31면; 坂田宏, "繼續的供給契約", 新破産法の理論と実務(山本克己 外3 編), 判例タイムズ社, 2008, 198頁; 谷口安平(주 162), 190頁; 伊藤眞, 破産法(全訂第3版補訂版), 有斐閣, 2001, 232頁.

절차의 경우와 동일하게 계속적 공급계약에 대해 공급자의 항변권을 제한하는 규정을 마련할 필요가 있다.[329]

일본은 종래 회사갱생절차와 민사재생절차에 대해서만 공급자의 항변권을 제한하는 규정을 두고 있었는데(민사재생법 제50조, 회사갱생법 제62조), 학설상으로는 계속적 공급계약에서 공급자의 항변권을 제한하는 취지는 채무자의 회생을 위한 절차와 청산을 위한 절차에서 통일적으로 인정될 필요가 있다는 주장이 있었다.[330] 이에 따라 일본은 2004년 파산법 개정시 공급자가 파산절차개시신청 이전의 미지급 대금을 이유로 파산절차개시 후에 공급을 거절할 수 없고 파산절차개시신청 후부터 파산절차가 개시될 때까지 발생한 공급자의 채권은 재단채권으로 취급한다는 규정을 신설하였다(일본 파산법 제55조 제1항, 제2항).

다. 공급자가 갖는 채권의 취급

파산관재인이 계속적 공급계약의 이행을 선택한다면, 매수인에 대한 파산선고 이후에 이루어진 공급에 대한 공급자의 채권은 재단채권에 해당한다(회파 제473조 제7호). 반면에 파산선고 전에 이미 발생한 공급자의 채권은 파산선고 이전의 원인에 기한 것이므로 파산채권으로 취급된다.

일본에서는 현행 파산법 제55조가 신설되기 이전에 파산절차의 경우 공급자가 파산선고 전의 미지급 대금의 연체를 이유로 공급을 거절할 수 있으므로 결국 파산관재인은 연체된 대금을 모두 지급하여야 하고 이는 본래 파산채권으로 취급하는 것과 모순되므로 파산선고 전의 공급자의 채권도 재단채권으로 취급하여야 한다는 견해가 있었다.[331] 그러

---

329) 전병서(주 269), 119면.
330) 坂田宏(주 328), 197頁; 伊藤眞(주 322), 262頁.
331) 伊藤眞(주 322), 232頁.

나 명문의 규정 없이 재단채권을 인정할 수는 없으며, 또한 다른 채권자들을 해하는 결과가 된다는 점에서 이 견해는 타당하지 않다.[332] 현재 일본에서도 이와 같은 견해에 동의하는 학자는 없는 것으로 보인다.[333]

한편 파산절차에 대하여는 채무자회생법 제179조 제1항 제8호와 같은 명문의 근거가 없으므로, 파산신청 후 파산선고 전까지의 기간 동안 발생한 공급자의 채권은 파산채권에 해당할 것이다.[334] 다만 앞서 '나'항에서 논한 바와 같이 이에 관하여는 입법론적 검토가 필요하다.

II. 소유권유보부매매계약

1. 의의 및 성질

가. 의의

소유권유보란 대금의 완급을 정지조건으로 하는 소유권양도라고 정의함이 일반적인데,[335] 이는 아래 '나'항에서 논하는 바와 같이 소유권유보의 법적 성질을 정지조건부 소유권 이전으로 파악하는 다수의 입장에 따른 것이다. 그리고 소유권유보부매매는 통상의 매매계약과는 달리 매수인이 매매대금을 전부 지급하기 전에 매매목적물의 점유는 매도인으로부터 매수인에게 이전하나 매도인의 매수인에 대한 매매대금채권을

---

332) 임종헌(주 193), 31면; 박병대(주 140), 466-467면; 전병서(주 269), 118-119면.
333) 伊藤眞은 破産法(주 322)에서 前版(주 328)과는 달리 신설된 파산법 제55조의 취지를 고려하여 파산절차개시 이전의 채권은 파산채권, 파산절차개시 이후의 채권은 재단채권에 해당한다고 한다.
334) 서울회생법원(주 154), 200면.
335) 곽윤직(주 134), 163면.

담보하기 위해 매매목적물의 소유권은 매도인에게 유보하되, 매수인이
매매대금을 전부 지급하면 그 때 매도인으로부터 매수인에게 소유권을
이전하는 매매를 의미한다.336) 민법에서는 소유권유보에 관하여 명시적
으로 규율하고 있지 않으나, 학설과 판례상 소유권유보의 개념을 인정
하는 것 자체에 대하여는 다툼이 없다.337)

나. 법적 성질

소유권유보의 법적 성질이 무엇인가에 대하여는 견해가 대립된다.
우리나라에서는 대금의 완납을 정지조건으로 하는 소유권양도, 즉 매매
계약은 그 자체로 효력이 발생하되 소유권이전만이 매수인의 대금 완납
이라는 정지조건의 성취에 의존하는 것이므로 대금을 완납하면 별도의
합의를 요하지 않고 소유권은 완전히 매수인에게 이전된다고 보는 견해
가 다수이며,338) 대법원도 이와 동일한 입장을 취하고 있다.339) 독일
민법 제449조 제1항에서는 동산의 매도인이 대금이 지급될 때까지 소유
권을 유보한 경우 의심스러운 때에는 소유권은 대금의 완납을 정지조건
(aufschiebenden Bedingung)으로 하여 이전한다고 규정하는데(소유권유

---

336) 김상용, "소유권유보부매매에 관한 한·독비교", 법학연구 제19권 제2호(통권
    제42호), 연세대학교 법학연구소, 2009, 1-2면.
337) 최종길, "소유권유보부매매의 법률관계에 관한 고찰: 그 매수인의 법적지위를
    중심으로", 서울대학교 법학 제9권 제2호, 서울대학교부설한국법학연구소,
    1967, 64면; 곽윤직(주 134), 163-164면; 대법원 1996. 6. 28. 선고 96다14807 판
    결; 대법원 1999. 9. 7. 선고 99다30534 판결; 대법원 2010. 2. 11. 선고 2009다
    93671 판결.
338) 최종길(주 337), 61면; 이영준, 물권법(전정신판), 박영사, 2009, 1013-1014면; 곽
    윤직(주 134), 163면.
339) 대법원 1999. 9. 7. 선고 99다30534 판결; 대법원 2010. 2. 11. 선고 2009다93671
    판결.

보, Eigentumsvorbehalt), 우리나라 다수설의 입장은 독일 민법에서 규정한 소유권유보의 개념과 동일해 보인다. 이와는 달리 소유권유보의 법적 성질을 해제조건부 소유권이전 내지는 담보권 설정으로 보는 견해도 있다.[340]

법적으로 소유권유보를 어떻게 취급할 것인지는 국가별로 많은 차이가 있다. 크게는 매도인이 소유권을 갖는 것으로 구성하는 경우와 소유권유보를 담보거래의 일종으로 구성하는 경우로 나누어 볼 수 있다.[341] UNCITRAL의 담보거래 입법지침(Legislative Guide on Secured Transactions) 제9장에 따르면, 기업이나 소비자가 유형자산을 신용으로 취득하고 취득자산에 대한 권리가 담보로 기능하는 경우 이러한 거래를 취득금융거래(acquisition financing transaction)라 정의하고 이 때 매도인이나 채권자가 유형자산에 대하여 보유하는 권리의 성질에 따라 구체적으로는 취득담보권(acquisition security right), 소유권유보권(retention-of-title right), 금융리스권(financial lease right)으로 구분한다.[342] 동 지침에서는 각 나라마다 취득금융거래, 특히 소유권유보를 법적으로 취급하는 방식에는 많은 차이가 있다는 점을 설명하고 그 유형을 구분하고 있다. 특히 취득담보권을 다른 담보권과 동일하게 취급하는 일원적 접근방법(unitary approach)에 따른 권고와 다른 담보권과 달리 취급하는 비일원적 접근방법(non-unitary approach)에 따른 권고를 선택사항으로 규정하고 있다.[343] 소유권유보의 법적 성질과 효과 등을 어떻게

---

340) 이에 대하여는 김재국, "동산의 소유권유보", 민사법연구 제11집 제1호, 대한민사법학회, 2003, 167-168면 참조.

341) 김재형(주 183), 217면.

342) 석광현, UNCITRAL 담보권 입법지침 연구, 법무부, 2010, 536-537면.

343) 석광현(주 342), 763면. 또한 김재형(주 183), 217-218면에 따르면, UNCITRAL의 담보거래 입법지침을 준비하는 과정에서 제6실무작업반(working group VI)의 자료를 보더라도 소유권유보에 대한 각국의 규율 방식이 매우 다양함을 알 수 있다고 한다.

취급할 것인지에 관한 국가별 차이는 소유권유보에 관하여 명문으로 규율하지 않고 있는 우리나라에서의 견해 대립 양상과 유사한 면이 있다.

우리나라에서 소유권유보부매매의 법적 성질을 대금의 완납을 정지조건으로 하는 소유권이전이라고 파악하는 입장에서도 소유권유보부매매가 실질상 매도인의 매수인에 대한 매매대금채권의 변제를 확보하기 위한 담보적 기능을 한다는 점에서 비전형담보의 성격을 갖고 있음을 부인하지 않는다.344) 한편 소유권유보부매매는 할부매매의 개념과 밀접한 관련이 있으나, 양자의 개념이 반드시 일치하는 것은 아니다.345)

다. 소유권유보의 대상

동산뿐만 아니라 부동산에 대하여도 소유권유보부매매가 가능한지 문제된다. 종래 학설상으로는 대금의 완납을 정지조건으로 하여 소유권을 이전하는 엄격한 의미의 소유권유보부매매는 부동산에 대하여는 행해질 수 없다고 보았다.346) 부동산의 경우에는 우리 민법이 형식주의를 취하고 있는 이상 매수인 앞으로 소유권이전등기를 경료한 때 매수인이 소유권을 취득하고, 만일 매도인 앞으로 소유권을 유보할 필요가 있다면

---

344) 김학동, "소유권유보부매매의 법률관계", 민사법학 제27호, 한국민사법학회, 2005, 470면.

345) 예를 들어 할부매매에서 할부금을 전부 지급하기 전에 매매목적물의 소유권을 매수인에게 이전해주기로 할 경우 이는 소유권유보부매매에 해당하지 않으며, 할부매매에 대하여는 할부거래에 관한 법률이 적용된다. 소유권유보부매매와 할부매매의 차이점에 대하여는 김학동(주 344), 470면; 김상용(주 336), 2-3면 참조.

346) 최종길(주 337), 67면; 양형우, "소유권유보부 동산매매계약의 법적 성질과 그 목적물의 소유권귀속관계-대상판결: 대법원 1999. 9. 7. 선고 99다30534 판결-", 판례월보 통권 제372호, 판례월보사, 2001, 28-29면; 김재국(주 340), 164면; 김학동(주 344), 471면; 이영준(주 338), 1013면.

대금의 완납시에 등기를 이전하는 것으로 정하면 족하기 때문이다. 이와
는 달리 민법상 부동산의 소유권양도에도 조건이나 기한을 붙일 수 있으
므로 부동산에 대한 소유권유보도 가능하다거나,347) 부동산에 대한 소유
권유보부매매를 허용하여 매수인의 법적 지위를 물권적기대권으로 보호
하여야 한다는 견해가 있다.348)

대법원은 동산이지만 등록을 요하는 차량에 관하여 분할지급하기로
한 매매대금의 완납시까지 차량의 소유권이 할부금융사에 유보된다는
약정을 하고 대금의 완납 이전에 차량을 매수인 명의로 등록한 사안에
서, 소유권유보부매매는 부동산과 같이 등기에 의하여 소유권이 이전되
는 경우에는 등기를 대금 완납시까지 미룸으로써 담보의 기능을 할 수
있기 때문에 굳이 소유권유보부매매의 개념을 원용할 필요성이 없으며
일단 매수인 앞으로 소유권이전등기가 경료된 이상 매수인에게 소유권
이 귀속되는 것이고, 이는 자동차·중기·건설기계 등 동산이기는 하나 부
동산과 마찬가지로 등록에 의하여 소유권이 이전되는 경우에도 동일하
다고 보았다.349)

앞서 논한 바와 같이 독일 민법에 따르면 동산의 소유권유보는 대금
의 완납을 정지조건으로 하여 소유권이 이전되는데, 조건부 또는 기한
부로 이루어진 부동산소유권양도합의(Auflassung)는 효력이 없다(제925
조 제2항).350) 따라서 독일 민법상 소유권유보는 명시적으로 동산에 대
해서만 인정된다. 우리나라 민법에서는 독일 민법과 같이 명문의 규정

347) 임건면, "소유권유보의 의의와 형태", 경남법학 제9호, 경남대학교법학연구소,
    1993, 113면.
348) 김상용(주 336), 10면.
349) 대법원 2010. 2. 25. 선고 2009도5064 판결.
350) 우리나라 민법과 독일 민법상 소유권유보의 법리에 관한 보다 상세한 비교법
    적 검토는 이승우, "한국 민법과 독일 민법상 소유권유보의 법리 비교", 비교
    사법 제10권 제4호(통권 제23호), 한국비교사법학회, 2003, 205면 이하; 김상용
    (주 336), 1면 이하 참조.

을 두고 있지는 않지만 종래 학설상의 논의 및 위 대법원 판결의 취지에 따라 소유권유보의 대상은 동산에 한한다고 해석함이 타당하다고 생각한다.

2. 당사자에 대해 도산절차가 개시된 경우

가. 서설

우리나라 민법과 채무자회생법에서는 소유권유보부매매의 당사자 중 일방에 대해 도산절차가 개시된 경우 계약의 처리 및 그 법률 효과 등에 관하여 명시적으로 규율하고 있지 않다. 이 때문에 소유권유보부매매에 따른 당사자들의 권리를 어떻게 취급할 것인가에 대해 다양한 논의가 이루어져 왔다.

독일 도산법 제107조에서는 도산절차개시 전에 소유권유보부매매계약을 체결한 매도인 또는 매수인에 대해 도산절차가 개시된 경우에 관하여 별도의 정함을 두고 있다. 이에 따르면, 매도인이 매수인에게 목적물을 인도한 후 매도인에 대해 도산절차가 개시된 경우 매수인은 계약의 이행을 청구할 수 있다(제107조 제1항). 그리고 매도인이 목적물을 인도하지 않은 상태에서 매수인에 대해 도산절차가 개시된 경우 매도인으로부터 선택권 행사를 최고받은 관리인은 보고기일(Berichtstermin) 이후 즉시 이행 청구 여부의 의사표시를 하여야 하나, 보고기일까지 목적물의 가치가 중대하게 감소할 것임이 예견되고 채권자가 이러한 목적물의 상태를 관리인에게 알려준 경우에는 동항을 적용하지 않는다(제107조 제2항).351) 독일 도산법 제107조 제1항은 관리인의 이행거절로부

---

351) 보고기일(Berichtstermin)이란 관리인이 채무자의 재정상태 및 그 원인 등을 조사하여 보고하는 기일을 의미하는데, 채권자집회(Gläubigerversammlung)는 관리인에 대해 이러한 사항을 보고할 것을 요청할 수 있다(독일 도산법 제79조,

터 소유권유보부매매계약을 체결한 매수인의 물권적기대권을 보호하기 위하여 제103조에 따른 관리인의 이행 선택권 행사를 배제하는 데에 그 취지가 있다.[352] 독일 도산법 제107조 제2항의 입법 취지는 제103조 제2항에서 규정하고 있는 상대방의 최고를 개별 계약에서 필수적인 것으로 정하는 한편 채무자인 매수인의 관리인이 소유권유보부매매의 대상인 목적물을 즉시 인도받을 수 있도록 하기 위한 데에 있으며, 관리인이 의사표시를 해야 하는 기간이 보고기일 이후로 연장된다는 점에도 의의가 있다.[353]

나. 부동산 및 기타 등록을 요하는 동산의 경우

앞서 논한 바와 같이 소유권유보의 개념은 동산에 한하여 인정함이 타당하다. 따라서 권리변동을 위하여 등기 또는 등록을 효력발생요건으로 하는 부동산이나 자동차·중기·건설기계 등을 목적으로 매매계약을 체결하였는데 매수인이 아직 매매대금을 모두 지급하지 않았고 매도인도 매수인에게 등기나 등록을 이전해주지 않은 상태에서 당사자 중 일방에 대해 회생절차나 파산절차가 개시된다면, 이는 통상의 계약관계와 동일하게 미이행 쌍무계약에 해당한다.[354] 도산절차개시 당시 매도인은 매수인에 대해 등기 또는 등록이전의무를, 매수인은 매도인에게 매매대

제156조).

352) Natascha Kupka, Die Behandlung des Eigentumsvorbehaltes nach der Insolvenz-rechtsreform unter besonderer Berücksichtigung der EG-Verordnung über Insolvenz-verfahren, Peter Lang, 2003, S.30-31.

353) Natascha Kupka(주 352), S.151.

354) 고원석, "할부계약에 있어서 매수인의 도산과 매도인의 권리-소유권유보부매매의 경우를 중심으로-", 리스와 신용거래에 관한 제문제(하), 재판자료 제64집, 법원도서관, 1994, 375-379면; 백창훈/임채홍(주 151), 365-366면; 임치용, 파산법연구(중판), 박영사, 2006, 322면; 서울회생법원(주 154), 201면.

금지급의무를 부담하고 있기 때문이다. 이는 엄밀히 볼 때 소유권유보부매매에 관한 논의가 아니므로 소유권유보에 특수한 법률문제는 발생하지 않는다.

일본에서는 소유권유보부매매의 목적물이 부동산인가 동산인가에 따라 미이행 쌍무계약 법리의 적용을 달리하거나 소유권유보부매매의 법적 성질에 관하여 어떠한 입장을 취하는가에 따라 미이행 쌍무계약의 요건 중 이행을 완료한 때의 의미를 다르게 해석하는 등 견해가 대립되어 있으며, 판례의 입장도 일치되어 있지 않다.[355] 그러나 우리나라 민법은 일본 민법과는 달리 물권변동에 관하여 형식주의 내지 성립요건주의를 취하고 있으므로 부동산 및 등록을 요하는 동산과 관련한 일본에서의 견해 대립을 원용할 실익은 없다고 본다.[356]

다. 그 밖의 동산의 경우

(1) 목적물을 인도하지 않은 경우

동산에 관하여 소유권유보부매매계약을 체결하였는데 아직 매도인은 매수인에게 목적물을 인도하지 않았고 매수인도 매도인에게 매매대금을 지급하지 않은 상태에서 당사자 중 일방에 대해 도산절차가 개시된다면, 계약의 양 당사자의 의무 이행이 전부 완료되지 않은 것이므로 이는 미이행 쌍무계약에 해당한다. 따라서 이 경우에는 채무자회생법 제119조 또는 제335조에 따라 관리인이나 파산관재인이 당해 계약의 이행을 선택하거나 해제할 수 있다.

---

355) 이에 관한 보다 상세한 내용은 고원석(주 354), 375-379면; 条解 破産法, 第53 条, 393-394頁.

356) 의사주의 혹은 대항요건주의를 취하고 있는 일본의 경우 물권의 설정 및 이전은 당사자의 의사표시에 의해 효력이 발생하며, 부동산의 경우 등기는 제3자에 대한 대항요건에 불과하다(일본 민법 제176조, 제177조).

(2) 목적물을 인도한 경우

소유권유보부매매계약을 체결한 매도인이 매수인에게 목적물을 인도하였으나 매수인은 아직 대금을 전부 지급하지 않은 상태에서 매수인에 대해 도산절차가 개시된 때, 상대방의 권리를 어떻게 취급할 것인가에 대하여는 견해가 대립된다.

(가) 미이행 쌍무계약에 해당한다는 견해

앞서 '1'항에서 논한 바와 같이 소유권유보부매매는 매수인이 대금을 전부 지급할 것을 정지조건으로 하는 계약이라는 입장에서 보면, 매매계약의 효력은 발생하였으나 아직 매수인의 매매대금지급의무는 물론 매도인의 소유권이전의무도 이행이 완료되지 않은 상태가 된다. 즉, 매수인에게 목적물의 소유권이 아직 이전되지 않은 이상 당해 계약은 미이행 쌍무계약에 해당한다. 우리나라에서는 매도인은 목적물을 인도한 후에도 여전히 의무를 부담하며, 목적물에 관하여 매수인에게 대항할 수 있는 제3자의 권리를 제거하고 온전한 소유권을 이전해야 비로소 채무를 다한 것이 되므로 인도만으로는 매도인의 채무가 아직 완전히 이행된 것이 아니라고 설명하는 견해가 있다.357) 일본에서는 과거에 매도인의 의무 이행이 완료되지 않았으므로 미이행 쌍무계약에 해당한다고 보아 파산관재인의 선택권에 관한 일본 구 파산법 제59조의 적용을 긍정하는 견해가 있다.358) 이에 따르면 채무자인 매수인의 관리인이나 파산관재인은 채무자회생법 제119조 또는 제335조에 따라 선택권을 행사할 수 있다. 한편 매도인은 여전히 목적물에 대한 소유권자이므로 매수인이 매매대금을 지급하지 않은 때에는 채무불이행을 이유로 당해 계약을 해제하고 환취권을 행사하여 목적물의 반환을 구할 수 있다(회파 제70조, 제407조).359)

---

357) 김학동(주 344), 475-476면.

358) 中田淳一, 破産法·和議法, 法律学全集 37, 有斐閣, 1959, 116頁.

(나) 미이행 雙務계약에 해당하지 않는다는 견해

소유권 이전의 효력 발생은 전적으로 매수인의 대금 완납에 좌우되는 것이고, 이미 소유권유보부매매계약에 따라 목적물을 인도한 매도인이 매수인에게 이행하여야 할 의무는 더 이상 존재하지 않으므로 매도인이 매매목적물을 매수인에게 인도하였고 그 이외에 매도인이 매수인에 대해 부담하는 의무가 존재하지 않는다면 당해 계약은 미이행 雙務계약에 해당하지 않는다고 해석하는 견해이다.360) 소유권유보부매매의 법적 성질이 무엇인가와는 상관 없이 어느 경우이든 매도인측에는 이행완료가 있다고 보아야 할 것인데, 이 경우 매도인의 지위는 정지조건부소유권이전설에 따르면 환취권자, 담보권설에 따르면 담보권자에 해당한다는 견해도 존재한다.361)

이와 마찬가지로 매도인이 매수인에게 목적물을 인도하였다면 당해 소유권유보부매매계약은 미이행 雙務계약에 해당하지 않는다고 하면서 이 때 매도인은 일종의 담보권을 취득한 것이므로 매도인의 권리는 도산절차 내에서 담보권으로 취급함이 타당하다는 견해가 있다.362) 다만 이 견해가 소유권유보부매매의 법적 성질에 관하여 담보권설의 입장을 전제한 것인지 여부는 분명하지 않다. 우리나라 법원 실무는 도산절차 내에서 소유권유보부매매에 대하여 채무자회생법 제119조 또는 제335

---

359) 양형우, "회생·개인회생절차에서의 담보권", 인권과 정의 통권 제356호, 대한변호사협회, 2006, 43면; 中田淳一(주 358), 116頁.

360) 최종길(주 337), 69-70면; 이성훈, "소유권유보부매매에 있어서의 매도인과 매수인의 지위, 리스와 신용거래에 관한 제문제(상), 재판자료 제63집, 법원도서관, 1994, 421면; 남효순(주 139), 36면.

361) 남효순(주 139), 35-36면.

362) 고원석(주 354), 383-384면; 박병대(주 140), 459-460면; 우성만, "회사정리법상 담보권자의 지위", 회사정리법·화의법상의 제문제, 재판자료 제86집, 법원도서관, 2000, 299면; 임치용(주 354), 323면; 竹下守夫, 担保權と民事執行·倒産手續, 有斐閣, 1994, 289-291頁; 條解 破産法, 第53条, 393-394頁.

조를 적용하지 않고 매도인은 계약을 해제할 수 없으며, 담보권자로서 권리를 행사할 수 있다고 한다.363)

동일한 논리에 따른다면 파산절차에서 매도인의 권리는 별제권으로 취급될 것이다. 다만 회생계획에 따라서만 권리를 행사할 수 있는 회생 담보권자와는 달리(회파 제141조 제3항, 제250조 제1항 제2호), 별제권 자는 파산절차에 의하지 아니하고 권리를 행사할 수 있으므로(회파 제 411조), 파산절차의 경우에는 환취권을 인정하든지 별제권을 인정하든 지 결과적으로 큰 차이는 없을 것으로 보인다.

일본에서는 매도인이 매수인의 채무불이행을 이유로 계약을 해제한 경우에도 매도인은 환취권을 행사할 수 없고 단지 담보권자의 지위를 가질 뿐이라고 하는 견해가 있다.364) 그러나 채무자에 대해 도산절차가 개시되었다는 이유로 민법상의 채무불이행 법리에 따라 기 발생한 해제 권이 배제되는 것은 아니며 이에 대하여는 해제에 관한 민법상의 일반 원칙이 적용된다. 따라서 도산절차가 개시되기 이전에 이미 매도인에게 해제권이 발생하여 행사할 수 있는 경우라면, 매도인은 계약을 해제하고 환취권을 행사할 수 있다고 봄이 타당하다.365)

(다) 검토

먼저 소유권유보부매매의 법적 성질을 어떻게 파악할 것인지가 문제 이다. 앞서 논한 바와 같이 소유권유보에 대한 법적 취급은 국가별로 많 은 차이가 있으며, 우리나라에서도 소유권유보부매매계약을 체결한 매 도인을 소유권자로 볼 것인지 아니면 담보권자로 볼 것인지에 관하여 논란이 있다. 그런데 이에 관하여 학설상 다수의 입장인 정지조건부 소

---

363) 변재승 외 5, "서울민사지방법원의 회사정리사건 처리실무", 사법논집 제25집, 법원행정처, 1994, 306면; 서울회생법원(주 154), 463면.

364) 伊藤眞, "会社更生法三九條の保全處分後の事由と契約解除他", 民商法雜誌 第 87卷 第5号, 弘文堂書房, 1983, 96頁.

365) 박병대(주 140), 462-463면.

유권 이전설에 따르면 매도인이 매수인에게 목적물을 이전하여 매수인
이 목적물을 점유하고 사용할 수 있는 권리가 있다고 하더라도 여전히
매도인이 소유자이며, 매수인이 매매대금을 모두 지급할 때까지 매도인
은 매수인에 대해서뿐만 아니라 제3자에 대해서도 소유권을 주장할 수
있다고 함이 확고한 대법원 판례의 입장이다.366) 소유권유보부매매계약
상의 매도인은 매수인에게 이전한 목적물에 대해 강제집행이 이루어지
는 경우 소유자로서 제3자이의의 소를 제기하여 집행을 막을 수 있다(민
사집행법 제48조 제1항).367) 이와 같이 우리나라에서는 학설의 다수 및
판례상 소유권유보부매매계약을 체결한 매도인을 소유권자로 취급하고
있다.

　다음으로 소유권유보부매매에서 매도인이 매수인에게 목적물을 인도
하였으나 매수인이 아직 매도인에게 매매대금을 지급하지 않은 상태라
면 매도인은 계약상의 의무를 다했다고 볼 수 있는지, 즉 이 경우 소유
권유보부매매계약이 채무자회생법 제119조 및 제335조에서 규정한 미
이행 쌍무계약에 해당하는지 여부가 문제된다. 소유권유보부매매의 법
적 성질을 정지조건부 소유권이전으로 파악하는 다수의 입장에 따르면,
매도인에 대해 도산절차가 개시된 경우 아직 양 당사자의 의무 이행은
완료되지 않았으므로 당해 계약은 미이행 쌍무계약에 해당한다고 해석
함이 보다 논리적이다. 반면에 소유권유보부매매의 담보권적 성격을 강
조하는 입장에서는 매도인은 계약상의 의무를 모두 이행하였으나 다만
매수인이 매매대금을 완납할 때까지 일종의 담보권을 갖는다고 함이 일
관된 해석일 것이다.368)

---

366) 대법원 1999. 9. 7. 선고 99다30534 판결; 대법원 2010. 2. 11. 선고 2009다93671
　　판결.
367) 대법원 1999. 4. 9. 선고 98다59767 판결.
368) 양형우(주 359), 43면에서는 물권적 기대권설에 의하면 매도인은 매매목적물
　　에 대해 환취권을 행사할 수 있지만, 담보물권설에 의하면 회생담보권 내지

이 문제를 검토하기 위해서는 소유권유보부매매의 본질과 구조에 관하여 생각해볼 필요가 있다. 소유권유보부매매계약을 체결한 매도인은 매수인에 대해 재산권이전의무, 구체적으로는 목적물 인도의무와 소유권이전의무를 부담하는데, 매도인은 그 중 목적물 인도의무만을 이행하고 소유권이전의무는 매수인의 매매대금지급의무와 연동하게 함으로써 부분적으로는 동시이행을 포기하지만 계약 전체의 이행에 있어서는 쌍무계약에 내재하는 동시이행관계가 그대로 존속하는 결과가 된다.369) 그리고 동시이행항변권에 기해 채무의 이행을 거절하고 있는 것과 같이 정당한 사유에 근거하여 채무를 이행하지 않은 경우는 채무자회생법 제119조 및 제335조에서 규정한 미이행 쌍무계약의 요건 중 쌍방이 모두 이행을 완료하지 않은 상태에 해당한다.370) 따라서 목적물은 인도하였지만 소유권 이전을 위해 매수인의 매매대금지급의무와 동시이행관계를 유지하고 있는 매도인은 아직 소유권유보부매매계약상의 재산권이전의무를 전부 이행하지 않은 상태라고 해석함이 타당하다. 즉, 이 경우 소유권유보부매매계약은 채무자회생법 제119조 및 제335조에서 규정한 미이행 쌍무계약에 해당한다. 그러므로 매수인에 대해 도산절차가 개시된 경우 관리인이나 파산관재인은 계약의 이행 또는 해제를 선택할 수 있다고 보아야 할 것이다.

이와는 달리 우리나라 법원 실무에 따르면 매도인이 목적물을 인도한 후 매수인에 대해 도산절차가 개시된 경우 당해 소유권유보부매매계약은 미이행 쌍무계약이 아니라는 전제 하에 관리인이나 파산관재인의 선택권 행사를 허용하지 않고 있으며, 매수인이 매매대금을 지급하지 않더라도 매도인은 계약을 해제할 수 없고 담보권자로서만 권리를 행사

별제권을 인정하게 된다고 한다.
369) 김형석, "강제집행·파산절차에서 양도담보권자의 지위", 저스티스 통권 제111호, 한국법학원, 2009, 68-69면.
370) 注解 破産法, 第59条(斎藤秀夫), 221頁.

할 수 있다고 한다. 이와 같은 실무의 입장은 소유권유보부매매의 법적 성질을 담보권으로 파악할 때 보다 논리적이지만, 도산절차 내에서 매수인의 권리를 담보권으로 취급한다고 해서 소유권유보부매매의 법적 성질에 관하여 담보권설의 입장을 취한 것이라고 단정하기는 어렵다. 소유권유보부매매계약의 법적 성질을 정지조건부 소유권 이전으로 파악하는 견해에 따르더라도 채무자회생법상 명문의 규정이 없는 이상 매도인이 유보한 소유권은 통상적인 경우와는 달리 이른바 물권적 기대권적인 성격을 가진 특수한 형태의 소유권이라는 점 및 실질상 담보적 기능을 갖는다는 점을 고려하여 매도인의 권리를 특별히 담보권으로 취급하는 것도 가능할 수 있다. 앞서 논한 바와 같이 도산절차 이외의 경우와 관련하여서는 소유권유보부매매계약상의 매도인은 소유권자라고 함이 일관된 대법원 판결의 입장이라는 점에 비추어 볼 때, 법원은 도산절차의 경우와 그 이외의 경우를 구분하여 소유권유보부매매계약을 체결한 매도인의 법적 지위를 달리 취급하고 있다고 볼 수 있다.

그러나 현재 법원 실무의 입장이 타당한지는 의문이다. 도산절차 내에서 소유권유보부매매계약을 체결한 매도인에게 담보권자의 지위를 인정하기 위해서는 도산절차 이외의 경우에 소유권을 갖는 매도인을 도산절차 내에서 담보권자로 취급할 수밖에 없는 특별한 근거가 존재하여야 할 것이다. 그러나 매도인에게 유보된 소유권이 실질적으로 담보적 기능을 한다는 이유로 법적으로 소유권자인 매도인의 권리를 담보권으로 취급하는 실무를 뒷받침할 수 있는 이론상의 근거는 충분치 않다.

그렇다면 도산절차 이외의 경우에 관한 소유권유보부매매의 법리는 도산절차 내에서도 동일하게 적용함이 타당할 것이다.371) 이에 따를 때 앞서 논한 바와 같이 소유권유보부매매계약을 체결하였으나 아직 대금

---

371) 석광현(주 342), 765-766면에 따르면 입법론적으로 소유권유보부매매에 관하여 좀 더 합리적이고 명확한 법제를 도입할 필요가 있고 그러한 태도를 도산법의 맥락에서도 일관되게 유지할 필요가 있다고 한다.

을 모두 지급받지 못한 매도인은 여전히 목적물에 대한 소유권을 갖고, 이는 목적물 인도의무만을 이행한 매도인에게 남아 있는 소유권이전의무와 매수인이 부담하는 매매대금지급의무 사이의 동시이행관계를 그대로 관철시키는 것이므로 당해 계약은 미이행 쌍무계약에 해당한다고 해석함이 논리적으로 보다 일관된다.

한편 소유권유보부매매의 경우 매수인의 매매대금지급의무 불이행으로부터 매도인을 구제할 수 있는 수단은 기본적으로 계약해제를 통한 목적물의 반환이며,[372] 담보권은 채무자가 자신의 또는 제3자의 소유물에 물권을 설정하는 것이지만 소유권유보는 채권자가 자신의 물건에 대한 소유권을 보유하는 것이다.[373] 이와 같은 소유권유보의 내용과 구조, 기능에 비추어 볼 때, 소유권유보와 담보물권의 설정은 근본적으로 차이가 있다.[374] 그리고 채무자회생법 등에 명문의 규정이 없음에도 불구하고 법 형식과는 달리 거래의 실질적 기능을 중시하여 채권자의 권리유형을 결정한다면, 소유권유보부매매 이외에도 수많은 유형의 계약을 둘러싸고 해석상 혼란을 초래할 우려가 있다.

그러므로 소유권자인 매도인을 담보권자로 취급하는 실무의 타당성에 관하여는 재검토할 필요가 있다고 생각한다. 만일 현재 실무의 입장을 유지한다고 하더라도 이를 이론적으로 정당화할 수 있는 구체적인 근거를 정립할 필요가 있고, 궁극적으로는 도산절차 이외의 경우와 도산절차 내에서 소유권유보를 통일적으로 취급할 수 있는 입법적 해결방안을 찾는 것이 바람직하다.

소유권유보부매매계약을 체결한 매도인에 대해 도산절차가 개시된 경우의 법률관계도 문제될 수 있다. 매도인이 매수인에게 목적물을 인

---

372) 김형석(주 369), 69면.
373) 김학동(주 344), 470면.
374) Ulrich Huber, "Der Eigentumsvorbehalt im Synallagma", ZIP 12/1987, RWS, 1987, S.750ff.

도하였으나 매수인이 대금을 지급하지 않은 경우라면, 매수인에 대해 도산절차가 개시된 경우와 마찬가지로 당해 계약은 미이행 쌍무계약에 해당한다. 이 경우 매도인의 재산에 관한 관리 및 처분 권한을 갖는 관리인이나 파산관재인은 계약의 이행 또는 해제를 선택할 수 있다. 계약의 이행을 선택한다면 매수인에게 대금지급의무의 이행을 구하고 매수인이 대금을 전부 지급할 경우 소유권이전의 효력이 발생할 것이다. 계약을 해제한다면 관리인이나 파산관재인은 민법상의 법리에 따라 목적물의 반환을 구할 수 있으며, 반환받은 목적물은 채무자 또는 파산재단에 귀속되어 전체 채권자를 위한 변제재원으로 활용할 수 있을 것이다.

제3절 임대차계약

I. 의의 및 성질

임대차는 당사자 일방이 상대방에게 어떤 물건을 사용·수익하게 하기로 하고, 상대방은 그 사용·수익의 대가를 지급하기로 약정함으로써 성립하는 계약을 말한다(민법 제618조). 임대차는 임차인이 임차물을 사용·수익하는 계약관계이나 반드시 사용 및 수익을 하여야 하는 것은 아니고 단순히 사용만을 목적으로 하거나 반대로 수익만을 목적으로 하는 것도 가능하다.[375]

임대인은 임차인에게 목적물을 인도하고 계약 존속 중 그 사용·수익에 필요한 상태를 유지하게 할 의무를 부담한다(민법 제623조). 통상의 임대차 관계에서 임대인이 부담하는 의무의 내용은 특별한 사정이 없는 한 임차인에게 임대목적물을 제공하여 임차인으로 하여금 이를 사용·수익하게 함에 그치는 것이고, 더 나아가 임차인의 안전을 배려하여 주거나 도난을 방지하는 등의 보호의무까지 부담하는 것은 아니다.[376] 한편 민법에 대한 특별법으로서 주택 임차인의 임차권을 보호하기 위한 주택임대차보호법, 보증금액이 일정액 이하인 상가건물의 임대차에 대해 적용되는 상가건물임대차보호법이 있다.

---

375) 民法注解 ⅩⅤ, 제7절 임대차 前論(민일영), 37면.
376) 대법원 1999. 7. 9. 선고 99다10004 판결.

II. 임대인이 도산한 경우

1. 회생절차

가. 관리인의 해지권 행사 가부

(1) 구 회사정리법 제103조 적용 여부

구 회사정리법 시행 당시, 동법과 민법에서는 모두 임대인에 대해 회생절차가 개시된 경우에 관하여 특별한 규정을 두고 있지 않았다. 별도의 정함이 없는 이상 미이행 雙務계약의 처리에 관한 구 회사정리법 제103조(채무자회생법 제119조에 해당)를 적용함이 원칙일 것이나, 이에 따라 관리인이 임대차계약을 해지할 수 있는지에 관하여 견해가 대립되었다. 후술하는 바와 같이 임대인이 파산선고를 받은 경우에도 동일한 논란이 있다.

먼저 민법에서 임차인이 파산한 경우에 대하여는 제637조와 같은 규정을 두면서 임대인에 대하여는 아무런 규정을 두지 않은 것은 雙方의 해지권을 배제하는 취지라고 보아 임대인에 대해 회생절차가 개시된 경우에는 구 회사정리법 제103조가 적용되지 않는다고 해석하는 견해가 있었다.377) 이에 따르면 임대인에 대해 회생절차가 개시된 것 자체는 임대차계약에 아무런 영향을 주지 않으며 채무자인 임대인의 임대료채권은 관리인에게 귀속되어 전체 채권자를 위한 변제재원으로 귀속되므로 임차인은 종전과 같이 관리인에게 임대료를 지급하면 된다고 한다.378) 반면에 임대인에 대한 회생절차가 개시된 경우 임차인 중 대항

---

377) 山木戸克己, 破産法, 現代法律學全集24, 靑林書院新社, 1976, 123-124頁. 한편 民法注解 ⅩⅤ, 제637조(민일영), 136면에서는 대항요건의 구비 여부를 별도로 언급하지 않고 파산법의 일반원칙이 적용되어야 한다고 하면서 임대인이 파산한 경우에 임차인과의 사이에서 계약해지는 인정되지 않는다고 한다.

요건을 구비한 임대차에 한하여 구 회사정리법 제103조의 적용을 부정하는 절충적 입장이 있었으며,[379] 구 회사정리법 당시 법원의 실무도 이와 동일하다.[380]

(2) 현행 규정

채무자회생법 제124조 제4항에서는 구 회사정리법 당시의 논의 중 절충적 입장을 입법화하여 임대인인 채무자에 관하여 회생절차가 개시된 경우 임차인이 주택임대차보호법 제3조 제1항의 대항요건을 갖춘 때 또는 상가건물임대차보호법 제3조의 대항요건을 갖춘 때에는 채무자회생법 제119조를 적용하지 아니한다고 규정한다. 즉, 대항요건을 갖춘 임대차의 경우 관리인은 당해 임대차계약이 미이행 쌍무계약이라는 이유로 임대차계약을 해지할 수 없다. 이 경우에도 채무자회생법 제119조를 그대로 적용한다면 주택임대차보호법과 상가건물임대차보호법이라는 특별법을 제정하여 대항요건을 갖춘 임대차를 보호하고자 하는 취지에 반하고, 임대인에 대한 회생절차개시를 이유로 관리인이 임대차계약을 해지하는 것은 임차인에게 지나치게 불리하기 때문에 이러한 규정을 둔 것으로 이해된다.[381] 임차인이 대항요건을 갖추었는지 여부는 임대인에 대해 회생절차가 개시된 시점을 기준으로 하므로, 임차인이 임대인에 대한 회생절차개시 이후에 대항력을 갖춘 경우에는 채무자회생법 제119조가 적용되어 관리인이 임대차계약을 해지할 수 있다.[382]

일본에서도 우리나라 채무자회생법 제124조 제4항과 유사하게 회사

---

378) 山木戸克己(주 377), 123-124頁.
379) 전병서, 파산법(제2판), 한국사법행정학회, 2001, 141면; 백창훈/임채홍(주 151), 367-368면; 임치용(주 354), 325면; 谷口安平(주 162), 187頁; 伊藤眞(주 328), 237頁.
380) 임치용(주 354), 325면.
381) 条解 破産法, 第56条, 412-413頁.
382) 임치용(주 260), 134면.

갱생법 및 파산법을 개정하여 절충적 입장을 명문화하였다.383) 이에 따르면 임차권 그 외의 사용·수익을 목적으로 하는 권리를 설정하는 계약에 대해서 파산자의 상대방이 해당 권리에 대해서 등기·등록이나 그 밖에 제3자에 대항할 수 있는 요건을 구비한 경우에는 파산법 제53조 제1항 및 제2항(채무자회생법 제335조에 해당)을 적용하지 않으므로 파산관재인은 당해 계약을 해지할 수 없으며(파산법 제56조 제1항), 회사갱생절차의 경우에도 동일하다(회사갱생법 제63조에서 파산법 제56조를 준용한다).

반면에 채무자회생법 제124조 제4항이 적용되지 않는 임대차계약의 경우, 즉 임차인이 대항력을 갖추지 못한 경우에는 동법 제119조가 적용되므로 임대인인 채무자의 관리인은 당해 임대차계약의 이행을 선택하거나 계약을 해지할 수 있다.

이미 논한 바와 같이 채무자회생법 제119조 제1항에 따른 관리인의 해제권이 민법상의 해제권 등을 배제하는 것은 아니며, 양자는 병존할 수 있다. 따라서 대항력을 구비하지 못한 임대차의 경우 관리인이 채무자회생법 제119조에 따라 계약의 이행을 선택하였다고 하더라도, 관리인은 차임연체 등 임차인의 채무불이행이 있다면 민법 제640조 등에 따라 임대차계약을 해지할 수 있다. 한편 대항력을 구비한 임차인에 대해 채무자회생법 제119조는 적용되지 않는다고 하더라도, 임차인의 채무불이행이 있는 경우 관리인은 민법에 따라 임대차계약을 해지할 수 있다.

---

383) 伊藤眞(주 322), 265頁; 加藤哲夫, 破産法(제6版), 弘文堂, 2012, 246頁.

나. 법률효과

(1) 임대차계약이 존속하는 경우

(가) 일반론

임대인에 대해 회생절차가 개시된 때, 관리인의 해지권 행사가 제한되는 대항력을 갖춘 임대차계약 및 대항력을 갖추지 못한 임대차계약이라도 관리인이 당해 계약의 이행을 선택한 경우 임대차계약은 존속한다. 회생절차개시결정이 있는 때에는 채무자의 업무 수행과 재산의 관리 및 처분을 하는 권한은 관리인에게 전속한다(회파 제56조 제1항). 따라서 임대차계약이 존속하는 경우 임차인은 관리인에 대해 차임지급의무를 부담한다.

(나) 선급 차임 등의 효력 제한

채무자회생법 제124조 제1항 및 제2항에서는 임대차계약의 차임과 관련하여 특칙을 두고 있다. 이에 따르면 임대인에 대해 회생절차가 개시된 경우 차임의 선급 또는 차임채권의 처분은 회생절차가 개시된 때의 당기(當期)와 차기(次期)에 관한 것을 제외하고는 회생절차의 관계에서는 그 효력을 주장할 수 없으며, 이로 인해 손해를 받은 자는 회생채권자로서 손해배상청구권을 행사할 수 있다. 그리고 본조는 지상권의 경우에 준용된다(회파 제124조 제3항). 파산절차의 경우에도 채무자회생법 제340조 제1항 및 제2항에서 위 제124조 제1항 및 제2항과 동일한 규정을 두고 있다. 예를 들어 임차인이 임대인에게 차임을 매달 지급하기로 약정하였으나 편의상 1년분을 선 지급하였고 이후 임대인에 대해 회생절차가 개시되었는데 임대차계약이 존속한다면, 관리인은 임차인에게 회생절차가 개시된 달과 그 다음 달의 차임은 제외하고 그 이후의 차임을 청구할 수 있으며 이로 인해 임차인은 해당 차임을 관리인에게 이중으로 지급하여야 할 위험을 부담하게 된다. 임대인이 회생절차개시 전에 임차인에 대한 차임채권을 제3자에게 양도한 때에도 동일하다.

그러나 채무자회생법 제124조 제1항 및 제2항은 임차인이 임대인에게 차임을 선 지급하였다는 이유로 임차인을 지나치게 불리하게 취급한다는 문제가 있다. 임차인이 차임을 선 지급하게 된 이유는 다양할 수 있겠으나, 통상 임대인의 요청에 따라 차임을 미리 지급하는 경우가 많을 것이다. 그리고 임차인은 차임을 선 지급함으로써 임대인에게 일종의 금융편의를 제공한 결과가 된다. 그럼에도 불구하고 임대인에 대한 회생절차개시라는 사정을 이유로 임차인에게 차임의 이중지급의무를 부담하게 하는 것은 형평에 반하며, 대항력을 갖춘 임차인을 특별히 보호하고자 하는 제124조 제4항의 취지와도 배치되는 결과가 될 수 있다. 선급 차임 등의 효력이 제한됨으로 인하여 손해를 입은 임차인은 회생채권자로서 손해배상청구권을 행사할 수 있기는 하지만, 통상 우선권 없는 일반의 회생채권은 회생계획에 따라 본래 채권액의 극히 일부만을 변제받는 경우가 대부분이기 때문에 임차인에게 손해배상청구권을 인정하는 것만으로는 그 손해를 보전하는 것이 사실상 불가능하다. 또한 아래 '(2)'항에서 논하는 바와 같이 관리인이 채무자회생법 제119조 제1항에 따라 대항력을 구비하지 않은 임대차계약을 해지하는 경우 임차인은 선 지급한 차임을 환취권자로서 반환받을 수 있는데, 이와 비교해보더라도 합리성을 인정하기 어렵다. 본조의 입법취지는 당기와 차기 이후의 차임을 채무자 또는 파산재단의 수입으로 확보하고자 하는 데에 있으나, 임대료채권의 유동화 내지는 자금조달의 용이화라는 측면에서 더 이상 존재의 의의를 찾기 어렵다고 비판하는 견해도 있다.[384]

그러므로 채무자회생법 제124조 제1항 및 제2항은 삭제하는 것이 타당하다고 본다. 참고로 일본은 2002년 구 회사갱생법 개정시 채무자회생법 제124조와 동일한 내용을 규정하고 있던 구 회사갱생법 제106조를

---

[384] 전병서(주 269), 123면.

삭제하였으며, 또한 2004년 구 파산법 개정시에는 채무자회생법 제340
조와 동일한 내용인 구 파산법 제63조를 삭제하였다.

(다) 대항력을 갖춘 임차인의 사용수익청구권

앞서 논한 바와 같이 임대인에 대해 회생절차가 개시된 때, 대항력을
갖춘 임대차계약에 대하여는 채무자회생법 제119조 제1항의 적용이 배
제되므로 관리인은 당해 계약을 해지할 수 없다. 이에 따라 임대차계약
이 존속하는 경우 임차인은 관리인에게 차임을 지급하여야 하고, 관리
인은 임차인이 목적물을 사용·수익할 수 있도록 해주어야 한다. 이 경우
회생절차 내에서 임차인이 갖는 사용수익청구권 등의 성격이 무엇인지
문제된다. 채무자회생법에서는 이에 관한 규정을 두고 있지 않다.

채무자인 임대인과 임차인은 임대인에 대한 회생절차개시 이전에 임
대차계약을 체결하였고 임차인이 갖는 사용수익청구권 등은 당해 임대
차계약을 원인으로 하여 발생한 것이므로, 별도의 규정이 없는 한 대항
력 있는 임차인이 갖는 사용수익청구권은 회생채권이라고 해석할 수밖
에 없다(회파 제118조 제1호). 그런데 대항력을 갖추지 않아 관리인의
선택권 행사 대상이 되는 임대차계약의 경우, 관리인이 이행을 선택하
면 임차인이 갖는 사용수익청구권은 공익채권에 해당하므로(회파 제179
조 제1항 제7호), 이와의 균형이 문제된다. 관리인의 해지권 행사가 제
한되는 대항력 있는 임대차계약에서 임차인이 갖는 사용수익청구권을
대항력을 갖추지 않은 임차인에 비하여 열후하게 취급하는 것은 옳지
않다. 참고로 일본에서는 대항력을 갖춘 임대차계약에 대해 관리인의
해지권을 제한하는 한편 이 경우 임차인이 갖는 권리는 파산절차의 경
우 재단채권으로, 회생절차의 경우 공익채권으로 취급한다(파산법 제56
조 제2항, 회사갱생법 제63조에서 파산법 제56조를 준용한다). 동조는
관리인이나 파산관재인의 해지권 행사가 제한되는 것에 비추어 임차인
의 권리도 회사갱생절차나 파산절차의 제약을 받지 않도록 하기 위한

취지의 규정이다.[385] 채무자회생법에서도 대항력 있는 임대차계약에서 임차인이 갖는 사용수익청구권을 공익채권 또는 재단채권으로 규정할 필요가 있다.

(2) 임대차계약을 해지하는 경우
(가) 차임 등 채권관계

채무자회생법 제124조 제4항에서 정한 대항력을 구비하지 않은 임대차계약의 경우 관리인은 제119조 제1항에 따라 미이행 상태에 있는 임대차계약을 해지할 수 있다. 관리인의 해지권 행사로 인해 발생한 손해가 있다면 임차인은 회생채권자로서 손해배상채권을 행사할 수 있다(회파 제121조 제1항). 한편 임차인은 채무자인 임대인이 받은 반대급부가 임대인의 재산에 현존하는 때에는 환취권자로서 그 반환을 청구할 수 있으며 현존하지 않는 때에는 공익채권자로서 그 가액의 상환을 구할 수 있다(회파 제121조 제2항). 예를 들어 임차인이 임대인에게 차임을 매달 지급하기로 약정하였으나 편의상 1년분을 선 지급하였는데 이후 임대인에 대해 회생절차가 개시되고 임대차계약이 해지되었다면, 임차인은 관리인에게 선 지급한 차임 중 미경과분에 대한 금액의 상환을 구할 수 있다.

차임 이외에 반환하여야 할 임차보증금이 남아 있는 경우 임차인의 임차보증금반환채권을 어떻게 처리할 것인지도 문제된다. 회생절차개시 당시 채무자의 재산상에 존재하는 우선특권으로 담보된 범위의 것은 회생담보권으로 취급된다(회파 제141조 제1항). 주택임차인의 보증금에 대한 우선변제권(주택임대차보호법 제3조의2 제2항, 제3조의3 제5항, 제8조)과 상가건물임차인의 보증금에 대한 우선변제권(상가건물임대차보호법 제5조 제2항, 제6조 제5항, 제14조)은 강학상의 우선특권에 해

---

385) 条解 破産法, 第56条, 412頁.

당하며, 채무자의 특정재산에 대하여 우선변제권이 인정되는 것이므로 회생담보권으로 취급된다.[386] 따라서 우선변제권이 있는 임차인은 회생담보권자의 지위에서 임차보증금반환채권을 행사할 수 있다.[387] 반면에 대항력을 갖추지 못한 임차인은 우선변제권도 없으므로(주택임대차보호법 제3조의2 제2항), 이 때 임차인의 임차보증금반환채권은 일반의 회생채권으로 취급될 것이다.

(나) 임차목적물반환관계

관리인이 임대차계약을 해지하여 계약관계가 종료되면 임차인은 관리인에 대해 임차목적물을 반환하여야 할 의무를 부담한다. 일반적으로 임대차계약의 경우 임대인의 보증금반환의무와 임차인의 임차목적물반환의무는 동시이행관계에 있는데,[388] 회생절차 내에서도 동일하게 적용된다고 볼 것인지가 문제이다.

이에 대하여는 임차인의 동시이행항변권 행사로 인해 부동산의 매각이 어려워져 도산절차가 장기화되는 등의 문제점이 있으므로 도산절차의 원활한 진행과 채권자들 사이의 형평을 고려하여 임차인의 무한정한 동시이행항변권 행사를 제한할 필요가 있다는 견해가 있다.[389] 그러나 민법상 임차인의 임차보증금반환채권을 확보하기 위하여 동시이행항변

---

386) 서울회생법원(주 137), 459면.

387) 주택임대차보호법상 대항력(주택의 인도와 주민등록)과 확정일자를 갖춘 임차인(동법 제3조의2 제2항), 임차권등기를 경료한 임차인(동법 제3조의3 제5항, 본조는 민법 제621조에 따른 주택임대차등기에 대하여도 준용된다)은 임차보증금 중 법령이 정하는 일정액에 대하여 우선변제권이 인정된다. 상가건물임대차보호법의 경우도 마찬가지이다.

388) 民法注解 ⅩⅤ, 보증금(민일영), 188-189면; 대법원 1977. 9. 28. 선고 77다1241 판결; 대법원 1989. 2. 28.자 87다카2114 결정.

389) 서경환(주 314), 658-659면에 따르면, 계약상 임대차기간이 종료되기 전이라면 임차인의 점유 사용을 용인하되 임대차기간이 만료된 이후에는 동시이행항변권을 제한하는 방식을 생각해볼 수 있다고 한다.

권을 인정하고 있는 취지에 비추어 볼 때, 명문의 근거 없이 회생절차에서 동시이행항변권 행사를 제한하기는 어렵다고 생각한다. 따라서 우선변제권이 없는 임차인은 회생절차 내에서 임차보증금을 회생채권으로 신고하고 신고된 금액의 일부를 추후 회생계획에 따라 변제받게 될 것인데, 실제 변제가 이루어지는 시점까지 임차목적물의 반환을 거절할 수 있다.

만일 채무자인 임대인이 임차목적물의 매각대금을 변제재원으로 활용하고자 하는데 임차인이 임차목적물을 반환하지 않아 매각이 어려운 상태라면, 결국 먼저 임차목적물 매각대금의 적정가치를 산정하여 매각예정금액을 회생계획에 반영하는 방식으로 처리하면 될 것이다. 다만 임차목적물의 매각대금이 변제재원의 상당 부분을 차지하는 등 임차목적물을 신속히 매각하지 않으면 채무자인 임대인의 회생에 현저한 지장이 초래되는 예외적인 경우라면, 법원의 허가를 받아 임차보증금채권의 일부 또는 전부를 먼저 변제하고 임차목적물을 반환받는 방법도 고려해 볼 수 있다(회파 제132조 제2항 및 아래 '나항도 참조). 우선변제권을 갖추지 못한 임차인의 임차보증금반환채권은 회생채권에 불과하지만, 이와 같이 임차인에 대한 임차목적물반환의무와 동시이행의 관계에 있으므로 사실상 공익채권을 행사하는 것과 같은 효과가 생길 수 있다.[390]

(다) 해지의 효력 발생 시기

관리인이 채무자회생법 제119조 제1항에 따라 임대차계약을 해지하는 경우에도 민법 제635조(기한의 약정 없는 임대차의 해지통고) 및 민법 제636조(기한의 약정 있는 임대차의 해지통고)가 적용되는지 문제된다. 위 민법 규정에 따르면 당사자가 임대차계약의 해지를 통고하는 경우 일성한 기간이 경과하여야 해지의 효력이 발생한다. 그러나 채무자회생법 제119조에서 인정한 관리인의 해지권은 회생절차의 효율적 진행

---

390) 임치용(주 354), 326면.

및 채무자의 재건이라는 목적 하에 민법상의 해지권과는 별개로 인정되는 것이므로, 관리인이 제119조 제1항에 따라 임대차계약을 해지하는 때에는 민법 제635조 및 제636조는 적용되지 않는다고 해석함이 타당하다.[391] 즉, 관리인이 임대차계약을 해지하는 경우 해지의 효력은 즉시 발생한다.

다. 회생절차 내에서 임차목적물을 매각하는 경우의 문제

임차인이 임차목적물에 설정된 저당권의 등기 일자보다 앞서서 주택임대차보호법이나 상가건물임대차보호법상의 대항요건을 갖춘 경우, 민사집행법에서 정한 경매절차에 따라 임차목적물인 부동산이 매각되더라도 임차권은 소멸하지 않는다(주택임대차보호법 제3조의5, 상가건물임대차보호법 제8조). 반면에 매각으로 소멸되는 선순위 담보권보다 이후에 대항력을 갖춘 임차권은 보증금이 전액 변제된 경우 임차목적물의 매각으로 함께 소멸하므로 매수인에 대하여 임차권의 효력을 주장할 수 없다.[392] 이와 관련하여 선순위 담보권보다 이후에 대항력을 갖춘 임차권에 대하여도 채무자회생법 제124조 제4항을 그대로 적용하여 관리인이 임대차계약을 해지할 수 없다고 볼 것인지가 문제된다. 즉, 매각으로 소멸되는 선순위 담보권보다 이후에 대항력을 갖춘 임차권은 임차목적물의 매각으로 함께 소멸된다는 민사집행법상의 원칙과 대항력을 갖춘 임대차계약을 해지할 수 없다는 채무자회생법 제124조 제4항을 어떻게 해석할 것인지 여부이다.[393]

---

391) 서울회생법원(주 154), 203면; 임치용(주 260), 134면.

392) 대법원 1987. 3. 10. 선고 86다카1718 판결; 대법원 2000. 2. 11. 선고 99다59306 판결.

393) 선순위 담보권보다 이후에 대항력을 갖춘 임차권이라고 하더라도 보증금이 전액 변제되지 않은 경우에는 임차목적물의 매각으로 임차권이 소멸하지 않

회생절차개시결정이 있는 때에는 회생채권이나 회생담보권에 기한 강제집행을 할 수 없고(회파 제58조 제1항 제2호), 회생채권자와 회생담보권자는 회생절차 내에서 회생계획에 따라서만 권리를 행사하고 채권을 변제받을 수 있다. 현재 법원의 실무상으로는 회생계획인가 전에 채무자의 부동산을 매각한 후 그 매각대금으로 담보권을 조기 변제하는 등 매각대금을 변제재원으로 사용하는 방식의 회생계획을 인정하고 있는데, 이는 채무자 소유 부동산을 고가에 임의 매각함으로써 회생담보권을 조기에 변제하여 채무자의 재정적 부담을 경감시킬 수 있고 그 만큼 다른 회생채권자들을 위한 변제재원 확보에도 유리하기 때문이다.394) 이러한 방안의 일환으로 회생절차 내에서 대항력을 갖춘 임차권이 설정된 부동산을 매각하여 그 대금을 변제재원으로 활용하고자 하는 경우, 매각으로 소멸되는 선순위 담보권보다 이후에 대항력을 갖춘 임차권임에도 불구하고 관리인이 채무자회생법 제124조 제4항에 따라 당해 임대차계약을 해지하지 못한다면 부동산 매각이 곤란해지거나 채무변제를 위한 재원인 매각대금이 낮아져 결국 임대차계약 해지 후 매각하는 경우에 비하여 채권자들에게 손해가 발생할 수 있다.395)

채무자회생법 제124조 제4항의 문언에 따를 때 관리인은 선순위 담보권보다 이후에 대항력을 갖춘 임차권이라 할지라도 이를 해지할 수 없다는 해석이 불가피하다. 그러나 이러한 해석에 의할 경우 임대인의 도산으로 인해 담보권자를 비롯한 다른 모든 채권자가 불이익을 받고 있음에도 불구하고 선순위 담보권자보다 우선순위가 뒤지는 임차인이 회생절차 내에서 더 우월한 취급을 받는다는 불합리한 결과가 초래될

고 보증금이 전액 변제될 때까지 매수인이 임대인의 지위를 승계하여 임대차관계가 존속한다. 따라서 이 경우에는 채무자회생법 제124조 제4항과의 해석상 충돌이 발생하지 않는다.

394) 서울회생법원(주 137), 175면.
395) 서울회생법원(주 137), 175면.

수 있다.[396) 이에 대하여는 민사집행법상 선순위 담보권 이후로 소멸하는 이른바 중간 임차인은 대항력을 갖추지 않은 것으로 보아 관리인이 당해 임대차계약을 해지할 수 있다고 해석하는 견해도 있다.[397) 입법론적으로 선순위 담보권보다 이후 시점에 대항력을 갖추어 매각으로 소멸하는 임차권에 대하여는 예외적으로 채무자회생법 제124조 제4항의 적용을 배제하는 방안을 검토할 필요가 있다.

이 문제에 관하여 규율하고 있지 않은 현재의 법률상황 하에서, 실무적으로는 다음과 같이 처리하는 것이 불가피해 보인다. 앞서 논한 바와 같이 채무자회생법 제124조 제4항에 따라 관리인이 해지권을 행사할 수 없는 대항력 있는 임대차계약의 경우 관리인이 일방적으로 해지권을 행사할 수는 없다. 다만 임차인도 임대차계약의 존속을 원하지 않을 가능성이 있고, 회생절차의 진행과 채권자들의 이익을 위해 임차목적물을 매각하여 변제재원으로 사용할 필요 등이 있다면 관리인은 임차보증금 등 임차인에게 지급하여야 할 금액 상당을 퇴거비용으로 지급하는 내용의 화해계약을 체결할 수 있다.[398) 관리인이 화해계약을 체결하고자 하는 때에는 법원의 허가를 받아야 하고, 화해계약에 따른 퇴거비용은 공익채권에 해당하므로 법원의 승인을 받아야 한다(회파 제61조 제1항 제6호 및 제8호, 제179조 제5호).

---

396) 서울회생법원(주 137), 175면.
397) 임치용(주 354), 325면.
398) 서울회생법원(주 154), 203면.

2. 파산절차

가. 논의의 범위

임대인이 파산선고를 받은 경우에 관한 논의는 앞서 '1'항에서 논한 회생절차의 경우와 상당부분 동일하다. 그러므로 이하에서는 임대인에 대해 회생절차가 개시된 경우의 논의와 차이가 나거나 회생절차와 관련하여 다루지 않은 부분에 한하여 논한다.

나. 파산관재인의 해지권 행사 가부

민법 제637조에서는 임차인이 파산선고를 받은 경우 임대인 또는 파산관재인이 해지권을 행사할 수 있다고 정하고 있다. 이와는 달리 임대인이 파산선고를 받은 경우에 대하여는 민법상 특별한 정함이 없다. 이와 관련하여 구 파산법 시행 당시에서는 현행 채무자회생법 제335조에 해당하는 구 파산법 제50조를 그대로 적용하여 임대인인 채무자의 파산관재인이 임대차계약을 해지할 수 있다고 볼 것인가와 관련하여 견해가 대립되었다. 이 부분은 앞서 임대인에 대해 회생절차가 개시된 경우와 같다.

구 파산법 하에서의 논의를 기초로 하여 채무자회생법 제340조 제4항에서는 회생절차와 마찬가지로 임대인인 채무자가 파산선고를 받은 경우 임차인이 주택임대차보호법 제3조 제1항의 대항요건을 갖춘 때 또는 상가건물임대차보호법 제3조의 대항요건을 갖춘 때에는 동법 제335조를 적용하지 아니한다고 규정하고 있다. 따라서 임대인인 채무자의 파산관재인은 대항력 있는 임대차계약을 해지할 수 없다. 반면에 위와 같은 대항력을 갖춘 것이 아니라면, 파산관재인은 채무자회생법 제335조에 따라 미이행 쌍무계약에 해당하는 임대차계약을 해지할 수 있다.[399)]

다. 우선변제권을 갖춘 임차인의 임차보증금반환채권

앞서 논한 바와 같이 회생절차의 경우 우선변제권을 갖춘 임차인의 임차보증금반환채권은 회생담보권에 해당한다. 파산절차에서도 종래부터 우선변제권을 갖춘 임차인의 임차보증금반환채권을 어떻게 취급할 것인가가 문제되었다.

파산절차의 경우 파산재단에 속하는 재산상에 존재하는 유치권, 질권, 저당권, 동산·채권 등의 담보에 관한 법률에 따른 담보권 또는 전세권을 가진 자는 별제권자이며, 회생담보권자와는 달리 별제권자는 파산절차에 의하지 아니하고 권리를 행사할 수 있다(회파 제411조, 제412조). 그런데 구 파산법 시행 당시 대법원은 주택임차인이 임대인과의 사이에 임차권등기를 하기로 약정하였다거나 또는 주택임대차보호법 제3조 제1항에서 정한 대항력을 갖추었다는 것만으로는 임차보증금반환채권이 별제권에 해당한다고 볼 수 없다고 하였고,400) 실무상으로는 대항요건과 확정일자를 갖춘 임차권의 경우 파산재단에 속하는 부동산의 환가대금에서 우선적으로 변제받을 권리를 인정하여 왔다.401) 즉, 구 파산법 시행 당시에는 우선변제권을 갖춘 임차인의 임차보증금반환채권을 일반의 우선권 있는 파산채권으로 취급하였다(구 파산법 제32조, 동조는 현행 도산법 제441조에 해당한다).

이러한 구법 하에서의 실무 입장을 반영하여 채무자회생법 제415조에서는 별도의 규정을 마련하였다. 이에 따르면 주택임대차보호법 제3

---

399) 구 파산법 시행 당시에는 대항력 있는 임대차뿐만 아니라 대항요건을 갖추지 못한 부동산임차인에 대해서도 구 파산법 제50조의 적용이 배제된다고 해석하는 견해가 있었으나, 채무자회생법 하에서 이러한 해석을 하기는 어려울 것이다. 이에 관하여는 박병대(주 140), 472면 참조.

400) 대법원 2001. 11. 9. 선고 2001다55963 판결.

401) 서울회생법원(주 154), 204면.

조 제1항에 의한 대항요건을 갖추고 확정일자를 받은 임차인은 파산재단에 속하는 주택(대지 포함)의 환가대금에서 후순위권리자 그 밖의 채권자보다 우선하여 보증금을 변제받을 수 있고(제1항), 주택임대차보호법 제8조에 의해 보호되는 소액보증금은 파산재단에 속하는 주택(대지 포함)의 환가대금에서 다른 담보물권자보다 우선하여 변제받을 권리가 있는데 이 경우 임차인은 파산신청일까지 대항요건을 갖추어야 한다(제2항). 그리고 채무자회생법 제415조는 상가건물임대차보호법 제3조에 의한 대항요건을 갖추고 확정일자를 받은 임차인과 제14조에 의한 소액보증금에 대하여 준용된다(제3항). 이와 같이 파산절차에서는 우선변제권을 갖춘 임차인의 임차보증금반환채권의 취급과 관련하여 명문의 규정을 두고 있다.

III. 임차인이 도산한 경우

1. 회생절차

임차인에 대하여 회생절차가 개시된 경우에 관하여는 채무자회생법 및 민법에서 특별한 규정을 두고 있지 않으므로, 채무자회생법 제119조가 그대로 적용된다고 할 것이다. 그러므로 임차인인 채무자의 관리인은 임대차계약의 이행 또는 해지를 선택할 수 있다.

이에 따르면, 임차인에 대해 회생절차가 개시된 때, 관리인이 임대차계약의 이행을 선택할 경우 상대방인 임대인이 임차인에 대해 갖는 차임지급청구권은 공익채권이 된다(회파 제179조 제1항 제7호). 반면에 관리인이 임대차계약을 해지할 경우 임대인은 계약이 해지됨으로 인하여 발생한 손해배상채권을 회생채권자의 지위에서 행사할 수 있고(회파 제121조 제1항), 임대인은 환취권에 기해 임차목적물반환을 청구할 수 있을 것이다. 앞서 논한 바와 같이 임차인의 임차목적물반환의무와 임대인의 보증금반환의무는 동시이행관계에 있다.

한편 대법원은 도급인의 파산에 관한 민법 제674조 제1항이 회생절차에 대하여 유추적용될 수 있다고 한다.[402] 이와 동일한 맥락에서, 임차인에 대해 회생절차가 개시된 경우에도 채무자회생법 제119조를 적용하지 않고 임차인의 파산에 관한 민법 제637조를 유추적용할 수 있는지 문제될 수 있다. 현 시점에서 단정하기는 어려우나, 위 대법원 판결의 취지를 고려하면, 유추적용이 인정될 가능성이 있다고 생각한다. 이에 관하여는 도급계약과 관련하여 보다 상세히 검토한다.

2. 파산절차

가. 적용법조

(1) 채무자회생법 제335조와 민법 제637조

민법 제637조에 따르면 임차인이 파산선고를 받은 경우 임대차기간의 약정이 있는 때에도 임대인 또는 파산관재인은 기간의 약정 없는 임대차의 해지통고에 관한 제635조에 의해 계약해지의 통고를 할 수 있으며, 각 당사자는 상대방에 대하여 계약해지로 인하여 생긴 손해의 배상을 청구하지 못한다고 정하고 있다. 본조는 통상 임대차의 경우 차임은 목적물의 사용과 대가관계에 있으므로 임대인은 계약해지 후에 차임을 받지 못하는 대신 목적물을 반환받아 그것을 스스로 사용하거나 재임대함으로써 손해를 회피할 수 있다는 사고에서 비롯된 것이라고 한다.[403] 민법 제637조를 적용할 경우 파산관재인뿐만 아니라 임대인도 해지권을

---

402) 대법원 2017. 6. 29. 선고 2016다221887 판결.
403) 民法注解 ⅩⅥ, 리스계약(김건식), 368면.

갖고 해지의 효력은 일정한 기간이 경과한 후 발생하며 각 당사자들의
손해배상청구는 제한된다. 반면에 채무자회생법 제335조를 적용할 경우
파산관재인만이 계약을 해지할 수 있고 해지의 효력도 즉시 발생하며
이때 임대인은 회생채권자의 지위에서 손해배상채권을 행사할 수 있다.
이와 같이 어느 규정을 적용하느냐에 따라 법률효과에 큰 차이가 있다.

(2) 해석론
(가) 우리나라에서의 논의

우리나라에서는 학설과 실무상으로는 임차인이 파산선고를 받은 경
우 채무자회생법 제335조가 아니라 민법 제637조를 적용한다는데 이견
이 없다.[404] 보다 구체적으로 채무자회생법 제335조는 파산절차에 관한
통칙적 규정이고 민법 제637조는 그에 대한 특칙이며, 일정한 유예기간
을 두어 해지의 효력이 발생하게 하는 것이 합리적이므로 민법 제637조
가 적용되는 범위에서는 채무자회생법 제335조가 적용되지 않는다고 보
는 견해,[405] 임차인의 파산이라는 사실은 임차인의 경제적 능력의 상실
을 의미하기 때문에 임대인으로서는 더 이상 임료의 지급을 기대할 수
없게 되어 임대차계약의 기초가 되는 신뢰관계가 소멸되기 때문에 임대
인에게도 해지권을 부여하여야 한다고 설명하는 견해가 있다.[406]

(나) 일본에서의 논의

일본은 2004년에 파산법을 개정하여 우리나라 민법 제637조와 동일
한 내용을 규정하였던 구 민법 제621조를 삭제하였는데, 그 이전까지는
임차인이 파산한 경우 구 민법 제621조와 구 파산법 제59조 중 어느 규
정을 적용할 것인가와 관련하여 견해가 대립되었다. 실무상으로는 임차

---

404) 임치용(주 354), 323면.
405) 박병대(주 140), 469면.
406) 임종헌(주 193), 33면.

인이 파산한 경우 구 민법 제621조를 적용하여 파산관재인과 임대인 모두에게 해지권을 인정하되 손해배상청구는 제한하고 있었다.[407)

그러나 다수의 학자들은 임차인이 차임을 지체하는 등 다른 채무불이행 사유가 없음에도 불구하고 임차인의 파산을 이유로 임대인에게 해지권을 부여하는 것은 대항력 있는 임차인을 보호하고자 하는 입법취지에 반하고, 임대인의 해지권을 인정할 경우 본래 파산재단에 귀속되어야 할 가치 있는 임차권을 상실시켜 파산재단에 불이익을 초래하며, 임대인의 해지권을 부정하더라도 임대차계약 존속시 임대인의 차임채권은 재단채권으로 보호되므로 임대인에게 불리하지 않다는 등의 이유를 들어 구 민법 제621조를 비판하였다.[408) 입법 연혁적인 측면에서 볼 때 구 민법 제621조는 구 상법 파산편 제993조 제1항에서 유래한 것인데, 현행 파산법의 입법자들은 구 상법의 규정과는 달리 파산관재인에게만 해지권을 인정하고자 한 것이며, 시기적으로도 일본 구 파산법 제59조가 나중에 생긴 조항이므로 구 민법 제621조가 아니라 파산법 규정을 적용하는 것이 옳다는 견해도 있었다.[409) 또한 절충적 입장에서 원칙적으로 구 민법 제621조가 파산법의 특칙으로 적용되나, 다만 부동산임대차의 경우에는 임차인의 중요한 재산으로서 그 생활의 기반이 되는 임차권을 상실시키는 것은 임차인에게 회복할 수 없는 손해를 초래하는 점 및 임대인에게 임차인의 파산이라는 우연한 사실로 무제한 해지권을 행사할 수 있게 하는 것은 부당하다는 점에서 임차인에게 신뢰관계를 파괴하였다고 볼 정도로 임대차 관계를 종료시킬 만한 정당한 사유가 있는 경우에 한하여 임대인이 해지권을 행사할 수 있다고 해석하는 견해도 있다.[410)

---

407) 宗田親彦(주 180), 155-156頁; 加藤哲夫(주 383), 248頁.
408) 宗田親彦(주 180), 155-156頁; 加藤哲夫(주 383), 248-249頁; 注解 破産法, 第59条 (斎藤秀夫), 222頁.
409) 伊藤眞(주 322), 263頁.

구 파산법 시행 당시 일본 법원의 입장은 혼재되어 있던 것으로 보인다. 당사자 간의 신뢰관계가 파괴되었음을 입증할 수 있는 정당한 사유가 없는 한 임차인의 파산만을 이유로 임대인이 임대차계약을 해지할수 없다고 판결한 사안이 있는 반면,411) 구 민법 제621조에 따라 임대인은 임차인의 파산을 이유로 임대차계약을 해지할 수 있다고 판단한사안도 있다.412)

이러한 상황에서 일본은 2004년 파산법 개정시 우리나라 민법 제637조와 동일한 내용을 규정하였던 구 민법 제621조를 삭제하여 이 문제를입법적으로 해결하였다.413) 따라서 현재 일본에서는 임차인이 파산선고를 받은 경우 논란의 여지없이 우리나라 채무자회생법 제335조에 해당하는 파산법 제59조가 적용되어, 임차인이 파산선고를 받은 경우 파산관재인만이 임대차계약을 해지할 수 있고 임대인은 해지로 인하여 발생한 손해의 배상을 청구할 수 있다.

(3) 검토

민법에서는 각종 계약관계에서 당사자 일방이 파산한 경우 계약의효력 내지는 상대방의 해지통고에 관한 규정을 두고 있다. 따라서 일정한 계약관계에서 채무자회생법 제335조와 위 민법 규정 중 어느 규정을적용할 것인지 여부는 문제된 당해 계약으로 인한 법률관계는 물론 파산절차의 효율적인 진행과 이해관계인 등의 이익 보호 등 전체적인 관점에서 균형 있게 해석할 필요가 있다.

---

410) 山木戸克己(주 377), 123頁.

411) 日最裁 1973(昭和 48). 10. 30. 判決(民集 第27卷 第9号 1289).

412) 東京高裁 1988(昭和 63). 2. 10. 判決(判時 第1270号 87).

413) 일본에서는 2004년 파산법 개정 당시 「파산법시행에따른관련법률정비등에관한법률」(2004년 6월 2일 개정 법률 제76호)에 따라 구 민법 제621조를 삭제하였다.

만일 입법 연혁적인 관점에서 채무자회생법 제335조가 이후에 생긴 조항이라는 이유로 민법 규정에도 불구하고 동법 제335조를 일률적으로 적용하여야 한다고 해석한다면, 결국 당사자 일방이 파산한 경우 계약관계를 처리하는 것에 관한 여러 민법 규정들이 사문화된다. 각 계약관계별로 결론을 달리하는 것도 적절하지 않으므로, 법 체계상으로 이러한 해석이 타당하다고 보기는 어렵다.

임대인의 입장에서 임대차계약을 체결하는 가장 중요한 이유는 임차인으로부터 차임을 지급받기 위함이다. 그런데 임대차계약 계속 중 임차인이 파산선고를 받았음에도 불구하고 임대인이 계약을 해지할 수 없다면, 임대인은 차임지급청구권을 파산채권으로 행사할 수밖에 없어 경제적으로 적지 않은 손해를 입을 수 있다. 이러한 이유 때문에 민법 제637조는 임차인의 파산이라는 차임 지급을 기대하기 어려운 사정이 발생한 경우에는 파산관재인뿐만 아니라 임대인에 대하여도 해지권을 부여하는 것이 형평상 타당하다는 고려에서 마련된 규정으로 보인다. 민법 제637조를 적용할 경우 해지의 효력은 일정기간이 경과한 후에 발생하므로, 임차인이 이주할 수 있는 기간과 임대인이 새로운 임차인을 물색할 수 있는 기간을 보장해줄 수 있다는 점에서도 합리성을 찾을 수 있다. 그러므로 민법 제637조를 둔 현행 법 체계 하에서는 채무자회생법 제335조가 파산절차에서 미이행 쌍무계약의 처리를 정한 일반조항의 지위에 있으며, 특정한 계약관계에 대하여는 민법 제637조가 적용된다고 해석할 수밖에 없을 것이다.

그러나 민법 제637조가 입법적으로 타당한지에 관하여는 근본적인 검토가 필요하다. 이와 관련하여 일본 구 민법 제621조에 대한 비판론을 주목할 필요가 있다. 특히 주택임대차보호법을 비롯하여 대항력을 갖춘 임대차를 보호하고자 하는 입법자의 의사와 임차인의 파산만을 이유로 임대차계약을 해지할 수 있도록 정한 민법 제637조의 관계에 대하여는 보다 신중하게 생각해보아야 한다. 앞서 논한 바와 같이 일본에서는 임대인의 해지권을 인정할 경우 본래 파산재단에 귀속되어야 할 가치 있는 임차권을 상실시켜 파산재단에 불이익을 초래한다는 비판이 있는데, 파산절차의 특성상 궁극적으로는 당해 임대차계약을 해지하고 그 가치를 파산재단에 귀속시켜 채무변제에 활용하여야 할 것이라는 점에서 재비판의 여지가 있다. 그럼에도 불구하고 채무자에 대한 파산절차가 모두 종료될 때까지는 임대차계약을 유지할 필요가 있고, 또한 파산관재인은 공적 수탁자의 지위에서 임대차계약이 파산재단에 유리한지 여부를 판단하여 그 존속 여부를 합리적으로 결정할 수 있으며, 파산관재인이 이행을 선택할 경우 임대인의 차임지급청구권은 재단채권으로 보호된다는 점을 고려할 때, 굳이 임대인에게 해지권을 인정할 필요가 있는지 의문이다. 또한 건물 기타 공작물의 임대차와 거물 기타 공작물의 소유 등을 목적으로 한 토지임대차의 경우 임차인의 차임 연체액이 2기의 차임액에 달하는 때 임대인은 계약을 해지할 수 있고(민법 제640조, 제641조), 이와 같은 임대인의 해지권은 임차인이 파산선고를 받았다고 해서 제한되지 않는다. 즉, 파산선고를 받은 임차인이 2기의 차임액을 연체하면 임대인은 계약을 해지할 수 있으므로, 이와는 별도로 임차인의 파산만을 이유로 임대인에게 계약을 해지할 수 있는 권리를 인정할 실익은 크지 않다. 결론적으로 민법 제637조를 삭제하고, 임대차계약 계속 중 임차인이 파산선고를 받은 경우에 대하여는 채무자회생법 제335조 등을 적용함이 타당하다고 생각한다.

나. 법률효과

(1) 임대인 또는 파산관재인이 계약을 해지하는 경우
(가) 해지의 효력발생시기
이상의 논의에 의할 때, 임차인이 파산한 경우 민법 제637조가 채무자회생법 제335조에 대한 특칙으로 적용된다. 따라서 임대인 또는 파산관재인은 상대방에 대해 계약해지의 통고를 할 수 있다. 임차목적물이 토지, 건물, 기타 공작물인 경우 임대인이 해지통고를 한 때에는 6월, 파산관재인이 해지통고를 한 때에는 1월이 경과하면 해지의 효력이 발생하고, 임차목적물이 동산인 경우에는 임대인과 파산관재인이 해지통고를 한 경우 모두 5일이 경과하면 해지의 효력이 발생한다(민법 제635조 제2항).

다만 각 유예기간이 경과하기 전에 먼저 본래 임대차계약의 존속기간이 만료하면 유예기간의 경과 여부와는 관계없이 임대차계약은 종료한다.414) 한편 주택임대차보호법 또는 상가건물임대차보호법에 따라 일정기간 동안의 임대차계약이 보장되는 경우라고 하더라도, 임차인이 파산선고를 받은 경우 임대인은 민법 제637조에 따라 임대차계약을 해지할 수 있다.415)

(나) 손해배상청구의 제한

민법 제637조에 따라 임대차계약이 해지된 경우, 그로 인해 손해가 발생하였다고 하더라도 각 당사자는 상대방에 대하여 손해의 배상을 청구할 수 없다(민법 제637조 제2항). 여기서 해지로 인해 발생한 손해의 범위를 어떻게 볼 것인지가 문제이다. 보다 구체적으로는 임차인에 대한 파산선고가 있은 때로부터 일정기간이 경과한 후 임대차계약이 해지되었다면, 파산선고가 있은 때로부터 임대차계약이 해지된 시점까지의 미지급 차임과 임대차계약이 해지된 때로부터 임차목적물을 임대인에게 인도할 때까지 임차인이 임차목적물을 사용·수익하여 발생한 차임 상당의 부당이득금도 민법 제637조 제2항에서 말하는 손해의 범위에 포함되는지 여부이다.416) 결론적으로 포함되지 않는다고 해석함이 타당하다고

---

414) 民法注解 ⅩⅤ, 제637조(민일영), 137면.
415) 서울회생법원(주 154), 206면.
416) 임차인이 임대차계약 종료 후에도 본래의 임대차계약상의 목적에 따라 임차

생각하는데, 그 이유는 다음과 같다.

파산선고로 인하여 쌍무계약이 해지된 경우 그 때까지 생긴 청구권
은 재단채권에 해당한다(회파 제473조 제8호). 이는 해지통보가 있는 때
로부터 계약이 종료할 때까지 사이에 파산재단은 상대방으로부터 급부
를 받음에도 불구하고 상대방의 반대급부청구권을 파산채권으로 하는
것은 불공평하다는 이유에서 파산선고 후 계약 종료시까지 생긴 청구권
은 재단채권으로 취급하고자 하는 것이다.[417] 따라서 파산선고가 있은
때로부터 임대차계약이 해지된 시점까지의 미지급 차임은 재단채권에
해당할 것이다. 채무자회생법에서는 쌍무계약이 해지된 때까지의 청구
권이 재단채권이라고 정하고 있어, 문언상 임대차계약이 해지된 때로부
터 임차목적물을 임대인에게 인도할 때까지 발생한 차임 상당의 부당이
득금도 재단채권인지 논란의 여지가 있으나 현실적으로 해지의 효력이
발생한 시점과 실제 인도 시점에 차이가 나는 것은 불가피하고, 해지의
효력 발생 이후 임차인이 자신의 편의를 위해 임차목적물을 사용·수익
한 경우 차임 상당의 부당이득금을 파산채권이라고 하는 것은 임대인에
게 지나치게 불리하다는 점을 고려하면, 임대차계약의 해지시까지 발생
한 미지급 차임과 동일하게 재단채권이라고 해석함이 타당하다고 생각
한다.

한편 임차인의 임차목적물 반환의무와 임대인의 보증금반환의무는
동시이행관계에 있는 바, 임차인이 임차목적물을 실제 사용·수익하는
것은 아니나 임대인이 보증금을 반환하지 않아 임차목적물을 반환하지
않고 있는 경우에는 차임 상당의 부당이득금이 아예 발생하지 않을 것
이다. 파산선고 전에 연체된 차임이 있는 경우는 어떠한가. 이는 채무자

목적물을 사용·수익하였다면 임차인은 임대인에 대해 차임 상당의 부당이득
을 반환할 의무가 있다. 대법원 1992. 4. 14. 선고 91다45202 판결 등.

417) 서울회생법원(주 154), 355면.

에 대하여 파산선고 전의 원인으로 생긴 재산상 청구권이므로 파산채권에 해당할 것이다(회파 제423조).

이상 논한 바와 같이 파산선고가 있은 때로부터 임차목적물을 임대인에게 인도할 때까지 발생한 미지급 차임 및 차임 상당의 부당이득은 재단채권에 해당한다. 따라서 민법 제637조 제2항의 손해란 임대차계약의 해지 그 자체로 인해 발생하는 손해만을 의미한다.

한편 민법 제637조 제2항에서 일률적으로 손해배상청구권을 부정하여 파산관재인이 임차인의 파산을 이유로 계약을 해지한 경우에도 임대인이 손해배상을 구할 수 없다고 하는 것은 합리적 근거가 없다는 비판이 있다.418) 이러한 비판은 앞서 논한 바와 같이 민법 제637조의 입법적 타당성에 관한 논의와 함께 검토하여야 할 것이다.

(다) 상대방에 대한 최고권

임대인 또는 파산관재인은 상대방에 대하여 상당한 기간을 정하여 그 기간 안에 계약의 해지 또는 이행 여부를 확답할 것을 최고할 수 있으며, 상대방이 그 기간 내에 확답을 하지 않는 때에는 계약을 해지한 것으로 본다(회파 제339조, 제335조 제2항).

(2) 파산관재인이 계약의 이행을 선택하는 경우

민법 제637조가 채무자회생법 제335조에 대한 특칙이라고 하더라도 이는 임대차계약을 해지하는 경우에 관련된 것이고, 파산관재인이 채무자회생법 제335조에 따라 임대차계약의 이행을 선택하는 것을 배제하는 것은 아니다. 따라서 파산관재인이 임대차계약의 이행을 선택하고 임대인이 이에 반대하지 않는 경우(민법 제637조가 특칙이므로, 만일 임대인이 동조에 따라 임대차계약을 해지하고자 하는 경우에는 임대인의 의사가 우선하여 파산관재인은 임대차계약의 이행을 선택할 수 없을 것이

---

418) 註釋 民法債權各則(III)], 제637조(김종화), 450면.

다), 파산선고 후의 임대인의 차임채권은 재단채권에 해당한다(회파 제 473조 제7호).

파산선고 전의 차임채권은 파산선고 전의 원인으로 생긴 것이므로 파산채권으로 취급함이 원칙일 것이나(회파 제423조), 이에 대해서는 논란의 여지가 있다. 후술하는 바와 같이 도급계약의 경우 대법원은 도급인에 대해 회사정리절차가 개시된 경우 회사정리절차개시결정 이전에 발생한 기성고에 대한 수급인의 공사대금채권은 회사정리절차개시결정 이후의 채권과 불가분의 것이라는 등의 이유로 공익채권에 해당한다고 판단하였다.419) 이와 동일한 맥락에서, 임대차계약의 경우에도 파산선고 전에 발생한 연체차임을 재단채권으로 취급할 수 있는지가 문제될 수 있다. 그러나 위 대법원 판결의 타당성을 일단 전제하더라도, 일정한 주기로 임차목적물을 사용한 것에 대한 대가로 지급되는 차임이 불가분적인 성격의 것이라고 보기는 어려우므로 파산선고 전의 차임채권은 파산채권으로 취급함이 옳을 것이다.

---

419) 대법원 2004. 8. 20. 선고 2004다3512·3529 판결. 이에 관하여 보다 상세하게는 도급계약 부분 참조.

제4절 리스계약

I. 의의 및 논의의 범위

1. 리스계약의 의의

가. 일반

리스(lease)라는 용어는 영미법상 재산의 소유자가 일정한 기간 동안 타인에게 그 점유와 사용을 인정하는 계약으로부터 일정기간 동안 타인에게 재산을 양도하는 계약까지를 일체 포함하는 개념으로 사용되고 있다.420) 우리나라에서는 민법에서 리스계약에 관하여 명문으로 정하고 있지는 않으나, 상법 및 여신전문금융업법과 학설 및 법원 판결례에 의해 널리 인정되고 있다.

리스계약은 크게 금융리스(financial lease)와 운용리스(operating lease)로 구분된다. 먼저 금융리스란 일반적으로 리스이용자가 특정한 기계·설비 등의 동산을 필요로 하는 경우 리스회사가 공급자로부터 물건을 구입하거나 대여 받아 리스이용자에게 그 물건을 점유하게 하여 사용·수익할 수 있도록 대여하고, 리스이용자로부터 일정 기간 동안 리스료를 지급받는 형태의 계약으로서 금융적 성격이 강한 리스를 의미한다.421) 여신전문금융업법에서는 시설대여란 특정 물건을 새로 취득하거나 대여 받아 거래상대방에게 일정 기간 이상 사용하게 하고 그 사용기간 동안

---

420) 황한식, "리스계약의 법적 성질", 재판자료 제63집, 법원도서관, 1994, 59면.

421) 소건영, "개정 상법안의 금융리스에 관한 법적 문제와 개선 방안", 입법과 정책 제2권 제1호, 국회입법조사처, 2010, 91면.

일정한 대가를 정기적으로 나누어 지급받으며, 그 사용기간이 끝난 후의 물건의 처분에 관하여는 당사자 간의 약정으로 정하는 방식의 금융을 말한다고 정의하고 있는데, 이는 금융리스의 개념에 해당하는 것으로 이해된다. 그리고 2010년 5월 14일 개정된 상법(법률 제10281호, 2010년 11월 15일 시행)에서는 기계, 시설, 그 밖의 재산의 금융리스에 관한 행위를 기본적 상행위에 포함시키는 한편(제46조 제19호), 금융리스업에 관한 제168조의2 내지 제168조의5를 신설하였다. 개정 상법에서는 금융리스 자체에 대한 개념을 정의하고 있지는 않으나, 대신 금융리스이용자가 선정한 기계, 시설, 그 밖의 재산을 제3자(공급자)로부터 취득하거나 대여 받아 금융리스이용자에게 이용하게 하는 것을 영업으로 하는 자를 금융리스업자라 한다고 규정하고 있다(제168조의2).

운용리스란 금융리스 이외의 리스계약을 포괄하는 개념으로 사용되는데, 리스이용자의 목적이 금융이 아니라 물건 자체의 사용에 있고, 금융리스와는 달리 리스이용자도 중도해지를 할 수 있다는 점에 차이가 있다.[422] 한편 리스기간 중에 투하자본의 전액을 리스료로 회수하는 리

---

422) 황한식(주 420), 109면. 참고로 한국회계기준원이 제정한 한국채택국제회계기준의 기업회계기준서에 따르면, 금융리스란 리스자산의 고유에 따른 대부분의 위험과 보상이 리스이용자에게 이전(법적 소유권은 이전될 수도 있고 이전되지 않을 수도 있다)되는 리스를 의미하며, 그 이외의 리스는 운용리스라고 정의하고 있다. 또한 한국채택국제회계기준을 선택하지 않는 기업에 대해 적용되는 일반기업회계기준 제13장에 따르면, 위 정의를 그대로 적용하되 리스는 계약의 형식보다는 거래의 실질에 따라 분류하며, ① 리스기간 종료시 또는 그 이전에 리스자산의 소유권이 리스이용자에게 이전되는 경우, ② 리스실행일 현재 리스이용자가 염가매수선택권을 가지고 있고, 이를 행사할 것이 확실시 되는 경우, ③ 리스자산의 소유권이 이전되지 않을지라도 리스기산이 리스자산 내용연수의 상당부분을 차지하는 경우, ④ 리스실행일 현재 최소 리스료를 내재이자율로 할인한 현재가치가 리스자산 공정가치의 대부분을 차지하는 경우, ⑤ 리스이용자만이 중요한 변경 없이 사용할 수 있는 특수한 용도의 리스자산인 경우 중 하나 이상에 해당하면 일반적으로 금융리스로 분류한다.

스를 완급리스(Full Payout Lease)라 하고, 리스기간 종료 시점에서의 리스물건의 처분가격을 잔존가액으로 계산하여 그 잔존가액은 리스료로 회수하지 않는 경우를 미완급리스(Non-Full Payout Lease)라 하는데, 통상 금융리스는 완급리스에 운용리스는 미완급리스에 해당한다.[423)

대법원은 시설대여란 시설대여회사(리스회사)가 대여시설이용자(리스이용자)가 선정한 특정 물건을 새로이 취득하거나 대여 받아 그 리스물건에 대한 직접적인 유지 관리책임을 지지 아니하면서 리스이용자에게 일정 기간 사용하게 하고 그 대여기간 중 지급받는 리스료에 의하여 리스물건에 대한 취득자금과 그 이자, 기타 비용을 회수하는 거래관계로서, 그 본질적 기능은 리스이용자에게 리스물건의 취득 자금에 대한 금융 편의를 제공하는 데에 있다고 보고, 명시적으로 구 시설대여업법(현행 여신전문금융업법)에서 규정한 시설대여는 금융리스에 해당한다고 판단하였다.[424)

나. 미국법상 금융리스의 개념

미국 통일상법전(Uniform Commercial Code) Article 2A에서는 리스의 개념, 요건 및 법률관계 등에 관하여는 상세한 규정을 두고 있는데, 이는 어떠한 거래를 리스로 정의할 것인가와 어느 특정한 거래가 리스에 해당한다고 하더라도 이에 대해 미국 통일상법전에서 정한 매매계약에 관한 조항을 얼마나 유추적용할 수 있을 것인가 등의 문제를 해결하기 위한 목적으로 1987년 입법된 것이라고 한다.[425) 한편 미국 도산법 제365조에서는 미이행 계약과 기간이 만료되지 않은 리스(unexpired

---

423) 황한식(주 420), 113면.
424) 대법원 1997. 11. 28. 선고 97다26098 판결.
425) 윤창술, "미국파산법 제11장과 리스채권", 연구센터논문집 제4집, 동서대학교 부설연구센터, 2001, 80면.

lease)에 관하여 함께 규정하고 있는데, 여기서 리스란 미국 통일상법전 Article 2A에서 규정하는 진정한 리스(true lease)를 의미한다.[426]

미국 통일상법전 Article 2A에서 정의하는 진정한 리스란 반환(return)을 조건으로 하여 일정 기간 동안 대가를 지급받고 물건을 점유하고 사용할 권리를 이전하는 것을 의미하며, 승인을 조건으로 하는 매매, 환매, 소유권유보부매매나 담보권(security interest)을 설정하는 것과 같은 매매는 이에 해당하지 않는다(제2A-103조 1항 j호). 진정한 리스에 대하여는 미국 도산법 제365조 이하의 미이행 계약에 관한 법리가 적용되지만 계약의 실질이 담보권을 설정하는 내용인 경우에는 미이행 계약에 관한 법리가 적용되지 않는다.[427] 이 때문에 미국에서는 진정한 리스와 담보권을 구별하는 것이 매우 중요한 문제로 다루어져 왔다. 진정한 리스와 담보권을 구별하는 기준으로는 종래 전적으로 객관적인 근거에 기초하여 계약 당사자들의 의도를 파악하여야 한다는 기준(Objective Test)과 리스물건의 잔존가치(residual value, remaining economic life)에 대해 계약 당사자들이 어떠한 권리를 가지는가에 따라 진정한 리스와 담보권을 구별하여야 한다는 기준 등이 제시되었는데, 미국 통일상법전 Article 1에서는 후자의 입장에 따라 리스와 담보권의 구별기준을 마련하였다(제1-203조).[428] 이러한 구별기준에서 가장 핵심적인 요소

---

426) 이연갑, "리스계약과 도산절차", 민사판례연구 ⅩⅩⅧ, 박영사, 2006, 967면; White/ Nimmer(주 58), p.229; Collier on Bankruptcy vol.3(15th ed. Rev.), § 365.02.

427) United States House of Representatives(주 28), p.348에 따르면 미이행 계약에 관한 미국 도산법 제365조의 입법 당시에도 이에 관한 논의가 있었다.

428) E. Carolyn Hochstadter Dicker/John P. Campo, "FF & E and the True Lease Question: Article 2A and Accompanying Amendments to UCC Section 1-202(37)", 7 Am. Bank. Inst. L.Rev. 517, 1999, pp.532-533. 한편 Amelia H. Boss, "Leases and Sales: Ne'er or Where Shall the Twain Meet?", 1983 Ariz. St. L.J. 357, 1983, p.373 이하에 따르면, 1987년 현행 미국 통일상법전 Article 2A가 제정되기 이전에도 진정한 리스와 매매의 구별과 관련하여 리스회사가 리스물건 인도 후에도 그

는 계약기간 종료시 채권자인 리스회사가 리스물건에 대해 반환을 구할 수 있는 권리(reversionary interest)를 가지고 있는지 여부이다. 즉, 계약기간 종료시 리스물건을 반환하여야 한다는 것은 미국 통일상법전에서 정의한 진정한 리스의 핵심적인 요건이므로, 계약기간 종료시 리스회사가 리스물건을 반환받거나 계약을 해지할 권리 등 리스물건에 대해 경제적으로 의미 있는 이해관계(a significant economic stake)를 보유하고 있는 경우 당해 계약은 진정한 리스이나, 리스물건에 대해 그러한 권리를 갖지 않는다면 이는 진정한 리스가 아니라 미국 통일상법전 Article 9에서 규정하는 담보권(security interest)에 해당한다.[429] 리스이용자의 입장에서 본다면 계약기간 종료시 리스이용자가 리스회사에 리스물건의 잔존가치를 지급하고 리스물건을 매수할 수 있는가 등이 기준이 된다.

한편 미국 통일상법전 Article 2A에서는 금융리스에 대해 정의하고 이를 적용대상에 포함시키고 있으므로, 금융리스는 Article 2A에서 정의하는 진정한 리스의 한 유형이라고 해석할 수 있다. 이에 따르면 금융리스에 해당하기 위해서는 ① 리스회사가 물건을 선택, 생산, 공급하지 않고, ② 리스회사가 당해 리스와 관련하여 물건을 취득하거나 물건의 점유권 및 사용권을 취득하며, ③ 리스이용자는 리스계약을 체결하기 전에

에 대한 위험을 부담하고 또한 계약기간 종료시 리스물건의 반환을 구하는 것과 같은 기회를 갖는지 여부 등을 기준으로 하여 리스계약에 해당하는지를 판단할 수 있다는 논의가 있었다.

429) White/Nimmer(주 58), p.230. 또한 리스회사가 리스물건에 대해 반환을 구할 수 있는 권리(reversionary interest)를 가지고 있는지 여부를 기준으로 진정한 리스와 담보권을 구별한 미국 법원의 판결례로는 WorldCom, Inc., MCI WorldCom Network Services, Inc. v. General Electric Global Asset Management Services(In re WorldCom, Inc.), 339 B.R. 56, 71(Bankr. S.D.N.Y. 2006); United Air Lines, Inc. v. U.S. Bank National Association, Inc., City of Los Angeles, et al.(In re United Air Lines, Inc.), 447 F.3d 504, 507(7th Cir. 2006) 참조.

리스회사가 물건을 취득하거나 물건의 점유권 및 사용권을 취득했다는 내용의 계약서 사본을 수령하여야 한다는 등의 요건을 갖추어야 한다 (제2A-103조 1항 g호). 이러한 미국 통일상법전에서 규정한 금융리스의 개념은 우리나라에서 논의되는 금융리스의 개념과 거의 유사하다.

2. 리스계약의 법적 성질

가. 논의의 대상

운용리스의 법적 성질은 민법상 임대차계약에 해당하므로, 리스물건의 수선의무, 위험부담, 하자담보책임 등 운용리스의 모든 법률관계에 대하여는 민법의 임대차에 관한 규정이 적용된다고 해석한다.[430] 따라서 본 절에서는 금융리스에 관한 내용만을 논의의 대상으로 하며, 이하에서 단순히 리스계약이라고 할 때는 금융리스만을 의미한다.

나. 금융리스의 법적 성질

금융리스는 리스물건에 대한 임대차, 리스물건의 구입에 필요한 금융제공으로서의 소비대차적 요소 등이 혼합되어 있기 때문에 그 계약의 법적 성질이 무엇인지가 문제되어 왔고,[431] 이에 대해서는 견해가 대립된다. 즉, 소비대차적 요소를 강조하여 소비대차 또는 이와 유사한 계약이라는 견해, 임대차적 요소를 강조하여 임대차 또는 이와 유사한 특수한 계약이라는 견해, 민법상 임대차와는 달리 물적 금융을 내용으로 하는 특수한 비전형계약이라는 견해 등이 존재한다. 대법원은 일관되게

---

430) 황한식(주 420), 110면.
431) 백창훈/임채홍(주 151), 370면.

금융리스는 비전형계약이라고 한다.432) 일본 법원의 판결례와 학설상
주류의 입장도 우리나라 대법원 판결과 동일하게 비전형계약설을 택하
고 있다.433)

생각건대 금융리스가 민법상 전형계약 중 어느 유형에 해당하는가를
판단하는 것은 어려운 일이다. 리스계약이 영미법상 리스의 개념에서
유래한 것이며, 거래 현실에서 필요에 의해 생성하여 이용되고 있는 것
이라는 점을 고려할 때, 금융리스가 민법에서 정한 전형계약 중 어느 계
약에 반드시 속한다고 단정할 이유는 없다고 본다. 금융리스가 실질적
으로 리스이용자에게 총 구입대금을 분할하여 납부할 수 있도록 하는
금융 편의적 기능을 제공하는 성질이 있다는 점은 분명하다. 그러므로
금융리스는 민법에서 정한 소비대차도 임대차도 아닌 비전형계약의 일
종이라고 해석하면 족하다.

---

432) 대법원 1986. 8. 19. 선고 84다카503 판결; 대법원 1997. 10. 24. 선고 97다27107
    판결. 이 두 판결에서는 시설대여(리스)는 대여시설이용자가 선정한 특정물
    건을 시설대여회사에서 새로이 취득하거나 대여 받아 그 물건에 대한 직접적
    인 유지관리책임을 지지 아니하면서 대여시설이용자에게 일정기간 사용케
    하고, 그 기간에 걸쳐 일정대가를 정기적으로 분할하여 지급받으며 기간종료
    후의 물건의 처분에 관하여는 당사자 간의 약정으로 정하는 계약으로서 형식
    에서는 임대차계약과 유사하나 그 실질은 물적 금융인 비전형계약(무명계약)
    이고 따라서 임대차계약과는 여러 가지 다른 특질이 있기 때문에 민법의 임
    대차에 관한 규정이 바로 적용되지는 아니한다고 하였다.
433) 황한식(주 420), 79면; 日最裁 1982(昭和 57). 10. 19. 判決(民集 第36卷 第10号
    2130). 이 판결에서는 금융리스는 형식적인 측면에서 리스회사가 리스물건을
    리스이용자에게 이용하도록 하는 계약이나, 실질적인 측면에서는 리스회사가
    리스이용자에 대해 금융상의 편의를 제공하는 것이라고 하였다.

II. 도산절차 내에서 리스채권의 취급

1. 쟁점

채무자인 리스이용자에 대해 도산절차가 개시된 경우 도산절차 내에서 채권자인 리스회사의 리스채권을 어떻게 취급할 것인지, 특히 금융리스계약에 대해 채무자회생법상의 미이행 쌍무계약 법리를 적용할 수 있을 것인지가 문제된다. 금융리스계약에 대해 채무자회생법 제119조 또는 제335조를 적용할 수 있다고 한다면 관리인이나 파산관재인이 계약의 이행을 선택하는지 여부에 따라 리스채권은 공익채권으로 취급될 여지가 있으나, 그렇지 않다면 도산절차개시 전의 원인으로 발생한 리스채권은 회생채권 내지는 파산채권으로 취급될 것이기 때문에 법률효과에 큰 차이가 발생한다. 그런데 이에 관하여는 명문의 규정이 없을 뿐만 아니라 확립된 법원의 판결례도 존재하지 않는 상황이다.

이 때문에 종래부터 다양한 해석론이 전개되어 왔다. 쟁점은 도산절차개시 전에 체결된 금융리스계약이 그 특성상 채무자회생법 제119조 또는 제335조를 적용할 수 있는 미이행 쌍무계약에 해당하는지, 도산절차 내에서 리스회사의 리스이용자에 대한 리스료채권을 어떻게 취급할 것인지 여부이다. 만일 금융리스계약에 대해 채무자회생법 제119조 또는 제335조가 적용되지 않는다고 보면 나아가 리스료채권을 어떻게 취급할 것인지가 문제될 것이나, 그렇지 않다면 금융리스계약에 대하여는 미이행 쌍무계약의 법리를 그대로 적용하게 될 것이다. 이에 관한 논의는 회생절차와 파산절차에 관하여 동일하므로 아래에서는 회생절차, 채무자회생법 제119조의 적용 여부를 중심으로 논하되 필요시 파산절차에 관하여 별도로 논한다.

2. 해석론

가. 서설

일본에서는 종래 금융리스계약이 채무자회생법상 미이행 쌍무계약에 해당한다고 보아 관리인의 선택권 행사를 허용하고 그에 따른 법률효과를 인정할 것인지 여부에 관하여 활발한 논의가 이루어져 왔다. 우리나라에서 이 문제에 관하여 언급하고 있는 문헌은 일본 학계 및 실무에서의 논의를 참고한 것으로 보인다.

리스이용자와 리스회사가 리스계약을 체결하였으나 리스이용자에게 리스물건을 인도하기 전에 당사자 일방에 대해 회생절차가 개시된 경우 당해 리스계약은 미이행 쌍무계약에 해당하므로 채무자회생법 제119조가 적용된다는 점에 관하여는 이견이 없다.[434] 이 경우 서로 대가적 관계에 있는 리스회사의 리스물건 구입 및 인도의무와 리스이용자의 리스료지급의무가 미이행 상태에 있음이 명백하기 때문이다. 따라서 이하의 논의는 리스계약 체결 후 리스회사가 리스물건을 구입하거나 대여 받아 리스이용자에게 인도하여 리스계약에 따른 사용이 이루어지는 동안 당사자 일방에 대해 회생절차가 개시된 경우에 관한 것이다.

나. 미이행 쌍무계약에 해당하지 않는다는 견해[435]

금융리스, 특히 완급리스(Full Payout Lease)의 경우 리스계약상의 리스료지급채무는 리스계약의 성립과 동시에 그 전액에 대하여 발생하고, 리스료를 일정기간 마다 분할하여 지급하도록 약정했다고 하더라도

---

434) 백창훈/임채홍(주 151), 372면.
435) 파산절차에 관한 제335조에 대해서도 동일한 논의가 있으며 이하 같다.

이는 리스이용자에게 기한의 이익을 부여한 것에 지나지 않기 때문에 리스료 지급기간별 리스물건의 사용과 리스료의 지급은 서로 대가관계에 있는 것이 아니라고 본다.[436] 리스계약에 있어서 계약 체결 당시에는 리스회사의 리스물건인도의무와 리스이용자의 리스료지급의무가 대가관계에 있으나, 일정기간에 대한 리스료지급의무는 임대차와 같이 그 기간 동안에 리스물건을 사용한 대가로서 발생하는 것이 아니라 리스회사가 리스이용자로 하여금 리스료 총액을 일정기간 동안 분할 지급할 수 있도록 함으로써 발생하는 의무인데, 이러한 리스이용자의 의무에 대응하는 리스회사의 의무는 단순히 물건의 사용·수익을 용인할 의무, 즉 단순한 부작위 채무로서 추상적·관념적인 의무에 불과하고 적극적으로 무엇을 이행하여야 하는 것은 아니기 때문에 더 이상 양 의무 사이에 대가관계가 있다고 볼 수 없다는 견해도 동일한 맥락이다.[437] 즉, 이 견해에 따르면 리스회사가 회생절차개시 이전에 이미 리스이용자에게 리스물건을 인도한 경우 회생절차개시 당시 리스회사가 리스이용자의 리스료지급채무와 대가관계에서 부담하는 미이행 채무는 존재하지 않으므로, 리스계약은 채무자회생법 제119조에서 정한 미이행 쌍무계약에 해당하지 않는다고 해석한다.

리스계약에 채무자회생법 제119조가 적용되지 않는다면 나아가 리스회사의 리스료채권을 회생절차 내에서 어떻게 취급할 것인가가 문제된다. 제119조의 적용을 부정하는 견해에서는 리스료채권을 회생담보권으로 취급함이 타당하다고 본다. 즉, 리스회사는 리스기간 동안 리스물건의 소유권을 리스회사에 유보시킴과 동시에 리스이용자의 책임 있는 사

---

436) 백창훈/임채홍(주 151), 373면.
437) 배현태(주 157), 162면; 民法注解 ⅩⅥ, 리스계약(김건식), 369면; 福永有利, "ファイナンス·リース契約と倒産法", 判例タイムズ 第507号, 判例タイムズ社, 1983, 415頁; 高木新二郎, "更生手續開始とリース取引", 判例タイムズ 第866号, 判例タイムズ社, 1995, 142-143頁.

유로 리스계약이 해제되었을 경우 리스물건을 환수할 수 있다고 정하고 있는데 이 약정은 실질적으로 담보적 기능을 하고 있으므로, 회생절차 내에서 리스채권을 회생채권이 아니라 회생담보권 내지는 이에 준하여 취급하는 것이 공정·형평한 취급이라고 한다.[438]

우리나라 법원은 구 회사정리법 당시부터 금융리스의 경우 리스회사에 대해 회생담보권자의 지위에서 미지급 리스료채권을 행사할 수 있도록 실무를 운영해왔으며,[439] 하급심 법원은 리스료채권을 회생담보권이라고 인정한 바 있다. 즉, 하급심 법원은 구 회사정리법 당시 리스회사가 채무자인 정리회사에 대해 가진 리스료채권을 정리채권으로 취급한 정리계획안 인가결정에 대해 항고를 제기한 사안에서, 리스회사가 주장하는 리스료채권이 구 회사정리법 제208조에서 정한 공익채권에 해당한다고 볼 수 없으므로 리스료채권을 정리채권으로 인정한 조치에는 아무런 위법이 없다고 판단하였다.[440] 또한 리스회사와 리스계약을 체결한 채무자 회사가 리스료지급을 연체하고 있던 중 회사정리절차가 개시되었는데 리스회사가 연체된 리스료채권을 정리채권으로 신고하는 한편 리스계약에서 정한 바에 따라 리스계약을 해지하고 리스물건의 반환을 구한 사안에 관한 하급심 법원의 판결도 동일한 취지이다.[441]

---

438) 배현태(주 157), 163-164면.

439) 백창훈/임채홍(주 151), 373면; 서울회생법원(주 154), 207-208면.

440) 서울고등법원 1999. 7. 15. 선고 99라4 결정. 이 사건에서 항고인인 채권자 리스회사는 리스료채권이 공익채권으로 인정되지 않을 경우에 대비하여 그 채권을 정리채권으로 신고하였다. 만일 리스회사가 정리채권이 아니라 정리담보권으로 신고하였다면 채무자의 정리계획에서 정리담보권으로 취급되었을 것으로 보인다. 항고인은 위 결정에 불복하여 대법원에 특별항고하였는데 리스료채권이 공익채권인지 여부에 대하여는 더 이상 다투지 않은 것으로 보이며 특별항고는 기각되었다. 특별항고심은 대법원 1999. 11. 24.자 99그66 결정.

441) 서울고등법원 2000. 6. 27. 선고 2000나14622 판결. 이 판결에서 법원은 "회사정리법 제103조 소정의 쌍방 미이행의 쌍무계약은 회사가 정리절차개시 전에 쌍무계약을 체결하였으나 정리절차개시 당시에 회사와 상대방이 모두 아직

일본 최고재판소는 회사갱생절차가 개시된 리스이용자의 관리인에 대해 리스료채권 연체를 이유로 리스계약을 해제하고 연체된 리스료채권의 지급과 환취권자로서 리스물건의 인도를 구한 사안에서, 완급리스 방식에 의한 금융리스계약의 경우 리스이용자에 대해 회사갱생절차가 개시되었다면 지급되지 않은 리스료채권은 그 전액이 갱생채권에 해당한다고 보았다.442) 이는 우리나라 실무 및 하급심 판결례와 동일한 취지로 이해된다. 이전에도 일본 지방재판소는 실무상 리스채권을 갱생담보권으로 취급하여 왔는데, 위 최고재판소 판결로 인하여 종래의 지방재판소의 실무상 처리가 추인된 것이라고 평가하고 있다.443)

종래 우리나라 법원의 실무와 상기 하급심 판결례들은 모두 구 회사

그 이행을 완료하지 아니한 경우를 말하는바(같은 조 제1항 참조), 앞서 본 바와 같이 이 사건 리스계약은 리스이용자가 선정한 물건 또는 시설을 리스회사가 공급자로부터 구입하여 리스이용자에게 대여하고 그 대여기간 중 지급받는 리스료에 의하여 리스물건에 대한 취득자금과 그 이자, 기타 비용을 회수하는 이른바 금융리스계약이므로, 그 리스료의 산정 및 지급방법의 결정과정에 비추어 볼 때 각기(各期)에 지불하여 할 리스료는 그 기간 동안의 리스물건의 사용의 대가라고 하기 보다는 전(全)리스기간의 사용과 전(全)리스료가 대가관계에 있다고 할 것이고(각기의 리스료지급의무는 리스회사가 리스이용자로 하여금 그 리스료 총액을 일정기간 동안 분할지급할 수 있도록 함으로써 발생하는 의무에 불과하다), 이러한 리스이용자의 리스료지급의무에 대응하는 리스회사의 의무는 단순히 리스물건의 사용수익을 수인할 의무에 그칠 뿐 적극적으로 무엇을 이행하여야 하는 것은 아니기 때문에, 위 양 의무 사이에는 상호 대등한 대가관계가 있다고 볼 수 없다. 따라서 이 사건 리스계약은 정리절차개시 당시에 회사정리법 제103조에서 말하는 쌍방 미이행의 쌍무계약에 해당한다고 볼 수 없으므로, 정리절차개시 이후 분을 포함한 원고의 리스료채권은 그 원인이 되는 이 사건 리스계약이 정리절차개시 전에 생긴 것인 이상 회사정리법 제102조에 의하여 정리채권(또는 정리담보권)으로 취급되어야 할 것이다"라고 하였다. 이 판결은 당사자가 대법원에 상고하지 않아 확정되었다.

442) 日最裁 1995(平成 7). 4. 14. 判決(民集 第49卷 第4号 1063).
443) 배현태(주 157), 158-159면.

정리법상 정리채권에 해당하는지 여부가 문제된 사안에 관한 것이다. 만일 리스업자의 파산절차상의 지위가 쟁점이 되어 다투어진다면, 회생절차의 경우와 마찬가지로 리스회사를 담보권자로 취급하게 될 것이다.444) 그리고 리스계약이 미이행 쌍무계약에 해당하지 않는다고 해석하는 학자들 중 리스회사의 지위를 담보권자로 취급하는 하급심 판결례와 법원의 실무에 반대하는 견해는 없는 것으로 보인다.

다. 미이행 쌍무계약에 해당한다는 견해

금융리스계약의 일방 당사자에 대해 회생절차가 개시된 경우 당해 계약은 미이행 쌍무계약에 해당하므로 채무자회생법 제119조를 그대로 적용하여야 한다는 견해이다. 이에 따르면 관리인은 리스계약의 이행 또는 해지 여부를 선택할 수 있는데, 관리인이 리스계약의 이행을 선택하면 리스료채권은 공익채권으로 취급되는 반면에 관리인이 리스계약을 해지하면 리스회사는 환취권을 행사하여 리스물건의 인도를 청구할 수 있다. 다만 리스계약에 대하여 채무자회생법 제119조를 적용하여야 한다고 보더라도 각 견해에서 제시하는 논거에는 약간 차이가 있다.

먼저 리스회사는 리스물건을 인도한 이후에도 리스이용자의 리스물건 이용을 방해하지 않을 의무 등을 부담하는데 이러한 의무 역시 리스계약에 따라 리스회사가 부담하는 주된 채무에 해당하므로, 회생절차개시 당시를 기준으로 리스회사가 리스물건을 리스이용자에게 인도한 이후 부담하는 채무와 리스이용자의 리스료지급채무는 서로 대가적 의미를 가지는 쌍무계약이며 쌍방의 채무가 회생절차개시 당시 아직 완료되지 아니한 경우에 해당하므로 채무자회생법 제119조가 적용된다는 견해가 있다.445) 이 견해에서는 리스계약의 실질적 기능이 금융에 있다는

---

444) 서울회생법원(주 154), 210면.

점을 중시하여 리스료채권을 회생담보권으로 취급하는 현재 법원의 실무가 불가피한 해석이라고 하더라도, 현행 법령상 리스료채권을 담보권으로 취급할 법적 근거가 없고 리스물건의 가치감소에 대한 적절한 보호장치가 전혀 없기 때문에 리스료채권을 회생담보권으로 처리하는 실무의 태도는 문제가 있다고 비판한다.446)

다음으로 리스이용자의 사용을 용인한다는 소극적 채무를 리스회사의 미이행 채무라고 인정한다고 하더라도 그것이 리스료지급채무와 반드시 쌍무계약의 관계에 있다고 할 수는 없으므로 채무자회생법 제119조가 적용된다고 볼 수는 없지만, 회생절차의 기본 목적은 이해관계인이 갖는 실체법상의 권리를 존중하면서 회사의 재건을 도모하는 것이므로 실체권의 성격을 정당한 이유 없이 변경하는 일은 없도록 하는 차원에서 제119조가 적용된다고 해석함이 타당하다는 견해도 있다.447) 이에 따르면 현실적으로 리스물건이 담보적 기능을 한다는 점을 부인할 수는 없으나 이는 부차적인 것이므로 양도담보나 소유권유보부매매와 같이 담보 자체를 목적으로 하는 것과는 다르기 때문에 리스료채권을 회생담보권으로 취급할 수 없다고 한다.448) 일본에서는 리스이용자가 목적물을 사용하는 동안 리스물건이 감가상각된다는 점 등을 고려할 때 리스물건의 사용과 리스료지급은 대가관계에 있고, 리스계약 체결 당시 리스회사가 소유권을 보유하도록 약정한 것이므로 리스회사가 리스물건의 사용권에 대하여 권리질권 등의 담보권을 설정한 것으로 해석하는 것은 당사자의 의사에 반한다는 등의 이유로 미이행 쌍무계약의 법리를 그대로 적용하여야 한다고 보는 견해가 있다.449)

---

445) 이연갑(주 426), 955-964면.

446) 이연갑(주 426), 964-975면.

447) 권기훈/윤창술, 도산절차와 리스채권, 행법사, 1999, 106-107면.

448) 권기훈/윤창술(주 447), 105-106면.

449) 松田安正, リ-スの理論と實務(改訂版), 商事法務, 2001, 250頁; 伊藤眞(주 322),

3. 검토

가. 리스회사의 리스물건 이용보장의무

앞서 논한 바와 같은 견해의 차이는 리스회사가 리스계약에 따라 리스이용자에게 리스물건을 인도한 이후, 리스계약이 미이행 쌍무계약에 해당한다고 볼 것인지 여부에서 비롯된다. 즉, 리스회사가 리스이용자에게 리스물건을 인도한 이후 부담하는 리스물건의 사용·수익을 보장해 줄 의무 등(본항에서 '리스물건 이용보장의무'라 한다)과 리스이용자의 리스회사에 대한 리스료채권지급의무가 대가관계에 있어 채무자회생법 제119조에서 정하는 미이행 쌍무계약에 해당하는지 여부가 쟁점이다. 이를 부정하는 견해에서는 리스회사의 리스물건 이용보장의무는 적극적으로 무엇을 이행하여야 하는 의무가 아니므로 리스이용자의 리스료지급의무와 대가관계에 있다고 볼 수 없어 리스계약은 미이행 쌍무계약에 해당하지 않는다고 본다.[450] 반면에 리스회사의 리스물건 이용보장의무도 리스계약상 리스회사가 부담하는 주된 의무이며, 이와 같은 리스회사의 이용보장의무와 리스이용자의 리스료지급의무는 대가관계에 있다고 보아 미이행 쌍무계약에 해당한다고 해석하는 입장도 있다.

다음과 같은 점을 종합적으로 고려할 때, 리스회사가 리스이용자에 대해 부담하는 리스물건 이용보장의무가 단지 추상적이고 관념적인 의무에 불과하다고 단정할 수는 없다고 생각한다.

먼저 앞서 논한 바와 같이 여신전문금융업법에서는 금융리스에 해당하는 시설대여란 물건을 새로 취득하거나 대여 받아 거래상대방에게 일정 기간 이상 사용하게 하고 그 사용 기간 동안 일정한 대가를 정기적으

271頁; 注解 破産法, 第59条(斎藤秀夫), 230-231頁.
450) 배현태(주 157), 162-163면.

로 나누어 지급받으며 사용 기간이 끝난 후의 물건의 처분에 관하여는
당사자 간의 약정으로 정하는 방식의 금융이라고 규정하고 있으며, 상
법 제168조의2에서는 금융리스이용자가 선정한 물건을 제3자로부터 취
득하거나 대여 받아 금융리스이용자에게 이용하게 하는 것을 영업으로
하는 자를 금융리스업자라고 규정한다. 이와 같이 현행법에서는 리스이
용자에게 일정 기간 동안 사용 또는 이용하게 하는 것을 금융리스계약
의 핵심적인 내용으로 명시하고 있는데, 그럼에도 불구하고 리스회사의
이용보장의무가 단지 추상적이고 관념적인 의무에 불과하다고 해석할
수 있는지 의문이 있다.

한편 리스업계에 통용되는 약관과 거래 관행에 따르면, 일반적으로
① 리스이용자가 선정한 리스물건은 리스회사의 소유이며(다만 리스회
사와의 별도 협의에 따라 리스이용자의 소유로 할 수 있으며 이 경우에
는 리스회사 명의의 담보권을 설정한다),451) ② 리스계약 체결시 리스이
용자는 리스회사에 리스계약상의 각종 채무이행을 담보하기 위하여 보
증금을 납부하고 리스회사는 리스계약 종료시 리스이용자에게 보증금의
일부 또는 전부를 반환하여야 하며, ③ 리스료에 포함되어 있지 않은 제
세공과금 등이 리스물건에 대해 부과된 경우 일단 리스회사가 그 금액
을 납부한 후 리스이용자에게 상환을 청구하고, ④ 리스계약의 종료시

451) 대법원 2000. 10. 27. 선고 2000다40025 판결. 이 판결은 구 시설대여업법 제13
조의2 제1항에서 시설대여이용자 명의로 차량을 등록할 수 있도록 한 입법취
지에 관하여 차량 시설대여의 경우 대여 차량의 소유권은 시설대여회사에 유
보되어 있음을 전제로 하고, 다만 현실적·경제적 필요에 따라 차량의 유지·관
리에 관한 각종 행정상의 의무와 사고발생시의 손해배상책임은 시설대여이
용자로 하여금 부담하도록 하면서 그 편의를 위하여 차량등록을 소유자인 시
설대여회사 아닌 시설대여이용자 명의로 할 수 있도록 자동차관리법에 대한
특례규정을 둔 것으로 해석함이 상당하다고 판단한 사안이다. 즉, 대법원은
금융리스의 특성상 리스회사가 리스물건의 소유권을 갖고 있으며, 설사 리스
이용자 명의로 리스물건의 소유권이 등록되어 있다고 하더라도 리스물건의
소유권은 대내적으로는 물론 대외적으로도 리스회사에게 있다고 한다.

리스물건에 대한 처리는 리스이용자가 리스물건을 잔존가치 금액을 지급하고 매입 또는 재리스하거나 리스회사에 리스물건을 반납한다. 즉, 리스계약을 체결하는 당사자들이 리스물건을 리스이용자 소유로 귀속시키는 별도의 합의를 하지 않는 한, 리스물건의 소유자는 리스회사이며 이는 리스계약 종료시 리스물건의 처리에 관한 사항을 보더라도 명백하다. 그리고 리스회사는 리스계약에서 정한 기간 동안 각종 제세공과금 등을 납부하여야 하며, 리스계약 종료시에는 리스이용자로부터 지급받은 보증금을 상환할 의무가 있다. 물론 다양한 유형의 리스계약이 존재할 수 있고 그에 따라 당사자들의 법률관계는 달라질 수 있지만, 거래계의 일반 현황에 따를 때 리스회사가 리스이용자에게 물건을 인도한 이후에는 어떠한 적극적인 의무도 부담하지 않는다고 볼 수는 없다.

앞서 논한 바와 같이 채무자회생법 제119조는 미이행의 대상이 되는 채무가 계약의 주된 채무인 경우에 적용되며, 그 내용이 단순히 부수적인 채무에 불과한 경우에는 이를 미이행한 경우라고 하더라도 미이행 쌍무계약 특칙이 적용되지 않는다.452) 그리고 대법원 판결에 따르면 주된 채무와 부수적 채무는 급부의 독립된 가치와는 관계없이 계약을 체결할 때 표명되었거나 그 당시 상황으로 보아 분명하게 객관적으로 나타난 당사자의 합리적 의사에 의하여 결정하되, 계약의 내용·목적·불이행의 결과 등의 여러 사정을 고려하여 구별한다.453) 만일 리스회사의 리스물건 이용보장의무를 긍정하더라도 그 성격이 부수적 채무에 불과한 것이라면, 당해 계약은 미이행 쌍무계약이라고 할 수 없을 것이다. 리스이용자가 리스계약을 체결하는 가장 중요한 목적은 리스회사의 자금으로 리스물건을 구입 또는 대여하여 이를 인도받는 것에 있음을 부정할 수는 없으나, 리스계약의 특성 및 계약 체결 당시 당사자의 합리적

---

452) 대법원 1994. 1. 11. 선고 92다56865 판결.
453) 대법원 2005. 11. 25. 선고 2005다53705 판결.

인 의사에 비추어 볼 때 리스계약상 약정된 기간 동안 온전한 상태에서
리스물건을 점유·사용하는 것 역시 리스계약을 체결하는 중요한 이유
중 하나이다.454) 그러므로 리스회사가 리스물건을 인도한 이후 계약기
간 동안 리스이용자에 대해 부담하는 리스물건 이용보장의무는 리스계
약상 리스회사가 부담하는 주된 채무라고 보아야 할 것이다. 나아가 특
별한 사정이 없는 한 리스회사의 리스물건 이용보장의무와 리스이용자
의 리스료지급의무는 일반적으로 동시이행관계에 있다고 해석할 수 있다.

나. 미이행 쌍무계약 법리 적용의 타당성

리스회사는 리스계약에서 정한 이용기간 동안에도 여전히 리스물건
의 소유권을 보유하고 있으며 이에 따라 리스이용자가 리스료를 지급하
는 것은 리스회사가 리스물건의 소유권에 기해 리스이용자에게 리스물
건을 이용하도록 하기 때문에 발생하는 당연한 결과이다. 대법원도 리
스이용자 명의로 리스물건의 소유권이 등록되어 있다고 하더라도 당해
리스물건의 소유권은 대내적으로는 물론 대외적으로도 리스회사에게 있
다고 판단하였다.455) 그리고 리스회사가 리스물건 인도 후에 부담하는
리스물건 이용보장의무는 리스계약상의 주된 채무이며, 리스이용자의 리
스료지급의무와 대가관계에 있다.

그럼에도 불구하고 리스계약이 미이행 쌍무계약에 해당하지 않는다
는 전제에서 리스회사의 리스료채권을 담보권으로 취급하는 현재 법원
실무에 따르면, 본래 리스회사는 소유권자이나 도산절차 내에서는 특별
히 담보권자라는 결과가 된다. 즉, 도산절차의 경우와 그 이외의 경우를
구분하여 리스계약상 리스회사의 법적 지위를 달리 취급하고 있는 것이다.

---

454) 이연갑(주 426), 962면.
455) 대법원 2000. 10. 27. 선고 2000다40025 판결.

그러나 현재 법원 실무의 입장이 타당한지는 의문이다. 본래 소유권자인 리스회사를 도산절차 내에서 담보권자로 취급할 수밖에 없는 특별한 근거가 존재하지 않는 한, 도산절차 내에서도 도산절차 이외의 경우에 관한 법리를 동일하게 적용함이 타당하다. 하지만 법적으로 소유권자인 리스회사의 권리를 담보권으로 취급하는 실무를 뒷받침할 수 있는 이론상의 근거는 충분하지 않아 보이며, 이는 앞서 소유권유보부매매계약과 관련한 논의와 동일하다.

또한 현재 실무의 입장에 따를 경우, 리스회사는 리스이용자가 리스물건의 점유·사용을 계속함에도 불구하고 리스료채권을 적시에 지급받지 못하는 불이익을 감수해야만 한다. 리스물건이 채무자의 사업에 반드시 필요한 것이기 때문에 채무자가 리스회사에 대한 리스료채권을 변제하지 않는다면 채무자의 회생에 현저히 지장을 초래할 우려가 있다고 인정되는 경우 관리인은 법원의 허가를 받아 회생계획인가결정 전이라도 리스료채권을 조기에 변제할 수 있기는 하나, 이는 예외적인 조항이므로 일반화하기는 어렵다(회파 제132조 제2항).

나아가 금융리스의 개념을 발전시켜 이를 입법화한 미국 통일상법전에서 금융리스는 담보가 아닌 진정한 리스의 한 유형으로 규정하고 있다는 점에 비추어 보더라도, 금융리스에 실질상 담보적 기능이 있다고 해서 반드시 리스료채권을 담보권으로 취급해야 하는 것도 아니다.[456] 앞서 논한 바와 같이 미국 통일상법전의 해석에 따르면 리스계약 종료 시 리스회사가 리스물건에 대해 반환권 등 경제적으로 의미 있는 이해관계를 보유하고 있는 경우라면 이는 진정한 리스에 해당하나, 리스회사가 리스물건의 반환 등 어떠한 권리도 행사할 수 없는 경우라면 진정한 리스가 아닌 담보에 해당한다. 리스회사에 소유권을 유보하는 이유가 리스료채권을 담보하기 위한 것이라고만 한다면 리스회사가 계약기

---

456) 이연갑(주 426), 968면도 동일한 취지이다.

간 동안 리스료채권을 전부 지급받은 이상 계약기간 종료시 리스회사의 담보권도 소멸한다고 보아야 할 것이기 때문이다. 그러나 현재 리스업계의 거래 관행에 따르면 리스계약 종료시 리스이용자는 리스물건을 매입 또는 재리스하거나 리스회사에 반환하게 되는데, 이는 리스물건의 소유자인 리스회사가 리스물건에 대해 경제적으로 의미 있는 이해관계를 보유하는 경우에 해당한다.

리스계약이 미이행 쌍무계약에 해당한다고 보면, 관리인이 채무자회생법 제119조에 따라 리스계약을 해지한 경우 리스회사가 소유권자로서 환취권을 행사하여 리스물건의 반환을 구하는 것은 당연한 결론이다. 관리인이 리스계약의 해지를 선택한다는 것은 당해 리스물건의 이용이 채무자의 회생에 반드시 필요하지 않다는 것을 의미하므로, 이러한 경우에는 리스물건을 리스회사에 반환함이 보다 더 합리적일 것이다.

결론적으로 명문의 규정이 없는 상태에서 현재 법원 실무와 같이 도산절차에서 리스회사의 지위를 담보권자로 취급하는 것은 법리적인 측면에서뿐만 아니라 거래계의 일반적인 당사자들의 의사에도 부합하지 않는다고 생각한다. 또한 리스물건의 소유권이 대내적으로는 물론 대외적으로도 리스회사에 있다고 하면서도 명문의 근거 없이 리스계약에 따른 리스료채권을 담보권으로 취급하는 것은 모순적이다. 채무자회생법을 비롯한 현행 법 체계상으로는 리스계약에 대해서도 미이행 쌍무계약에 관한 법리를 그대로 적용함이 타당하다고 생각한다. 다만 궁극적으로는 소유권유보부매매계약의 경우와 마찬가지로 도산절차 이외의 경우와 도산절차 내에서 리스계약을 통일적으로 취급할 수 있도록 입법적으로 해결하는 방안이 바람직할 것이다.

Ⅲ. 법률효과

1. 리스이용자에 대해 도산절차가 개시된 경우

가. 현행

현재의 다수설 및 법원 실무의 입장에 따르면, 리스계약에 대해 채무자회생법 제119조는 적용되지 않는다.[457] 그리고 리스회사는 리스계약을 해지할 수 없으며, 리스회사가 리스이용자에 대해 갖는 리스료지급채권은 회생절차개시 이전에 체결한 리스계약으로 인해 발생한 것으로서 회생담보권으로 취급된다.

그런데 종래 법원에서는 리스이용자에 대해 회생절차가 개시되면 채무자의 사업상 필요한 리스물건의 경우 리스회사와 관리인 사이에 기존의 리스계약을 합의 해지하고 그 시점까지 발생한 미지급리스료에 대한 지연이자 및 손해금을 감경하는 내용의 새로운 계약을 체결하여 리스료채권을 공익채권으로 취급하는 사례가 상당수 있었다.[458] 이 때 법원은 관리인에게 리스회사와의 합의를 권하면서 그 내용은 리스회사가 장래 회생담보권자로서의 지위에 설 경우를 기준으로 정했다고 한다.[459] 관리인과 리스회사가 체결하는 새로운 리스계약은 회생절차개시 후에 관리인이 채무자의 업무 및 재산에 관하여 체결한 것이므로, 그로 인하여 발생한 청구권은 공익채권에 해당하기 때문이다(회파 제179조 제1항 제5호). 그러나 이러한 방식으로 새로운 리스계약을 체결하는 것은 채권자

---

457) 리스회사가 회생절차개시 이전에 발생한 리스이용자의 채무불이행을 이유로 민법상 해지권을 행사하는 경우는 별론으로 한다.

458) 백창훈/임채홍(주 151), 373면.

459) 김정만, "파산절차와 은행·보험·리스관계-금융리스거래와 파산" 파산법의 제문제(상), 재판자료 제82집, 법원도서관, 1999, 580면.

평등의 원칙에 반할 수 있고 리스회사가 요구하는 조건이 채무자의 입장에서 수용하기 어려운 불리한 내용인 경우가 많다는 현실적인 고려때문에, 1993년 3월 이후에는 위와 같은 실무태도를 바꾸어 관리인과리스회사가 다시 리스계약을 체결하는 방식을 허용하지 않고 있다.[460]

리스회사가 회생절차에서 회생담보권자로 취급되는 것과 동일한 논리에 따르면, 파산절차의 경우 리스회사는 별제권을 갖는다(회파 제411조). 별제권은 파산절차에 의하지 않고 행사하므로 리스회사는 별제권자로서 담보권실행을 위해 파산관재인에게 리스물건의 인도를 구하고 이를 환가하여 그 대금을 미지급 리스료에 충당할 수 있는데(회파 제412조), 만일 환가대금이 미지급 리스료를 충당하기에 부족하다면 그 부족액을 파산채권으로 신고하여 배당받을 수 있다(회파 제413조).[461]

나. 미이행 쌍무계약이라는 견해에 따를 경우

리스계약은 미이행 쌍무계약에 해당하므로 채무자회생법 제119조를적용할 수 있다는 견해에 따르면, 관리인은 채무자인 리스이용자가 체결한 리스계약의 이행 또는 해지를 선택할 수 있다.

관리인이 리스계약의 이행을 선택한 경우 회생절차개시 이후 발생한리스회사의 리스료채권은 공익채권으로 취급되므로(회파 제179조 제1항 제7호), 리스회사는 회생절차에 의하지 않고 리스료채권을 수시로 변제받을 수 있다(회파 제180조 제1항). 관리인이 리스계약의 이행을 선택한 이후 리스료를 지급하지 않은 경우 리스회사는 채무불이행을 이유로하는 민법상 해지권에 따라 리스계약을 해제할 수 있고, 리스회사는 공익채권자로서 연체된 리스료 및 발생한 손해액을 청구함과 동시에 리스

---

460) 배현태(주 157), 152면.
461) 김정만(주 459), 575-576면.

물건의 인도를 구할 수 있다.462)

반면에 관리인이 리스계약의 해지를 선택한 경우 리스물건이 채무자의 재산에 현존하는 이상 리스회사는 환취권자로서 그 반환을 청구할 수 있고(회파 제121조 제2항), 반환 당시 리스물건의 가치와 리스계약 만료시 리스물건의 잔존가치의 차액을 미지급 리스료 상당액에서 공제한 나머지 금액을 손해배상액으로써 회생채권으로 신고하게 된다(회파 제121조 제1항).463) 만일 리스물건이 채무자의 재산에 현존하지 않는다면, 리스회사는 공익채권자로서 리스물건 가액 상당의 상환을 구할 수 있다(회파 제121조 제2항).

앞서 논한 바와 같이 사견으로는 리스계약에 대해서도 채무자회생법 제119조를 적용하는 것이 타당하므로, 현재의 실무는 재검토할 필요가 있다. 종래 법원은 관리인과 리스회사가 기존의 리스계약을 합의 해지하고 새로운 리스계약을 체결하도록 하여 리스료채권을 공익채권으로 취급한 적이 있는데, 차라리 채무자회생법 제119조를 적용하여 관리인이 리스계약의 이행을 선택하도록 함으로써 리스료채권이 공익채권에 해당한다고 봄이 보다 간명하다.464)

이상의 논의는 파산절차에 대해서도 동일하게 적용된다. 다만 채무자의 재건을 목적으로 하는 회생절차와 비교할 때, 채무자의 청산을 목적으로 하는 파산절차의 경우에는 리스계약의 해지를 선택하는 경우가 보다 많을 것으로 예상된다.

---

462) 김정만(주 459), 574면.
463) 김정만(주 459), 575면.
464) 서울회생법원(주 154), 210면에 따르면 채무자가 영업을 계속하는 경우 또는 파산관재인의 업무 필요상 리스물건을 사용하는 경우 파산관재인은 법원의 허가를 얻어 리스회사와 새로운 리스계약을 체결하여 처리하는 것이 가장 바람직하다고 한다.

다. 파산절차에 특수한 논의

회생절차에 대한 이상의 논의는 파산절차의 경우에 대해서도 동일하게 적용될 수 있다. 다만 채무자의 청산을 목적으로 하는 파산절차에서 담보권을 가진 채권자는 별제권자로서 파산절차에 의하지 않고 권리를 행사할 수 있는바, 리스이용자가 파산선고를 받은 때 채무자회생법 제335조를 적용하여 파산관재인이 리스계약의 해지를 선택한 경우 리스회사에 환취권을 인정할 것인지 아니면 동조의 적용을 부정하되 리스료채권을 별제권으로 취급할 것인지 여부는 회생절차의 경우에 비해 논의의 실익이 크지 않다. 앞서 논한 바와 같이 별제권자가 담보권을 실행하여 리스료채권을 충당하기 위해서는 파산관재인에게 리스물건의 반환을 구하여야 하므로, 결과적으로 환취권을 행사하는 경우와 차이가 없기 때문이다.

한편 리스계약에 임대차 계약과 유사한 성질이 있다는 점에 비추어 리스이용자에 대해 파산선고가 내려진 경우 임차인의 파산과 해지통고에 관한 민법 제637조를 유추적용할 수 있는지 문제된다. 그러나 앞서 논한 바와 같이 리스계약은 민법상 규정되지 않은 비전형계약으로서 임대차계약과는 별개의 계약유형이고, 통상의 임대차와는 달리 리스물건은 범용성이 없는 경우가 많고 설사 범용성이 있다고 하더라도 리스물건을 리스회사가 반환받아 다시 재임대하는 것은 현실적으로 어렵기 때문에 리스회사의 손해배상청구를 제한하는 것은 타당하지 않으므로 민법 제637조를 유추적용할 수는 없다고 본다.465) 일본에서도 리스계약에 대해 우리나라 민법 제637조에 대응하는 구 민법 제621조를 유추적용할 수 있는지 문제되었으나,466) 앞서 본 바와 같이 2004년 파산법 개정시

---

465) 김정만(주 459), 569-572면; 民法注解 XVI, 리스계약(김건식), 368면.
466) 김정만(주 459), 569-570면.

구 민법 제621조를 삭제하여 입법적으로 해결하였다.

2. 리스회사에 대해 도산절차가 개시된 경우

리스계약에 대해 채무자회생법 제119조의 적용을 부정하는 견해에 따르면, 관리인은 리스계약의 이행 또는 해지를 선택할 수 없다. 따라서 관리인이 채무자회생법 제119조와는 별도로 민법상의 해지권을 행사하는 것이 아닌 한, 리스계약은 유효하게 존속하며 관리인은 리스이용자에 대해 리스료채권을 추심할 수 있다. 한편 관리인은 리스이용자가 동의하는 경우 리스계약상의 지위와 리스물건을 제3자에게 양도하여 리스채권을 환가할 수 있는데, 이는 채무자의 재산을 처분하는 행위이므로 사전에 법원의 허가를 받아야 할 것이다(회파 제61조 제1항 제1호).

반면에 채무자회생법 제119조의 적용을 긍정하는 견해에 따르면, 관리인은 리스계약의 이행 또는 해지를 선택할 수 있다. 관리인이 리스계약을 해지하고자 할 경우 사전에 법원의 허가를 받아야 하는데(제61조 제1항 제4호), 이와 같이 관리인이 해지권을 행사하는 때란 리스계약의 존속이 채무자의 회생에 불필요하거나 지장을 초래하는 경우일 것이다. 다만 회생절차는 채무자 사업의 재건과 경영정상화를 목적으로 한다는 점에서 리스계약을 존속시키는 것이 채무자에게 보다 유리한 경우가 대부분이라는 점, 계약 상대방인 리스이용자가 선택하여 공급받은 리스물건을 리스회사가 반환받더라도 이를 재리스하는 등의 방법으로 이용하기 어렵다는 점 등을 고려하면, 채무자회생법 제119조의 적용을 부정하는 견해에서 우려하는 바와 같이 관리인이 임의로 리스계약을 해지하고 환취권 행사를 통해 리스물건을 반환받아 리스이용자가 일방적으로 불리해지는 경우는 거의 없을 것으로 보인다.

파산절차의 경우에는 파산관재인이 채무자의 신속하고 원활한 청산을 위해 리스계약의 해지를 선택하는 경우가 많을 것이다. 파산관재인이 리스계약을 해지하면 그에 따라 리스물건의 반환을 청구할 수 있을 것이고, 상대방인 리스이용자는 파산채권자의 지위에서 손해배상청구권을 행사할 수 있다(회파 제337조 제1항). 이는 채무자회생법 제335조의 적용을 부정하는 견해와 긍정하는 견해에 있어서 결론에 차이가 없다.

리스회사는 여신전문금융업법에서 정한 금융회사로서 시설대여업을 영위하기 위해서는 금융위원회에 등록하여야 하며, 금융산업의 구조개선에 관한 법률(이하 '금산법')에서 정하는 금융기관에 속한다(제2조 제1호 차목, 동법 시행령 제2조 제1호). 금산법에서 정한 금융기관의 경우 재무상태가 일정 기준에 미달하거나 부실채권 발생 등으로 재무상태 기준을 충족하지 못할 우려가 있는 경우 금융위원회는 관리인의 선임 등 필요한 적기시정조치를 할 수 있으며(금산법 제10조), 나아가 적기시정조치의 이행을 위하여 합병, 영업양도, 계약이전 등을 명하거나 정부 등의 출자 또는 유가증권의 매입 등의 절차를 진행할 수 있다(금산법 제11조 이하). 또한 금융기관의 청산 및 파산에 대하여는 금산법 제15조 이하가 적용되는데, 이에 관한 규정은 채무자회생법에 대한 특칙으로 해석된다. 재무구조가 악화된 리스회사에 대해서는 상기 금산법상의 절차에 따라 도산절차가 진행될 것이므로, 채무자회생법에 따른 회생절차가 진행될 가능성은 거의 없다. 한편 파산절차가 진행된다고 하더라도 채무자가 금산법이 적용되지 않는 일반 법인인 경우와는 많은 부분에서 차이가 있다.

3. 리스물건공급자에 대해 도산절차가 개시된 경우

리스회사는 리스이용자의 요청에 따라 리스물건공급자와 리스계약의 목적이 되는 물건의 매매계약을 체결한다. 따라서 리스물건공급자에 대해 도산절차가 개시된 경우의 법률관계는 매매계약에서 매도인에 대해 도산절차가 개시된 경우에 준하여 처리하면 될 것이다.

제5절 고용계약

Ⅰ. 의의 및 특징

고용은 당사자 일방이 상대방에 대하여 노무를 제공할 것을 약정하고 상대방은 이에 대하여 보수를 지급할 것을 약정함으로써 성립하는 쌍무계약이다(민법 제655조).[467) 고용은 노무제공과 보수지급이라는 두 가지 요소를 본질로 하는 계약이다.[468) 따라서 민법상의 고용은 유상계약으로만 성립하고 무상의 고용계약은 존재할 수 없으며,[469) 유상계약의 핵심인 보수지급의 약정은 명시적인 약정뿐만 아니라 묵시적인 의사표시로도 가능하다.

도산절차에서 고용이 미이행 쌍무계약으로서 어떻게 취급되는지에 관하여 구체적으로 논하기 이전에 먼저 민법 제655조 이하에서 정하는 고용과 근로기준법을 비롯한 노동 관계 법령이 적용되는 이른바 근로계약 간의 관계를 살펴볼 필요가 있다. 근로기준법에서 정의하는 근로계약이란 근로자가 사용자에게 근로를 제공하고 사용자는 이에 대하여 임금을 지급하는 것을 목적으로 체결된 계약을 의미하는데(근로기준법 제2조 제1항 제4호), 용어에 차이가 있을 뿐 민법상 고용에 대한 정의와 동일하다(민법 제655조). 민법상 고용과 근로계약의 관계에 관하여는 다양한 논의가 존재한다. 본래 고용은 다른 계약유형과 마찬가지로 사적 자치 내지는 계약자유의 원칙에 기하여 발달한 자유로운 채권관계이나 사용자의 지배 아래에서 일하는 근로자를 보호할 필요성이 대두되면서

---

467) 곽윤직(주 134), 239면.
468) 民法注解 ⅩⅤ, 제655조(남효순), 313면.
469) 民法注解 ⅩⅤ, 제655조(남효순), 317면.

계약자유에 대한 제한의 일환으로 근로관계를 규율하는 법규범이 등장하여 노동법이라는 하나의 독립적인 법 영역을 이루게 되었고, 민법상 고용 중에서 노동법의 규율대상이 되는 것을 특히 근로계약이라고 함이 일반적이다.[470] 따라서 근로계약에 대해서는 우선 노동 관계 법령이 적용되지만 여기서 규정하지 않은 사항 및 노동 관계 법령이 적용되지 않는 고용에 대해서는 민법이 적용된다.[471] 노동법은 일반법인 민법에 대해 특별법의 지위에 있으며 원칙적으로 강행적 효력을 갖는다는 견해도 동일한 취지로 보인다.[472]

그러므로 도산절차와 고용 혹은 근로계약의 취급 등에 관한 사항을 논하기 위해서는 채무자회생법은 물론이고 민법과 노동 관계 법령을 모두 검토할 필요가 있다. 한편 민법에서는 사용자가 파산한 경우 고용계약의 해지에 관해서만 명시적인 규정을 두고 있다(민법 제663조). 실무상으로는 사용자가 파산한 경우뿐만 아니라 사용자에 대해 회생절차가 개시된 경우도 문제될 수 있으며, 또한 근로자에 대해 도산절차가 개시된 경우와 관련하여서도 다양한 법적 쟁점이 존재한다.

---

470) 곽윤직(주 134), 235-237면.

471) 곽윤직(주 134), 238면. 이하에서는 개별적인 근로계약 등을 통칭할 경우에는 고용이라 하고, 그 이외에는 개별 근로계약, 단체협약 등으로 표현한다.

472) 김형배, 노동법(제26판), 박영사, 2018, 79면.

II. 사용자가 도산한 경우

1. 회생절차

가. 단체협약에 대한 관리인의 해지권 배제

(1) 단체협약의 특징

단체협약이란 본래 개개 근로자와 사용자 사이의 개별적인 계약에 의해 정해져야 할 임금 기타 근로조건을 노동조합의 단결력과 쟁의행위를 바탕으로 집단적으로 규율하는 계약 형식이다.[473] 평화적인 단체교섭이나 쟁의행위의 결과 사용자와 합의된 사항을 협약의 형태로 서면화한 것이라고 정의하기도 한다.[474] 단체협약은 노동조합과 사용자 간의 계약인 동시에 근로자 개인과 사용자 간의 개별적 근로계약을 직접 규율하는 성격을 갖는다.[475] 단체협약은 서면으로 작성하여 당사자 쌍방이 서명 또는 날인하여야 한다(노동조합 및 노동관계조정법 제31조 제1항).

단체협약의 법적 성질이 무엇이냐에 관하여는 크게 법규범설과 계약설이 대립되는데, 이 중에서 강행성·집단성을 가진 계약이라고 보는 견해가 우세하다.[476] 헌법재판소는 구 노동조합법 제46조의3(1996. 12. 31. 법률 제5244호로 공포된 노동조합 및 노동관계조정법의 시행으로 폐지된 것) 중 단체협약에 위반한 자를 벌금에 처하도록 규정한 부분이 죄형법정주의에 위배되는지 여부가 문제된 사안에서, 단체협약은 근본적으

---

473) 김형배(주 472), 1066면. 노동 관계 법령에서 단체협약에 관한 명시적인 정의 규정을 두고 있지는 않은데, 일반적으로 단체협약을 정의하는 근거로는 노동조합 및 노동관계조정법 제29조, 제31조 제1항을 들고 있다.

474) 배동희, 통합노동법, 도서출판 미래가치, 2010, 527면.

475) 배동희(주 474), 527면.

476) 김형배(주 472), 1067-1068면.

로 근로조건에 관한 노동조합과 사용자 또는 사용자 단체 간에 체결되는 계약에 불과하므로 결국 처벌법규의 내용을 형성할 권한을 노사에 넘겨준 것이나 다름없다고 판단하였다.[477] 즉, 헌법재판소는 단체협약의 법적 성질을 계약이라고 전제한 것으로 보인다.

단체협약은 사업장의 특성 등에 따라 매우 다양한 형태로 구성될 수 있고 개별 규정의 내용과 형식에도 많은 차이가 있다. 이 때문에 단체협약을 구성하는 개별 규정을 통틀어 전부 쌍무계약이라고 단정하기는 어렵다. 단체협약은 규범적 부분과 채무적 부분으로 구성되어 있고 단체협약의 채무적 부분은 전체적으로는 쌍무적 계약구조로 되어 있지만 개개의 조항은 쌍무적 구조를 이루고 있지 않으며 협약조항 상호간의 견련관계를 인정할 수 있는 경우는 많지 않다는 견해도 있다.[478] 그러나 임금, 근로시간 등 사용자와 근로자가 합의한 각종 근로조건에 관한 사항을 총체적으로 규정하는 단체협약의 특성을 고려할 때, 각 규정을 개별적으로 판단하기보다는 단체협약 자체가 하나의 계약관계를 형성한다고 함이 타당할 것이다. 그러므로 단체협약은 양 당사자가 상호 대가적 의미를 갖는 채무를 부담하는 쌍무계약이라고 본다.[479]

(2) 미이행 쌍무계약 법리의 적용 배제

사용자에 대해 회생절차가 개시된 경우, 채무자회생법 제119조에 따라 관리인에게 미이행 쌍무계약에 해당하는 단체협약을 해지할 수 있는 권리를 인정할 것인지 여부가 문제된다. 관리인의 선택권 행사에 관한 채무자회생법 제119조 제1항 내지 제3항 및 채무자에 대하여 계속적 공

---

477) 헌법재판소 1998. 3. 26.자 96헌가20 결정.
478) 이흥재, "도산절차와 근로관계", 도산법강의(남효순/김재형 공편), 법문사, 2005, 194면.
479) 선재성, "파산과 근로관계", 파산법의 제문제(상), 재판자료 제82집, 법원도서관, 1999, 522면; 서울회생법원(주 154), 219면.

급의무를 부담하는 쌍무계약의 상대방이 갖는 항변권을 제한하는 내용의 동법 제122조 제1항은 단체협약에 대해서는 적용되지 않는다(회파 제119조 제4항, 제122조 제2항). 따라서 사용자가 회생절차에 들어갔다고 하더라도 관리인은 기존의 단체협약을 해지할 수 없어 이에 구속되며, 단체협약을 체결한 근로자는 사용자인 채무자가 회생절차개시신청 이전에 이루어진 근로의 대가를 지급하지 않았음을 이유로 하여 이후 근로의 제공을 거부할 수 있다.

이와 같이 회생절차에서 관리인이 단체협약을 해지할 수 없도록 한 이유는 회생절차는 파산절차와 달리 채무자의 존속과 재건을 목적으로 하는 절차이므로 원칙적으로 종래의 고용관계를 그대로 이어가는 것이 타당하고,[480] 단체협약은 경제적으로 우위에 있는 사용자의 존재를 전제로 노사 대등한 관계를 이루려고 하는 것이므로 단순히 민법상 고용과 동일시하는 것은 타당치 못하기 때문이다.[481]

참고로 일본 회사갱생법 제61조 제3항은 채무자회생법 제119조 제4항과 동일하다. 미국 도산법에서는 관리인이 단체협약의 이행을 인수하거나 거절할 수 있는 선택권을 갖고 있으나, 이행을 거절하고자 하는 때에는 먼저 그 내용을 권한 있는 근로자대표에게 알리고 협의하여야 하며, 법원은 이러한 요건이 모두 충족된 경우에만 관리인의 이행 거절에 대한 신청을 승인할 수 있다고 규정한다(제1113조 a항 내지 c항).

나. 개별 근로계약의 경우

(1) 채무자회생법 제119조 제1항의 적용 여부

앞서 논한 바와 같이 이른바 근로계약은 민법상 고용계약의 한 유형

---

480) 임치용(주 260), 157면.
481) 서울회생법원(주 137), 173면.

이나 노동 관계 법령이 우선적으로 적용된다는 점에서 구분된다. 그리고 노동조합 및 노동관계조정법을 비롯한 노동 관련 법령에서는 개별적인 근로계약과 단체협약을 엄밀히 구분하고 있다. 이와 같이 근로계약과 단체협약은 차이가 있으므로 단체협약에 대해 미이행 쌍무계약 법리의 적용을 배제한 채무자회생법 제119조 제4항이 개별 근로계약에 대해서는 적용되지 않는다고 해석함이 일반적이고, 법원 실무의 입장도 동일하다.482) 이에 따르면 관리인은 채무자회생법 제119조 제1항에 따라 개별 근로계약을 해지할 수 있는데, 이 경우 근로기준법상의 요건을 갖추어야 한다.

반면에 구 회사정리법 시행 당시 단체협약은 근로계약보다 상위규범이고 대부분의 근로조건은 단체협약에서 정하고 있으며 이를 구체화한 것이 근로계약이므로 관리인이 단체협약은 해지할 수 없지만 근로계약은 해지할 수 있다고 보는 것은 타당하지 않다는 견해가 있다.483) 이 견해에 따르면 채무자회생법에서 단체협약의 효력을 존속시키고자 하는 의도가 있다면 이는 근로계약의 경우에도 마찬가지이며, 실무의 입장은 채무자회생법과 노동법의 이념에 부합하지 않아 논리적으로도 모순이라고 비판한다.484)

단체협약의 의의는 노동조합을 통해 개별 근로계약 체결로 달성하기 어려운 근로조건을 서면화하여 근로자의 기본권을 보장하는데 있다는 점에 비추어 볼 때, 노동법의 이념을 강조하면서 단체협약과 개별 근로계약을 동일하게 취급하고자 하는 입장도 일리가 있다. 그러나 관리인이 단체협약을 해지할 수 없도록 제한하면서 개별 근로계약은 해지할 수 있다는 현재 실무의 입장이 반드시 논리 모순적이라고 할 수는 없다.

---

482) 서울회생법원(주 137), 173면.
483) 박승두, "도산절차의 진행이 근로관계에 미치는 영향", 인권과 정의 제322호, 대한변호사협회, 2003, 90-93면.
484) 박승두(주 483), 90-93면.

관리인이 채무자회생법에 따라 일부 개별 근로계약을 해지한다고 해서 반드시 단체협약의 효력이 상실되거나 유명무실해진다고 볼 수는 없기 때문이다. 관리인이 근로계약 중 일부를 해지한다고 하더라도 사용자와 노동조합과 같이 근로자를 대표하는 단체가 체결한 단체협약은 여전히 유효하게 존속하며, 나아가 관리인이 새로운 근로계약을 체결할 경우 그 내용은 단체협약에 구속될 수 있다. 또한 아래 '(3)'항에서 논하는 바와 같이 채무자의 효율적인 회생을 도모하기 위해서는 회생계획에서 정하는 바에 따라 관리인이 경영상의 이유로 인한 해고를 할 필요성이 존재할 수 있다. 그러므로 단체협약에 대해서는 관리인의 해지권 행사를 제한하되, 관리인이 채무자회생법 제119조 제1항에 따라 개별 근로계약을 해지할 수 있다는 현재 실무의 입장이 타당하다고 생각한다. 다만 채무자의 효율적인 회생을 이유로 채무자가 체결한 전체 근로계약의 상당 부분을 해지하거나, 회생계획을 기화로 근로기준법상의 요건을 형식적으로 갖추어 근로계약을 해지하는 등 제도를 악용할 우려가 있으므로, 이에 대하여는 법원의 지도와 감독이 필요하다.

　단체협약 이외에 사용자와 근로자 간의 개별적인 근로계약에 대하여는 채무자회생법에서 특별히 정하고 있는 바가 없다. 민법 제663조에서는 사용자가 파산한 경우에 대해서만 명시하고 있을 뿐, 사용자에 대해 회생절차가 개시된 경우에 관하여는 민법상 별도의 규정이 존재하지 않는다. 그러므로 사용자에 대해 회생절차가 개시되기 이전에 체결되어 유효하게 존속하는 근로계약은 미이행 쌍무계약에 해당하고, 채무자회생법 제119조 제1항에 따라 관리인의 선택권 행사의 대상이 된다.

(2) 근로계약의 이행을 선택하는 경우

　관리인이 근로계약의 이행을 선택할 경우에는 일반적인 선택권 행사의 법리와 크게 다를 것이 없다. 근로자는 그의 의사에 반하지 않는 한 계속 노무를 제공하면 되고, 관리인은 이에 대한 대가를 지급하면 될 것이다. 이 때 근로자가 갖는 임금채권은 전부 공익채권에 해당한다(회파 제179조 제10호). 관리인이 미이행 쌍무계약의 이행을 선택한 경우 그 때부터 채무자가 갖는 채권은 공익채권이나 회생절차개시 전에 제공한 노무로 인하여 이미 발생한 채권은 회생채권으로 취급함이 원칙일 것이다(회파 제118조 제1호, 제179조 제7호). 하지만 채무자회생법에서는 근로자의 채무자에 대한 임금채권 등을 전액 공익채권으로 인정하고 있기 때문에, 결국 회생절차개시 전후를 불문하고 임금채권 등은 전부 공익채권에 해당한다.

구 회사정리법에서도 근로자가 갖는 임금과 퇴직금은 전부 공익채권이라고 규정하고 있었고(제208조 제10호), 현행 채무자회생법도 동일하다. 다만 1981년 3월 5일 법률 제3380호로 개정되기 이전의 구 회사정리법에서는 사용자가 근로자에게 지급하여야 하는 임금 중 회사정리절차가 개시되기 이전의 6개월분에 한하여만 공익채권으로 취급하였고(제119조 제2문),[485] 퇴직금의 경우 공익채권 등으로 취급한다는 명문의 규정을 두고 있지 않았으므로 일반 원칙에 따라 정리채권으로 취급되었다. 이후 근로자의 임금채권을 보다 강하게 보호하는 방향으로 법 개정이 이루어진 것이다. 일본 회사갱생법 제130조 제1항 및 제2항에서는 갱생절차개시 전 6개월간의 임금채권 및 갱생계획인가결정 전에 퇴직한 근로자의 퇴직 전 6개월간의 임금총액에 상당하는 액수 또는 전체 퇴직수당의 3분의 1에 상당하는 액수 중 많은 액수에 해당하는 채권만 공익채권으로 규정하고 있다. 이러한 일본 회사갱생법의 규정은 우리나라

---

485) 구 회사정리법 제119조[원천징수조세 등] 정리채권 중 원천징수하는 조세, 통행세, 주세, 물품세, 석유류세, 입징세, 전기가스세와 유흥음식세, 특별징수의무자가 징수하여 납부하여야 할 지방세로서 정리절차개시당시 아직 납부기한이 경과하거나 도래하지 아니한 것은 공익채권으로서 청구할 수 있다. 정리절차개시 전 6월간의 회사의 사용인의 급료, 정리절차개시전의 원인에 기하여 생긴 회사의 사용인의 임치금과 신원보증금의 반환청구권도 같다.

구 회사정리법과 현행 채무자회생법 규정의 중간 단계 정도의 입법이라고 할 수 있다.

(3) 근로계약의 해지를 선택하는 경우

관리인이 근로계약을 해지한다는 것은 결국 근로자를 해고하는 것을 의미한다. 채무자회생법에서 별도의 규정을 두고 있지 않은 이상, 앞서 논한 바와 같이 관리인은 단체협약의 경우와는 달리 동법 제119조 제1항에 따라 근로계약의 해지를 선택할 수 있다. 그러나 근로기준법에서 근로자의 해고를 여러 방식으로 제한하고 있으므로, 관리인이 미이행 쌍무계약에 해당하는 개별 근로계약을 임의로 해지할 수 있는지 여부는 근로기준법과의 관계에서 보다 상세히 검토하여야 한다.

근로기준법상 해고사유는 크게 근로계약 관계로부터 발생하는 사유와 근로계약 외적인 영역에서 발생하는 사유로 구분된다. 전자는 통상적인 해고사유로서 근로기준법 제23조 제1항에서, 후자는 경영상의 이유에 의한 해고 이른바 정리해고에 해당하는 것으로 동법 제24조에서 규율한다.[486] 사용자에 대해 도산절차가 개시되었는지 여부에 따라 근로계약 관계로부터 발생하는 해고사유 및 요건을 달리 판단할 것은 아니므로, 회생절차 내에서 이루어지는 해고 역시 근로기준법상의 요건을 갖추어야 한다. 회생절차 내에서 이루어지는 해고는 채무자의 회생을 위하여 고용인원을 감축하고자 회생계획에 따라 행해지는 것으로써 통상적인 해고가 아니라 경영상의 이유에 의하여 부득이 이루어지는 해고에 해당한다.[487] 따라서 여기서는 근로기준법에서 정한 정리해고의 요건과 절차 등이 문제된다.

---

486) 김형배(주 472), 693면.

487) 백창훈/임채홍(주 151), 379-380면; 서울회생법원(주 137), 174면. 회생절차 내에서 이루어지는 해고의 유형이 정리해고에 해당한다는 점에 대해서는 이견이 없어 보인다.

근로기준법 제24조에 의하면 정리해고가 정당하기 위해서는 긴박한 경영상의 필요가 있을 것, 해고회피노력을 다할 것, 합리적이고 공정한 기준에 따라 해고대상자를 선정할 것, 해고회피노력과 해고대상자선발 기준에 관하여 근로자대표와 성실하게 협의할 것, 일정 규모 이상의 인원을 해고할 경우에는 고용노동부장관에게 신고할 것이라는 요건을 갖추어야 한다.[488] 대법원은 근로기준법 제24조에서 정한 정리해고 요건의 구체적 내용은 확정적, 고정적인 것이 아니라 구체적 사건에서 다른 요건의 충족 정도와 관련하여 유동적으로 정해지는 것이므로, 구체적 사건에서 경영상 이유에 의한 당해 해고가 위 각 요건을 모두 갖추어 정당한지 여부는 위 각 요건을 구성하는 개별 사정들을 종합적으로 고려하여 판단하여야 한다고 보았다.[489] 따라서 회생절차 내에서 관리인이 정리해고를 행하는 경우, 채무 초과 상태에서 파산할 위험에 처한 채무자의 상황 등을 감안하여 근로기준법 제24조의 요건이 충족되는지를 판단하게 될 것이다.

한편 관리인이 채무자회생법 제119조 제1항에 근거하여 근로계약을 해지하는 이상 근로계약에 기간의 정함이 있는지 및 그 기간이 만료되었는지 여부는 문제되지 않는다.[490] 한편 종래에는 관리인이 근로자를 해고할 수 있는 권한이 있는지를 비롯해 근로관계에 관하여 지휘감독권을 행사할 수 있는지 여부가 논란이 되었다. 현재는 관리인이 채무자의 사업경영과 재산에 대한 관리 및 처분권한을 모두 갖고 있으므로 근로자에 대하여 사용자로서의 모든 권리를 행사할 수 있다고 보는 데에 견해가 일치되어 있다.[491]

---

488) 김형배(주 472), 719면 이하.

489) 대법원 2006. 1. 26. 선고 2003다69393 판결; 대법원 2010. 9. 30. 선고 2010다 41089 판결.

490) 백창훈/임채홍(주 151), 379면.

491) 선재성(주 479), 520-521면; 박승두(주 483), 87-88면; 양형우, "회생·파산절차개

관리인이 근로계약을 해지한 경우에도 근로자가 갖는 임금 및 퇴직금 등 채권은 모두 공익채권에 해당하며(회파 제179조 제1항 제10호), 이는 관리인이 근로계약의 이행을 선택한 경우와 차이가 없다. 임금채권보장법 제7조 및 동법 시행령 제4조 제2호에 따르면 사용자에 대해 회생절차가 개시되고 근로자가 임금 등을 지급받지 못하고 퇴직한 경우에는 국가가 일정한 범위 내에서 사용자를 대신하여 근로자에게 임금 등을 지급할 수 있다.492) 그리고 국가는 사용자를 대신하여 근로자에게 지급한 체당금(替當金)을 회생절차 내에서 신고하고 그 채권을 행사할 수 있다. 국가는 사용자의 채무를 대위변제한 후 구상권을 행사하는 것이므로 이러한 체당금 채권은 대위변제된 임금채권 등과 마찬가지로 공익채권에 해당한다.493)

2. 파산절차

가. 적용법조

(1) 채무자회생법 제335조와 민법 제663조

민법 제663조에 따르면 사용자가 파산선고를 받은 경우 고용기간의 약정이 있는 때에도 노무자(勞務者, 이하 '근로자') 또는 파산관재인은 계약을 해지할 수 있는데(제1항), 이 경우 각 당사자는 계약해지로 인한

시가 근로계약과 단체협약에 미치는 영향", 노동정책연구 제8권 제4호, 한국노동연구원, 2008, 85-87면; 김진석, 도산절차의 개시와 노동관계, 서울대학교 대학원 법학석사학위논문, 2011, 33-46면; 백창훈/임채홍(주 151), 380면; 임치용(주 260), 151면; 서울회생법원(주 137), 174면.

492) 국가가 체당금을 지급할 수 있는 사유는 사용자에 대해 채무자회생법에 따른 파산선고, 회생절차개시결정, 그 밖에 고용노동부장관에 의한 도산사실의 인정이 있는 때이다.

493) 임치용(주 260), 159면.

손해배상을 청구하지 못한다(제2항). 이 때문에 사용자가 파산한 경우 미이행 쌍무계약에 관한 채무자회생법 제335조와 민법 제663조 중 어느 규정을 적용할 것인지가 문제된다.

채무자회생법 제335조에 따르면 파산관재인만이 미이행 쌍무계약의 이행을 선택하거나 계약을 해제할 수 있는 권한이 있으며, 근로자는 동법 제337조에 따라 파산채권자로서 손해배상채권을 행사하거나 또는 재단채권자로서 원상회복청구권을 행사할 수 있다. 반면에 민법 제663조에 따르면 사용자가 파산선고를 받은 경우 파산관재인뿐만 아니라 근로자도 계약을 해제할 수 있으나, 별도의 손해가 발생하였다고 하더라도 근로자는 손해배상채권을 행사할 수 없다.

(2) 해석론

앞서 논한 임대차계약의 경우 임차인에 대한 파산선고시 임대인에게도 해지권을 인정하는 것, 해지의 효력 발생을 위한 일정한 유예기간을 두는 것 및 각 당사자의 손해배상청구권을 제한하는 것 등과 관련하여 채무자회생법 제336조와 민법 제637조 중 어느 규정을 적용할 것인지 여부가 문제된다. 후술하는 도급계약의 경우 도급인 파산시 채무자회생법 제335조와 민법 제674조 중 어느 규정을 적용할 것인가는 특히 수급인에게 해제권을 인정하고 손해배상청구권을 부정하는 것이 타당한지 여부를 놓고 견해가 대립된다. 그런데 임대차계약이나 도급계약과는 달리, 고용계약에 관하여는 채무자회생법 제335조와 민법 제663조 중 어느 규정을 적용할 것인지에 대한 논란이 존재하지 않는다. 즉, 학설 및 실무는 민법 제663조를 적용한다는 데에 일치되어 있다.

이와 같은 차이는 근본적으로 단체협약이나 개별 근로계약의 해지와 같은 고용의 종료에 대하여는 채무자회생법과 민법 이외에 근로기준법 등 노동 관련 법령이 적용된다는 점에서 비롯된다. 근로계약은 근로자가 임금을 지급받아 생활을 영위할 수 있게 하는 근간이 되므로 사용자

파산시에도 근로계약의 존속 여부에 대하여는 근로자의 자유로운 의사를 중시할 필요성이 매우 크다. 즉, 근로자의 입장에서는 보수의 수령이 보장되지 않는 위험이 있어 종전과 동일하게 근로자를 계약에 구속시키는 것이 타당하지 않고, 파산관재인의 입장에서는 사용자도 재정상 더 이상 노무를 수령할 수 없거나 필요로 하지 않은 상태에 있을 수 있어 계약의 준수를 기대하기 곤란할 수 있으므로,494) 파산관재인과 근로자 모두에게 해지권을 부여할 필요가 있다.

또한 근로자는 퇴직시 근로자퇴직급여보장법에 따른 퇴직금, 근로기준법 제36조에 따른 임금, 보상금 등 일체의 금품 및 동법 제26조에 따른 해고예고수당 등을 지급받을 수 있도록 보장되어 있으므로, 민법 제663조 제2항에서 근로자의 손해배상청구권을 제한할 실익은 다른 계약 유형에 비해 크지 않을 수 있다. 왜냐하면 민법 제663조 제2항에서 근로자의 손해배상청구권 행사를 제한하고 있지만 이는 퇴직시 근로자가 다른 노동 관련 법령에 따라 지급받을 수 있는 일체의 금품에 대하여는 적용되지 않는 것으로 보아야 할 것이기 때문이다.

다만 사용자의 파산을 이유로 파산관재인이 근로계약을 해지한 경우에도 근로자가 손해배상청구권을 행사하지 못하도록 하는 것이 입법적으로 타당한지는 의문이다.495) 민법 제663조 제2항의 입법취지는 파산관재인이 근로계약을 해지한 경우 근로자는 다른 근로계약을 체결하여 노무를 제공하고 보수를 지급받을 수 있다는 점을 고려하여 근로자의 손해배상청구권을 부정한 것으로 보인다. 그러나 현실적으로 사용자의 파산으로 해고된 근로자가 빠른 시일 이내에 종전의 근로조건과 동일한

---

494) 民法注解 XV, 제663조(남효순), 427면.
495) 일본 민법 제631조에서도 사용자의 파산시 근로자와 파산관재인이 모두 고용계약을 해제할 수 있으나 각 당사자는 상대방에 대해 손해배상을 청구할 수 없다고 규정한다. 이에 관하여는 注釈民法 16[債権(7)], 第631条(三宅正男), 114頁 참조.

조건으로 근로계약을 체결하기가 어려울 수 있고, 노동 관련 법령에 따라 지급이 보장되는 금품 이외의 손해가 발생할 가능성도 배제할 수 없다. 그러므로 사용자의 파산시 파산관재인이 근로계약을 해지한 경우에는 근로자가 손해배상청구권을 행사할 수 있도록 함이 타당할 것이다.

민법 제663조 제2항에 따르면 사용자의 파산을 이유로 근로자가 근로계약을 해지한 경우에도 사용자는 근로자에 대해 손해배상청구권을 행사할 수 없다. 근로자는 파산선고라는 사용자의 귀책사유로 인해 근로계약을 해지한 것이어서 파산관재인이 손해배상청구권을 행사할 수 없음은 당연한 결과이다. 따라서 앞서 논한 파산관재인이 근로계약을 해지한 경우와는 달리 선언적 의미에 불과하다고 본다.

결론적으로 임대차계약이나 도급계약 등과 마찬가지로 채무자회생법 제335조는 파산절차에서 미이행 쌍무계약의 처리를 정한 일반조항의 지위에 있으며, 특정한 계약관계에 대하여는 민법상의 특칙이 적용된다고 보아야 할 것이다. 그러므로 고용계약을 체결한 사용자가 파산선고를 받은 경우에는 채무자회생법 제335조가 아니라 민법 제663조가 적용된다고 해석함이 타당하다.

나. 민법 제663조에 따른 해지권 행사

(1) 해지의 필요성

파산절차의 특성상 사용자가 파산선고를 받은 경우 그 시점에 유효하게 존속하는 개별 근로계약은 대부분 해지함이 일반적이다. 반면에 파산절차가 종료될 때까지는 남아있는 채무자의 영업을 계속 수행할 필요성이 있고, 사용자가 파산선고를 받은 이후에도 상당기간 동안 일부 근로계약은 유지될 가능성이 있다. 이러한 이유에서 민법 제663조 제1항에서는 사용자의 파산을 계약의 당연 종료 사유가 아니라 계약의 해지 사유로 규정하고 있다.[496] 그러므로 사용자에 대해 파산선고가 내려

졌다고 하여 고용계약이 당연히 실효되는 것은 아니며, 파산관재인 또
는 근로자가 고용계약을 해지할 때까지 당해 계약은 유효하게 존속한다.

(2) 개별 근로계약의 경우

회생절차의 경우와는 달리 파산관재인이 파산절차 내에서 근로계약
을 해지하는 것은 근로기준법 제24조에서 정한 정리해고가 아니라 동법
제23조의 통상해고에 해당한다. 대법원은 기업이 파산선고를 받아 사업
의 폐지를 위하여 그 청산과정에서 근로자를 해고하는 것은 위장폐업이
아닌 한 기업경영의 자유에 속하는 것으로서 파산관재인이 파산선고로
인하여 파산자 회사가 해산한 후에 사업의 폐지를 위하여 행하는 해고
는 정리해고가 아니라 통상해고라고 하였다.497)

나아가 파산관재인이 근로자를 해고하는 것이 노동조합 및 노동관계
조정법 제81조에서 규정하는 부당노동행위에 해당하는지 여부도 문제된
다. 대법원은 파산관재인이 파산한 회사에 소속된 근로자 전원에 대한
근로계약을 해지하였다가 해고된 근로자 중 신청자의 과반수이상을 계
약직 보조인으로 다시 고용한 사안에서, 기업의 청산을 위한 파산절차
의 신속한 진행과 파산재단의 충실이라는 파산제도의 본질에 비추어 볼
때 해고만을 목적으로 한 위장파산이나 노동조합의 단결권 등을 방해하
기 위한 위장폐업이 아닌 한 파산관재인이 직무수행의 일환으로 자신에
게 부여된 권한과 재량의 범위 내에서 적절하게 행한 근로계약의 해지
는 부당해고나 부당노동행위에 해당하지 않는다고 하였다.498)

---

496) 서울회생법원(주 154), 217면에서는 민법 제663조 제1항은 파산관재인이 파산
　　선고일에 즉시 해고의 절차를 밟아야 한다는 의미라고 기술하고 있는데, 이
　　는 사용자가 파산선고를 받을 때 파산관재인이 근로자 전원을 해고하되 파산
　　절차의 수행을 위하여 필요한 인원만을 재고용하는 실무를 반영한 해석으로
　　보인다.

497) 대법원 2003. 4. 25. 선고 2003다7005 판결.

(3) 단체협약의 경우

회생절차와는 달리 파산절차에서는 단체협약에 대해 미이행 쌍무계약의 특칙을 적용하지 않는다는 명문의 규정이 존재하지 않는다. 법원 실무에 따르면 단체협약에 대해 파산관재인의 선택권을 배제하는 규정을 두고 있지 않은 이상 파산관재인은 채무자회생법 제335조에 따라 단체협약을 해지할 수 있다고 해석한다.[499] 즉, 파산절차는 사용자인 채무자 기업의 해산과 청산을 목표로 하는 절차이기 때문에 회생절차와는 달리 관리인의 해지권 행사를 인정한 것이라고 본다.

반면에 학설상으로는 명문의 규정이 없음에도 불구하고 단체협약에 대한 파산관재인의 해지권을 제한하는 해석론이 유력하다. 단체협약의 특성 등을 고려할 때 파산관재인이 채무자회생법 제335조의 선택권을 행사할 수 없으므로 단체협약은 유효하게 존속한다는 견해,[500] 단체협약의 성격을 구분하여 파산관재인이 근로조건에 관한 규범적 부분은 해지할 수 없으나 조합활동을 보장하는 조항을 비롯해 사용자와 노동조합 사이의 채무적인 부분은 채무자회생법 제335조에 따라 해지할 수 있다는 견해,[501] 규범적 부분은 해지할 수 없음이 원칙이나 청산이라는 파산절차의 성격상 일정한 제한을 설정하여 그 범위 내에서는 해지를 허용하여야 한다는 견해,[502] 단체협약 중 규범적 부분은 강행적, 보충적 효력이 인정되므로 파산관재인이 이를 해지할 수 없고 단체협약 중 채무적 부분은 당사자들의 의무가 대가, 견련관계에 있는 것이 아니어서

---

498) 대법원 2004. 2. 27. 선고 2003두902 판결.

499) 전병서(주 269), 131면; 서울회생법원(주 154), 219면.

500) 박승두(주 483), 99면. 이 견해는 앞서 회생절차의 경우 채무자회생법 제119조 제4항에서 단체협약의 해지를 제한한 이상 개별 근로계약도 해지할 수 없다는 논리와 같은 맥락이다.

501) 윤창술, "파산절차에서의 단체협약과 근로계약", 인권과 정의 제281호, 대한변호사협회, 2000, 77면.

502) 선재성(주 479), 522-528면.

쌍무계약이 아니므로 역시 해지의 대상이 아니므로 파산선고를 이유로
단체협약을 해지할 수는 없다는 견해 등이 있다.[503]

회생절차와는 달리 파산절차는 채무자의 청산을 예정하고 있는 점,
개별적인 근로계약도 특별한 경우를 제외하고는 해지하는 것이 일반적
이며 이는 통상적인 해고에 해당한다는 점 및 이러한 사정을 고려하여
파산절차에 대하여는 채무자회생법 제119조 제4항과 같은 규정을 두지
않은 점 등에 비추어 보면, 현행 채무자회생법 해석상으로는 단체협약
의 해지가능성을 인정할 수밖에 없다고 생각한다. 그러나 단체협약을
구성하는 개별 조항의 특성이 매우 다양할 수 있고 노동 관련 법령상 강
행규정에 해당하는 사항을 파산관재인이 일방적으로 해지할 수 있다고
해석하는 것은 논리적으로 무리가 있을 수 있다. 또한 파산관재인이 개
별 근로자와 체결한 근로계약 중 일부를 유지하거나 종전의 근로자를
해고한 후 그 중 일부 근로자를 재고용한 경우와 같이 개별 근로계약이
존속하는 상태라면 단체협약도 그대로 유지되는 것이 바람직하다. 따라
서 파산절차의 경우 개별 근로계약이 존속되는 때에는 파산관재인의 단
체협약에 대한 해지권 행사를 제한할 필요가 있다.

(4) 근로자의 임금 등 채권의 취급

근로자의 임금, 퇴직금 및 재해보상금은 파산선고 전후를 불문하고
모두 재단채권으로 취급되며(회파 제473조 제10호), 이는 회생절차의
경우와 동일하다. 일본의 경우 임금 등 고용관계에 기해 발생하는 급료
채권은 일반적으로 우선적 파산채권에 해당하는데(파산법 제98조, 민법
제306조 제2호 및 제308조), 파산법 제149조에서는 임금의 경우 파산절
차개시 전 3개월 분, 퇴직금의 경우 파산절차가 종료되기 전에 퇴직한

---

503) 양형우(주 491), 110-111면에서는 회생절차에 대한 채무자회생법 제119조 제4
　　항은 주의적 규정에 불과하다고 한다.

경우 퇴직 전 3개월 동안의 임금총액과 파산절차개시 전 3개월 동안의 임금총액 중 많은 금액 부분에 한하여 특별히 재단채권으로 보호하고 있다. 이는 앞서 논한 바와 같이 갱생절차개시 전 6개월간의 임금채권 및 갱생계획 인가결정 전에 퇴직한 근로자의 퇴직 전 6개월간의 임금총액에 상당하는 액수 또는 전체 퇴직수당의 3분의 1에 상당하는 액수 중 많은 액수에 해당하는 채권은 공익채권이라고 규정한 일본 회사갱생법 제130조와 다르다. 즉, 일본의 경우 파산절차와 회생절차에서 근로자의 임금 등 채권을 취급하는 방식과 그 보호범위에는 차이가 있다.

임금 등을 지급받지 못하고 퇴직한 근로자가 임금채권보장법 제7조 등에 따라 국가로부터 일정한 범위의 체당금을 지급받고, 국가가 파산재단에 대해 재단채권자로서 구상할 수 있다는 점은 회생절차의 경우와 동일하다.

Ⅲ. 근로자가 도산한 경우

1. 채무자회생법 제119조 또는 제335조의 적용 여부

근로자에 대해 회생절차가 개시되거나 파산선고가 내려진 경우 그 이전에 체결한 근로계약을 어떻게 취급할 것인가에 관하여 채무자회생법이나 민법 등에서 특별히 정한 바는 없다. 이 때문에 채무자인 근로자의 관리인 또는 파산관재인이 채무자회생법 제119조 또는 제335조에 따라 근로계약의 이행 또는 해지 여부를 선택할 수 있는지 여부가 문제될 수 있다.

도산절차의 개시로 인해 관리인이나 파산관재인이 채무자의 재산에 대한 관리및 처분권한을 갖는다고 하더라도, 근로계약의 특성상 관리인이나 파산관재인이 근로자의 의사와 상관없이 그 존속 여부를 선택하는 것은 타당하지 않다. 따라서 근로자에 대해 도산절차가 개시된 경우 채무자회생법 제119조, 제335조는 적용되지 않는다고 해석하여야 할 것이다.504) 민법에서 근로자의 파산에 대해 별도의 규정을 두지 않은 이유는 근로자가 파산선고를 받더라도 그 특성상 근로계약의 존속에 직접적인 영향을 주지 않기 때문이므로,505) 파산관재인의 근로계약에 대한 선택권도 부정함이 타당할 것이다. 설사 관리인이나 파산관재인의 선택권을 인정한다고 하더라도, 근로계약은 근로자의 생활의 근간을 이루고 나아가 채권자들에 대한 변제재원을 형성하는 것이므로 현실적으로 관리인 또는 파산관재인이 임의로 근로계약을 해지하는 경우는 상정하기 어렵다. 만일 근로자가 부득이 근로계약을 해지하는 경우라면 이는 민법과 근로기준법 등에서 정한 일반적인 절차와 요건에 따른 것이므로, 도산절차에 대해서만 특별히 문제될 사항은 존재하지 않는다.

2. 차별취급의 금지

근로자가 도산한 경우 관리인이나 파산관재인이 근로계약을 해지할 수 있는지 여부와는 별개로, 근로자가 도산절차의 개시를 이유로 근로관계에서 차별적 취급을 당할 우려가 있다. 이를 방지하기 위하여 2006년 3월 24일 개정된 채무자회생법에서는 누구든지 도산절차의 개시를 이유로 정당한 사유 없이 불이익한 취급을 받지 않는다는 규정을 신설하였다(제32조의2). 근로자가 파산선고를 받았다고 하더라도 노무의 제공에는 영향이 없으며 근로자가 파산했다는 사실이 직접적으로 사용자의 신용을 실추시키는 것도 아니므로, 근로자의 파산을 이유로 사용자가 근로자를 해고하는 것은 해고권의 남용에 해당한다.506)

---

504) 임치용(주 260), 169면; 서울회생법원(주 154), 221면.
505) 전병서(주 269), 131면; 民法注解 ⅩⅤ, 제663조(남효순), 427면.

3. 임금 등 채권의 취급

근로자에 대해 도산절차가 개시된 이후 근로자가 계속 근로할 경우 근로자의 임금 등 채권을 도산절차 내에서 어떻게 취급할 것인지 문제 된다.

가. 회생절차의 경우

채무자가 법원에 제출하는 회생계획에는 채무를 변제할 자금의 조달 방법을 반드시 기재하여야 한다(회파 제193조 제1항 제3호, 개인회생절 차의 경우에는 제611조 제1항 제1호에 따라 채무변제에 제공되는 재산 및 소득에 관한 사항을 기재하여야 한다). 여기서 채무의 변제재원은 일 반적으로 영업 또는 근로소득, 소유하고 있는 재산의 처분대가, 차입금 등으로 구성되는데, 특히 근로자인 채무자에 대해 회생절차 또는 개인 회생절차가 개시된 경우 근로소득은 중요한 변제재원이 될 것이다. 실 무상으로는 먼저 채무자가 취득할 수 있는 각종 소득을 포함하여 변제 에 제공될 수 있는 재산의 액수를 산정한 후 그 금액에서 채무자가 기본 적인 생활을 영위할 수 있는 생계비 등 합리적인 범위 내의 금액을 제외 한 나머지 금액을 변제재원으로 삼고,[507] 이를 기초로 일반 회생절차의

---

506) 伊藤眞(주 322), 286頁.

507) 회생절차의 경우 채무자의 재건을 통한 영업소득이 핵심적인 변제재원을 구 성하는데 이는 채무자의 사업계획 등을 통해 예측·분석하여야 하므로 개인회 생절차의 경우보다 변제재원을 산정하는 것은 훨씬 더 복잡하고 어려운 작업 이다. 개인회생절차의 경우 개인회생재단이 변제재원이 되며(회파 제580조 제1항), 구체적으로는 채무자가 장래 받는 급여소득 및 영업소득에서 각종 제 세공과금과 채무자 및 피부양자의 생계비, 채무자가 영업에 종사하는 경우 그 영업의 계속을 위하여 필요한 비용을 공제한 금액인 가용소득이 변제금액 의 최대한이 된다.

경우에는 10년 이하 기간의 회생계획을, 개인회생절차의 경우에는 5년 이하 기간의 변제계획을 마련한다.

이와 같이 근로자가 회생절차개시 이후 계속 근로를 통하여 지급받는 임금 등은 회생계획 또는 변제계획 작성시 합리적인 방법에 따라 산정되어 변제재원을 이룬다. 현재 근로자가 지급받는 임금 등의 금액을 기초로 과거의 통계수치 등에 근거한 평균 상승률 등을 감안하여 구체적인 액수를 추정함이 일반적이다.

나. 파산절차의 경우

(1) 파산재단의 범위

채무자가 파산선고 당시에 가진 모든 재산 및 파산선고 전에 생긴 원인으로 장래에 행사할 청구권은 파산재단에 속한다(회파 제382조). 이는 채무자회생법이 파산선고 시점에 채무자에게 재산이 귀속하는지 여부를 기준으로 재단의 범위를 결정하는 이른바 고정주의를 채택한 결과이다.508) 회생절차의 경우와는 달리 파산선고 이후에 채무자가 새로 취득한 재산이나 소득, 즉 자유재산은 파산재단에 포함되지 않는다.

(2) 임금

근로자가 파산선고를 받기 전까지 제공한 근로에 대한 대가인 임금 등은 파산재단에 속한다. 다만 압류할 수 없는 재산은 파산재단에 속하지 않으며 급여채권의 2분의 1에 해당하는 금액은 압류할 수 없으므로 (회파 제383조 제1항, 민사집행법 제246조 제1항 제4호), 근로자가 파산선고를 받기 이전에 이루어진 근로의 대가라고 하더라도 그 금액의 2분

---

508) 전병서(주 269), 215면; 伊藤眞(주 322), 168頁. 반면에 채무자가 파산선고 이후에 새로 취득하는 재산도 파산재단에 포함시키는 것은 팽창주의라고 한다. 일본 파산법 제34조 제1항은 채무자회생법과 동일하게 고정주의를 채택하고 있다.

의 1에 상당하는 부분은 파산재단에서 제외된다. 근로자가 파산선고 이후에 계속 근로를 제공함에 따라 받는 임금 등은 신득재산(新得財産) 내지 자유재산이어서 파산재단에 속하지 않는다.509)

(3) 퇴직금

근로자가 파산선고 이전에 퇴직한 경우라면 이로 인해 발생한 퇴직금청구권은 파산선고 이전의 원인으로 생긴 것이므로 파산재단에 포함된다. 근로자가 장래, 즉 파산선고 이후에 수령할 것으로 예상되는 퇴직금이 파산재단에 포함되는지에 관하여는 논란이 있다. 이 문제는 퇴직금의 법적 성격을 어떻게 파악할 것인지와 관련이 있다.

대법원 판결에 따르면 퇴직금은 근로자에게 지급되지 않았던 임금을 근로조건에 따라 사후적으로 퇴직시 지급하는 것이므로 후불적 임금의 성격을 갖는다고 한다.510) 학설상으로는 대법원 판결과 동일한 취지로 후불적 임금에 해당한다고 봄이 다수의 견해이다.511) 퇴직금이 임금에 대한 후불적 성격을 갖는다고 보면, 근로자의 계속 근로로 인해 파산선고 전까지 발생한 퇴직금 상당액은 파산재단에 속한다고 해석함이 논리적일 수 있다. 이러한 이유로 파산선고시까지의 근로의 대가에 상당하는 퇴직금 중 압류금지 대상을 제외한 나머지, 즉 퇴직금의 2분의 1에 해당하는 금액은 파산재단에 포함된다고 해석하는 견해가 있다.512) 하지만 앞서 논한 바와 같이 파산관재인이 근로자의 근로계약을 임의로

---

509) 전병서(주 269), 219면.

510) 대법원 1973. 10. 10. 선고 73다278 판결; 대법원 2007. 3. 30. 선고 2004다8333 판결. 이와는 달리 퇴직금이 후불 임금의 성격뿐만 아니라 공로보상적 성격도 함께 가진다고 판단한 법원의 판결례는 헌법재판소 1995. 7. 21.자 94헌바 27·29 결정; 대법원 1995. 10. 12. 선고 94다36186 판결.

511) 이병태, 최신 노동법(제9전정판), ㈜중앙경제, 2008, 1054면; 임종률, 노동법(제9판), 박영사, 2011, 529면; 김형배(주 472), 783면.

512) 선재성(주 479), 532-533면; 전병서(주 269), 218면.

해지할 수 없으며 또한 퇴직금 수령을 위해 근로자에게 퇴직을 강요하는 상황도 상정하기 어려우므로, 사실상 파산선고시까지 발생한 퇴직금 전액은 파산재단에 포함되지 않는다고 보아야 한다는 입장도 있다.513) 일본에서는 실무상 근로자가 자발적으로 동의하는 경우에 한하여 근로자로 하여금 퇴직금청구권 상당액을 파산재단에 출연하도록 하는 대신 파산관재인은 퇴직금청구권을 포기하고 채무자의 자유재산에 귀속시키고 있다.514)

이론상으로는 파산선고시까지 이루어진 근로에 기해 발생한 퇴직금 중 2분의 1에 해당하는 금액은 파산재단에 포함된다고 보아야 할 것이다. 그러나 현실적으로 파산관재인이 채무자인 근로자의 근로계약을 해지할 수는 없으며, 근로자에 대해 퇴직하여 퇴직금으로 채무의 변제재원을 마련할 것을 강제하기는 어렵다. 재정파탄에 이른 근로자는 특별한 사유가 없는 한 근로관계를 계속 유지하여 생계를 꾸려가야 할 필요가 있기 때문이다. 근로자가 자발적인 의사에 따라 퇴직하지 않는 한 퇴직금청구권을 환가하지 못하는 집행실무 등과의 균형을 고려할 때, 근로자가 파산선고 이후에도 계속 근로하고 있는 경우 퇴직금은 전액 파산재단에서 제외된다고 해석함이 타당하다. 반면에 근로자가 파산선고 이후 자발적으로 퇴직한다면, 이로 인해 발생한 퇴직금은 파산재단에 포함시켜야 할 것이다.

종래에는 파산관재인이 채무자인 근로자에게 퇴직금 중간정산을 요청하고 정산 받은 금액을 파산재단에 편입시킬 수 있는지 여부가 문제되었다. 퇴직금중간정산 제도는 1996년 12월 31일 개정된 구 근로기준법 제28조 제3항이 신설되면서 도입된 것이다. 현행 근로자퇴직급여보장법 제8조 제2항에서는 주택구입 등 대통령령으로 정하는 사유로 근로

---

513) 임치용(주 260), 172-173면.
514) 伊藤眞(주 322), 286頁.

자가 요구하는 경우에만 퇴직금 중간정산이 가능하도록 규정하면서 구 근로기준법에 비해 요건을 더욱 강화하였는데, 퇴직금 중간정산을 신청하는 날로부터 역산하여 5년 이내에 근로자가 파산선고를 받은 경우 퇴직금 중간정산이 가능하다(근로자퇴직급여보장법 시행령 제3조 제1항 제4호).

구 근로기준법 시행 당시에는 근로자가 중간정산을 한다고 해서 근로계약이 해지되는 것은 아니고 법정요건을 갖추어 면책결정을 받기 위해 대부분의 근로자들이 중간정산 요청에 응할 것이라는 등의 이유로 파산관재인이 채무자에게 중간정산 요청을 할 수 있다고 보는 견해가 있었다.515) 그러나 이에 대하여는 파산관재인이 임의로 채무자가 체결한 근로계약을 해지할 수 없는 것과 마찬가지로 채무자에 대해 퇴직금의 중간정산을 요청하는 것은 적절하지 않다고 보아 파산관재인의 중간정산 요청을 인정할 수 없다는 비판이 있다.516)

퇴직금 중간정산이 이루어지면 그 정산시점부터 그 후의 퇴직금 산정을 위한 근로기간이 새로이 산정된다. 이 때문에 근로자가 중간정산을 받은 경우 추후 퇴직시 수령할 퇴직금의 액수는 중간정산을 받지 않은 경우보다 적을 수밖에 없고 이는 결국 근로자에게 불리하다(근로자퇴직급여보장법 제8조 제2항 제2문). 따라서 채무자가 자발적인 의사에 따라 퇴직금 중간정산을 받는 것이 아닌 한, 파산관재인이 채무자에게 퇴직금 중간정산을 받도록 강제하는 것은 타당하지 않다고 생각한다. 하지만 현재 파산관재인이 채무자인 근로자로 하여금 퇴직금을 중간정산 받도록 강제하는 것을 규제하는 법령은 존재하지 않으므로, 현실적으로 파산관재인이 근로자에 대해 퇴직금 중간정산을 요청하더라도 이를 위법하다고 보기는 어려울 것이다.

---

515) 선재성(주 479), 533-534면.
516) 임치용(주 260), 173면.

제6절 도급계약

I. 의의 및 성질

도급계약이란 당사자 일방이 어떠한 일을 완성할 것을 약정하고 상
대방이 그 일의 결과에 대하여 보수를 지급할 것을 약정하는 계약이다
(민법 제664조). 이와 같이 도급은 일의 완성에 대하여 보수의 지급을
약정하는 것이라는 점에서 다른 노무공급계약과 구별된다.[517]

수급인의 가장 기본적인 의무는 일을 완성할 의무이며, 도급의 종류
나 성질에 따라 수급인은 완성할 일을 도급인에게 인도할 의무도 부담
한다. 도급인은 수급인에 대하여 보수를 지급할 의무가 있으며, 이는 수
급인의 일을 완성할 의무와 대가관계에 있다. 또한 수급인이 목적물을
인도할 의무를 부담하는 경우에는 일반적으로 도급인에게도 목적물을
수령할 의무가 있다고 해석된다.[518]

도급인과 수급인이 도급계약상의 의무 이행을 완료하지 못한 상태에
서 어느 일방에 대해 도산절차가 개시된 경우 도급계약은 미이행 쌍무
계약에 해당한다. 계약의 이행 완료 여부와 관련하여 수급인이 완성된
목적물을 도급인에게 인도하였으나 목적물에 하자가 있어 수급인이 담
보책임을 부담하는 경우 수급인의 의무 이행이 완료되지 않았으므로 당
해 도급계약이 미이행 쌍무계약에 해당한다고 볼 수 있는지 문제된다.
이에 관하여는 채무자회생법 제119조 및 제335조의 적용 요건과 관련하
여 제3장에서 논한 바 있다.

---

517) 民法注解 XV, 제664조(김용담), 437면.
518) 民法注解 XV, 제664조(김용담), 444면.

II. 도급인이 도산한 경우

1. 파산절차

가. 적용법조

(1) 채무자회생법 제335조와 민법 제674조

도급인이 파산한 경우 계약관계에 적용될 수 있는 법 규정으로는 미이행 쌍무계약에 관한 채무자회생법 제335조와 도급인의 파산과 해제권에 관한 민법 제674조가 존재한다. 채무자회생법 제335조에 따르면 파산관재인만이 미이행 쌍무계약의 이행을 선택하거나 계약을 해제할 수 있다. 이 때 수급인은 파산관재인이 계약을 해제함에 따라 손해를 입은 경우 파산채권자로서 손해배상채권을 행사할 수 있고, 도급인이 파산선고를 받기 전에 이미 일부 급부를 이행하였다면 그 급부가 현존하는 경우에는 환취권자로서, 급부가 현존하지 않는 경우에는 재단채권자로서 원상회복청구권을 행사할 수 있다(회파 제337조). 반면에 민법 제674조에 따르면 도급인이 파산선고를 받은 경우 파산관재인뿐만 아니라 수급인도 계약을 해제할 수 있지만, 손해배상채권은 행사할 수 없다. 이와 같이 어느 규정을 적용하느냐에 따라 법률효과에 큰 차이가 있다.

(2) 해석론

구 파산법 시행 당시부터 도급인이 파산한 경우 현행 채무자회생법 제335조에 해당하는 구 파산법 제50조와 민법 제674조 중 어느 규정을 우선적으로 적용할 것인가에 관하여 견해가 대립되었다. 이러한 견해의 대립은 도급인의 파산을 이유로 도급계약을 해제하는 경우에 어느 규정을 적용할 것인가에 한한다. 도급인의 파산에도 불구하고 도급계약이 존속된다면 이는 도급인인 채무자의 파산관재인이 채무자회생법 제335

조에 따라 도급계약의 이행을 선택한 결과일 것이다.

(가) 민법 제674조 적용설

채무자회생법 제335조는 파산선고시 미이행 쌍무계약의 처리에 관한 원칙을 정한 규정이며 민법 제674조는 도급계약에 대한 특칙이라는 견해이다.519) 즉, 채무자회생법 제335조가 아니라 민법 제674조를 우선 적용한다는 것이며, 우리나라와 일본의 통설적 입장이다.520) 대법원도 도급인이 파산선고를 받은 경우 당사자 쌍방이 이행을 완료하지 아니한 쌍무계약의 해제 또는 이행에 관한 구 파산법 제50조 제1항은 적용될 여지가 없고 민법 제674조 제1항에 의하여 수급인 또는 파산관재인이 계약을 해제할 수 있다고 하였다.521) 앞서 논한 바와 같이 민법 제674조를 적용할 경우 수급인은 별도의 손해가 발생한다고 하더라도 손해배상을 청구할 수 없는데, 이는 모든 파산채권자들 간의 형평을 도모함과 동시에 도급계약 해제에 따른 복잡한 손해계산을 피하기 위한 것이라고 한다.522)

파산관재인은 채무자회생법 제335조에 따라 도급계약의 이행을 선택하고자 하는 반면 수급인은 민법 제674조에 따라 도급계약을 해제하기를 원하는 경우 이를 어떻게 처리할 것인가, 즉 누구의 권리를 우선시킬 것인가도 문제될 수 있다. 민법 제674조가 채무자회생법 제335조에 우선한다고 해석하는 이상, 파산관재인이 수급인에게 이행의 청구를 하더라도 수급인은 민법 제674조에 따라 도급계약을 해제할 수 있다고 보아야 할 것이다.

---

519) 民法注解 ⅩⅤ, 제674조(김용담), 476면.
520) 박병대(주 140), 474면; 加藤哲夫(주 383), 254-255頁. 일본 파산법 제53조는 우리나라 구 파산법 제50조 및 채무자회생법 제335조와 동일하다.
521) 대법원 2002. 8. 27. 선고 2001다13624 판결.
522) 임종헌(주 193), 38면.

(나) 채무자회생법 제335조 적용설

민법 제674조에서 수급인에게 해제권을 인정하고 손해배상청구권을 부정한 것은 합리성이 없고, 회생절차에 관하여는 민법 제674조와 같은 규정이 없으며, 입법 연혁상 채무자회생법 제335조가 민법 제674조 보다 이후에 제정되었으므로 채무자회생법 제335조를 적용하여야 한다고 본다.[523] 2004년 개정 이전의 구 일본 민법 제642조는 현행 우리나라 민법 제674조와 동일한 내용을 규정하고 있었는데, 구 일본 민법 시행 당시 일본에서 제시된 견해이다. 그러나 2004년에 일본 민법 제642조가 개정된 이후로는 이 견해를 취하는 학자를 찾아볼 수 없다. 보다 상세한 내용은 후술한다.

(다) 절충설

수급인이 개인인 경우에는 수급인의 지위를 사용자파산에서 종업원에 준하는 것으로 보아 수급인에게 해제권을 인정하는 민법 제674조를 적용하는 것이 합리적이나, 수급인이 법인인 경우에는 채무자회생법 제335조만 적용된다는 절충적 견해이다.[524]

(3) 검토

채무자회생법 제335조를 우선 적용해야 한다는 견해에 따를 경우 민법 제674조가 사문화되는 결과가 된다. 그러나 이는 민법 제674조 제1항에 대해 상대방의 최고권에 관한 채무자회생법 제335조 제2항을 준용하도록 한 동법 제339조(구 파산법 제53조)와 체계상 맞지 않다.[525] 채

---

523) 伊藤眞(주 328), 244-245頁.

524) 박병대(주 140), 475면.

525) 구 파산법 제50조[쌍무계약의 해제 또는 이행] ① 쌍무계약에 관하여 파산자 및 그 상대방이 모두 파산선고 당시에 아직 그 이행을 완료하지 아니한 때에는 파산관재인은 그 선택에 따라 계약을 해제하거나 파산자의 채무를 이행하고 상대방의 채무이행을 청구할 수 있다.

무자회생법 제339조는 결국 민법 제674조의 적용을 전제하고 있기 때문
이다. 한편 수급인이 법인인가 아니면 개인인가를 기준으로 적용되는
법규를 달리하는 절충설의 입장을 뒷받침할 수 있는 합리적인 근거를
찾기는 어렵다. 이러한 이유 때문에 현재 우리나라에서는 민법 제674조
를 적용하여야 한다는 견해가 통설 및 판례의 입장인데, 타당하다고 생
각한다. 법원의 실무도 통설 및 판례의 입장과 동일하다.[526)

나. 법률효과

(1) 수급인 또는 파산관재인이 계약을 해제하는 경우

도급인이 파산한 경우에는 채무자회생법 제335조가 아니라 민법 제
674조가 적용된다. 민법 제674조에서는 해제라는 용어를 사용하고 있으
나 그 문언에도 불구하고 장래에 향하여 도급의 효력을 소멸시키는 의
미라고 해석된다.[527) 수급인 또는 파산관재인이 도급인인 채무자의 파
산을 이유로 도급계약을 해제한 경우, 수급인은 일의 완성된 부분에 대
한 보수 및 보수에 포함되지 아니한 비용에 대하여 파산재단의 배당에
가입할 수 있다(민법 제674조 제1항 후문). 즉, 도급계약의 해제시까지
완성한 기성부분에 대한 수급인의 공사대금채권 및 이에 포함되지 않은
비용청구권은 파산채권이 되고, 기성부분은 파산재단에 귀속되므로 수

---

② 전항의 경우에 상대방은 파산관재인에 대하여 상당한 기간을 정하여 그
   기간 내에 계약의 해제를 하겠는가 또는 채무이행의 청구를 하겠는가를 확답
   할 것을 최고할 수 있다. 파산관재인이 그 기간 내에 확답을 하지 아니한 때
   에는 계약을 해제한 것으로 본다.
   구 파산법 제53조[민법상의 해제권이 있는 경우] 제50조 제2항의 규정은 민법
   제637조, 제663조 또는 제674조 제1항의 규정에 의하여 상대방 또는 파산관재
   인이 가지는 해지 또는 해제권의 행사에 이를 준용한다.

526) 서울회생법원(주 154), 211면.
527) 民法注解 ⅩⅤ, 제674조(김용담), 476면.

급인은 이를 도급인에게 인도하여야 한다.

파산선고 이후부터 쌍무계약이 해지된 때까지 발생한 청구권은 재단채권에 해당한다(채무자회생법 제473조 제8호). 따라서 도급인이 파산선고를 받고 그 이후 도급계약이 해제되었다면, 파산선고 이후부터 해지의 효력이 생길 때까지 발생한 수급인의 공사대금채권은 재단채권이 아닌가라는 의문이 생길 수 있다. 그러나 민법 제674조가 적용되는 이상 도급인의 파산을 이유로 도급계약이 해제될 때까지 발생한 수급인의 보수 등은 파산채권이라고 해석하여야 할 것이다.

파산관재인 또는 수급인이 민법 제674조에 따라 도급계약을 해제한 경우, 각 당사자는 상대방에 대하여 손해배상을 청구할 수 없다(동조 제2항).528) 그러나 민법 제674조에서 일률적으로 손해배상청구를 할 수 없도록 하는 것이 입법론적으로 타당한지는 의문이다. 이는 모든 파산채권자들 간의 형평을 도모함과 동시에 도급계약 해제에 따른 복잡한 손해계산을 피하기 위한 것이라고 하나,529) 특히 파산관재인이 도급인의 파산을 이유로 도급계약을 해제하여 수급인에게 손해가 발생한 경우에도 수급인의 손해배상채권 행사를 제한하는 것은 불합리하다. 본래 적법·유효하게 체결된 계약이 해제됨으로 인하여 손해가 발생한 경우 파산채권자로서 그 손해에 대한 배상을 청구하는 것이 다른 채권자들의 권리를 해한다고 보기는 어렵고, 도급계약 해제에 따라 발생한 손해액의 경우에만 특별히 손해계산이 복잡하다고 할 수는 없다. 임대차계약의 경우에도 임차인이 파산선고를 받은 경우 파산관재인과 임대인의 해지권을 인정하되 각 당사자의 손해배상청구권은 인정하지 않는다는 동일한 취지의 규정이 있다(민법 제637조). 임대차계약의 경우 임차인의

---

528) 임차인의 파산에 관한 민법 제637조 제2항, 사용자의 파산에 관한 민법 제663조 제1항에서도 이와 동일하게 당사자의 손해배상청구를 금지하는 규정을 두고 있다.

529) 임종헌(주 193), 38면.

파산선고로 인하여 임대인에게 손해가 발생한다고 하더라도 임대인은 임대차계약을 해지하고 목적물을 제3자에게 다시 임대함으로써 차임을 받을 수 있으므로 손해배상청구권을 제한해도 무리가 없기 때문이라고 하는데,530) 수급인의 경우에는 이와 같은 사정을 인정하기 어렵다.

일본의 경우 2004년에 민법 제642조를 개정하여 도급인이 파산선고를 받은 때 수급인 또는 파산관재인은 계약을 해제할 수 있는 바 파산관재인이 계약을 해제한 때에는 수급인에 한하여 파산채권자로서 손해의 배상을 청구할 수 있다고 규정하였다.531) 한편 앞서 논한 바와 같이 일본의 경우 구 민법 시행 당시에는 도급인 파산시 일본 파산법 제53조(우리나라 채무자회생법 제335조에 해당)를 적용하여야 한다는 견해가 있었으나, 2004년 일본 민법 제642조를 개정한 이후에는 입법자의 의사를 존중하여야 할 것이라는 이유로 입장을 바꾸어 파산법이 아니라 민법을 적용하여야 한다고 본다.532)

상대방의 최고권에 관한 채무자회생법 제335조 제2항은 민법 제674조 제1항에 의한 해제권 행사에 대하여도 적용된다(채무자회생법 제339조). 따라서 도급인이 파산선고를 받은 경우 수급인이나 파산관재인은 상대방에 대하여 상당한 기간을 정해 그 기간 안에 계약의 해제 또는 해지나 이행 여부를 확답할 것을 최고할 수 있고, 만일 최고를 받은 상대방이 그 기간 내에 확답을 하지 아니한 때에는 계약을 해제 또는 해지한

---

530) 民法注解 ⅩⅥ, 리스계약(김건식), 368면. 우리나라 민법 제637조와 동일한 내용을 규정하였던 구 일본 민법 제621조는 2004년 개정시 삭제되었다.

531) 2020. 6. 2. 시행된 개정 일본 민법상 종전의 제642조 제2항은 그 내용은 동일하되 동조 제3항으로 위치가 바뀌었다. 개정된 제642조에서 가장 주목되는 사항은 제1항 후단에 "다만 수급인에 의한 계약 해제에 있어서는 일을 완성한 이후에는 그러하지 아니하다"라는 조문을 신설하였다는 것이다. 이미 수급인에 의해 일이 완성되었다면 더 이상 미이행 쌍무계약에 해당하지 않는데, 이와 같은 경우를 제642조에서 함께 규율하고 있다.

532) 伊藤眞(주 322), 272頁.

것으로 본다.

⑵ 파산관재인이 계약의 이행을 선택하는 경우

앞서 논한 바와 같이 민법 제674조는 도급계약의 해제시 적용되는 규정이며, 파산관재인이 계약의 이행을 선택하는 경우에는 채무자회생법 제335조가 적용된다. 파산관재인이 미이행 상태에 있는 도급계약의 이행을 선택하고 수급인이 이에 반대하지 않는 경우(만일 수급인이 민법 제674조에 따라 도급계약을 해제하고자 한다면 이때는 수급인의 의사가 우선한다), 수급인의 공사대금채권은 재단채권이 되고(회파 제473조 제7호), 수급인이 완성한 일의 결과는 파산재단에 귀속된다.

파산선고 전후를 기준으로 수급인의 공사대금채권의 성격이 파산채권과 재단채권으로 분리되는지 여부가 문제될 수 있다. 후술하는 바와 같이 회생절차개시 전의 기성고 부분에 대한 수급인의 공사대금채권을 공익채권으로 취급하는 대법원 판결의 취지에 비추어 볼 때,[533] 회생절차의 경우와 마찬가지로 파산절차에서도 파산관재인이 공사도급계약의 이행을 선택한 경우 수급인의 공사대금채권은 파산선고 전후를 불문하고 모두 재단채권으로 취급될 것이다.

2. 회생절차

가. 일반론

채무자회생법에서는 도급인에 대해 회생절차가 개시된 경우 도급계약을 어떻게 취급할 것인가에 관하여 특별한 규정을 두고 있지 않다. 민법에서도 제674조에서 도급인이 파산한 경우를 도급계약의 종료사유로

---

533) 대법원 2004. 8. 20. 선고 2004다3512·3529 판결.

정하고 있는 것과는 달리, 도급인에 대해 회생절차가 개시된 경우에 관하여는 별도의 규정이 없다.

현재의 법률상황 하에서는 도급인에 대해 회생절차가 개시된 경우 채무자회생법 제119조 등을 적용함이 원칙일 것이다. 이에 따르면 도급계약에 기한 도급인과 수급인의 채무가 쌍방 모두 아직 미이행인 상태에서 도급인인 채무자에 대해 회생절차가 개시되는 경우, 관리인은 계약의 이행 또는 해제를 선택할 수 있다. 민법 제674조와 같은 특칙이 없는 이상 도급인인 채무자의 관리인만이 계약을 해제할 수 있을 뿐 수급인은 계약을 해제할 수 없다.534) 관리인이 도급계약의 이행을 선택할 경우 회생절차개시결정 이후에 발생한 수급인의 보수청구권은 공익채권으로 취급된다(회파 제179조 제1항 제7호). 반면에 관리인이 도급계약의 해제를 선택한다면 수급인은 회생채권자로서 손해배상채권을 행사할수 있다(회파 제121조 제1항). 이상은 종래의 해석론 및 실무이기도 하다.

나. 민법 제674조 제1항의 회생절차에 대한 유추적용

종래의 해석론과는 달리, 대법원은 도급인에 대해 회생절차가 개시된 경우 도급인의 파산에 관한 민법 제674조 제1항을 유추적용할 수 있다고 하였다.535) 대법원은 도급인의 관리인이 해제권을 행사하는 법적

---

534) 민법 제674조에 따르면 도급인이 파산한 경우 파산관재인뿐만 아니라 수급인도 당해 도급계약을 해제할 수 있다.

535) 대법원 2017. 6. 29. 선고 2016다221887 판결("도급인이 파산선고를 받은 경우에는 민법 제674조 제1항에 의하여 수급인 또는 파산관재인이 계약을 해제할 수 있고, 이 경우 수급인은 일의 완성된 부분에 대한 보수와 보수에 포함되지 아니한 비용에 대하여 파산재단의 배당에 가입할 수 있다. 위와 같은 도급계약의 해제는 해석상 장래에 향하여 도급의 효력을 소멸시키는 것을 의미하고 원상회복은 허용되지 아니하므로, 당사자 쌍방이 이행을 완료하지 아니한 쌍무계약의 해제 또는 이행에 관한 채무자회생법 제337조가 적용될 여지가 없

근거가 채무자회생법이 아니라 민법 제674조 제1항이라고 보았다. 대법원은 민법 제674조 제1항이 파산절차에 관한 특칙이며, 회생절차와 파산절차의 목적이 상이하다는 점을 인정하면서도, '이러한 목적을 달성하기 위하여 절차개시 전부터 채무자의 법률관계를 합리적으로 조정·처리하여야 한다는 점에서는 공통'되고, '미이행 계약의 해제와 이행에 관한 규정인 채무자회생법 제121조와 제337조의 규율 내용도 동일'하기 때문에, 민법 제674조 제1항을 도급인에 대해 회생절차가 개시된 경우에 대해서도 유추적용할 수 있다고 하였다. 이와 같이 도급인에 대하여 회생절차가 개시된 경우 민법 제674조 제1항을 유추적용하게 되면, 관리인뿐만 아니라 상대방인 수급인도 회생절차개시 당시 이행이 완료되지 않은 도급계약을 해제할 수 있는 권리를 갖는다.

위 판결은 도급인에 대해 회생절차가 개시된 경우와 도급인이 파산선고를 받은 경우 원칙적으로 미이행 쌍무계약의 법률관계는 동일하게

다. 한편 회생절차는 재정적 어려움으로 파탄에 직면해 있는 채무자에 대하여 채권자 등 이해관계인의 법률관계를 조정하여 채무자 또는 그 사업의 효율적인 회생을 도모하는 것을 목적으로 하는 반면, 파산절차는 회생이 어려운 채무자의 재산을 공정하게 환가·배당하는 것을 목적으로 한다는 점에서 차이가 있기는 하다. 그러나 이러한 목적을 달성하기 위하여 절차개시 전부터 채무자의 법률관계를 합리적으로 조정·처리하여야 한다는 점에서는 공통되고, 미이행 계약의 해제와 이행에 관한 규정인 채무자회생법 제121조와 제337조의 규율 내용도 동일하므로, 파산절차에 관한 특칙인 민법 제674조 제1항은 공사도급계약의 도급인에 대하여 회생절차가 개시된 경우에도 유추적용할 수 있다. 따라서 도급인의 관리인이 도급계약을 미이행 쌍무계약으로 해제한 경우 그때까지 일의 완성된 부분은 도급인에게 귀속되고, 수급인은 채무자회생법 제121조 제2항에 따른 급부의 반환 또는 그 가액의 상환을 구할 수 없고 일의 완성된 부분에 대한 보수청구만 할 수 있다. 이때 수급인이 갖는 보수청구권은 특별한 사정이 없는 한 기성비율 등에 따른 도급계약상의 보수에 관한 것으로서 그 주요한 발생원인이 회생절차개시 전에 이미 갖추어져 있다고 봄이 타당하므로, 이는 채무자회생법 제118조 제1호의 회생채권에 해당한다.")

취급하는 것이 타당하다는 이해에서 출발하고 있다고 생각한다. 그렇다면 위 대법원 판결의 당부는 물론 나아가 양 절차의 동등한 취급을 위하여 회생절차에 대해 민법 제674조 제1항을 유추적용하는 방법으로 그 적용범위를 확대하는 것이 법리적으로 타당한가라는 근본적 의문에 이르게 된다. 도급계약의 경우뿐만 아니라, 민법에서 계약당사자의 파산과 그로 인한 계약의 해제에 관한 여러 조문을 두고 있는 이상, 계약 유형별로 구체적인 사안에서 민법을 적용할 것인가 채무자회생법을 적용할 것인가라는 문제는 반복될 수밖에 없을 것이다. 파산절차와 회생절차의 동등한 취급이라는 원칙을 전제하고 계약당사자의 파산에 관한 민법의 조문을 회생절차에 대해 개별적으로 유추적용하는 대법원의 논리는 구체적 타당성을 기하기 위해 불가피한 면이 있다고 본다. 하지만 이는 각 규정의 균형 있는 해석을 넘어 입법적 해결이 필요한 사항이다. 이에 관하여는 후술하기로 한다.

다. 공사도급계약 이행 선택시 기발생 채권의 취급

(1) 쟁점

공사를 목적으로 하는 도급계약(이하 '공사도급계약')과 관련하여서는 다음과 같은 특별한 쟁점이 있다. 도급인에 대해 회생절차가 개시되고 관리인이 공사도급계약의 이행을 선택한 경우 그 이전에 이미 발생한 공사대금채권, 즉 수급인의 기성고에 대한 공사대금채권은 회생절차 개시 이전의 원인으로 생긴 것이므로 그 법적 성격은 회생채권에 해당함이 원칙이다(회파 제118조 제1항). 그럼에도 불구하고 공사도급계약의 불가분성과 현실적 필요성 등으로 인하여 수급인의 기성고에 대한 공사대금채권을 회생채권으로 취급할 것인지 아니면 공익채권으로 취급할 것인지가 논란이 되었다.

(2) 종래의 법원 실무

구 회사정리법 시행 당시부터 실무상 공사도급계약상 중간 공정마다 기성고를 확정하고 그에 대한 공사대금을 지급하는 형태로 되어 있는 경우, 공사대금청구권과 대가관계에 있는 공사이행청구권 역시 분할되는 급부라는 점을 중시하여 회생절차개시결정 이후 완성된 공사분에 대한 공사대금채권만 공익채권이며, 그 이전의 기성고 부분에 대한 공사대금채권은 회생채권으로 취급하여 왔다. 일본에서는 현재 실무상 수급인이 건설업자인 도급계약의 경우 회생절차개시결정 전에 기발생한 공사대금채권은 공익채권이 아닌 갱생채권으로 취급하고 있다.536)

(3) 판결례

그런데 이후 대법원은 공사도급계약에서 수급인이 완성하여야 하는 공사는 불가분의 것이므로 그 대금채권이 회생절차개시 전의 원인으로 발생한 것과 그렇지 않은 것으로 분리될 수 없는 것이 원칙이고, 따라서 회생절차개시 이후뿐만 아니라 회생절차개시 전의 기성고에 대한 공사대금청구권도 공익채권이라고 하였다.537) 수급인의 기성고에 대한 공사

---

536) 那須克巳, "ゼネコンの会社更生", 会社更生法·民事再生法(門口正人 外3 編, 新·裁判実務大系 21), 靑林書院, 2005, 228-230頁.

537) 대법원 2003. 2. 11. 선고 2002다65691 판결; 대법원 2004. 8. 20. 선고 2004다3512·3529 판결. 위 대법원 2004다3512·3529 판결에서는 "도급계약은 수급인의 일의 완성의무와 도급인의 대금지급의무가 상호 대등한 대가관계에 있는 채무를 부담하는 계약으로서, 쌍방의 채무 사이에는 성립·이행·존속상 법률적·경제적으로 견련성을 갖고 있어서 서로 담보로서 기능하므로 위 법 제103조 제1항 소정의 쌍무계약에 해당한다 할 것이고, 한편 공사도급계약에 있어서 기성고에 따라 대금을 지급받기로 하는 약정이 있다고 하더라도 수급인이 완성하여야 하는 공사는 원칙적으로 불가분이므로 도급계약에서 정한 공사가 일부 이루어졌고 그 기성공사부분에 대하여 수급인에게 대금청구권이 발생한 경우에도 전체 공사가 끝나지 않았다면 그 기성공사부분을 따로 떼어내 그 부분에 대한 수급인의 채무가 이행완료 되었다고 할 수 없는 것인바, 기성

대금채권이 공익채권인 경우 그 이행지체로 인한 손해배상채권 역시 공익채권에 해당한다.538)

이와 관련하여 구 회사정리법 시행 당시에는 회사정리절차개시결정 후 발생한 지체상금은 구 회사정리법 제121조 제1항 제2호 소정의 정리절차개시 후의 불이행으로 인한 손해배상과 위약금으로서 후순위정리채권으로 볼 수 있는 것이 아닌가라는 의문을 제기하는 견해가 있었다.539) 하지만 구 회사정리법과는 달리 채무자회생법에서는 회생절차개시 후의 불이행으로 인한 손해배상금 및 위약금을 회생채권의 한 유형으로 규정하고 있으므로(회파 제118조 제3호), 회생채권에 해당하는지 여부를 문

공사부분에 대한 대금을 지급하지 못한 상태에서 도급인인 회사에 대하여 회사정리절차가 개시되고, 상대방이 정리회사의 관리인에 대하여 법 제103조 제2항에 따라 계약의 해제나 해지 또는 그 이행의 여부를 확답할 것을 최고했는데 그 관리인이 그 최고를 받은 후 30일 내에 확답을 하지 아니하여 해제권 또는 해지권을 포기하고 채무의 이행을 선택한 것으로 간주될 때에는 상대방의 기성공사부분에 대한 대금청구권은 법 제208조 제7호에서 규정한 '법 제103조 제1항의 규정에 의하여 관리인이 채무의 이행을 하는 경우에 상대방이 가진 청구권'에 해당하게 되어 공익채권으로 된다"고 하였다.

538) 대법원 2004. 11. 12. 선고 2002다53865 판결. 이 판결은 구 회사정리법 당시 정리회사의 관리인이 회사정리절차개시결정 이전에 아파트 분양계약을 체결한 수분양자들로부터 분양잔대금을 지급받고 수분양자들을 입주시켰으나 소유권이전등기가 지체되어 수분양자들이 그에 대한 손해배상을 구한 사안인데, 대법원은 정리회사의 관리인이 분양계약의 해제가 아니라 이행을 선택하였으므로 정리회사의 분양대금청구권과 대가관계에 있는 수분양자들의 소유권이전등기청구권은 공익채권이며, 그 이행지체로 인한 손해배상채권도 공익채권이라고 판단하였다.

539) 임치용(주 354), 329면. 채무자회생법은 구 회사정리법상의 후순위정리채권 중 정리절차개시 후의 이자, 정리절차개시 후의 불이행으로 인한 손해배상과 위약금, 정리절차참가비용은 채무자회생법 제118조 제2호 내지 제4호에서 회생채권으로 규정하고, 후순위정리채권 중 정리절차개시 후의 원인에 의하여 생긴 재산상의 청구권으로서 공익채권이 아닌 것에 대하여는 제181조에서 개시후기타채권으로 규정하여 구 회사정리법 당시의 후순위정리채권과 같은 지위를 부여하였는데, 이에 관하여는 서울회생법원(주 137), 427-428면 참조.

제 삼는 것은 별론으로 하고 더 이상 후순위정리채권인지에 해당하는지를 논할 실익은 없다.

⑷ 검토

구 회사정리법 시행 당시 종래의 실무에 따를 경우에는 특히 계약금액이 매우 크고 장기간에 걸쳐 공사가 이루어지는 공사도급계약에서 회생절차개시결정 이전의 기성고 부분에 대한 채권을 회생채권으로 취급하는 것은 수급인에게 지나치게 불리하다는 문제가 있었다. 또한 현실적으로 공사도급계약의 경우 수차례에 걸쳐 하도급이 이루어지고 있는데, 도급인에 대하여 회생절차가 개시된 경우 기성고 부분을 회생채권으로 취급하면 수급인뿐만 아니라 수많은 하도급업체들까지 도산할 위험이 있다는 현실적 우려도 존재했다. 파산절차에 관한 논의이기는 하나 일본에서는 파산관재인이 도급계약의 이행을 선택함에 따라 수급인이 일을 완성한 경우, 수급인이 하는 일이 불가분적인 특성을 가지고 있다면 그에 대한 수급인의 공사대금채권도 불가분의 것으로 취급함이 타당하므로 파산선고 전후를 기준으로 파산채권과 재단채권으로 구분하는 것은 불합리하고, 수급인이 일을 완성하면 그만큼 파산재단에 속하는 채무자의 재산이 증대되므로 파산선고 전의 기성고에 대한 수급인의 공사대금채권을 재단채권으로 취급하더라도 결과적으로 다른 파산채권자들에게 피해를 끼치지는 않는다는 해석론이 있었고,540) 현행 법 하에서도 이에 찬동하는 견해가 있다.541)

이러한 이유에서 대법원도 종래의 실무와는 달리 공사도급계약에서 회생절차개시 이전에 이루어진 기성고 부분에 대한 수급인의 공사대금

---

540) 注解 破産法, 第64条(吉永順作), 262頁.

541) 三森仁, "請負契約", 新破産法の理論と実務(山本克己 外3 編), 判例タイムズ社, 2008, 210頁.

채권을 회생채권이 아닌 공익채권이라고 입장을 정리한 것으로 보인다. 이에 대하여는 동 판결에서 문제된 사안과 같이 일정기간마다 그때까지 진행된 공사가 전체 공사 중에 어느 비율만큼 완성되었는지에 따라 전체 공사대금 중 비율에 따른 대금을 지급하기로 한 경우는 미시공 공사 부분과 구별하여 독립적인 가치를 가진 공사가 완성된 것이 아니라 총 공사 중의 일부만 완성된 것이므로 결국 채무의 이행이 완료된 것으로 평가할 수 없어 회생절차개시 이후에 이루어진 공사 부분과 분리될 수 없기 때문이라고 설명하는 견해가 있다.542)

그리고 현재 법원에서는 위 대법원 판결의 취지에 따라 건설회사의 관리인이 미이행 상태인 공사계약의 이행을 선택하는 경우 회생절차개시 이전의 기성고에 대한 공사대금청구권을 포함한 공사대금청구권 전부를 공익채권으로 취급하고 있다.543) 도급인의 지위에 있는 관리인이 미이행 상태에 있는 도급계약의 이행을 선택한 경우, 대법원 판결에 따르면 수급인의 공사대금채권 전부 및 그에 대한 지연손해금까지도 공익채권이 되므로 채무자인 회생회사에 재정적으로 큰 부담이 될 수 있다. 따라서 특히 건설회사인 채무자에 대해 회생절차가 개시된 경우 관리인은 이와 같은 사실을 극히 유념할 필요가 있으며, 만일 이행 선택시 수급인에게 지급하여야 할 공사대금 및 지체상금이 거액일 경우에는 기존 계약의 이행을 선택하기보다는 법원 및 상대방과 협의하여 새로운 계약을 체결하는 방안도 고려해볼 수 있을 것이다.544)

---

542) 최종길, "가. 도급공사의 기성공사부분에 대한 대금청구 채권이 회사정리법상 공익채권에 해당하는 경우 나. 회사정리법 제145조에 규정된 '확정판결과 동일한 효력'의 의미 및 공익채권자가 자신의 채권을 정리채권으로 신고한 사정만으로 자신의 채권을 정리채권으로 취급하는데 동의하였다거나 공익채권자의 지위를 표기한 것으로 볼 수 있는지 여부(소극)", 대법원판례해설 통권 제52호, 법원도서관, 2004, 200면.

543) 서울회생법원(주 137), 502면.

544) 서울회생법원(주 137), 502면.

공사도급계약의 경우 일의 내용이 불가분적일 수 있다는 점, 완성된 일은 결국 전체 채권자의 변제재원으로 활용되는 재산이 된다는 점 및 하나의 건설공사를 위해 여러 단계의 각종 하도급 계약이 체결되는 공사도급계약의 현실 등을 고려할 때, 위 대법원 판결과 같이 회생절차개시 이전의 기성고 부분에 대한 공사대금채권을 공익채권으로 취급하는 것도 충분히 일리가 있다.

하지만 여전히 다음과 같은 문제가 남아 있다. 먼저 이미 공사이행을 완료한 수급인과의 형평성 논란이 제기될 수 있다. 수급인이 도급인에 대한 회생절차개시 이전에 공사이행을 완료한 경우 수급인의 공사대금채권은 회생채권에 해당한다. 이 경우 수급인은 도급인에 대한 회생절차 내에서 공사대금채권을 신고하고 회생계획에 따라 본래 채권액의 일부를 변제받게 될 것이다. 반면에 대법원 판결에 따를 경우 수급인이 도급인에 대한 회생절차개시 전까지 공사이행을 완료하지 못한 상태에서 관리인이 도급계약의 이행을 선택한 경우 수급인의 공사대금채권은 회생절차개시 전후를 불문하고 모두 공익채권으로 취급되는데, 공익채권은 회생채권이나 회생담보권에 우선하며 회생절차에 의하지 않고 수시로 전액을 변제할 수 있다(회파 제180조 제1항, 제2항). 이에 따르면 도급인에 대한 회생절차개시라는 사정에 의해 수급인의 공사대금채권이 전혀 달리 취급되는 결과가 되는데 이는 공평하지 않다. 또한 채무자회생법 제122조에서는 채무자에 대하여 계속적 공급의무를 부담하는 쌍무계약의 상대방은 회생절차개시신청 전의 공급으로 발생한 회생채권을 변제하지 않는다는 이유로 회생절차개시신청 후 그 의무의 이행을 거부할 수 없다고 규정하고 있는데, 이와의 균형도 문제된다. 그리고 도급인에 대한 회생절차개시 이전에 수급인의 공사이행이 완료된 경우나 아직 진행되고 있는 경우나 완성된 일은 결국 전체 채권자의 변제재원이 되며 영세한 하수급인들을 보호해야 할 필요가 있다는 점은 마찬가지이다.

그러므로 도급계약의 이행이 완료되지 않은 상태에서 기 발생 공사대금채권에 대한 가치평가가 가능한 이상 이는 회생채권으로 취급하는 것이 타당하다고 생각한다.[545] 채권의 목적이 금전이 아니거나 그 액이 불확정한 때에는 회생절차가 개시된 때의 평가금액으로 채권의 가액을 산정하므로 이에 근거하여 기 발생 공사대금채권의 가치를 평가할 수 있다(회파 제137조). 만일 그 가치평가액에 다툼이 있다면 회생절차 내에서 회생채권의 조사확정재판을 통해 처리할 수 있다(회파 제170조 이하). 구체적인 사안에 따라 하수급인을 보호할 필요성 등이 매우 크다고 인정되는 경우에는 가능한 범위 내에서 회생채권의 변제율을 조정하는 방식으로 회생계획을 수립할 수 있을 것이다.

한편 공사도급계약 이외에 일의 내용이 불가분적 특성을 갖는 도급계약에 대해서도 공사도급계약의 경우와 동일하게 취급할 수 있는지도 문제된다. 이에 대하여는 명시적인 법원 판결례가 존재하지 않는다. 위 대법원 판결에서는 수급인이 완성하여야 하는 공사는 그 성질상 원칙적으로 불가분이므로 전체 공사가 끝나지 않았다면 그 기성공사부분을 따로 떼어내 그 부분에 대한 수급인의 채무가 이행 완료되었다고 할 수 없다는 이유로 수급인의 기성고에 대한 공사대금채권을 공익채권이라고 인정하고 있는데, 이는 건설공사에 관한 사안이다. 동 판결에서는 쌍무계약에서 당사자가 부담하는 의무가 그 성질상 불가분적인 것인지 여부를 기준으로 공익채권 해당 여부를 판단하였는데, 이러한 기준을 건설공사에 관한 도급계약 이외에도 적용할 수 있을 것인가. 즉, 당사자가 부담하는 의무 내지 급부가 불가분적인 성질을 갖는 경우에 대하여는 형평상 위 대법원 판결과 마찬가지로 회생절차개시 이전에 채무자에 대해 의무의 일부를 이행한 상대방의 채권 역시 공익채권으로 취급할 수 있는지 의문이다.

채무자에 대하여 회생절차개시 전의 원인으로 생긴 재산상의 청구권

---

545) 那須克巳(주 536), 229頁.

은 회생채권으로 취급함이 원칙이고(회파 제118조 제1호), 위 대법원 판결은 본래 회생채권의 성질을 갖는 수급인의 공사대금청구권을 예외적으로 공익채권으로 취급한 사안이다. 그러므로 현 시점에서 명문의 규정이나 다른 법원 판결례가 없는 이상, 위 대법원 판결의 취지를 공사도급계약 이외의 경우에 대해서까지 임의로 확대 적용하기는 어렵다고 생각한다. 다만 앞으로 현실적 또는 정책적 필요에 기하여 급부가 불가분적인 성질을 갖는 경우 본래 회생채권에 해당하는 채권을 예외적으로 공익채권으로 인정하는 해석론이 등장할 가능성을 배제할 수는 없다. 실무상으로 채무자에 대해 회생절차가 개시된 경우 채무자가 체결한 계약의 상대방이 갖는 채권이 회생채권인지 아니면 공익채권인지 여부는 매우 첨예한 쟁점이 되고 있으므로, 이 문제에 대하여는 실무상 명확한 기준을 정립할 필요가 있다.

III. 수급인이 도산한 경우

1. 회생절차

채무자회생법에서는 도급인의 경우와 마찬가지로 수급인에 대해 회생절차가 개시된 경우에 관하여도 특별한 규정을 두고 있지 않으며, 민법에도 별도의 정함은 없다. 그러므로 수급인에 대해 회생절차가 개시된 경우에는 채무자회생법 제119조의 미이행 쌍무계약에 관한 법리가 그대로 적용될 것이다. 이에 따르면 도급계약에 기한 도급인과 수급인의 채무가 쌍방 모두 아직 미이행인 상태에서 수급인인 채무자에 대해 회생절차가 개시될 경우, 관리인은 당해 도급계약을 존속시켜 채무자의 의무를 이행할 것인지 아니면 계약을 해제할 것인지를 선택할 수 있다.

수급인에 대해 회생절차가 개시된 때, 관리인이 미이행 상태인 도급계약의 이행을 선택할 경우 상대방인 도급인이 수급인에 대하여 갖는 공사이행청구권은 공익채권이 된다(제179조 제1항 제7호). 수급인이 공사이행을 지체할 경우 발생하는 도급인의 손해배상채권도 공익채권에 해당한다.546)

2. 파산절차

가. 채무자회생법 제335조 적용 여부

(1) 쟁점

민법 및 채무자회생법에서는 수급인이 파산한 경우 도급계약을 어떻게 취급할 것인지에 관하여 특별한 규정을 두고 있지 않다. 일본도 우리나라와 마찬가지로 민법과 파산법에서 수급인의 파산과 관련하여 별도로 규율하고 있지 않다. 이와 같은 법률상황 하에서는 원칙적으로 수급인이 파산한 경우 도급계약에 대하여는 채무자회생법 제335조를 적용하여야 할 것이다. 그럼에도 불구하고 도급계약의 특성으로 인해 수급인이 파산한 경우에도 채무자회생법 제335조를 그대로 적용할 수 있는지 여부가 논란이 되어 왔다.547)

(2) 해석론
(가) 적용부정설

수급인이 파산선고를 받은 경우 채무자회생법 제335조는 적용되지 않으며, 파산관재인은 계약을 해제할 수 없다고 본다. 우리나라에서 채무자회생법 제335조의 적용을 전면적으로 부정하는 견해는 존재하지 않

---

546) 대법원 2004. 11. 12. 선고 2002다53865 판결.
547) 일본의 현행 파산법 제53조는 2004년 개정 전의 구 파산법 제59조와 동일하다.

으나, 과거 일본에서는 수급인에 대한 파산선고가 있더라도 수급인의
노무제공 여부는 수급인이 자유롭게 결정할 수 있어야 하고 계약관계는
파산재단에 승계되지 않으므로, 기존의 도급계약관계는 파산절차 밖에
그대로 존속한다고 보는 견해가 있었다.[548] 이 견해에 따르면 수급인이
파산한 경우 파산관재인이 제341조에 따라 개입권을 행사하는 것은 별
론으로 하고, 제335조에 따라 도급계약을 해제할 수는 없다. 채무자회
생법 제341조에서 파산관재인에게 개입권을 인정한 이유는 미완성의 일
을 완성시켜서 그 보수를 파산재단에 귀속시키는 것은 수급인과 파산재
단 모두에 이익이 되기 때문이라고 한다. 다만 일본에서도 최근에는 적
용부정설을 취하는 견해를 찾아볼 수 없다.

(나) 적용긍정설

우리나라에서는 채무자회생법 제335조의 적용을 전면적으로 부정하
는 견해를 찾아볼 수 없다. 일본에서는 최근 수급인이 파산한 경우에 관
하여 민법상 특별한 규정이 없으므로 통상의 미이행 쌍무계약과 동일하
게 취급하여야 한다는 견해가 유력하다.[549] 종래 다수의 입장인 2분설
은 채무자 자신의 노무 제공이 필요한지 여부에 따라 내용을 달리 규정
한 일본 구 파산법 제64조에 근거한 것인데, 현행 일본 파산법에서 동조
를 삭제한 이상 더욱 원칙에 따라 처리할 필요성이 크다고 한다.[550] 그
러므로 수급인 파산시 파산관재인은 도급계약의 목적인 일의 내용을 불
문하고 채무자회생법 제335조에 따라 계약의 이행 또는 해제를 선택할
수 있다.

---

548) 山木戸克己(주 377), 125-126頁.
549) 伊藤眞(주 322), 273-276頁; 山本克己 編(주 103), 224頁; 加藤哲夫(주 383), 257頁.
550) 채무자회생법 제341조와 동일한 내용을 규정하였던 일본의 구 파산법 제64조
   는 2004년 개정시 삭제되었다.

(다) 2분설

도급계약의 대상이 채무자인 수급인의 개인적 노무 제공인 경우에는 채무자회생법 제335조가 적용되지 않고, 그 이외의 경우에는 동조에서 정한 원칙에 따라 처리한다는 견해이다.[551] 우리나라에서 수급인 파산 시 채무자회생법 제335조를 적용할 것인지에 관하여 논하는 문헌에서는 대체로 2분설에 찬동하고 있다. 구체적으로는 도급계약이 수급인 자신의 노무 제공을 내용으로 하는 경우나 비대체적인 경우에는 채무자회생법 제335조를 적용할 수 없으나, 그 이외의 경우 특히 법인이 수급인인 경우에는 재단 소속 재산에서 이탈하여 의무를 이행하는 것은 상정할 수 없기 때문에 동조의 적용을 긍정하여야 한다는 견해가 있다.[552] 일본에서 구 파산법 시행 당시의 통설적 입장이기도 하다.[553]

대법원은 구 파산법 시행 당시 공사도급계약상 동시이행관계에 있는 도급인의 공사대금지급의무와 수급인의 하자보수의무가 각각 이행되지 못하고 있는 상태에서 수급인이 파산선고를 받은 경우 당해 도급계약이 미이행 쌍무계약에 해당하는지 여부가 문제된 사안에서, 수급인이 파산선고를 받은 경우 당해 도급계약의 목적인 일의 내용이 파산자 이외의 사람이 완성할 수 없는 성질의 것이기 때문에 파산관재인이 파산자의 채무이행을 선택할 여지가 없는 때가 아닌 한 구 파산법 제50조는 도급계약에도 적용된다고 판단하였다.[554] 이는 도급계약의 목적인 일의 내용이 대체적인지 여부, 즉 학설상 제시하는 개인적 노무 제공인지를 기준으로 삼아 현행 채무자회생법 제335조에 해당하는 구 파산법 제50조의 적용 여부를 달리한 것이다.[555] 즉, 도급계약상 수급인이 부담하는

---

551) 宗田親彦(주 180), 163-164頁.

552) 박병대(주 140), 478-479면; 전병서(주 379), 148면.

553) 条解 破産法, 第53条, 396頁.

554) 대법원 2001. 10. 9. 선고 2001다24174 판결.

555) 이균용, "수급인의 파산과 파산법 제50조의 적용 여부", 대법원판례해설 제38

의무의 내용이 수급인 이외의 자는 이행할 수 없는 성질의 것이라면 파산관재인이 도급계약의 이행 또는 해제를 선택하는 것은 불가능하다는 의미이다. 일본 최고재판소는 수급인이 파산선고를 받은 경우 도급계약의 대상이 되는 일의 내용이 수급인 이외의 자가 완성할 수 있는 것이라면 일본 파산법 제59조가 적용되고, 수급인 이외의 자가 완성할 수 없는 것이라면 일의 성질상 파산관재인이 채무자의 채무 이행을 선택하는 것이 불가능하다고 판단하였는데,556) 위 대법원 판결과 마찬가지로 2분설의 입장인 것으로 보인다.

나. 검토

우리나라에서는 수급인이 파산한 경우 전면적으로 채무자회생법 제335조의 적용을 부정하는 견해는 존재하지 않는다. 그리고 파산실무상으로는 도급계약상 수급인이 부담하는 급부의무의 내용이 대체적인지 아니면 비대체적인지 여부와 상관없이 채무자회생법 제335조를 적용하고 있는 것으로 보인다.557)

도급계약의 목적인 일이 제3자에 의해서는 이루어질 수 없는 수급인의 비대체적 급부를 내용으로 하는 것이라면, 수급인이 일을 하는 것 자체는 파산관재인의 파산재단에 대한 관리 또는 처분 권한에 속하지 않는다고 보아야 할 것이다(회파 제384조).558) 앞서 논한 바와 같이 고용계약의 경우 근로자가 파산선고를 받은 경우에 관하여 민법에서 특칙을 두고 있지 않지만, 근로자 자신이 노무를 제공한다는 계약의 특성상 계약의 이행 여부에 대한 파산관재인의 선택권은 인정되지 않는다고 해석

호, 법원행정처, 2001, 496면; 유수열(주 169), 701면.

556) 日最裁 1987(昭和 62). 11. 26. 判決(民集 第41卷 第8号 1585).

557) 서울회생법원(주 154), 213면.

558) 民法注解 ⅩⅤ, 제674조(김용담), 477면.

하는데 이견이 없다. 이러한 법리는 수급인의 비대체적 급부의 제공을 내용으로 하는 도급계약에 대해서도 동일하게 적용될 수 있다. 그렇지 않고 채무자회생법 제335조가 그대로 적용되어 파산관재인이 일방적으로 도급계약을 해제할 수 있다고 하면 도급인의 입장에서는 더 이상 일을 완성하여 도급계약의 목적을 달성할 수 있는 방법이 없는 반면에 기성고 부분에 대하여는 파산재단에 대하여 채무를 부담하게 되는 불합리한 결과가 초래될 수 있다는 점,559) 일본의 개정 파산법과는 달리 우리나라는 파산관재인의 개입권에 관한 규정을 두고 있다는 점도 고려해야 할 것이다(회파 제341조). 그러므로 현행 채무자회생법의 해석상 2분설의 입장이 타당하다고 생각한다.

다. 법률효과

(1) 파산관재인이 계약을 해제하는 경우

2분설에 따를 때 도급계약상 수급인의 의무가 비대체적인 것이 아닌한, 수급인이 파산한 때 파산관재인은 도급계약의 이행 또는 해제를 선택할 수 있다. 파산관재인이 도급계약을 해제하고 이로 인해 손해가 발생한 경우 도급인은 파산채권자로서 손해배상청구권을 행사할 수 있고, 도급인이 일의 완성을 위하여 수급인에게 제공한 재료나 선급금이 있는 경우 도급인은 원상회복으로서 그 반환을 구하거나 재단채권자로서 가액의 반환을 구할 수 있다(회파 제337조). 그리고 파산관재인이 도급계약을 해제할 때까지 완성된 기성고에 대한 공사대금채권은 파산선고 이전의 원인에 기해 발생한 청구권이므로 파산재단에 귀속된다.

---

559) 박병대(주 140), 479면.

(2) 파산관재인이 계약의 이행을 선택하는 경우

파산관재인이 도급계약의 이행을 선택한 경우 도급인이 갖는 공사이행청구권은 재단채권이다(회파 제473조 제7호). 이와 관련하여 수급인이 파산선고 등의 사유로 인하여 공사이행의무를 지체함으로써 발생한 도급인의 손해배상채권이나 위약금도 재단채권에 포함시킬 것인지 문제될 수 있다. 앞서 논한 바와 같이 구 회사정리법과는 달리 채무자회생법에서는 회생절차개시 후의 불이행으로 인한 손해배상금 및 위약금을 회생채권이라고 규정하고 있으므로, 더 이상 후순위정리채권인지 여부는 문제되지 않는다. 그런데 파산절차의 경우 채무자회생법 제446조 제1항 제2호에서 파산선고 후의 불이행으로 인한 손해배상액 및 위약금을 일반 파산채권보다 열후한 지위의 후순위파산채권이라고 규정하고 있어 여전히 논란의 여지가 있다.560) 그러나 관리인이 계약의 이행을 선택함에 따라 상대방이 갖는 채권이 공익채권인 이상 그 이행지체로 인한 손해배상채권 역시 공익채권에 해당한다는 대법원 판결에 비추어 볼 때,561) 파산절차의 경우에도 수급인이 공사이행의무를 지체함으로써 발생한 도급인의 손해배상채권이나 위약금은 후순위파산채권이 아니라 재단채권이라고 해석함이 타당할 것이다.

파산관재인이 도급계약의 이행을 선택한 경우 파산관재인은 채무자인 수급인에게 필요한 재료를 제공하여 일을 완성하게 하거나 제3자로 하여금 일을 완성하게 할 수 있고, 채무자인 수급인 또는 제3자가 일을 완성한 경우 도급인에 대한 보수청구권은 파산재단에 귀속된다(회파 제341조). 동조를 통상 파산관재인의 개입권이라 부른다. 파산관재인의 개입권 행사로 인해 발생한 채무자 또는 제3자의 임금채권은 파산재단에 관하여 파산관재인이 한 행위로 인하여 생긴 청구권으로서 재단채권에

---

560) 구 회사정리법에 관한 논의로는 임치용(주 354), 329면.
561) 대법원 2004. 11. 12. 선고 2002다53865 판결.

해당한다(제473조 제4호). 특히 파산관재인이 개입권을 행사하여 채무자가 노무를 제공하고 그 대가로 발생한 임금채권은 채무자가 파산선고 후에 새로이 취득한 재산인 이른바 신득재산(新得財産)으로서 자유재산에 해당하므로 파산재단에 귀속되지 않는다.562)

한편 이미 논한 바와 같이 채무자회생법 제335조 제1항에 따른 파산관재인의 해제권이 민법상의 해제권 등을 배제하는 것은 아니며, 양자는 병존할 수 있다. 따라서 수급인이 파산하여 파산관재인이 채무자회생법 제335조에 따라 도급계약의 이행을 선택한다고 하더라도, 일이 완성되기 전이라면 도급인은 민법 제673조에 따라 수급인에 대한 손해를 배상하고 도급계약을 해제할 수 있다.

---

562) 서울회생법원(주 154), 77면.

제7절 위임계약

Ⅰ. 의의 및 성질

위임계약이란 당사자의 일방이 법률행위 기타 사무의 처리를 상대방에게 위임하고 상대방이 이를 승낙함으로써 그 효력이 생기는 계약이다(민법 제680조). 위임계약은 '위임은 무상이 아니면 무효이다'라는 로마법상의 원칙에 따라 편무(片務)·무상(無償)·낙성(諾成)·불요식(不要式)의 계약이나,563) 예외적으로 당사자들이 특별히 보수를 지급하기로 하는 약정을 한 경우에는 쌍무·유상계약이 된다(민법 제686조).564) 대법원은 당사자들이 명시적으로 보수를 지급하기로 약정하지 않았다고 하더라도 변호사에게 위임하는 경우 무보수로 한다는 등 특별한 사정이 없는 한 응분의 보수를 지급할 묵시의 약정이 있는 것으로 봄이 상당하다고 한다.565) 민법상 위임계약은 본래 무상임이 원칙이나, 이러한 대법원 판결의 취지에 따를 때 사회통념이나 거래관념상 오히려 유상계약에 해당하는 경우가 대부분일 것이다.

위임은 위탁된 목적을 위하여 사무를 처리하는 것이고 그 목적의 범위 내에서 수임인이 사무처리방식 등에 관하여 재량권을 갖는 반면, 고용은 사용자에게 종속되어 그의 지휘명령대로 노무를 제공하는 관계라는 점에서 차이가 있다.566) 한편 도급은 일의 완성을 목적으로 하기 때문에 일이 완성되지 않는 한 보수를 받을 수 없지만, 위임은 반드시 일

---

563) 곽윤직(주 134), 273면.
564) 民法注解 ⅩⅤ, 제680조(이재홍), 514면.
565) 대법원 1993. 11. 12. 선고 93다36882 판결; 대법원 1995. 12. 5. 선고 94다50229 판결.
566) 民法注解 ⅩⅤ, 제680조(이재홍), 515면.

의 완성을 요하는 것은 아니므로 그 목적 달성 여부를 불문하고 일을 수
행하면 족하다.567)

위임계약은 당사자 쌍방의 특별한 대인적 신뢰관계를 기초로 하는
것이기 때문에 각 당사자는 위임계약이 유상이든 무상이든, 또는 기간
의 약정이 존재하는지 여부를 불문하고 언제든지 위임계약을 자유롭게
해지할 수 있다(민법 제689조 제1항).568) 동조는 오직 법적 구속력이 극
히 약한 계약관계인 무상위임에 대해서만 적용된다고 해석하는 견해가
있다.569) 위임계약을 해지할 경우 계약관계는 장래에 향하여 종료하며,
당사자는 그 동안의 비용과 보수 등을 정산하여야 한다.

민법 제690조에서는 당사자 일방의 파산을 위임의 종료사유로 정하
고 있다. 당사자 일방이 파산선고를 받은 경우 위임계약이 당연히 종료
한다는 점에서 임차인의 파산시 임대인 또는 파산관재인이 임대차계약
을 해지할 수 있고(민법 제637조 제1항), 사용자의 파산시 노무자 또는
파산관재인이 계약을 해지할 수 있으며(민법 제663조 제1항), 도급인의
파산시 수급인이나 파산관재인이 계약을 해제할 수 있다(민법 제674조
제1항)고 정한 민법의 다른 규정들과 차이가 있다. 한편 민법에서는 임
대차계약이나 도급계약과 같은 다른 유형의 계약과 마찬가지로 위임계
약에 대해서도 당사자에 대한 회생절차개시와 관련하여서는 특별한 정
함을 두고 있지 않다.

---

567) 民法注解 ⅩⅤ, 제680조(이재홍), 515면.
568) 곽윤직(주 134), 280면; 대법원 2005. 11. 24. 선고 2005다39136 판결.
569) 民法注解 ⅩⅤ, 제680조(이재홍), 590-591면.

II. 당사자에 대해 회생절차가 개시된 경우

1. 적용법조

민법 제690조에서는 당사자 중 일방의 파산을 위임계약의 종료 사유로 정하고 있을 뿐이다. 따라서 위임계약을 체결한 당사자 일방에 대해 회생절차가 개시된 경우 위임계약이 당연히 종료하는 것은 아니다. 무상의 위임계약은 편무계약이므로 채무자회생법 제119조가 적용될 여지가 없다. 반면에 쌍무계약에 해당하는 유상의 위임계약에 대하여는 채무자회생법 제119조가 적용되어 관리인이 계약의 이행 여부를 선택할 수 있다. 이하의 논의는 관리인의 선택권 행사가 문제되는 유상의 위임계약에 관한 것이다.

그런데 위임계약은 유상이든 무상이든 또는 기간의 약정이 존재하는지 여부를 불문하고 언제든지 자유롭게 해지할 수 있으므로(민법 제689조 제1항), 다른 계약 유형에 비해 관리인이 채무자회생법 제119조에 따른 선택권을 행사할 실익이 크지 않다.[570] 제3장 제3절에서 논한 바와 같이 대법원은 계약 당사자에 대한 도산절차의 개시를 이유로 계약을 해제할 수 있도록 하는 합의, 즉 도산해제조항은 적어도 채무자회생법에서 인정된 관리인의 미이행 쌍무계약에 대한 선택권을 침해하는 한도 내에서는 효력이 없다고 하였다. 하지만 위임계약의 당사자들에게 인정되는 해지의 자유는 당사자 간에 체결된 특약이 아니라 민법 제689조 제1항에 기해 인정되는 것이므로 도산해제조항의 경우와는 다르다. 그러므로 위임계약의 당사자 중 일방에 대해 회생절차가 개시되고 관리인이 위임계약의 이행 여부를 선택하지 않았다고 하더라도, 상대방은 민법 제689조 제1항에 기해 채무자에 대한 회생절차의 개시를 이유로 위

---

570) 백창훈/임채홍(주 151), 387면.

임계약을 해지할 수 있다. 또한 관리인이 채무자회생법 제119조에 따라 위임계약의 이행을 선택하고 상대방에게 의무의 이행을 청구하더라도, 이에 대응하여 상대방은 민법 제689조 제1항에 근거한 해지권을 행사할 수 있다.

이하에서는 유상의 위임계약의 경우 상대방이 민법 제689조 제1항에 근거한 해지권을 행사하지 않거나 상대방의 의사가 관리인의 선택권 행사와 일치한다고 전제하고, 채무자가 위임인인 경우와 수임인인 경우를 구분하여 각각의 법률관계에 관하여 논한다.

2. 위임인에 대해 회생절차가 개시된 경우

가. 위임계약을 해지한 경우

관리인이 위임계약의 해지를 선택한 경우 상대방인 수임인이 그 때까지 이행한 결과는 채무자의 재산으로 귀속된다. 그리고 수임인이 위임계약에 따른 의무를 이행한 대가인 보수청구권(민법 제686조), 비용상환청구권이나 손해배상청구권(민법 제688조) 등은 회생절차개시 전의 원인으로 생긴 것이므로 회생채권에 해당한다(회파 제118조 제1호).571) 관리인이 위임계약을 해지함으로 인하여 발생한 상대방의 손해배상청구권 역시 회생채권이다(회파 제121조 제1항).

관리인이 계약을 해지한 경우 원상회복의 법리에 따라 상대방이 이행한 급부가 채무자의 재산에 현존하는 때에는 상대방은 환취권자로서 그 반환을 청구할 수 있고, 현존하지 않는 경우에는 상대방은 그 가액의 상환에 관하여 공익채권자로서 그 권리를 행사할 수 있다(회파 제121조 제2항). 그런데 위임계약은 수임인이 위임사무를 처리하고 그에 대한 대

---

571) 서경환(주 314), 665면; 백창훈/임채홍(주 151), 388면.

가로 보수 등을 지급받는 것을 내용으로 하므로, 관리인이 계약을 해지한 경우 수임인은 회생채권자의 지위에서 보수지급청구권 등을 행사할 수 있을 뿐이고 채무자회생법 제121조 제2항에 따른 원상회복의 법리를 적용할 여지는 없다고 본다.

나. 위임계약의 이행을 선택한 경우

관리인이 위임계약의 이행을 선택하고 수임인이 이에 동의하는 경우(즉, 수임인이 민법 제689조 제1항에 따라 위임계약을 해지하지 않는 경우), 상대방은 공익채권자의 지위에서 보수청구권, 비용상환청구권이나 손해배상청구권 등을 행사할 수 있다(민법 제686조, 제688조, 회파 제179조 제1항 제7호).

3. 수임인에 대해 회생절차가 개시된 경우

가. 위임계약을 해지한 경우

위임인은 수임인에 대해 위임사무를 처리할 것을 요청할 수 있고 이에 대한 대가로 보수 등을 지급하여야 한다. 그런데 수임인에 대해 회생절차가 개시되고 관리인이 위임계약을 해지하면 상대방인 위임인은 더 이상 위임사무의 이행을 요구할 수 없고, 위임인은 회생채권자의 지위에서 위임계약에 따른 위임사무가 처리되지 못함으로 인하여 발생한 손해배상청구권을 행사하여야 할 것이다(회파 제121조 제1항). 만일 위임인이 위임사무의 처리를 위해 수임인에게 지급한 물건 등이 있다면 그에 대하여는 원상회복의 법리에 따라 환취권자 또는 공익채권자로서 물건이나 그 가액의 반환을 청구할 수 있다(회파 제121조 제2항).

나. 위임계약의 이행을 선택한 경우

관리인이 위임계약의 이행을 선택하면 위임인은 공익채권자의 지위에서 위임계약에 따른 위임사무의 처리를 구할 권리를 행사할 수 있다(회파 제179조 제1항 제7호). 관리인은 위임계약에서 정한 바에 따라 위임사무를 처리하고, 이에 대한 대가로 위임인에게 보수와 비용 등의 대가를 청구할 수 있다.

위임계약의 특성상 위임사무를 처리하는 수임인이 누구인가는 매우 중요한 문제이며, 누구를 수임인으로 지정할 것인가는 결국 위임인의 의사에 좌우된다. 이 때문에 수임인에 대해 회생절차가 개시된 경우 관리인이 위임계약의 이행을 선택하도록 하는 것은 적절하지 않은 측면이 있으나, 위임인이 위임계약의 존속을 원하지 않는다면 위임인은 민법 제689조 제1항에 따라 계약을 해지할 수 있다.

4. 회사와 이사와의 위임계약

민법 제690조가 적용되는 파산절차와는 달리, 회사에 대해 회생절차가 개시된 경우 회사가 이사나 감사와 체결한 위임계약이 당연히 종료되는 것은 아니다. 이 때 관리인이 채무자회생법 제119조에 따라 미이행 상태에 있는 이사나 감사와의 위임계약을 해지할 수 있는지 문제된다. 이 문제를 다룬 우리나라 문헌에서는 일치하여 채무자회생법 제119조의 적용을 부정하고 이사나 감사의 유임 여부는 회생계획에서 정하여야 한다고 본다(회파 제193조 제2항 제3호).572) 일본에서는 회사갱생절차를 통해 채권자, 주주 및 다른 이해관계인들의 이해를 조정하기 위해

---

572) 서경환(주 314), 666면; 백창훈/임채홍(주 151), 389면. 채무자회생법 제193조 제2항 제3호 및 제9호에 따르면 이사나 대표이사의 변경에 관한 사항 및 그 밖에 회생을 위하여 필요한 사항을 회생계획에서 정할 수 있다.

서는 채무자 회사의 재정파탄을 초래한 책임이 있는 이사는 회사갱생절차의 개시와 동시에 확정적으로 권한을 상실하며 이사의 지위는 관리인이 대신하는 것이 당연하다는 견해가 있다.[573]

후술하는 바와 같이, 회사의 파산으로 인해 이사와 체결한 위임계약이 당연히 종료된다고 하더라도 회사의 재산에 대한 관리 및 처분에 관한 권한 이외의 조직법적인 사항은 파산관재인에게 전속하지 않는다. 동일한 논리에 따를 때 회사와 이사가 체결한 위임계약은 회사의 조직법적 사항으로서 그 존속 여부를 결정할 권한이 반드시 관리인에게 귀속되는 것은 아니므로, 이사가 스스로 사임하지 않는 한 이사는 회사의 재산과 관련이 없는 업무집행을 계속할 수 있다고 할 것이다.[574]

또한 이른바 기존 경영자 관리인 제도와 관련하여 보더라도, 관리인이 회사와 이사가 체결한 위임계약의 존속 여부를 선택하는 것은 타당하지 않다. 채무자회생법에서는 미국의 DIP와 유사한 제도를 도입하여 원칙적으로 기존 경영자를 관리인으로 선임하거나, 개인 채무자나 중소기업 등의 경우에는 관리인을 선임하지 않고 개인 채무자 본인 또는 대표자를 관리인으로 간주한다(회파 제74조 제2항 내지 제4항).[575] 채무자회생법에서는 기존 경영자 관리인의 선임에 관한 사항 이외에는 별도의 규정을 두고 있지 않으므로, 기존 경영자 관리인은 제3자 관리인과 동일한 권리와 의무를 갖는다.[576] 따라서 기존의 경영자가 관리인이 되더라도 관리인은 채무자인 회사의 기관이거나 대표자가 아니라 채무자, 채권자 및 주주 등 이해관계인 전체의 관리자로서 공적수탁자의 지위에

---

573) 才口千晴, "更生手続と取締役等の地位", 新しい会社更生法(伊藤眞/西岡清一郎/桃尾重明 編), 有斐閣, 2004, 138-139頁.

574) 백창훈/임채홍(주 151), 389면.

575) 서울회생법원(주 137), 221면.

576) 이연갑, "도산법상 기존경영자 관리인의 지위", 비교사법 제16권 제1호(통권 제44호), 한국비교사법학회, 2009, 401면.

310 도산절차와 미이행 쌍무계약

있기는 하지만,577) 현실적으로 기존 경영자 관리인 제도에 따라 선임된 관리인에게 본인이 체결한 계약의 이행 여부를 선택할 권한을 부여하는 것은 적절하지 않다(이는 법인의 대표자인 관리인 스스로 이사직을 계속 수행할 것인지 여부를 결정하는 결과가 된다). 즉, 회사와 이사나 감사 간에 체결한 위임계약의 처리에 대한 권한이 관리인에게 있다고 하더라도, 기존 경영자 관리인 제도와의 관련성을 고려할 때 채무자회생법 제119조를 그대로 적용하기는 어렵다. 따라서 회사와 이사나 감사 간에 체결된 위임계약의 존속 여부는 법원과 채권자를 비롯한 이해관계인들의 감독 하에 회생계획에서 정하는 것이 옳다고 생각한다.

5. 위임계약에 기한 대리권 수여의 효력

채무자에 대한 회생절차개시는 위임계약의 당연 종료 내지 대리권 소멸 사유에 해당하지 않는다. 그리고 대리인이 본인을 위하여 행한 법률행위의 효과는 본인인 채무자에게 직접 귀속되어 결국 채무자 자신이 행한 것이 된다(민법 제114조).578) 그러나 채무자가 회생절차개시 후 채무자의 재산에 관하여 한 법률행위는 회생절차와의 관계에서 그 효력을 주장할 수 없으므로(회파 제64조 제1항), 회생절차개시 이전에 체결한 위임계약에 기해 대리인이 회생절차개시 이후에도 채무자를 대리하였다고 하더라도 이는 회생절차와 관련하여 효력이 없다. 이 경우에는 앞서 논한 바와 같이 관리인이 채무자회생법 제119조에 따라 위임계약의 존속 여부를 선택하여야 할 것이고, 관리인이 이행을 선택하고 수임인인 상대방이 민법 제689조 제1항에 따라 계약을 해지하지 않는다면 관리인이 상대방에게 새로운 대리권을 수여한 것이라고 해석할 수 있다.

---

577) 대법원 1988. 10. 11. 선고 87다카1559 판결.
578) 곽윤직/김재형, 민법총칙(제8판), 박영사, 2012, 349면.

마찬가지로 채무자와 소송위임계약을 체결한 대리인이 회생절차개시 후 본인인 채무자를 대리하여 소송을 수행하였다고 하더라도 이는 회생 절차에 대하여 효력이 없다. 그리고 회생절차개시결정이 있는 때 채무 자의 재산에 관한 소송절차는 중단되고(회파 제59조 제1항), 채무자의 업무 수행과 재산의 관리·처분에 관한 권한은 관리인에게 전속하며 채 무자의 재산에 관한 소송에서는 관리인이 당사자가 된다(회파 제56조 제1항, 제78조). 중단된 소송 중 회생채권·회생담보권과 관계없는 것은 관리인이 수계할 수 있으며(회파 제59조 제2항), 회생채권 또는 회생담 보권과 관련된 소송은 회생절차 내에서 상대방의 채권신고와 그에 대한 조사절차를 거친 후 그 결과에 따라 회생채권 조사확정재판 등으로 처 리한다(회파 제170조, 제172조).[579] 그러므로 관리인은 필요한 경우 소 송위임계약을 새로 체결하여야 한다.

III. 당사자가 파산선고를 받은 경우

1. 적용법조

가. 민법 제690조의 적용

위임계약의 당사자 일방이 파산선고를 받은 경우 위임계약은 당연히 종료한다(민법 제690조). 당사자 일방이 파산한 때에는 당사자 상호간의 신뢰가 상실되고, 상호간에 의무를 이행하는 것도 불가능하기 때문에 위임계약을 존속시키는 것은 양 당사자에게 불리할 뿐이기 때문이다.[580] 채무자회생법 제335조에 따르면 파산관재인은 미이행 雙務계약의 이

---

579) 서울회생법원, 도산절차와 소송 및 집행절차, 박영사, 2011, 63-64면.
580) 民法注解 XV, 제680조(이재홍), 604면.

행 여부를 선택할 수 있지만, 보수 지급의 명시적 또는 묵시적 약정이 있는 쌍무·유상의 위임계약이라고 하더라도 당사자 일방이 파산선고를 받은 경우에는 민법 제690조에 따라 당해 계약은 종료된다고 해석하며 우리나라에서 이와 달리 해석하는 견해는 존재하지 않는다.581) 대법원도 위임의 당사자 일방이 파산선고를 받은 경우에는 당사자 쌍방이 이행을 완료하지 아니한 쌍무계약의 해제 또는 이행에 관한 구 파산법 제50조 제1항을 적용할 여지가 없고 민법 제690조에 의하여 위임계약은 당연히 종료되며 위임계약의 종료는 장래에 향하여 위임의 효력을 소멸시키는 것을 의미한다고 본다.582) 그러므로 위임계약을 체결한 당사자가 파산선고를 받은 경우 채무자회생법 제335조는 적용되지 않는다.

나. 외국의 입법례

일본 민법 제653조 제2호에서는 우리나라 민법 제690조와 유사하게 위임자 또는 수임자가 파산절차개시결정을 받은 경우를 위임계약의 종료사유로 규정하고 있다. 위임계약은 당사자 상호간의 신뢰가 매우 중시되는 관계라는 점에 비추어,583) 학설상으로도 위임계약은 당사자 일

---

581) 임종헌(주 193), 40면; 박병대(주 140), 481면; 임치용(주 260), 53면; 전병서(주 269), 139면; 서울회생법원(주 154), 214면.

582) 대법원 2002. 8. 27. 선고 2001다13624 판결. 다만 대법원 2003. 1. 10. 선고 2002다11236 판결에서는 민법 제690조의 위임계약 종료사유는 계약 당사자 중 일방이 그 파산 등으로 신뢰를 상실하게 된 경우에 그 계약이 종료되는 것으로 한 것이어서 위임계약의 일방 당사자가 수인인 경우에 그 중 1인에게 파산 등 위 법조가 정하는 사유가 있다고 하여 위임계약이 당연히 종료되는 것이라 할 수는 없으므로, 주택건설촉진법상의 공동사업주체가 사업계획 승인권자의 감리자 지정에 따라 공동으로 감리계약을 체결한 경우 그 공동사업주체의 1인이 파산선고를 받은 것만으로 민법 제690조에 따라 감리계약이 당연히 종료된다고 볼 수 없다고 하였다.

583) 日大審 1905(明治 38). 11. 30. 判決(民錄 第11輯 1730).

방의 파산으로 당연히 종료한다고 해석한다.[584] 독일 도산법 제115조 1항에서는 채무자가 도산재단(Insolvenzmasse)에 속하는 재산에 관하여 한 위임(Auftrag)은 도산절차개시로 효력을 상실한다고 규정하고 있다. 독일 민법(BGB)에서는 위임계약과 당사자의 도산에 관하여 별도의 규정을 두고 있지 않다.

다. 입법론적 검토

민법 제690조에서는 다른 유형의 계약과는 달리 계약 당사자의 파산시 당사자들의 의사에 따라 계약관계를 해제 내지 해지할 수 있도록 하지 않고 당사자의 파산을 계약의 당연 종료사유로 규정하고 있다. 하지만 민법 제690조에서 당사자 일방의 파산을 위임계약의 당연 종료 사유로 규정한 것에 대하여는 다음과 같은 의문이 있다.

위임 이외에 고용이나 도급계약 등의 경우에도 당사자 사이의 고도의 신뢰관계를 요한다는 점, 민법에서 정한 위임계약은 본래 무상계약임을 전제로 한 것이나 현재는 오히려 유상의 위임계약이 보다 일반화되어 있다는 점, 후술하는 바와 같이 민법 제690조가 임의규정이고 그 결과 제한적으로나마 동조의 적용을 배제하는 특약의 효력을 인정하는 해석론 등을 고려하면, 특히 유상위임의 경우 당사자 일방의 파산을 계약의 종료사유로 규정할 합리적인 이유가 있는지 재고할 필요가 있다. 이와 관련하여 당사자 일방의 파산시 위임인과 수임인의 의사에 따라 위임계약을 종료할 수 있도록 하는 입법 방식을 생각해볼 수 있다.[585]

---

584) 伊藤眞(주 322), 282頁; 加藤哲夫(주 383), 261頁.
585) 伊藤眞(주 322), 282頁.

2. 민법 제690조 배제 특약의 효력

민법 제690조와는 달리, 위임인 또는 수임인이 파산한 경우에 이를 위임계약의 종료사유로 하지 않는다는 특약이 유효한지가 문제될 수 있다. 이는 민법 제690조가 강행적 효력을 갖느냐의 문제이기도 하다.

우리나라에서 이 문제를 다루는 문헌에서는 일치하여 위임인의 파산시 민법 제690조를 배제하는 특약은 위임사무의 내용이 위임인의 일신에 전속하는 신분상·인격상의 권리 등에 관한 것인 경우를 제외하고 그 효력이 없으나, 반면에 수임인의 파산시 민법 제690조를 배제하는 특약은 유효하다고 해석하고 있다.586) 전자의 경우에는 위임인의 파산시 파산재단에 속한 재산의 관리 및 처분에 관한 권한이 파산관재인에게 전속되므로 채무자인 위임인이 체결한 계약은 유지시킬 수 없고, 후자의 경우에는 민법 제690조가 강행규정이 아니므로 이를 배제하는 특약이 가능한데 파산자라도 타인의 사무를 처리하는 수임인이 될 수 있기 때문이라고 한다. 일본의 경우 일본 민법 제653조는 임의규정이므로 당사자의 파산을 위임의 종료사유로 하지 않는 특약은 유효하다고 해석한다.587)

3. 위임계약 종료시의 법률관계

당사자의 파산선고로 위임계약이 종료되기 이전에 발생한 상대방의 채권은 파산채권이다(회파 제423조). 즉, 위임인이 파산선고를 받은 경우라면 원칙적으로 수임인은 파산채권자의 지위에서 보수지급청구권(민법 제686조)이나 비용상환청구권(민법 제688조) 등을 행사할 수 있다.

---

586) 임종헌(주 193), 40면; 박병대(주 140), 481면; 전병서(주 269), 140면; 서울회생법원(주 154), 217면; 곽윤직(주 134), 280면; 民法注解 ⅩⅤ, 제680조(이재홍), 604면.

587) 伊藤眞(주 322), 282頁.

위임종료의 사유는 이를 상대방에게 통지하거나 상대방이 위임종료의 사실을 안 때가 아니면 이로써 상대방에게 대항할 수 없다(민법 제692조). 만일 수임인이 위임인이 파산선고를 받은 사실을 통지받지 못했거나 다른 이유로 파산선고를 받은 사실을 알지 못하고 위임사무를 계속 처리한 경우 그 범위 내에서 수임인은 보수지급청구권이나 비용상환청구권을 행사할 수 있다. 이 때 수임인이 갖는 보수지급청구권이나 비용상환청구권이 파산절차 내에서 어떻게 취급할 것인지 문제인데, 채무자회생법 제342조에서는 이러한 수임인의 채권을 파산채권이라고 규정한다.

민법 제691조에 따르면 위임이 종료되었다고 하더라도 긴급한 사정이 있는 경우 수임인은 위임인이나 파산관재인이 위임사무를 처리할 수 있을 때까지 그 사무의 처리를 계속할 의무가 있으며, 이 경우에는 위임계약이 존속되는 경우와 동일한 효력이 있다. 여기서 위임계약이 존속되는 경우와 동일한 효력이 있다는 의미는 위임계약에 따른 당사자들의 권리·의무에 따른 법률관계가 동일하게 적용된다는 의미이다. 이와 같이 수임인이 민법 제691조에 따라 긴급한 사정으로 인해 위임사무를 처리한 경우 수임인이 갖는 보수지급청구권이나 비용상환청구권 등은 어떻게 취급할 것인지가 문제이다. 채무자회생법 제473조 제6호에서는 위임의 종료 후에 긴급한 필요에 의하여 한 행위로 인해 파산재단에 대하여 생긴 청구권은 파산채권이 아니라 재단채권이라고 한다. 따라서 민법 제691조에 따른 의무를 이행한 수임인은 재단채권자의 지위에서 권리를 행사할 수 있다.

그런데 수임인이 위임인의 파산선고 사실을 알지 못하고 위임사무를 처리한 경우에 관한 채무자회생법 제342조와 수임인이 위임의 종료 후에 긴급한 사정에 의해 위임사무를 처리한 경우에 관한 동법 제473조 제5호 또는 제6호의 관계가 또한 문제될 수 있다. 앞서 논한 바와 같이 규정의 형식상 채무자회생법 제342조는 민법 제692조에, 채무자회생법

제473조 제6호는 민법 제691조에 대응한다. 그런데 실무상 이와 같이 적용법조를 명백히 구분하여 수임인의 권리를 달리 취급할 수 있을지, 그리고 이러한 취급이 타당한지는 의문이다.

먼저 현실적으로는 위임인이 파산선고 사실을 통지해주지 않는다면 수임인이 스스로 위임인의 파산 사실을 인식하기 어려운데, 이로 인해 본래의 계약에 따라 충실하게 위임사무를 처리한 수임인은 결국 파산채권자로서 권리를 행사할 수밖에 없다. 다른 한편으로 위임인의 파산선고로 인해 위임계약이 당연히 종료된 상태에서 수임인이 이를 알지 못하고 위임사무를 처리한 경우, 결과적으로 보면 수임인이 처리한 위임사무는 민법 제691조에서 규정하는 긴급한 사정으로 처리했어야 할 사무에 해당할 수 있다. 나아가 위임인이 먼저 통지하지 않는 한 수임인은 파산관재인이 선임된 이후에 위임인의 파산선고 사실을 알게 될 가능성이 높은데, 파산관재인이 선임되어 채무자인 위임인의 업무를 수행할 수 있게 되기까지는 민법 제691조의 긴급한 사정에 해당할 여지가 크다. 그럼에도 불구하고 수임인이 위임인의 파산선고 사실을 알았는지 여부와 긴급한 사정이라는 기준을 가지고 적용법규를 달리하는 것은 혼란을 초래할 우려가 있다. 나아가 이론상으로는 위임인의 파산으로 위임계약이 당연히 종료되었음에도 불구하고 수임인이 위임사무를 처리한 경우 수임인이 갖는 채권은 채무자회생법 제473조 제5호의 사무관리로 인하여 파산선고 후 파산재단에 대해 생긴 청구권에 해당할 여지도 있다.[588]

채무자회생법 제342조를 적용할 경우 수임인은 파산채권자의 지위에서 권리를 행사할 수밖에 없어 상당히 큰 희생을 치러야 하는 반면, 동법 제473조가 적용될 경우에는 재단채권자로서 파산채권에 우선하여 변제받을 수 있다. 이와 같이 어느 규정을 적용하느냐에 따라 법률효과에

---

588) 전병서(주 269), 140면에 따르면 수임인의 사무처리가 파산재단을 위한 사무처리가 되는 경우에 그에 의하여 생긴 청구권은 재단채권이 될 가능성이 있다고 한다.

큰 차이가 발생한다는 점에서 이 문제는 실무상 매우 중요하다. 수임인
의 권리를 보다 균형 있게 다루기 위하여 입법론적으로 수임인이 위임
인의 파산선고 사실을 알지 못하고 위임사무를 처리하였거나 위임의 종
료 후에 긴급한 사정에 의해 위임사무를 처리한 경우 모두 이에 따라 수
임인이 갖는 권리는 파산절차 내에서 동등하게 취급하는 것이 타당하다
고 생각한다.

4. 회사 또는 이사 등의 파산

가. 수임인인 이사 등의 파산

주식회사와 이사·감사·청산인의 관계에 대하여는 민법의 위임에 관
한 규정을 준용한다(상법 제382조 제2항, 제415조, 제542조 제2항).[589]
유한회사의 이사와 감사에 대하여는 주식회사에 관한 위 규정이 준용된
다(상법 제567조, 제570조). 따라서 주식회사나 유한회사의 이사나 감사
등이 파산선고를 받은 경우 민법 제690조에 따라 위임계약은 당연히 종
료되므로 당해 이사나 감사는 그 직을 상실한다. 이사는 이사회의 구성
원인 동시에 사무집행을 담당하는 자로서 법인은 이사가 될 수 없다고
해석함이 통설적 견해이므로, 여기서의 파산은 개인에 대한 파산만을
의미한다.

한편 상법에서는 이사의 자격에 관하여 일반적인 제한을 두고 있지

---

[589] 과거에는 회사와 이사의 법률관계를 어떻게 보아야 하는가와 관련하여 단독
행위설, 계약설 등이 대립하였으나 현재는 계약에 해당하며 그 유형은 위임
계약이라는 점에 다툼이 없다. 이에 따라 상법에서는 회사와 이사 등의 관계
에 대하여 위임의 규정을 준용하고 있다. 이철송, "상법상의 입법착오의 시정
에 관한 연구(2)-회사편을 중심으로-", 비교사법 제17권 3호(통권 50호), 한국비
교사법학회, 2010, 7면 이하 참조.

는 않으나, 사외이사에 대하여는 자격요건을 엄격히 규정하고 있다. 사
외이사의 결격요건에 관한 상법 제382조 제3항 및 상장회사의 사외이사
에 대해 추가적인 결격사유를 정한 제542조의8 제2항이 그러하다. 이에
따르면 파산선고를 받고 복권되지 아니한 자는 상장회사의 사외이사가
될 수 없으며, 이미 이사가 된 자가 파산선고를 받은 경우에는 그 직을
상실한다(상법 제542조의8 제2항 제2호). 민법 제690조는 위임계약을
체결한 이후 당사자 일방이 파산선고를 받은 경우에 적용되나, 상법에
서는 파산선고 사실을 상장회사 사외이사의 자격상실 사유에서 나아가
결격사유로 규정하고 있다는 점에 의의가 있다. 그리고 상법상 명문의
규정이 없더라도 일반적으로 파산자는 경영자로서의 자격을 갖추지 못
했다고 보아 상장회사의 사외이사는 물론 통상의 이사도 될 수 없다고
함이 지배적이다.590) 사회질서에 반하지 않는 한 정관으로 이사의 자격
을 제한할 수 있으므로,591) 정관에서 개인의 파산선고 사실을 이사 결
격 내지는 자격상실 사유로 규정하는 것도 가능하다고 본다.

　파산선고에 의해 회사와 이사 간의 위임관계가 종료되어 기존 이사
가 당연히 퇴임한다고 하더라도, 후임이사가 선임될 때까지는 등기관이
기존 이사에 관한 등기사항을 직권으로 말소할 수는 없다는 것이 등기
실무이다.592) 일본에서는 파산절차개시결정에 대하여는 파산법 제33조
제1항에 따라 즉시항고를 할 수 있으므로, 파산절차개시결정으로 인해
이사가 당연히 그 직을 상실하더라도 파산절차개시결정이 확정되고 확
정증명원을 첨부하여야 이사퇴임의 등기가 가능하다.593)

---

590) 註釋 商法會社(III)], 제382조(박길준), 189면.
591) 註釋 商法會社(III)], 제382조(박길준), 187면.
592) 대법원 등기선례 2003. 3. 12.자 제200303-15호, "파산법인의 파산재단 이외의
　　　관계에 있어서 업무집행기관 등" 참조.
593) 条解 破産法, 第57条, 423頁.

나. 위임인인 회사의 파산

이사가 파산한 경우와 마찬가지로 회사가 파산한 경우에도 회사와 이사 간의 위임계약은 당연히 종료한다(민법 제690조). 그럼에도 불구하고 회사의 파산으로 위임계약이 종료되면 그에 따라 이사가 그 직을 당연히 상실하는지가 논란이 되었다.

이에 대하여는 회사가 파산선고를 받은 경우 이사는 당연히 퇴직한다는 견해, 채무자인 회사의 재산에 대한 관리 및 처분에 관한 권한은 파산관재인에게 전속하지만 그 밖에 회사의 조직에 관계되는 행위 등과 관련하여서는 제한된 범위 내에서 이사의 자격이 유지된다는 견해가 존재한다. 이사의 당연퇴직을 긍정하는 견해는 회사를 파산으로 몰고 간 장본인이 회사의 파산 이후에도 이사로서 그대로 업무를 집행한다는 것은 위임의 본지에 반하고 특히 회사의 소유자인 주주와의 관계에서 명백하게 신뢰관계가 상실되었으므로 이사 자격도 소멸된다고 한다.594) 반면에 회사의 조직법적 행위에 대하여 여전히 이사의 자격이 유지된다고 보는 견해는 회사의 인격 및 조직에 관한 사항, 예컨대 주주총회소집 권한이나 회사설립무효의 소에 대한 응소 등은 여전히 이사가 집행기관으로서 업무를 담당한다는 현실을 고려한 것이다.595) 우리나라에서 이와 관련한 판결례는 아직 존재하지 않는데, 현재 실무상으로는 파산선고 이후의 각종 집회기일 및 채권조사기일 등에 있어서 법인의 종전 이사를 채무자의 대표자로 보고 해당 기일조서에 출석여부를 기재하고 있어 제한된 범위 내에서 이사의 자격이 유지된다고 보는 입장에 가깝다.596)

---

594) 吉永順作, "破産と委任契約", 破産法: 實務と理論の問題点(麻上正信 編), 経済法令研究会, 1990, 119-120頁.

595) 전병서(주 269), 140면; 伊藤眞(주 322), 283頁.

596) 서울회생법원(주 154), 215-216면.

과거 일본 대심원(大審院)은 회사의 파산시에도 이사의 자격이 유지될 수 있다고 판단한 바 있다.597) 이후 일본 최고재판소는 회사가 파산선고를 받은 경우 이사는 당연히 그 직을 상실한다고 하였다가,598) 이후 유한회사의 파산선고 당시 본래 대표이사가 파산선고 이전에 유한회사가 체결한 화재보험 약관상 면책조항의 이사에 해당하는지가 문제된 사안에서 파산선고에 의하여 이사의 지위를 당연히 상실하는 것은 아니고 이사로서 회사 조직에 관련된 활동을 할 수 있다고 하여 기존의 입장을 변경하였다.599) 일본의 경우 실무상으로는 파산회사에 새로 이사를 선임하는 것이 불가능하기 때문에 새로운 이사를 선임하지 않은 상태를 방치하여 사실상 종전 이사의 회사조직법상 활동에 대한 업무집행을 인정하고 있는 실정이라고 한다.600)

회사의 파산으로 위임관계가 종료되었고 회사의 파산으로 인해 회사나 주주와의 신뢰관계가 파괴된 것으로 볼 수 있으므로 이사는 당연히 그 직을 상실한다고 해석함이 법리적으로 타당할 수 있다. 하지만 회사의 재산에 대한 관리 및 처분에 관한 권한이 모두 파산관재인에게 속하는 이상 회사조직법적인 사항의 경우에는 종전의 이사가 처리할 수밖에 없거나 처리하는 것이 보다 효율적일 수 있다. 따라서 현재 실무의 입장과 동일하게 회사의 파산시에도 제한된 범위 내에서 이사의 자격을 유지한다는 견해에 따르는 것이 부득이하다고 생각한다. 다만 이에 대하여는 회사의 조직에 관한 사항과 재산에 관한 사항이 확연하게 구별되지 않아 혼란을 초래할 우려가 있으므로,601) 실무 운용시 기준을 명확하게 정립할 필요가 있다.

---

597) 日大審 1925(大正 14). 1. 26. 判決(民集 第4卷 8頁).

598) 日最裁 1968(昭和 43). 3. 15. 判決(民集 第22卷 第3号 625).

599) 日最裁 2004(平成 16). 6. 10. 判決(民集 第58卷 第5号 1178).

600) 注解 破産法, 第65条(吉永順作), 272-273頁.

601) 박병대(주 140), 484면.

5. 위임계약에 기한 대리권 수여의 효력

대리권을 수여받은 수임인이 파산선고를 받은 경우 대리권은 소멸한다(민법 제127조 제2호). 위임인인 본인이 파산선고를 받은 경우 민법 제690조에 따라 위임계약이 종료되면 위임계약에 기해 수임인에게 수여한 대리권은 소멸한다(민법 제128조). 그러므로 대리권 수여의 원인행위인 위임계약을 체결한 본인과 대리인 중 일방이 파산선고를 받은 경우 언제나 대리권은 소멸한다.

채무자가 파산선고를 받기 이전에 변호사와 소송위임계약을 체결한 경우도 마찬가지이다. 이 경우 민법 제690조에 따라 소송위임계약은 당연히 종료하고 대리권도 소멸하므로, 파산관재인은 필요한 경우 새로 소송위임계약을 체결하여야 한다. 한편 파산선고에 의하여 파산재단을 구성하는 재산에 관한 관리·처분에 관한 권한은 파산관재인에게 전속하므로(회파 제384조), 파산재단에 관하여 계속 중인 소송의 당사자는 파산관재인이 된다. 따라서 파산선고 당시 계속 중이던 파산재단에 관한 소송은 파산선고 결정의 확정 여부나 소송대리인의 유무를 불문하고 파산선고로 인해 중단된다(민사소송법 제239조).[602] 파산재단에 관한 소송 중 파산재단에 속하는 재산 그 자체에 관한 소송은 파산관재인이 당연히 수계하며(회파 제347조), 파산채권에 관한 소송은 파산절차 내에서 이루어지는 상대방의 채권신고와 그에 대한 채권조사결과에 따라 처리한다(회파 제462조, 제464조).[603]

---

602) 서울회생법원(주 579), 194면.
603) 서울회생법원(주 579), 202-205면. 이에 따르면 파산선고로 인해 중단된 소송의 상대방인 채권자가 파산절차 내에서 채권을 신고하고 파산관재인 등이 채권조사기일에 신고된 채권에 대해 이의를 진술하지 않을 경우 상대방이 신고한 채권은 확정되므로 중단되었던 소송은 소의 이익이 없어 각하된다. 반면에 파산관재인 등이 상대방이 신고한 채권에 대해 이의를 진술하는 경우에는

제8절 소비대차

I. 의의 및 성질

소비대차는 당사자의 일방이 금전 기타 대체물의 소유권을 상대방인 차주에게 이전할 것을 약정하고, 상대방은 그와 같은 종류, 품질 및 수량으로 반환할 것을 약정함으로써 성립하는 계약이다(민법 제598조).[604] 소비대차는 차주가 빌린 물건 그 자체를 반환하지 않고 다른 동종·동질·동량의 물건을 반환하면 된다는데 그 특징이 있다.[605]

소비대차는 요물계약이 아니라 당사자 사이의 합의에 의해 성립하는 낙성계약이다. 민법 제598조에서 정의한 소비대차는 무상계약임을 원칙으로 하나, 민법에서는 이자 없는 소비대차와 이자 있는 소비대차를 구분하고 이자 있는 소비대차에 관하여 별도의 규정을 두고 있다(민법 제600조 내지 제602조). 당사자 사이의 특약 또는 법률의 규정에 의하여 이자를 지급하여야 하는 때 이자는 대주가 교부하는 금전 기타 대체물의 이용에 대한 대가가 되므로 이 경우 소비대차는 유상계약이며 그 성질에 반하지 않는 범위에서 매매에 관한 규정이 준용된다(민법 제567조).[606] 그리고 이와 같은 이자부 소비대차의 경우 대주의 채무와 차주의 이자채무가 서로 대가적 의미를 지니게 되어 상호의존적 견련성이 있으므로 이는 쌍무계약에 해당한다.[607] 즉, 민법 제598조에서 정한 원

파산채권에 관하여 중단된 소송은 파산채권조사확정의 소로 청구취지 등을 변경한 후 속행한다.

604) 民法注解 XV, 제598조(김황식), 1면.
605) 곽윤직(주 134), 173면.
606) 곽윤직(주 134), 173면.
607) 곽윤직(주 134), 173면; 民法注解 XV, 제598조(김황식), 3면; 대법원 1966. 1.

칙적인 형태의 무이자 소비대차는 편무계약이나, 이자부 소비대차는 쌍무계약이다.

II. 당사자에 대해 회생절차가 개시된 경우

1. 적용법조

민법에서는 소비대차계약을 체결한 당사자 중 일방에 대하여 회생절차가 개시된 경우 계약의 효력에 관하여 별도의 규정을 두고 있지 않다. 민법상 특별한 정함이 없으므로 채무자회생법 제119조 등의 적용 여부가 문제될 수 있는데, 편무계약인 무이자 소비대차에 대하여는 동조가 적용되지 않는다. 반면에 이자부 소비대차에 대하여는 민법상 별도의 정함이 없고, 이는 쌍무계약에 해당하므로 채무자회생법 제119조가 적용된다. 따라서 이자부 소비대차계약을 체결한 대주와 차주 중 일방에 대하여 회생절차가 개시된 경우 관리인은 당해 계약의 이행 또는 해제를 선택할 수 있다.

2. 관리인의 선택권 행사에 따른 법률효과

먼저 채무자회생법 제119조를 적용하기 위한 요건과 관련하여 회생절차개시 당시 쌍방이 모두 이행을 완료하지 않을 것의 의미가 문제될 수 있다. 즉, 대주가 회생절차개시 이전에 이미 차주에게 목적물을 인도한 상태라면 소비대차계약상 대주가 부담하는 의무를 모두 이행한 것이므로 미이행 상태라고 볼 수 없는 것이 아닌가라는 의문이 생길 수 있다.

---

25. 선고 65다2337 판결.

소비대차계약상 대주가 부담하는 의무 중 가장 중요한 것이 차주에 대한 목적물 인도의무임은 분명하다. 그러나 대주가 차주에게 목적물을 인도한 이후에도 대주는 일정기간 동안 차주가 목적물을 이용할 수 있도록 할 의무를 부담할 뿐만 아니라,[608] 목적물에 하자가 있는 경우 대주는 차주에 대해 민법 제580조 내지 제582조에서 규정하는 매매계약상의 매도인과 동일한 담보책임을 부담한다(민법 제602조 제1항). 따라서 차주는 목적물에 하자가 있어 그로 인해 계약의 목적을 달성할 수 없는 경우 계약을 해제할 수 있고, 계약의 목적을 달성할 수 없을 정도의 하자가 아닌 때에는 손해배상을 청구할 수 있으며(민법 제580조 제1항, 제575조 제1항), 소비대차의 목적물은 대체물이므로 계약의 해제 또는 손해배상청구 대신 하자 없는 물건을 청구할 수 있다(민법 제581조 제2항). 이에 비추어 볼 때 목적물 인도의무는 물론 그 밖에 대주가 부담하는 의무 역시 계약상의 본질적 의무이며 부수적인 것에 불과하다고 할 수는 없다. 그러므로 회생절차가 개시되기 전에 대주가 차주에게 목적물을 인도하였다고 하더라도 대주가 여전히 차주에 대하여 목적물 이용의무 및 담보책임을, 차주는 대주에 대하여 이자 지급의무와 목적물 반환의무를 부담하고 있는 상태라면 당해 소비대차계약은 쌍방이 이행을 완료하지 않은 상태에 있다고 해석함이 타당하다고 생각한다.

따라서 대주가 차주에게 목적물을 인도하기 전에 또는 대주가 이미 차주에게 목적물을 인도한 경우라도 기간의 약정이 있어 목적물의 이용을 보장하여야 하거나 목적물에 존재하는 하자로 인해 담보책임을 부담하는 상태에서 대주에 대해 회생절차가 개시되었다면, 관리인은 계약을 해제하거나 계약의 이행을 선택할 수 있다. 이 때 상대방인 차주가 갖는 권리는 채무자회생법 제119조 또는 제121조 등에 따라 결정될 것이다.

마찬가지로 차주에 대해 회생절차가 개시된 경우에도 관리인은 소비

---

608) 民法注解 ⅩⅤ, 제598조(김황식), 1면.

대차계약을 해제하거나 또는 계약의 이행을 선택하여 대주에게 이자를 지급하고 대주의 의무이행을 청구할 수 있다. 만일 대주가 이미 목적물을 인도한 상태에서 관리인이 계약을 해제한 경우라면, 대주는 회생채권자로서 계약의 해제로 인한 손해배상을 청구하는 한편 인도한 목적물이 차주의 재산에 현존하는 때에는 환취권자로서 그 반환을 구할 수 있고 현존하지 않는 때에는 공익채권자로서 그 가액의 상환을 구할 수 있다(회파 제121조 제2항).

Ⅲ. 당사자가 파산선고를 받은 경우

1. 적용법조 및 법률효과

대주가 목적물을 차주에게 인도하기 전에 당사자 일방이 파산선고를 받은 때에는 소비대차는 효력을 잃는다(민법 제599조). 동조의 입법취지는 목적물이 인도되기 전에 당사자의 일방이 파산한 경우 당사자 간의 신뢰가 깨어져 당초의 계약관계를 유지하는 것이 타당하지 않기 때문에 계약의 실효사유로 정함이 적절하다는 데에 있다.[609] 만일 대주가 파산선고를 받는다면 차주는 파산채권자로서 배당에 가입하게 되고 대주의 반환청구권은 파산재단을 구성하게 되나 이는 본래 소비대차계약의 취지와 목적에 어긋나는 것이므로 이렇게까지 해서 계약의 효력을 유지시킬 필요가 없기 때문이라고 설명하기도 한다.[610]

일본 민법 제589조는 우리나라 민법 제599조와 유사하게 소비대차의 예약은 당사자의 일방이 파산절차개시결정을 받은 때 그 효력을 잃는다

---

609) 民法注解 ⅩⅤ, 제599조(김황식), 5면; 伊藤眞(주 322), 281頁.
610) 곽윤직(주 134), 176면; 註釋 民法債權各則(Ⅲ)], 제599조(韓三寅), 247.

고 규정하고 있다. 독일의 경우에는 물건소비대차계약(Sachdarlehens-vertrag)과 관련하여 민법과 도산법상 당사자의 파산을 계약의 실효 내지 해지사유로 규정하고 있지 않다.

앞서 논한 바와 같이 이자부 소비대차는 그 성질상 쌍무계약에 해당하므로 논리적으로는 민법 제599조 이외에 채무자회생법 제335조의 적용 여부도 문제될 수 있다. 그러나 다른 유형의 계약과 마찬가지로 민법 제599조에서 특별한 정함을 두고 있는 이상 무이자 소비대차뿐만 아니라 이자부 소비대차에 대하여도 민법 제599조를 적용하는 것이 타당하며 채무자회생법 제335조는 적용되지 않는다고 본다.611) 우리나라에서 이와 달리 해석하는 견해는 존재하지 않는다.

수인의 연대채무자 중 1인이 파산선고를 받은 경우 모든 연대채무자와의 관계에서 당해 소비대차계약은 그 효력을 상실한다.612) 한편 대주가 차주의 파산선고 사실을 알지 못하고 목적물을 인도하였다면 당해 소비대차계약이 당연히 실효되었음에도 불구하고 법률상 원인 없이 이전한 것이므로 대주는 재단채권자로서 파산재단에 대해 부당이득반환을 청구할 수 있다(민법 제741조, 채무자회생법 제473조 제5호).613)

---

611) 박병대(주 140), 467면. 일본에서도 이자부 약정이 있는 소비대차는 쌍무계약이므로 본래 파산관재인의 선택권에 관한 일본 파산법 제53조 등이 적용되어야 할 것이나 일본 민법 제589조의 취지에 비추어 편무계약인 소비대차의 경우와 마찬가지로 신뢰관계가 상실된다는 점에는 차이가 없으므로 파산법이 아니라 민법 제589조가 적용되어 계약은 당연히 실효된다고 해석한다. 伊藤 眞(주 322), 282頁; 加藤哲夫(주 383), 266頁.

612) 民法注解 ⅩⅤ, 제599조(김황식), 6면; 註釋 民法[債權各則(Ⅲ)], 제599조(한삼인), 248면.

613) 民法注解 ⅩⅤ, 제599조(김황식), 6면. 한편 사무관리 또는 부당이득으로 인하여 파산선고 후 파산재단에 대하여 생긴 청구권은 재단채권에 해당한다(회파 제473조 제5호).

2. 입법론적 검토

가. 민법 제599조의 타당성 여부

앞서 논한 바와 같이 당사자 일방의 파산을 계약의 효력 상실 사유로 규정한 민법 제599조의 입법취지는 파산선고로 인해 당사자 간의 신뢰관계가 파괴된다는 점, 파산절차에 따른 법률관계의 처리가 본래 소비대차계약의 취지와 목적에 어긋난다는 점에 있다. 이와 같이 당사자 일방의 파산을 계약의 실효사유로 정한 것은 민법 제690조(위임)와 거의 동일하나, 계약의 해제 또는 해지사유로 정한 민법 제614조(사용대차), 제637조(임대차), 제663조(고용), 제674조(도급)와는 차이가 있다. 하지만 소비대차 중에서도 특히 이자부 소비대차의 경우 위임을 제외한 다른 유형의 쌍무·유상계약과 달리 취급할 이유가 있는지 의문이 있다.

위임계약은 당사자 쌍방의 특별한 대인적 신뢰관계를 기초로 하는 것이다. 이 때문에 당사자들은 언제든지 자유롭게 위임계약을 해지할 수 있다(민법 제689조 제1항). 당사자 일방의 파산을 계약의 종료 사유로 정한 민법 제690조 역시 다른 계약 유형에 비해 높은 정도로 요구되는 강한 신뢰관계에 기인하여 당사자 일방의 파산을 계약의 당연 실효사유로 규정한 것이다.

임대차·고용·도급을 비롯해 어떠한 계약 유형이든 그 계약을 체결하는 당사자들은 일정한 신뢰관계를 토대로 하고 있으며, 계약 유형별로 그 정도에 차이가 있을 뿐이다. 만일 소비대차가 위임계약과 동일한 정도의 강한 대인적 신뢰관계를 기초로 하는 계약이라면, 사용대차·임대차·고용·도급의 경우와는 달리 당사자 일방의 파산을 계약의 해제 내지 해지사유가 아닌 당연 종료사유로 규정한 입법 태도가 정당화될 수 있다.

그러나 적어도 대주가 금전 기타의 대체물을 차주에게 교부하고 차주는 이를 사용·수익하면서 대주에게 그 대가를 지급하는 형태의 이자부 소비대차가 위임계약과 동일한 정도의 신뢰관계를 요하는 계약이라고 보기는 어렵다고 생각한다. 대주의 입장에서는 차주로부터 대가를 수령하고 추후 목적물을 반환받으면 족할 것이기 때문이며, 이는 임대차의 경우와 크게 다르지 않다. 또한 대주가 어떠한 대가도 받지 않고 차주에게 목적물을 사용·수익하게 하는 무상계약인 사용대차의 경우에도 차주의 파산을 계약의 해지사유로 규정하고 있고, 당사자 사이의 인적관계가 중시되는 고용의 경우에도 사용자의 파산은 계약의 해지사유라는 점에 비추어 보더라도 균형이 맞지 않다(민법 제614조, 제663조). 그러므로 민법에서 소비대차계약을 체결한 당사자 일방의 파산시 법률효과를 정하는 현재의 입법체계를 유지하더라도, 다른 계약 유형과의 균형을 고려할 때 민법 제599조를 개정하여 당사자 일방의 파산을 계약의 해지 사유로 규정함이 타당할 것이다.

나. 목적물 인도 이후 당사자가 파산선고를 받은 경우

민법 제599조에서는 대주가 차주에게 목적물을 인도하기 전에 당사자 일방이 파산선고를 받은 경우에 대하여만 규정하고 있다. 그렇다면 이자부 소비대차의 경우 대주가 차주에게 목적물을 인도한 이후에 당사자 일방이 파산선고를 받은 경우에는 어떠한지가 문제될 수 있는데, 이 문제를 다루는 판결례나 문헌은 찾아볼 수 없다. 이와 관련하여 당사자 간의 신뢰관계가 파괴된다는 점은 동일하므로 민법 제599조가 적용되어 계약이 당연히 실효된다고 보거나, 민법 제599조의 문언상 동조는 적용할 수 없고 여전히 대주가 목적물 이용 및 담보책임에 관한 의무 등을 부담하며 차주는 이자 지급의무를 부담하고 있다면 이는 미이행 쌍무계약에 해당하므로 채무자회생법 제335조의 적용을 긍정하거나, 대주가 목적물 인도의무를 이행한 이상 미이행 쌍무계약에 해당하지 않는다는 입론 등을 상정해볼 수 있다.

합리적인 근거가 없는 한 민법 제599조의 문언에 반하는 해석을 할수는 없다. 특히 민법 제599조는 계약을 체결한 이후 아직 이행이 개시되지 않은 상태에서 당사자 일방의 파산이라는 사유로 인해 신뢰관계가 파괴된다는 점을 고려한, 즉 사정변경의 원칙을 입법화한 규정인데,[614] 이미 계약상의 의무 이행이 개시된 상황에서도 동일하게 적용된다고 해석하기는 어렵다. 그러므로 명문의 규정이 없는 이상 대주의 목적물 인도 이후 당사자 일방이 파산선고를 받은 때에는 채무자회생법 제335조가 적용된다고 보아야 할 것이다.

---

614) 民法注解 XV, 제599조(김황식), 5면.

제9절 사용대차

I. 의의 및 성질

사용대차는 당사자의 일방(대주)이 상대방(차주)에게 무상으로 사용·수익하게 하기 위하여 목적물을 인도할 것을 약정하고 상대방은 이를 사용·수익한 후 그 물건을 반환할 것을 약정함으로써 성립하는 계약이다(민법 제609조). 법 문언에서 명시하고 있듯이 사용대차는 임대차나 소비대차의 경우와는 달리 무상의 계약이므로, 차주가 대주에 대해 목적물의 사용·수익에 대한 대가를 지급할 의무를 부담하지 않는다. 그리고 대주는 차주에게 목적물을 사용·수익하도록 하기 위해 이를 인도할 의무가 있고 차주는 목적물을 반환할 의무가 있으나 양 의무 사이에는 대가적인 의존관계가 없으므로, 사용대차는 편무계약에 해당한다.[615]

II. 당사자에 대해 회생절차가 개시된 경우

사용대차는 편무계약이므로 미이행 쌍무계약에 관한 채무자회생법 제119조는 적용될 수 없다. 그리고 민법에서는 사용대차계약을 체결한 당사자 중 일방에 대해 회생절차가 개시된 경우와 관련하여 특별한 규정을 두고 있지 않다. 그러므로 사용대차계약을 체결한 당사자 중 일방에 대해 회생절차가 개시된 경우 당사자의 해지권이나 관리인의 선택권은 문제되지 않는다.

이 경우 당사자들의 법률관계는 채무자회생법의 일반 원칙에 따라

---

615) 곽윤직(주 134), 183면; 民法注解 XV, 제609조(김황식), 26면.

처리하여야 하므로, 상대방이 갖는 채권이 있다면 이는 회생채권에 해당한다(회파 제118조 제1호). 즉, 차주에 대해 회생절차가 개시되었는데 차주의 계약 또는 목적물의 성질에 위반한 사용·수익으로 인해 대주에게 발생한 손해가 있다면(민법 제617조), 대주는 회생채권자의 지위에서 손해배상청구권을 행사할 수 있다. 대주에 대해 회생절차가 개시되고 차주가 대주에 대해 비용상환청구를 할 수 있는 경우라면(민법 제617조), 차주는 대주에 대한 회생절차 내에서 채권을 신고하고 회생채권자로서 이를 변제받을 수 있다.

한편 차주에 대해 회생절차가 개시되었는데 약정한 기한이 도래한 경우(민법 제613조 제1항), 대주가 차주의 의무 위반을 이유로 계약을 해지하는 경우(민법 제610조 제3항), 기한의 약정이 없고 사용·수익에 족한 기간이 경과하여 대주가 계약을 해지하는 경우(민법 제613조 제2항 단서), 차주는 대주에게 목적물을 반환할 의무를 부담한다. 이 때 대주는 환취권자로서 회생절차와 관계없이 목적물을 반환받을 수 있다(회파 제70조).

III. 당사자가 파산선고를 받은 경우

1. 적용법조 및 법률효과

회생절차의 경우와 마찬가지로 편무계약인 사용대차에 대하여는 미이행 쌍무계약에 관한 채무자회생법 제335조가 적용되지 않는다. 그리고 차주가 파산선고를 받은 때에는 대주는 계약을 해지할 수 있다(민법 제614조). 사용대차는 무상계약이며 대주와 차주 간의 대인적 신뢰관계를 기초로 성립하는 것이기 때문에 차주가 파산선고를 받은 경우 굳이 계약을 유지시킬 필요는 없으나 대주가 계약을 해지할 필요를 느끼지 않을 수도 있으므로 계약의 종료 사유가 아니라 해지사유로 한 것이다.616) 그러므로 대주는 차주의 파산선고를 이유로 사용대차계약을 해지할 수 있으며, 이에 따라 환취권자의 지위에서 목적물의 반환을 청구할 수 있다(회파 제407조). 차주의 계약 위반 또는 목적물의 성질에 위반한 사용·수익으로 인하여 발생한 대주의 손해배상청구권은 파산채권에 해당한다(회파 제423조).

앞서 논한 바와 같이 원칙적으로 사용대차에 대하여는 채무자회생법 제335조를 적용할 수 없으나, 차주가 파산한 경우 파산재단의 조속한 청산을 위하여 파산관재인이 주도적으로 계약을 해지하고 목적물을 반환하는 것은 인정해도 무방하므로 그 범위에서 동조의 적용을 긍정할 수 있다는 견해가 있다.617) 이 견해는 결국 민법 제614조에 기한 대주의 해지권과 채무자회생법 제335조에 기한 파산관재인의 해지권을 모두 인정하자는 의미로 이해된다. 그러나 다른 유형의 계약에서 논한 바와 마찬가지로 이 견해에 따르면 당사자의 파산과 관련하여 특별한 규정을 둔 민법의 취지에 반할 우려가 있고, 민법 제613조 제2항 본문에 따르면 기한의 약정이 없는 사용대차의 경우 대주의 의사에 반하지 않는 한 차주는 목적물의 사용·수익을 종료하고 이를 반환할 수 있으므로 채무자회생법 제335조를 적용할 실익은 크지 않다.

한편 민법에서는 대주가 파산선고를 받은 경우에 관하여 별도의 규정을 두고 있지 않으므로, 차주가 대주의 파산선고를 이유로 계약을 해지할 수는 없다고 해석된다. 다만 차주는 기한의 약정이 없더라도 사용·수익이 종료한 때에는 언제든지 대주에게 목적물을 반환할 수 있으므로, 현실적으로 차주에게 해지권을 인정할 필요성은 크지 않다(민법 제613조 제2항). 차주가 대주에 대해 비용상환청구권을 갖는다면, 이는 파산

---

616) 民法注解 ⅩⅤ, 제614조(김황식), 33면.
617) 박병대(주 140), 468면.

선고 전의 원인으로 생긴 재산상의 청구권이므로 차주는 파산채권자로서 권리를 행사할 수 있다(민법 제617조, 회파 제423조).

2. 입법론적 검토

우리나라 민법 제614조와는 달리 일본 민법 제599조는 차주의 파산선고를 사용대차계약의 실효사유로 규정하지 않고 있다(차주의 사망은 실효사유에 해당한다). 독일 민법과 도산법에서는 당사자에 대한 파산선고를 사용대차의 종료나 해지사유로 규정하고 있지 않다.

무상의 편무계약이라는 사용대차의 특성을 고려할 때, 민법 제614조에서 차주의 파산을 계약 해지사유로 규정한 것은 충분히 타당성이 있다. 앞서 논한 바와 같이 이 때 채무자회생법 제335조는 적용될 수 없으므로 대주가 계약을 해지할 경우, 대주는 환취권자로서 목적물의 반환을 구할 수 있으나 그 이외의 손해배상채권 등은 파산채권자의 지위에서 행사할 수 있을 뿐이다.

민법 제614조의 입법적 타당성 자체를 부정하는 것은 아니나 이와 같은 규정을 두지 않은 외국의 입법례가 존재하는 것에 비추어 볼 때, 만일 민법 제614조가 존재하지 않는다면 어떠할지 생각해볼 필요가 있다. 이 경우 채무자회생법 제335조는 적용되지 않고 민법상 특별한 정함도 없으므로 결국 차주가 파산한 경우 당사자들의 법률관계는 채무자회생법상의 일반 원칙에 따라 처리될 것이다. 대주는 차주의 파산 그 자체를 이유로 사용대차계약을 해지할 수는 없으므로, 차주의 파산에도 불구하고 기간의 약정이 있는 한 그 기간이 종료할 때까지 차주(실제로는 파산관재인이 될 것이다)의 사용·수익을 용인하여야 한다. 다만 사용대차계약 체결시 차주의 파산을 원인으로 계약을 해지할 수 있다는 내용의 약정, 즉 도산해제조항을 둔 경우라면 대주는 민법 제614조가 존재하지 않더라도 계약을 해지할 수 있다. 사용대차에 대하여는 제335조가 적용될 수 없어 도산해제조항이 파산관재인의 선택권을 침해하는 경우가 아니므로, 현재 대법원 판결에 따를 때 이러한 도산해제조항의 유효성은 긍정될 수 있을 것이다.[618]

한편 파산관재인의 입장에서는 통상 채무자인 차주의 재산을 조속히 정리하기 위해 채무자가 체결한 사용대차의 목적물을 대주에게 반환하여 법률관계를 종결시킬 필요성이 크다.[619] 이 때 약정기간이 종료하지 않은 경우라도 파산관재인은 대주와 협의하여 사용대차계약을 합의해지할 수 있을 것이고, 기간의 약정이 없다면 사용·수익을 종료하고 대주에게 목적물을 반환할 수 있다. 가능성이 낮기는 하지만 약정기간이 종료되지 않았는데 대주가 목적물의 반환을 원하지 않는 경우라도 어차피 무상으로 사용·수익하는 이상 큰 경제적 손실을 입지는 않을 것이며, 이는 민법 제614조가 적용되어 대주가 계약을 해지할 수 있음에도 불구하고 해지를 원하지 않는 경우와 동일한 결과가 된다.

결국 민법 제614조가 존재하는 경우와 존재하지 않는 경우를 비교할 때, 사용대차계약을 체결한 당사자들의 법률관계 및 그에 따른 효과는 거의 차이가 없다. 이 때문에 일본 민법 제599조, 독일 민법 및 도산법에서는 사용대차계약의 당사자에 대한 파산선고를 계약의 종료 내지 해지사유로 규정하지 않은 것은 아닐까. 그렇다면 민법 제614조의 의의에 관하여 재고할 필요가 있을 것이다.

---

618) 대법원 2007. 9. 6. 선고 2005다38263 판결. 이 판결에 관하여는 앞의 '제3장 제3절 Ⅱ. 1'항에서 상세히 논한 바 있다.

619) 물론 채무자에 대한 파산절차의 진행에도 불구하고 사용대차의 목적물을 약정기간 동안 계속 사용하고자 할 수도 있겠으나 거래계에서 그와 같은 경우는 드물 것이다.

제10절 조합계약

Ⅰ. 의의 및 성질

1. 의의

조합은 계약 또는 법률규정에 의하여 성립한다.[620] 조합계약이란 조합의 창설을 목적으로 하는 합의로서 2인 이상이 상호 출자하여 공동사업을 경영하기로 하는 약정을 의미한다(민법 제703조).[621] 여기서 사업의 종류와 성질에는 제한이 없으므로 사업의 영리성이나 계속성 여부는 불문하나, 사회질서에 반하는 사항을 목적으로 하거나 강행법규에 반하는 것은 허용될 수 없다.[622] 자연인 이외에 법인도 조합계약의 당사자가 될 수 있다. 대법원 판결에 따르면 조합의 업무집행조합원이 조합원 아닌 자와 동업계약을 체결한 경우 다른 조합원의 동의 없이는 조합에 대하여 효력이 없으나,[623] 조합원 전원의 동의가 있는 경우에는 종전의 조합원과 새로 가입한 조합원으로 구성된 새로운 조합이 된다.[624] 이에 따르면 조합이 조합인 상태로 새로운 조합계약의 당사자가 될 수는 없다.[625]

---

620) 김재형, "조합에 대한 법적 규율", 민법론Ⅱ, 박영사, 2004, 155면.

621) 民法注解 ⅩⅥ, 제703조(김재형), 30면.

622) 註釋 民法債權各則(Ⅴ)], 제703조(문흥안), 60면.

623) 대법원 1959. 2. 5.자 4290민상641 결정. 동 결정에서는 조합이 그 목적사업에 관하여 조합원 아닌 자와 동업계약을 한다는 것은 그 자를 조합에 가입시킴으로써 지분을 설정하는 동시에 종전의 조합원의 지분 즉 조합에 대한 권리관계에 중대한 영향을 미치므로 비록 조합의 업무집행을 담당한 조합원과 동업계약을 맺었다 하더라도 다른 조합원 전원의 동의없이는 그 계약을 조합에 대하여 효력을 발생할 수 없다고 하였다.

624) 대법원 1966. 10. 4. 선고 66다1071 판결.

2. 법적 성질

조합계약의 법적 성질에 관하여 종래 계약설, 합동행위설, 특수한 법률행위설이 대립되어 왔다. 구체적으로는 민법은 조합계약을 계약의 일종으로 규정하고 있다는 점에서 이론적으로 계약설이 타당하다는 견해,[626] 조합계약은 합동행위 및 계약으로서의 성질을 모두 가지는 특수한 법률행위라는 견해가 있다.[627]

계약설에 따르는 경우 조합계약이 쌍무계약에 해당하는지 여부도 문제된다. 2인 조합의 경우 각 조합원은 상대방에 대하여 상호적인 출자의무 및 업무집행의 의무 등을 부담하므로 쌍무계약의 성격을 갖는다고 보는 견해가 있다.[628] 반면에 현재는 쌍무계약이란 계약에 의하여 쌍방당사자가 견련관계에 서는 급부의무를 부담하고 서로 급부를 교환하여 각자의 이익으로 돌아가게 하려는 관계에 서는 때 인정되는 것이나 조합계약에는 그러한 관계를 인정할 수 없으므로, 조합계약은 본래적 의미의 쌍무계약이 아니라고 보는 견해가 유력하다.[629]

조합원들이 조합을 창설하기 위해 그에 필요한 규약을 정하는 행위 자체는 계약이라고 할 수 있다. 하지만 공동의 조합재산을 형성하기 위해 조합원들이 부담하는 출자의무가 다른 조합원에 대해 부담하는 의무라고 해석하기는 어렵다. 조합원들의 출자를 통해 형성된 조합재산을 토대로 공동사업을 경영하고 그에 따른 수익을 분배하거나 손실을 부담하는 것 역시 각 조합원들 상호간의 대가적 견련관계라고 볼 수 없다. 즉, 조합원들이 조합의 창설을 위해 필요한 내용을 정하는 행위 자체는

---

625) 民法注解 ⅩⅥ, 제703조(김재형), 41면.
626) 民法注解 ⅩⅥ, 제703조(김재형), 30면.
627) 곽윤직(주 134), 296면.
628) 이은영(주 222), 600면.
629) 곽윤직(주 134), 297면; 民法注解 ⅩⅥ, 제703조(김재형), 34면.

계약에 해당할 수 있으나, 이후 공동사업의 경영 등에 수반되는 법률관계가 계약이라고 단정할 수는 없다. 따라서 조합계약은 계약적 성질을 가진 특수한 법률행위라고 보아야 할 것이다.

3. 조합계약의 해제·해지 가능 여부

조합계약에 관하여 민법상 계약의 해제·해지에 관한 규정이 적용될 수 있는지 문제된다. 조합의 경우 탈퇴, 제명, 해산에 관한 규정이 있으므로 조합원 1인이 조합계약상의 채무를 이행하지 않더라도 이에 대해 계약의 해제·해지를 인정할 수는 없다.630) 대법원도 동업계약과 같은 조합계약에 있어서는 조합의 해산청구를 하거나 조합으로부터 탈퇴를 하거나 또는 다른 조합원을 제명할 수 있을 뿐이지 일반 계약에 있어서처럼 조합계약을 해제하고 상대방에게 그로 인한 원상회복의 의무를 부담지울 수는 없다고 판단하였다.631) 한편 민법상 조합에는 권리능력이 인정되지 않으므로, 조합의 권리의무는 종국적으로 각 조합원에게 귀속된다.632)

Ⅱ. 조합원에 대한 도산절차개시의 효과

앞서 논한 바와 같이 조합계약에 대하여는 계약의 해제·해지를 인정할 수 없다. 그러므로 관리인과 파산관재인의 선택권 행사에 관한 채무자회생법 제119조 및 제335조는 적용될 수 없으며, 이는 조합계약이 계

---

630) 곽윤직(주 134), 298면; 民法注解 ⅩⅥ, 제703조(김재형), 38면.
631) 대법원 1988. 3. 8.자 87다카1448 결정; 대법원 1994. 5. 13. 선고 94다7157 판결.
632) 김재형, "조합채무", 민법론Ⅱ, 박영사, 2004, 206면.

약으로서의 성질을 갖는다고 보는 견해에 따르더라도 동일하다. 그러므로 조합원 1인에 대해 회생절차가 개시된다고 하더라도 다른 종료 사유가 없는 한 회생절차개시 이전에 채무자인 조합원이 체결한 조합계약은 유효하게 존속한다. 다만 채무자의 효율적인 회생과 이해관계인 전체의 이익을 위하여 필요한 경우, 관리인은 채무자로 하여금 조합에서 탈퇴하도록 하고 그 지분을 채무의 변제재원에 충당하도록 할 수는 있을 것이다.

민법은 조합원 1인에 대해 파산절차가 개시된 경우를 조합에 대한 탈퇴사유의 하나로 정하고 있다(민법 제717조 제2호). 조합원이 파산하면 다른 조합원에 대한 관계에서 재산적 채무관계가 끝나게 될 뿐만 아니라 파산절차의 목적 달성을 위해 조합원을 탈퇴시킨 후 그 지분을 채무변제에 충당할 필요가 있기 때문이다.[633] 즉, 이는 파산관재인이 채무자인 조합원의 지분을 파산재단에 투입하기 위해 지분의 반환청구권 행사를 용이하게 하고자 하는 취지이다.[634] 일본 민법 제679조 제2호에서도 조합원이 파산절차개시결정을 받은 것을 조합의 탈퇴사유로 정하고 있다.[635] 독일 민법에 따르면 조합원(Gesellschafter)의 재산에 대한 도산절차개시는 조합(Gesellschaft)의 해산(Auflösung)사유에 해당하나(제728조 제2항), 조합계약에서 조합원의 재산에 대하여 도산절차가 개시된 때에도 조합이 다른 조합원 사이에서 존속한다고 정한 경우에는 도산절차가 개시된 조합원은 조합에서 탈퇴한다고 규정하고 있다(제736조 제1항).

---

633) 서울회생법원(주 154), 222면; 民法注解 XVI, 제717조(김재형), 140면.

634) 전병서(주 269), 138면.

635) 伊藤眞(주 322), 281頁에서는 조합원 1인이 파산한 경우 조합계약은 미이행 쌍무계약에 해당하므로 원칙적으로 일본 파산법 제53조 이하가 적용되어야 하나, 일본 민법 제679조 제2호에 특칙이 있으므로 파산법이 아닌 민법이 적용된다고 한다.

　이러한 민법 규정과는 달리 조합계약에서 조합원이 파산하더라도 조합에서 탈퇴하지 않기로 하는 특약을 할 수 있는지가 문제되는데, 이는 파산절차에 관계된 채권자 등 다수의 이해관계인의 권리를 침해하는 것이므로 허용될 수 없다고 보아야 할 것이다.[636] 대법원은 건설공사를 위한 공동수급체협정을 체결하면서 구성원은 입찰참가자격제한조치를 받기 전까지 탈퇴할 수 없다는 내용의 탈퇴금지약정을 하였는데 이후 구성원 중 1인이 파산하고 파산관재인이 법원의 허가와 파산채권자의 동의를 얻어 파산 이후에도 계속적으로 공동사업을 수행한 사안에서, 이러한 탈퇴금지약정은 원칙적으로 무효이나 파산한 조합원이 제3자와의 공동사업을 계속하기 위하여 그 조합에 잔류하는 것이 파산한 조합원의 채권자들에게 불리하지 아니하여 파산한 조합원의 채권자들의 동의를 얻어 파산관재인이 조합에 잔류할 것을 선택한 경우에는 유효하다고 보았다.[637]

---

636) 전병서(주 269), 138면; 임치용(주 260), 54면; 서울회생법원(주 154), 222면; 民法注解 ⅩⅥ, 제717조(김재형), 140면.

637) 대법원 2004. 9. 13. 선고 2003다26020 판결.

제11절 그 밖의 계약관계

Ⅰ. 상호계산

상호계산이란 상인들 사이에 또는 상인과 비상인 사이에 상시 거래 관계가 있는 경우에 일정한 기간의 거래로 인한 채권채무의 총액에 관하여 상계하고 그 잔액을 지급할 것을 약정하는 계약이다(상법 제72조). 당사자들이 개별 거래마다 상대방에 대한 각자의 대금지급의무를 이행하는 것이 아니라 일정 기간 동안 이루어진 거래관계를 통틀어 채권채무를 정산한다는 점에 특징이 있다. 따라서 상호계산을 하는 당사자들 사이에는 고도의 신뢰관계가 전제된다.

그런데 상호계산의 당사자 중 일방에 대해 도산절차가 개시되면 상호계산의 기초가 되는 상대방의 자력에 대한 신뢰가 유지될 수 없으므로, 평상시와 같은 계산관계를 유지하기는 곤란하다.[638] 또한 상대방의 채권은 원칙적으로 채무자회생법이 정하는 바에 따라 도산절차 내에서 처리되어야 하므로, 이 때 상호계산의 효력을 존속시키는 것은 타당하지 않다. 이러한 이유 때문에 채무자회생법에서는 상호계산의 당사자 일방에 대해 회생절차가 개시된 경우나 당사자 일방이 파산선고를 받은 경우 상호계산은 종료한다고 정하고 있다(회파 제125조 제1항 제1문, 제343조 제1항 제1문). 당사자에 대한 도산절차의 개시로 상호계산은 당연히 종료하므로, 채무자회생법 제119조 및 제335조에서 정하는 관리인과 파산관재인의 선택권에 관한 법리가 적용될 여지는 없다.

상호계산이 종료되면 당사자들은 계산을 폐쇄하고 상대방에게 잔액의 지급을 청구할 수 있다(회파 제125조 제1항 제2문, 제343조 제1항

---

[638] 大コンメンタ-ル破産法, 第59条(松下淳一), 252頁.

제2문). 이 때 상대방이 채무자에 대해 행사하는 잔액지급청구권은 회생 채권 또는 파산채권이다(회파 제125조 제2항, 제343조 제2항).

II. 공유관계

공유자들은 5년 내의 기간으로 공유물분할금지의 약정을 할 수 있고, 이러한 약정은 5년 이내의 기간에 한하여 갱신할 수 있다(민법 제268조 제1항, 제2항). 그런데 이러한 분할금지약정이 존재한다고 하더라도 공유자들 중 1인에 대해 도산절차가 개시되면 그 채무자의 재산인 공유물에 대한 지분을 전체 채권자 등을 위한 변제재원으로 활용하기 위해 공유관계를 해소하여야 할 필요가 있다. 물론 관리인은 공유물을 분할하지 않고도 공유지분을 처분하여 환가할 수도 있겠으나, 공유관계를 유지한 채로 지분을 처분하는 것은 불편하거나 불리할 수 있다.[639]

이러한 점을 고려하여 채무자회생법에서는 채무자가 타인과 공동으로 재산권을 가진 경우 분할금지약정이 있다고 하더라도 관리인이 분할청구를 할 수 있다고 규정한다(회파 제69조 제1항). 즉, 공유자 중 1인에 대해 회생절차가 개시되면 민법상 유효하게 체결된 분할금지약정은 더 이상 효력이 없다.[640] 이 때 다른 공유자는 상당한 대가를 지급하고 채무자의 지분을 취득할 수 있는데(회파 제69조 제2항), 관리인이 공유물을 분할한 후 이를 처분하는 경우와 결과적으로 차이가 없을 것이다.

마찬가지로 파산절차와 관련하여서도 채무자가 공유물분할금지약정을 했다고 하더라도 파산절차에 의하지 않고, 즉 일반적인 절차에 따라 공유물을 분할할 수 있다(회파 제344조 제1항).[641] 여기서 파산절차에

---

639) 백창훈/임채홍(주 151), 391면.
640) 伊藤眞(주 322), 284頁.

의하지 않고 일반적인 절차에 의한다는 것은 민법 제269조에서 정하는 분할방법에 따른다는 의미이며,642) 이는 회생절차의 경우에도 마찬가지이다. 이 때 공유물을 분할하여 환가한 대금 내지 다른 공유자가 채무자의 지분을 취득하는 대가로 지급한 대금은 파산재단에 속할 것이다(회파 제344조 제2항).

명문의 규정은 없으나 법률상 또는 공유의 성질상 분할이 금지된 경우에는 채무자에 대해 회생절차나 파산절차가 개시된 경우라도 분할청구를 할 수는 없다고 본다.643) 따라서 이 때 관리인이나 파산관재인은 공유물을 분할하는 경우에 비하여 불리하다고 하더라도 공유지분을 매각하여 환가할 수밖에 없다고 본다.644)

Ⅲ. 배우자 등의 재산관리

부부의 일방이 다른 일방의 재산을 관리하는 경우 부적당한 관리로 인하여 그 재산을 위태하게 한 때에는 다른 일방은 자기가 관리할 것을 법원에 청구할 수 있고 그 재산이 부부의 공유인 때에는 그 분할을 청구할 수 있으며, 이에 따른 관리자 변경이나 공유재산 분할은 등기해야 부부의 승계인 또는 제3자에 대항할 수 있다(민법 제829조 제3항, 제5항). 한편 법원은 부 또는 모가 친권을 남용하거나 친권을 행사시킬 수 없는 중대한 사유가 있는 때에는 친권의 상실을 선고할 수 있다(민법 제924조).

---

641) 전병서(주 269), 141면.
642) 伊藤眞(주 322), 284頁. 따라서 협의가 이루어지지 않는 경우 법원에 분할을 청구할 수 있고, 현물로 분할할 수 없거나 분할로 인하여 그 가액이 현저히 감소될 우려가 있는 때에는 법원이 공유물의 경매를 명할 수 있다.
643) 백창훈/임채홍(주 151), 392면; 伊藤眞(주 322), 284頁; 加藤哲夫(주 383), 263頁.
644) 백창훈/임채홍(주 151), 392면.

채무자회생법 제345조는 배우자의 재산관리자가 파산선고를 받은 경우와 친권을 행사하는 자가 파산선고를 받은 경우에 대하여 민법 제829조 제3항, 제5항 및 제924조를 준용하고 있다. 배우자의 재산관리자가 파산선고를 받은 경우를 관리권의 상실 사유로 규정한 것은 재산을 위태하게 한 때에 해당할 수 있다는 점을 고려한 것이며,[645] 또한 민법 제690조에서 당사자 일방이 파산한 경우 위임계약은 당연히 종료한다고 정한 것과 동일한 취지에서 이해할 수도 있다.[646] 반면에 회생절차와 관련하여서는 채무자회생법 제345조와 같은 규정이 존재하지 않는다.

---

645) 加藤哲夫(주 383), 265頁.

646) 伊藤眞(주 322), 285頁.

제5장
미이행 쌍무계약에 관한 입법론

제1절 해제권과 계약 상대방 채권의 취급

Ⅰ. 서설

미이행 쌍무계약에 관한 관리인이나 파산관재인의 선택권과 관련하여 관리인이나 파산관재인에게 계약의 해제·해지권(이하 통칭할 경우 '해제권' 또는 '해제'라고만 한다)이 아닌 이행거절권을 부여하고 이로 인해 상대방이 갖는 권리는 모두 일반의 무담보채권인 회생채권이나 파산채권으로 취급하여야 한다는 주장이 있다. 본장에서는 이와 같이 현행 채무자회생법의 입법태도를 비판하는 주장의 내용을 구체적으로 살펴본 후 이러한 주장의 타당성 여부를 검토한다. 그리고 이를 토대로 미이행 쌍무계약에 관한 민법 및 채무자회생법의 여러 규정들에 대한 바람직한 입법론을 모색해본다.

Ⅱ. 현재의 법률상황에 대한 비판

1. 이행거절권을 부여함이 타당하다는 주장

관리인과 파산관재인에게 미이행 쌍무계약을 해제할 수 있는 권리를 부여하는 현행 채무자회생법은 타당하지 않으므로 이행을 거절할 수 있는 권리를 인정하는 것으로 개정하여야 한다는 견해가 있다. 이에 따르면 도산절차는 집단적 강제집행절차이고 도산법은 원칙적으로 채무자의 책임재산에 대한 청구권자들이 실체법상 가지는 청구권의 내용을 변경하기 위한 법이 아닌데, 관리인이나 파산관재인에게 민법상 인정되지 않는 해제권을 인정하려면 민법상 청구권의 내용을 변경하여야 할 특별한 사정이 존재하여야 하나 그러한 사정은 존재하지 않으므로 관리인이 나 파산관재인에게 계약의 해제를 선택할 권한을 부여하는 것은 정당화 될 수 없다고 한다.647) 또한 관리인이나 파산관재인에게 계약의 해제를 선택할 권한을 부여할 경우 사회적 비효율을 야기할 수 있다는 근거를 들기도 한다.648)

그러므로 이 견해에서는 관리인이나 파산관재인에게 계약에 따른 채 무자의 채무이행을 거절하거나 이를 이행하고 상대방의 채무이행을 청 구하는 것 중의 하나를 선택할 권한만을 부여하는 것으로 법을 개정하 여야 한다고 한다.649) 우리 민법상 쌍무계약의 당사자는 계약을 이행하 지 않을 자유가 있고 도산절차가 개시된 경우에 관리인이나 파산관재인 에게도 계약을 이행하지 않을 수 있는 자유가 인정되므로,650) 관리인이 나 파산관재인에게 해제권이 아니라 이행을 거절할 수 있는 권리를 부 여하는 것이 타당하다고 해석한다.

2. 상대방의 채권을 일반채권으로 취급하여야 한다는 주장

채무자회생법에 따르면 관리인이나 파산관재인이 미이행 쌍무계약을 해제 또는 해지할 경우 상대방은 회생채권자 또는 파산채권자의 지위에 서 손해배상청구권을 행사할 수 있다(회파 제121조 제1항, 제337조 제1 항). 또한 원상회복이 문제되는 경우 상대방은 채무자가 받은 반대급부

---

647) 이화여자대학교 도산법연구센터, "도산법제의 선진화를 위한 비교법제 연구-채무자회생 및 파산에 관한 법률 개정 방안을 중심으로-", 법무부 연구용역보고서, 2008, 126-127면; 오수근, "도산법의 개선방향", BFL 제34호, 서울대학교 금융법센터, 2009, 20면.

648) 김성용, "도산절차에서의 쌍무계약의 처리와 관련한 두 가지 의문", 비교사법 제14권 1호(통권 36호), 한국비교사법학회, 2007, 53-60면.

649) 이화여자대학교 도산법연구센터(주 647), 127면.

650) 오수근(주 647), 20면.

가 채무자의 재산 중에 현존하는 때에는 환취권에 기해 그 반환을 청구
할 수 있으며, 현존하지 아니하는 때에는 공익채권자 또는 재단채권자
로서 그 가액의 상환을 구할 수 있다(회파 제121조 제2항, 제337조 제2항).

그런데 상대방의 원상회복청구권을 환취권 내지 공익채권 또는 재단
채권으로 취급하는 것은 도산절차가 개시되었다는 이유로 실체법인 민
법이 규정하고 있는 청구권의 내용을 변경하는 전형적인 경우라고 하면
서 현행법의 태도를 비판하는 견해가 있다.[651] 채무자에 대한 도산절차
가 개시된 경우에 관리인과 파산관재인이 계약을 해제할 수 있다는 전
제에서 그에 따라 상대방이 가지는 민법상의 원상회복청구권을 환취권
내지 공익채권 또는 재단채권으로 취급하는 규정은 삭제하여야 한다는
견해,[652] 상대방의 채권을 무담보채권으로 취급하는 미국 도산법의 규
정과 이행을 완료한 다른 채권자들과의 균형을 고려하여 계약 상대방의
지위를 재검토할 필요가 있다는 견해도 동일한 맥락이다.[653]

이러한 비판론에서는 채무자회생법에 따를 경우 현실적으로 다음과 같
이 형평에 반하는 불합리한 결과가 발생할 수 있다는 점을 지적한다.[654]

"예컨대 갑회사(건설회사)가 아파트를 신축하여 을과 병에게 분양한
후 소유권이전등기절차를 경료하기 전에 도산하여 회생절차가 개시되었
는데, 그 당시에 을은 분양대금을 완납하였고, 병은 분양대금을 미납한
상태라고 가정하자. 이 경우 갑회사를 위하여 성실하게 분양대금을 완
납한 을의 소유권이전등기청구권은 회생채권으로 취급되나, 갑회사의
재정악화에 일조한 병은 쌍방 미이행 상태가 되어 소유권이전등기청구
권(관리인이 계약 이행 선택시)이나 분양대금반환청구권(관리인이 계약

---

651) 김성용(주 648), 63면.

652) 이화여자대학교 도산법연구센터(주 647), 131면.

653) 임치용(주 354), 333면.

654) 서경환(주 314), 644-645면. 김성용(주 648), 67면에서도 동일한 사례를 언급하
고 있다.

해제 선택시)을 공익채권으로서 행사할 수 있다.”

위 사례는 채무자에 대한 회생절차개시 이전에 계약 상대방이 계약에 따른 채무의 이행을 완료한 경우와 그렇지 않은 경우의 차이를 극명하게 보여주는데, 이에 따르면 채무자의 재정악화에 일조한, 즉 채무자에 대해 도산의 원인을 제공한 상대방의 채권이 성실히 채무를 이행한 상대방의 채권보다 더 유리하게 취급되는 결과가 된다는 것이다.655)

이와 같은 비판론은 위 ‘1’항에서 살펴본 관리인과 파산관재인에게 계약을 해제할 수 있는 권리를 부여한 것이 타당치 않다는 주장과 동일한 맥락이다. 만일 관리인과 파산관재인에게 계약을 해제할 수 있는 권리가 아니라 계약의 이행을 거절할 수 있는 권리만을 인정한다면, 계약상대방이 관리인이나 파산관재인의 채무불이행을 이유로 계약을 해제할 수 있다. 이 때 상대방의 계약 해제로 인한 손해배상청구권과 계약이 해제되기 전에 이미 이행한 급부의 반환과 관련한 원상회복이 문제될 것인데, 이러한 상대방의 권리를 도산절차 내에서 어떻게 취급할 것인지에 관하여 채무자회생법과 비판론은 결론을 달리한다. 현행법을 비판하는 견해에서는 상대방의 손해배상채권은 물론 원상회복청구권도 일반의 무담보채권, 즉 회생채권 또는 파산채권으로 취급하여야 하고 상대방이 급부 자체의 반환을 구할 수 있는 권리인 환취권은 인정할 수 없다고 한다.656) 즉, 계약이 해제된 경우 상대방은 원상회복과 관련하여 원물의

---

655) 본문의 사례에서 제시된 을의 소유권이전등기청구권과 같은 비금전채권도 회생채권에 해당한다. 대법원 1989. 4. 11. 선고 89다카4113 판결에 따르면 회사정리법 제102조 소정의 정리채권은 채권자가 회사에 대하여 갖는 정리절차 개시 전의 원인으로 생긴 재산상의 청구권을 의미하고, 정리채권에 있어서는 이른바, 금전화, 현재화의 원칙을 취하지 않고 있으므로 재산상의 청구권인 이상 금전채권에 한정되지 않고, 계약상의 급여청구권과 같은 비금전채권도 그 대상이 된다. 채권의 목적이 금전이 아니거나 그 액이 불확정한 때에는 회생절차가 개시된 때의 평가금액으로 채권액을 산정한다(회파 제137조).

656) 이화여자대학교 도산법연구센터(주 647), 132면; 오수근(주 647), 21면.

반환을 구할 수는 없고 가액의 상환이나 손해배상을 구할 수밖에 없는
데, 이러한 권리는 전부 무담보의 일반채권으로 취급함이 옳다고 한다.
원칙적으로 도산절차개시 이전의 원인으로 인하여 발생한 상대방의 채
권은 일반채권으로 취급함이 원칙이므로, 다른 채권자들과의 균형상 관
리인이나 파산관재인의 채무불이행을 이유로 계약을 해제한 상대방 역
시 일반채권자로서 권리를 행사할 수 있도록 하는 것이 형평에 부합한
다는 고려에 기인한 것으로 보인다.

계약이 해제됨으로 인하여 상대방이 갖는 손해배상청구권을 회생채
권 또는 파산채권으로 취급한다는 점에서는 채무자회생법의 규정과 위
비판론에 차이가 없다. 반면에 위 비판론에서는 원상회복과 관련하여
상대방이 갖는 채권을 전부 회생채권 또는 파산채권으로 취급하여야 한다
고 하므로, 이 부분에서는 현행 채무자회생법의 규정과 확연히 다르다.

III. 외국의 입법례

1. 관리인·파산관재인의 선택권

제2장에서 논한 바와 같이 영국, 미국 및 독일의 도산법제에서는 도
산절차개시 당시 미이행 쌍무계약의 처리와 관련하여 관리인이 당해 계
약의 이행 또는 거절을 선택할 수 있다고 정하고 있다. 도산법입법지침
에서도 관리인은 쌍방 모두 미이행 상태인 계약의 이행 또는 거절을 선
택할 수 있다는 내용의 입법을 권고하고 있다. 즉, 영국, 미국 및 독일의
도산법제와 도산법입법지침에서는 우리나라 채무자회생법과 일본의 도
산법제와는 달리 관리인이 계약 자체를 해제할 수 있는 권한은 인정하
고 있지 않다. 채무자회생법에서 관리인 또는 파산관재인에게 계약의
해제를 선택할 수 있는 권한을 부여한 것은 구 파산법 및 회사정리법이

일본의 파산법과 회사갱생법 규정을 그대로 계수한 것에서 유래한다.

2. 계약 상대방의 채권

관리인이나 파산관재인에게 미이행 쌍무계약의 이행을 거절할 수 있는 권리를 인정하는 외국의 입법례를 보면, 이행거절로 인해 발생하는 상대방의 채권을 우선권 없는 일반채권으로 취급함이 일반적이다. 이에 비추어 볼 때, 관리인과 파산관재인에게 이행거절권을 부여하고 그에 따른 상대방의 권리는 전부 일반채권으로 취급하여야 한다는 견해의 취지를 일응 수긍할 수 있다.

즉, 영국 도산법에 따르면, 파산관재인은 파산재단에 이익이 되지 않는 계약 등을 거절할 수 있고, 이에 따라 손해를 입은 자는 손해액을 한도로 파산절차 내에서 우선권 없는 일반의 파산채권을 행사할 수 있다(제315조 제1항, 제2항, 제5항). 미국 도산법에서는 관리인이 미이행 계약의 이행을 거절함으로 인해 발생하는 청구권은 우선권 없는 일반의 무담보 채권이라고 규정하고 있다(제502조 g항 제1호). 독일 도산법에 따르면 관리인이 이행을 거절한 경우 상대방은 도산채권자(Insolvenz-gläubiger)로서 권리를 행사할 수 있으며(제103조 제2항 제1문), 도산절차개시 이전에 상대방이 급부의 일부를 이행하여 채무자의 재산에 속한 경우에는 상대방의 반대급부청구권이 이행되지 않았다는 이유로 도산재단으로부터 이미 이행한 급부의 반환을 청구할 수 없다(제105조 제2문). 도산법입법지침은 권고규정(Recommendation) 제82조에서 계약의 이행을 거절함에 따라 발생하는 손해에 대한 취급방식은 준거법에 따라 결정하되 손해배상채권은 통상적인 무담보채권(an ordinary unsecured claim)이라고 한다. 유럽도산법원칙에서는 관리인이 계약의 이행거절을 선택한 때 이로 인해 상대방이 갖는 채권은 전부 도산채권이라고 한다(제6.3조).

Ⅳ. 비판적 검토 및 입법론

1. 선택권의 내용

가. 선택권의 본래적 의미

관리인과 파산관재인에게 미이행 쌍무계약을 해제·해지할 수 있는 권리를 부여하는 입법이 타당한지 여부를 검토하기 위해서는 먼저 앞서 살펴본 외국의 입법례를 주목할 필요가 있다. 미이행 계약의 개념이 최초로 등장한 영국의 여러 판결례를 비롯하여 영국, 미국 및 독일의 미이행 계약에 관한 도산법 규정, 도산법입법지침의 권고내용 등을 종합해보면, 본래 관리인이나 파산관재인의 미이행 계약에 대한 선택권이란 도산절차개시 당시 이행이 완료되지 않은 계약에 관한 이행 또는 이행거절을 할 수 있는 권리를 예정한 것이라고 할 수 있다.

도산절차가 개시되지 않은 상태의 일반적인 계약관계의 경우를 상정해보면, 계약을 체결한 당사자는 계약에 따른 채무를 이행할 것인지 아니면 이행을 하지 않음으로써 발생할 수 있는 위험을 감수하고서라도 채무를 이행하지 않아 계약을 위반할 것인지 여부를 결정할 수 있다. 이와 같은 당사자들의 계약 이행 여부에 대한 결정권은 일방 당사자에 대하여 도산절차가 개시되었다고 해서 제한되거나 배제되는 것은 아니다. 따라서 도산절차 내에서 채무자의 재산에 관하여 모든 관리·처분권을 갖는 관리인이나 파산관재인이 미이행 쌍무계약에 대한 이행 또는 이행거절을 선택할 수 있는 권리를 갖는 것 역시 당연하다고 볼 수 있다.[657] 이는 도산법제에서 관리인과 파산관재인에게 미이행 쌍무계약에 대한 선택권을 부여하는 것을 정당화하는 근거라고 볼 수도 있다. 미국 도산

---

657) Westbrook(주 51), pp.244-245.

법 제365조에 따라 관리인이 계약의 인수(assumption)를 선택하는 것은 일반 계약 법리와 동일하게 당해 계약의 장점을 이용하고자 하는 행위이며, 반대로 계약의 이행을 거절(rejection)하는 것은 계약을 위반하여 당해 계약 관계를 채무불이행으로 인한 손해배상채권 관계로 환원시키는 것이라고 설명하는 견해도 동일한 맥락이다.[658]

이와 같이 미이행 쌍무계약의 입법 연혁, 미이행 쌍무계약의 개념을 발전시킨 외국의 입법례와 판결례 및 일반적인 계약관계에서 계약 당사자들이 갖는 이행 선택의 자유라는 측면을 종합적으로 고려할 때, 관리인이나 파산관재인이 갖는 미이행 쌍무계약에 대한 선택권의 본래적 의미는 계약의 이행 또는 이행거절 중 어느 하나를 선택할 수 있는 권리에 그치는 것이지 이행거절에서 나아가 계약을 해제할 수 있는 권리까지 포함하는 것은 아니라고 할 수 있다.

나. 검토

(1) 쟁점

앞서 '가'항에서 논한 바와 같이 미이행 쌍무계약에 대한 선택권의 본래적 의미에 비추어 볼 때, 채무자회생법에서 관리인이나 파산관재인에게 미이행 쌍무계약의 이행을 거절할 수 있는 권리가 아니라 계약 자체를 해제할 수 있는 권리를 인정하는 것은 잘못이라는 비판은 충분히 일리가 있다. 그러나 우리의 법률상황 하에서 관리인과 파산관재인에게 해제권을 인정하는 입법과 이행거절권을 인정하는 입법 중 어느 방식이 보다 타당한지를 판단하기 위해서는 다음의 사항을 추가로 검토해보아야 한다.

---

658) Adler/Baird/Jackson(주 47), p.224.

(2) 권리의 특수성

채무자회생법 제119조 및 제335조는 채무자 사업의 정리·재건 또는 채무자의 청산을 원활하게 함과 동시에 양 당사자 사이의 형평을 도모하기 위해 관리인이나 파산관재인에게 특별한 권리를 인정하고자 마련된 규정이다. 이와 같이 관리인이나 파산관재인에게 부여된 특별한 권리라고 설명하는 이유는 무엇인가.

해제권·해지권 행사에 관한 일반조항인 민법 제544조 이하는 물론이고, 매도인의 담보책임에 기한 해제권(민법 제570조 이하)이나 각종의 계약에서 특수한 해제권을 정하고 있는 경우(민법 제555조, 제640조, 제673조 등)를 살펴보면, 문언상 차이는 있으나 법정해제권·해지권의 발생 원인은 모두 채무자의 귀책사유 내지는 법정요건의 흠결이라는 공통점이 있다.[659] 그런데 채무자회생법 제119조 제1항 및 제335조 제1항에 따른 관리인과 파산관재인의 해제권은 법률의 규정에 의해 발생하는 해제권이기는 하지만, 채무자의 귀책사유나 법정요건 흠결을 권리의 발생원인으로 삼고 있지 않다. 즉, 관리인과 파산관재인이 미이행 쌍무계약에 관하여 해제를 선택할 수 있는 권리는 민법에서 예정하고 있는 해제권과는 별도로 특별히 인정된 것이다.

이와 같이 채무자회생법 제119조 제1항 및 제335조 제1항에 따라 인정되는 관리인과 파산관재인의 해제권이 특별한 권리라면, 결론적으로 도산절차 내에서 민법상의 일반원칙과 다른 법리가 적용된다고 해서 그 자체가 부당하다고 할 수는 없다고 생각한다. 또한 앞서 논한 바와 같이 영국, 미국, 독일 및 도산법입법지침의 입법례에서는 계약을 해제할 수 있는 권리를 선택권의 범위에 포함시키지 않고 있으나 그러한 입법이 반드시 절대적인 기준이라고 할 수는 없다. 계약 당사자들이 계약의 이행 여부를 선택할 수 있는 자유를 갖는다는 것은 당연하지만, 그렇다고

---

659) 예를 들어 서면에 의하지 않은 증여는 해제할 수 있다는 민법 제555조.

해서 다수 채권자들의 이해관계가 결부된 공동의 집행절차라는 특성을 갖는 채무자회생법에서도 반드시 계약 당사자의 이행 여부에 대한 선택의 자유에 관하여 동일한 입법을 해야만 하는 것은 아니다.

오히려 채무자회생법 제119조 및 제335조에서 관리인과 파산관재인에게 특별한 권한을 인정한 것이고 앞서 논한 바와 같이 그 입법목적이 충분히 합리적이라면, 일반적인 계약관계에서 인정되는 당사자들의 권리 범위를 넘어 계약을 해제할 수 있는 특별한 권리를 부여하는 입법도 충분히 가능할 수 있다. 도산절차에서는 민법과 민사집행법 등에서 정한 원칙들을 상당부분 수정하거나 별도의 법리에 따라 채무자 등을 비롯한 이해관계인들의 권리관계를 규율하고 있다는 점에 비추어 보더라도 그러하다. 그러므로 당사자가 계약의 이행 또는 이행 거절을 선택할 수 있다는 일반적인 계약관계상의 논리가 도산절차 내에서도 그대로 관철되어야 한다는 점에 근거하여 현행법의 태도를 비판할 수는 없다고 생각한다.

(3) 계약 당사자의 파산에 관한 민법 규정과의 관계

민법에서는 각종 계약 유형에 대해 어느 당사자의 파산시 계약이 실효 또는 종료된다거나 계약의 해지통고를 할 수 있다는 규정을 두고 있다. 즉, 소비대차의 경우 대주가 목적물을 차주에게 인도하기 전에 당사자 일방이 파산선고를 받은 때 소비대차의 효력은 상실되고(민법 제599조), 무상계약인 사용대차의 경우 차주가 파산선고를 받은 때 대주는 계약을 해지할 수 있다(민법 제614조). 임대차계약의 경우 임차인이 파산선고를 받은 때 임대인 또는 파산관재인은 계약해지의 통고를 할 수 있으며(민법 제637조 제1항), 고용계약의 경우 사용자가 파산한 때 노무자 또는 파산관재인은 계약을 해지할 수 있고(민법 제663조 제1항), 도급계약의 경우에는 도급인이 파산선고를 받은 때 수급인 또는 파산관재인은 계약을 해제할 수 있다(민법 제674조 제1항). 한편 당사자 중 일방이 파

산선고를 받은 사실은 위임계약의 종료사유에(민법 제690조), 조합원의
파산은 조합의 당연탈퇴 사유에 해당한다(민법 제717조 제2호).

　이와 같이 민법에서는 계약 당사자 일방이 파산선고를 받은 경우 상
대방에 대해 또는 파산선고를 받은 채무자의 파산관재인과 상대방 모두
에 대해 계약을 해제·해지할 수 있는 권리를 인정하거나 계약의 종료사
유로 정하고 있다. 따라서 채무자회생법에서 미이행 쌍무계약에 대한
파산관재인의 해제권을 인정한 것이 실체법상의 권리를 부당하게 변경
한 것이라거나 근거가 없다는 비판은 적어도 위에서 제시한 민법 규정
과 관련하여서는 재고할 필요가 있다. 또한 계약 당사자의 파산과 관련
한 민법의 여러 규정이 그 자체로 정당한지 여부는 별론으로 하더라도,
위와 같은 민법의 여러 규정이 존재하는 이상 채무자회생법 제335조만
을 개정하여 파산관재인에게 계약을 해제할 수 있는 권리가 아니라 이
행거절권을 부여할 수는 없다. 이는 회생절차 내에서 관리인에게 계약
의 해제권을 부여하는 채무자회생법 제119조의 경우에도 마찬가지이다.
이는 현행 법체계의 균형을 깨뜨리는 결과가 되어 민법과 채무자회생법
의 해석을 둘러싸고 큰 혼란이 생길 것임이 명백하기 때문이다. 그러므
로 채무자회생법상 관리인과 파산관재인에게 해제권을 부여하는 입법의
타당성을 비판하고 나아가 올바른 개정 방안을 제시하기 위해서는 반드
시 채무자회생법뿐만 아니라 민법 규정도 함께 검토하여야 한다.

2. 계약 상대방 채권의 취급

가. 규정의 의의

　미이행 쌍무계약의 해제시 계약 상대방 채권의 취급에 관하여 규정
하고 있는 채무자회생법 제121조 및 제337조는 구 파산법 및 구 회사정
리법 당시부터 일본의 구 파산법과 구 회사정리법을 계수한 것이다. 우

리나라 채무자회생법과 일본의 도산법제에서 관리인과 파산관재인에게 미이행 쌍무계약의 이행 또는 해제를 선택할 수 있도록 한 것은 채무자에 대한 도산절차를 둘러싼 법률관계를 신속하게 통일적으로 처리하기 위한 데에 그 취지가 있다.[660]

그리고 관리인과 파산관재인이 이행을 선택한 경우 상대방의 채권을 우대하지 않는다면 채무자나 파산재단에 유리하다는 이유로 상대방의 채무이행을 강요하는 것이 되어 형평에 반하기 때문에 상대방의 채권을 특별히 공익채권이나 재단채권으로 취급하고, 관리인이나 파산관재인이 계약을 해제·해지하는 경우에는 다른 채권자들과의 공평한 취급 및 이해 조정을 위해 민법의 일반원칙 및 채무자회생법에 마련된 특칙에 따라 처리한다.[661] 또한 쌍무계약에서 일방 당사자에게 파산이 선고되었다고 하여 그 상대방이 보유하던 실체법상의 권리를 무력화함으로써 일방적 불이익을 강요하는 것은 공평의 관념에 현저히 어긋나므로 계약상 대방의 이익보호를 위한 배려가 필요한데, 파산관재인이 계약의 계속 이행을 선택한 경우 상대방의 대응채권은 원래는 파산채권이 되어야 하나 이를 재단채권으로 규정하고, 해제를 선택한 경우에도 원물반환청구권을 인정하고 반환불능인 경우의 가액반환청구권을 재단채권으로 격상하여 인정한 것은 그러한 배려의 결과라고 설명하기도 한다.[662]

나. 해제권 부여에 따른 논리적 귀결

채무불이행이 존재하는지 여부와 무관하게 관리인과 파산관재인에게 미이행 쌍무계약을 해제할 수 있는 선택권을 인정하는 것이 민법과는

---

660) 福永有利, 倒産法研究, 信山社, 2004, 32頁; 加藤哲夫(주 383), 241頁.

661) 福永有利(주 660), 32頁; 伊藤眞(주 322), 259頁; 加藤哲夫(주 383), 241頁.

662) 박병대(주 140), 439면.

별도의 특별한 규정이라는 점은 별론으로 하고, 상대방의 원상회복청구권을 환취권 내지 공익채권 또는 재단채권으로 취급하는 것 자체가 실체법에 변경을 가하는 입법이라는 주장에 대해서는 의문이 있다.

통설 및 판례의 입장인 직접효과설에 따를 때, 계약이 해제되면 채무자에게 이전되었던 급부의 소유권은 당연히 상대방에게 회복된다. 즉, 계약의 해제시 발생하는 원상회복의 법률효과는 결국 본래 계약 상대방의 소유로 귀속되어야 할 급부가 환원되는 것이다. 따라서 관리인과 파산관재인이 미이행 쌍무계약을 해제한 때 계약 상대방이 환취권을 갖는 것은 실체법인 민법에서 정하는 효과에 따른 것일 뿐이다. 채무자에 대한 회생절차 또는 파산절차가 개시되더라도 환취권을 행사하는데 영향이 없는 것과 마찬가지로(회파 제70조, 제407조), 계약을 해제한 때 원상회복으로 인한 법률효과는 채무자의 재건 또는 청산을 원활하게 한다는 입법목적과는 직접적인 관련이 없으며 다른 채권자를 해하는 행위라고 단정할 수 없다. 또한 채무자회생법에서 채무자가 받은 반대급부가 채무자의 재산에 현존하지 않은 경우 상대방이 갖는 가액반환청구권을 공익채권 또는 재단채권으로 취급하는 것은 채무자가 받은 반대급부가 현존하는 경우에 상대방이 환취권을 행사할 수 있다는 법리에 상응하는 것이므로 공평의 원칙에 부합한다고 볼 수도 있다. 그러므로 채무자회생법 제121조 제2항 및 제337조 제2항은 실체법인 민법상 원칙에 변경을 가하는 내용의 규정이라기보다는 관리인과 파산관재인이 계약을 해제·해지할 수 있는 권한을 갖는 현행 법체계에 따른 논리적 귀결이라고 보아야 할 것이다.

오히려 상대방이 관리인이나 파산관재인의 채무불이행을 이유로 계약을 해제하였음에도 불구하고 상대방의 원상회복청구권을 우선권 없는 일반채권으로 인정하는 것이 민법상의 해제와 원상회복에 관한 법리의 변경 내지 특별한 취급에 해당할 것이다. 현행법에서는 관리인이나 파산관재인이 계약을 해제한 경우 상대방의 권리 보호라는 공평의 원칙

등에 근거하여 원상회복관계를 인정하고 있는데, 관리인이나 파산관재인이 계약의 이행을 거절하여 결국 상대방이 계약을 해제할 수밖에 없는 상황에 이른 것이라면 궁극적으로 관리인이나 파산관재인이 계약을 해제한 경우와 실질적으로 차이가 없다. 상대방의 채권을 회생채권 또는 파산채권으로 불리하게 취급한다면 상대방은 채무자에 대해 신용을 공여하거나 신용위험에 노출되는 것을 꺼리는 등의 반작용이 생길 수 있으므로 법리적인 분석에만 기초하여 상대방의 원상회복청구권 등을 회생채권이나 파산채권으로 취급하는 것으로 법을 개정함은 바람직하지 않으며 실증적 검토 등 보다 신중한 접근이 필요하다는 지적도 주목할 필요가 있다.[663]

다. 계약 상대방 권리 내용의 비교

관리인과 파산관재인에게 이행거절권을 부여하는 경우와 계약을 해제할 수 있는 권리를 부여하는 경우 법률효과가 어떻게 달라지는지를 구체적으로 비교해보자. 채무자회생법에 따르면 관리인이나 파산관재인이 미이행 쌍무계약을 해제한 경우 계약 상대방은 회생채권자 또는 파산채권자로서 손해배상채권을 행사할 수 있고, 또한 원상회복으로서 급부가 현존하는 경우에는 환취권을 행사하여 원물반환을 구할 수 있으며, 급부가 현존하지 않는 경우에는 공익채권자 또는 재단채권자로서 가액반환을 구할 수 있다. 반면에 만일 관리인이나 파산관재인이 계약의 이행을 거절할 수 있을 뿐이라면, 계약 상대방이 관리인이나 파산관재인의 채무불이행을 이유로 계약을 해제하고 손해배상채권을 행사할 수 있을 것이다. 또한 앞서 논한 비판론에 따르면 계약 상대방이 원상회복청구권을 갖는 경우 이러한 상대방의 권리는 회생채권 또는 파산채권으로

---

663) 한민(주 248), 89면.

취급함이 타당하다고 한다.

그런데 관리인이나 파산관재인이 미이행 쌍무계약을 해제할 수 있도록 하는 것이 아니라 채무의 이행을 거절할 수 있도록 규정한다고 하더라도, 결과적으로 채무자가 본래 계약에서 정한 의무를 이행하지 않게 된다는 점은 동일하다. 그리고 원상회복으로 인한 법률효과 부분을 제외하면, 관리인이나 파산관재인에게 해제권을 인정하는 경우와 이행거절권을 인정하는 경우 모두 계약 상대방이 손해배상채권을 행사할 수 있다는 결론에는 차이가 없다. 계약 상대방의 권리 보호라는 측면만을 본다면, 계약 해제시 상대방이 원상회복을 위해 환취권을 행사하여 원물을 반환받거나 공익채권자 또는 재단채권자의 지위에서 가액반환을 구할 수 있도록 한 채무자회생법의 태도가 상대방에게 무담보채권자로서의 지위만을 인정하는 비판론에 비해 상대방의 입장에서는 보다 더 유리할 수 있다. 그러므로 관리인이나 파산관재인에게 해제권을 인정하는 경우가 이행거절권을 인정하는 경우에 비해 계약 상대방을 특별히 불리하게 취급하는 입법이라고 단정하기는 어렵다고 생각한다.

우리나라와 동일하게 관리인과 파산관재인에게 미이행 쌍무계약을 해제할 수 있는 권리를 인정하고 있는 일본에서도 종래 관리인과 파산관재인에게 해제권이 아니라 이행을 거절할 수 있는 권리만을 부여하여야 한다는 주장이 있었다.664) 2004년에 일본 파산법을 개정할 당시에도 관리인과 파산관재인의 선택권과 관련한 논의가 있었다. 파산관재인에게 이행거절권을 부여하는 경우 상대방은 파산관재인의 채무불이행을 이유로 계약을 해제할 수 있는데 이 때 상대방이 채무자에 대한 파산선고 이전에 급부의 일부를 이미 이행한 경우 상대방의 채권을 어떻게 취급할 것인가라는 문제를 둘러싸고 논란이 있어 현재와 같이 해제권을

---

664) 田頭章一, "倒産法における契約の処理", ジュリスト 第1111号, 有斐閣, 1997, 107頁; 水元宏典, 倒産法における一般実体法の規制原理, 有斐閣, 2002, 197-198頁.

부여하는 입법 형식을 그대로 유지하기로 결정하였다고 한다(현행법에 따르면 상대방의 원상회복에 관한 권리는 환취권 또는 재단채권으로 취급된다).[665]

앞서 본절의 'Ⅱ. 2'항에서 제시한 사례에서 보았듯이, 채무자에 대해 회생절차가 개시되기 전에 계약상의 채무를 모두 이행한 상대방의 채권은 우선권 없는 회생채권에 불과한 반면에 채무의 이행을 완료하지 않은 상대방의 채권은 계약 해제시 환취권 또는 공익채권으로 취급된다. 이 사례에서 제시한 사정만을 놓고 보면 현행법의 태도가 공평의 원칙에 부합하지 않는 면이 있어 보인다. 하지만 다음과 같은 내용을 추가로 생각해볼 수 있다.

채무자에 대해 회생절차가 개시되기 전에 채무의 이행을 완료하였으나 채무자의 채무이행이 지체되고 있는 상태에서 채무자에 대해 회생절차가 개시된 경우를 상정해보자. 상대방이 채무 이행을 완료한 이상 당해 계약은 채무자회생법 제119조에서 말하는 미이행 쌍무계약에 해당하지 않는다.

한편 분양계약의 상대방인 수분양자의 입장에서는 다음과 같이 설명할 수 있다. 상대방의 잔급지급의무와 채무자인 건설회사의 소유권이전등기의무는 통상 동시이행관계에 있다. 그런데 어떠한 이유로 상대방이 계약상의 채무 이행을 먼저 완료하였다면, 도산절차개시 이전에 이미 채무자의 채무불이행을 이유로 당해 계약을 해제할 수 있는 권리를 갖고 있었으나 실제로 해제권을 행사하지 않고 있던 상태일 가능성이 높다. 이 경우 채무자에 대해 회생절차가 개시되었다고 하더라도 계약 상대방은 이미 발생한 해제권을 행사할 수 있다. 따라서 계약 상대방은 당해 계약을 해제하고 민법에서 정한 바에 따라 원상회복청구권을 갖는다. 이 때 계약의 효력은 소급적으로 무효가 되므로, 상대방은 환취권자의

---

665) 伊藤眞(주 322), 255頁; 大コンメンタール破産法, 第53条(松下淳一), 207頁.

지위에서 원상회복청구권을 행사할 수 있다(회파 제70조). 물론 상대방
은 원상회복 이외에 별도로 발생한 손해에 대해서도 배상을 청구할 수
있으나, 이러한 손해배상채권은 회생절차개시 이전의 원인으로 발생한
것이므로 회생채권으로 취급될 것이다(회파 제118조 제1호).

앞서 본절의 'Ⅱ. 2'항에서 제시한 사례의 경우 현실적으로는 주택법
제76조 이하에 근거하여 설립된 대한주택보증주식회사가 정한 보증사고
에 해당할 가능성이 높다. 공동주택을 건설하려는 건설회사는 대한주택
보증주식회사의 분양보증에 가입하여야 하고, 보증사고 발생시 대한주
택보증주식회사는 건설회사를 대신하여 수분양자에 대해 환급금을 지급
하거나 또는 분양의무를 이행하게 되므로 실제로 사례에서 제시한 바와
같은 문제가 발생할 가능성은 높지 않다. 만일 건설회사가 분양보증에
가입하지 않은 경우라고 하더라도 통상 관리인은 분양계약을 해제하기
보다는 존속시켜 공사를 완료한 후 수분양자에게 소유권이전등기의무를
이행하고자 할 가능성이 높다. 이렇게 하는 것이 채무자의 재건을 위해
서 반드시 필요할 수 있고 전체 채권자들을 위해서도 더욱 유리할 수 있
기 때문이다. 따라서 통상적인 경우라면 분양계약의 상대방인 수분양자
가 반대하지 않는 한 관리인은 건설공사를 완료하여 분양계약상의 소유
권이전등기의무 등을 이행하기 위해 관련 사항을 회생계획에 반영하게
될 것이다. 그러므로 위 사례에 나타난 사정에 근거하여 계약 상대방 취
급의 형평성을 논하는 것에 대하여는 논란의 여지가 있다.

3. 입법론적 검토

가. 해제권인가 이행거절권인가

이상 논한 바와 같이 미이행 쌍무계약의 처리와 관련하여 관리인과
파산관재인에게 계약의 해제권을 인정할 것인가 아니면 계약의 이행을

거절할 수 있는 권리를 부여함에 그칠 것인가라는 문제는 여러 가지 관점에서 종합적으로 검토해볼 필요가 있다. 양자의 입법 형식 모두 나름의 장점과 단점을 가지고 있다.

당사자들의 자유로운 의사에 따라 이미 형성된 계약관계가 존재하는데 그럼에도 불구하고 관리인이나 파산관재인에게 일방적인 해제권·해지권을 부여하는 입법을 정당화할 수 있는 특별한 근거는 없으므로, 미이행 쌍무계약의 본래적 의미에 따라 관리인이나 파산관재인에게 해제권이 아닌 이행거절권만을 인정하여야 한다는 비판도 타당성이 있다. 미이행 쌍무계약에 관한 외국의 입법례 및 연혁 등에 비추어 볼 때는 더욱 그러하다. 또한 채무자의 재건 또는 청산을 원활하게 함과 동시에 양당사자 사이의 형평을 도모한다는 목적을 감안한다면, 관리인이나 파산관재인이 일방적으로 계약을 해제·해지할 수 있는 권한을 부여할 것이 아니라 계약은 유지시키되 관리인 또는 파산관재인이 계약의 이행을 거절할 경우 상대방이 채무불이행을 이유로 계약을 해제할 수 있도록 함이 보다 형평에 부합하는 측면이 있다.

그럼에도 불구하고 관리인과 파산관재인에게 해제권을 인정하는 입법이 반드시 잘못된 것이라고 단정할 수는 없다. 관리인과 파산관재인에게 민법과는 별도로 특별히 해제권·해지권을 부여한 입법목적, 영미국가에서 형성되어 발전한 미이행 쌍무계약에 관한 법리가 절대적인 기준인 것은 아니므로 합리적인 이유와 필요성이 있다면 그 법리를 변형하여 입법화하는 것 자체가 부당하다고 볼 수는 없기 때문이다. 민법상의 법리와 동일하게 해제권 행사로 인한 원상회복과 관련하여 계약 상대방에게 환취권이나 공익채권 내지 재단채권을 인정하는 것이 항상 불리한 결과를 초래하는 것은 아니며 오히려 공평하고 타당한 법률관계 형성에 기여할 수 있다. 그리고 도산절차의 초기 단계에서 관리인과 파산관재인으로 하여금 채무자의 재산 또는 파산재단에 유리한 계약은 존속시키고 불리한 계약은 해제할 수 있도록 하는 경우 이행거절권을 부여하는 경우에 비하여 보다 신속하고 효율적인 도산절차의 진행을 도모할 수 있다는 장점도 있다. 이와 같이 관리인과 파산관재인에게 해제권을 부여하는 현행 채무자회생법의 태도는 충분히 일리가 있다.

그렇다면 과연 관리인과 파산관재인에게 해제권을 부여하는 입법과 이행거절권을 부여하는 입법 중 어느 방식이 보다 타당하다고 할 수 있는가. 이 문제에 대한 결론을 내리기 위해서는 채무자회생법과 민법의 체계적 균형을 고려하여야만 한다. 앞서 논한 바와 같이 민법의 채권편에서는 계약 당사자의 파산을 계약의 해제·해지 또는 종료사유로 규정하는 여러 조항을 두고 있다. 이와 같이 채무자회생법뿐만 아니라 민법에서도 계약 당사자의 파산선고와 관련하여 해제권 등에 관한 별도의 규정을 두고 있는 우리의 법률상황을 고려할 때, 관리인과 파산관재인의 해제권을 삭제하고 이행거절권을 부여하는 내용으로 단지 채무자회생법 제119조와 제335조만을 개정하는 입법론은 타당하지 않다. 미이행 쌍무계약의 처리와 관련하여 채무자회생법에 이행거절의 개념을 도입하는 것은 도리어 새로 해결하여야 할 복잡한 문제를 야기할 수 있으므로 적절하지 않다는 지적도 동일한 취지에서 이해할 수 있을 것이다.[666]

민법 채권편의 계약 당사자 파산에 관한 여러 규정들과의 균형을 고려할 때, 관리인과 파산관재인에게 미이행 쌍무계약에 관하여 이행거절권이 아닌 해제권을 부여하고 있는 현행 채무자회생법의 태도는 타당하다고 생각한다. 따라서 민법과 채무자회생법에서 모두 미이행 쌍무계약에 관한 규정을 두고 있는 현재의 이원적 체계가 유지되는 한, 채무자회생법만을 개정하여 관리인과 파산관재인의 이행거절권을 인정하는 것은 현행 법 체계에 부합하지 않는다. 오히려 현재의 법률상황 하에서 더욱 시급한 문제는 계약 당사자 중 일방에 대해 도산절차가 개시된 때 이행이 완료되지 않은 계약의 처리와 관련한 민법과 채무자회생법의 여러

---

666) 한민(주 248), 87면.

규정들이 조화를 이룰 수 있는 방안을 모색하는 일이다. 아래 항을 바꾸어 논하는 바와 같이 관리인과 파산관재인에게 해제권을 인정할지 아니면 이행거절권을 인정할지 여부는 민법과 채무자회생법을 함께 개정하는 단계에서 검토할 문제인 것이다.

나. 민법과 채무자회생법에 대한 개정론

(1) 현재의 이원적 법체계를 유지하는 경우

민법과 채무자회생법에서 미이행 쌍무계약에 관한 규정을 두고 있는 현재의 법체계를 유지한다고 하더라도, 관련 규정들의 조화로운 해석과 균형 있는 법 적용을 위해 민법과 채무자회생법의 여러 규정들을 통일적으로 개정하거나 개별 계약관계에 관한 민법의 몇몇 조항을 삭제할 필요가 있다. 민법에서는 개별 계약 유형과 관련하여 당사자가 파산선고를 받은 경우 계약의 종료 또는 효력에 관한 사항을 정하는 규정을 두고 있으나, 당사자에 대해 회생절차가 개시된 경우에 관하여는 별도로 정하고 있는 바가 없다.667) 이와 관련하여 앞서 본 바와 같이 대법원은 도급인의 파산에 관한 민법 제674조 제1항을 회생절차에 유추적용하는 해석론을 인정하기도 하였다.668) 또한 도산절차 내에서 미이행 쌍무계약을 처리하는 것과 관련하여 민법과 채무자회생법 규정의 중복 내지는 충돌 등으로 인하여 개별 계약관계를 둘러싸고 많은 혼란이 초래되고 있다.

그러므로 만일 채무자회생법에서 관리인과 파산관재인에게 계약을 해제할 수 있는 권리를 부여하는 한편 민법에서 별도의 규정을 두는 현

---

667) 임치용(주 354), 333면에서는 민법상의 도급계약, 임대차계약에 관한 파산조항과 관련하여 회생절차개시결정에 대하여도 통일적인 규정을 두어야 한다고 본다.
668) 대법원 2017. 6. 29. 선고 2016다221887 판결.

재의 이원적인 법체계 하에서도, 법률관계를 보다 명확하게 특정하고 법을 적용할 수 있도록 특히 민법의 몇몇 규정들을 개정하여야 할 것이다. 이에 관하여는 이미 제4장의 각 계약 유형에 관한 검토 부분에서 상세히 논하였는데, 그 중 주요 사항은 다음과 같다.

소유권유보부매매의 경우 현재의 법원 실무는 채무자회생법 제119조 및 제335조의 적용을 부정하고 매도인이 유보한 소유권은 실질상 담보적 기능을 한다는 점에서 매수인에 대한 도산절차에서 매도인의 권리를 담보권으로 취급하고 있다. 그러나 목적물을 인도하였으나 아직 매수인으로부터 매매대금을 지급받지 못해 소유권을 이전하지 않은 매도인은 소유권유보부매매계약상의 의무를 전부 이행한 것이 아니므로 당해 계약은 미이행 쌍무계약에 해당한다. 또한 명문의 근거 없이 소유권을 갖는 매도인을 도산절차 내에서 담보권자로 취급하는 실무의 입장을 뒷받침할 수 있는 근거가 충분하지 않은데, 소유권유보부매매의 법적 성질과 그 취급에 관한 문제는 입법적으로 해결할 필요가 있다.

임대차의 경우 채무자회생법 제124조 제1항 및 제2항, 제340조 제1항 및 제2항은 임차인이 임대인에게 차임을 선 지급하였다는 이유로 임차인을 지나치게 불리하게 취급한다는 문제가 있다. 임대인에 대한 회생절차개시를 이유로 차임의 선 지급을 통해 임대인에게 일종의 금융편의를 제공한 임차인에게 차임의 이중지급의무를 부담하게 하는 것은 형평에 반하고, 대항력을 갖춘 임차인을 특별히 보호하고자 하는 채무자회생법 제124조 제4항의 취지와도 배치된다. 또한 선순위 담보권보다 이후에 대항력을 갖춘 임차권에 대하여도 채무자회생법 제124조 제4항을 그대로 적용할 경우 불합리한 결과를 초래할 수 있으므로 입법론적으로 적용 범위를 제한할 필요가 있다. 민법 제637조 제1항의 경우 군이 임대인에게 해지권을 인정할 필요가 있는지 재고할 필요가 있고, 파산관재인이 임차인의 파산을 이유로 계약을 해지한 경우에도 임대인이 손해배상을 구할 수 없도록 한 동조 제2항은 타당하지 않다.

리스회사가 리스물건을 인도한 이후 계약기간 동안 리스이용자에 대해 부담하는 리스물건 이용보장의무는 단순히 추상적·관념적인 것이 아니라 리스계약상의 주된 채무이며, 리스회사가 리스물건을 인도한 이후 리스이용자에 대해 도산절차가 개시된 경우 리스계약상 양 당사자의 의무 이행은 완료되지 않은 것이므로 채무자회생법 제119조와 제335조가 적용되어야 한다. 그러므로 명문의 근거 없이 리스이용자에 대한 도산절차에서 리스회사를 담보권자로 취급하는 실무는 문제가 있다.

고용계약과 관련하여서는 회생절차에 관한 채무자회생법 제119조 제4항과 같이 파산절차에서도 파산관재인의 단체협약 해지를 제한하는 규정을 두는 방안을 검토할 필요가 있다. 그리고 민법 제663조 제2항에서 사용자의 파산을 이유로 파산관재인이 근로계약을 해지한 경우에도 근로자의 손해배상청구권을 제한하는 것은 타당하지 않다.

도급계약의 경우 공사도급계약에서 회생절차개시 이전에 이루어진 기성고 부분에 대한 수급인의 공사대금채권을 회생채권이 아닌 공익채권으로 취급하는 실무는 이미 공사이행을 완료한 수급인이나 다른 채권자들과의 형평 및 공사도급계약 이외에 일의 내용이 불가분적 특성을 갖는 계약의 해석 등과 관련하여 볼 때 옳지 않으므로, 기 발생 공사대금채권에 대한 가치평가가 가능한 이상 이는 회생채권으로 취급하여야 할 것이다. 나아가 수급인 파산시 채무자회생법 제335조를 적용하는 것과 관련하여 학설과 판례의 입장인 2분설의 근거를 명확히 할 필요가 있다. 또한 민법 제674조 제2항에서 파산관재인이 도급인의 파산을 이유로 도급계약을 해제하여 수급인에게 손해가 발생한 경우에도 수급인의 손해배상채권 행사를 제한하는 것은 형평에 반할 수 있다.

위임의 경우 수임인의 보수지급청구권에 관한 민법 제692조와 수임인의 긴급사무처리의무에 관한 동법 제691조와 관련하여 수임인이 위임인에 대한 도산절차 내에서 행사할 수 있는 권리의 성격을 명확히 하기 위해 채무자회생법 제342조와 제473조 제6호 등의 관계를 정립할 필요가 있다.

소비대차의 경우 당사자의 파산을 계약의 실효 사유로 규정한 민법 제599조는 다른 계약 유형과 비교할 때 균형이 맞지 않는다는 문제가 있다. 사용대차와 관련하여서는 차주의 파산을 계약 해지사유로 규정한 민법 제614조의 타당성은 일응 수긍할 수 있으나 일본 민법, 독일 민법 및 도산법에서 사용대차계약의 당사자에 대한 파산선고를 계약의 종료 내지 해지사유로 규정하지 않고 있는 점 등에 비추어 볼 때 민법 제614조의 의미를 재고할 필요가 있다고 생각한다.

앞서 논한 바와 같이 일본은 관리인과 파산관재인의 선택권과 관련하여 우리나라 민법 및 채무자회생법과 유사한 규정을 두고 있다. 일본의 경우 2004년 이후 파산법과 회사갱생법을 비롯한 도산법제뿐만 아니라 민법을 개정하였고, 그 결과 계약 당사자가 파산선고를 받은 때 파산관재인이나 상대방의 해제권 행사는 물론 그로 인한 법률관계에 관한 내용이 상당부분 바뀌었다. 향후 이에 관한 논의를 참고할 수 있을 것이다.

⑵ 민법과 채무자회생법의 일괄 개정 필요성

궁극적으로는 채무자회생법과 민법을 함께 개정하여 미이행 쌍무계약의 취급에 관하여는 채무자회생법에서 일괄 규율함이 타당하다고 생각한다. 즉, 미이행 쌍무계약에 대하여는 원칙적으로 채무자회생법 제119조 및 제335조를 적용하여 해결하되 이와 같은 일반 규정으로 해결할 수 없거나 일반 규정에 의하는 것이 불합리한 경우에는 민법이 아니라 채무자회생법에서 개별 계약유형과 관련한 별도의 규정을 두는 것이 바람직하다.

앞서 본 바와 같이 대법원은 도급인의 파산에 관한 민법 제674조 제1항을 도급인에 대해 회생절차가 개시된 경우에 유추적용할 수 있다고 판단하였다. 파산절차와 회생절차에서 미이행 쌍무계약에 관한 법률관계는 원칙적으로 동일하게 취급함이 타당하다는 고려에 근거한 것으로 이해된다. 미이행 쌍무계약에 관하여 민법과 채무자회생법에서 그 요건과 법률효과를 상이하게 규정하고 있는 현재의 법률상황 하에서, 민법의 규정을 회생절차에 대해서도 유추적용하고자 한 대법원의 해석론은 법 적용의 균형과 구체적 타당성이라는 측면에서 불가피한 면이 있다고 본다. 동일한 논리에 의한다면, 도급계약 이외에 다른 계약 유형의 경우에도 계약당사자에 대해 회생절차가 개시된 때 채무자회생법을 적용하지 않고 파산절차에 관한 민법 규정의 유추적용을 인정할 여지가 있다. 그러나 궁극적으로 당사자의 파산에 관한 민법 규정의 적용범위를 개별적인 유추적용에 의해 확대하는 것은 바람직하지 않다고 생각한다.

채무자에 대해 도산절차가 개시된 경우 미이행 쌍무계약의 처리에 관한 원칙적 규정을 채무자회생법에 두는 이상 이에 대한 예외 내지는 특칙에 해당하는 사항 역시 채무자회생법에서 규율하는 것이 체계상 타당하며, 이는 일관성 있는 법 적용을 위한 초석이 될 것이다. 이와 같은 입법 형식을 택하고 있는 독일 도산법을 참고할 수 있다. 독일민법 제728조에서 조합재산에 대한 도산절차의 개시와 조합원 1인의 재산에 대한 도산절차의 개시를 조합의 해산사유로 규정하고 있는 것을 제외하고, 민법상 개별 계약 유형과 관련하여 계약 당사자의 도산절차개시를 계약의 실효사유나 해지사유로 정한 규정은 존재하지 않는다. 개별 계약 유형과 관련된 규정은 독일 도산법에서 찾아볼 수 있다. 즉, 독일 도산법에서는 제103조에서 미이행 계약에 대한 도산관리인의 이행 또는 이행거절의 선택권을 규정하는 한편, 개별 계약관계의 처리 등과 관련하여 제104조 이하에서 여러 규정을 두고 있다. 특히 사용임대차 및 용익임대차계약, 고용계약과 관련하여 도산관리인이나 상대방 중 일방 또는 양 당사자 모두에게 해지권을 인정하고 있으며(제109조), 위임계약과 관련하여서는 도산절차개시를 계약의 실효사유로 정하고 있다(제115조). 즉, 독일의 경우에는 조합에 관한 독일 민법 제748조를 제외하면 우리나라와는 달리 민법에서는 개별 계약관계와 관련하여 당사자에 대한 도산절차개시로 인한 법률관계를 다루는 규정을 두고 있지 않고, 앞서 논한 바와 같이 일부 계약관계와 관련하여 도산법에서 특칙을 두고 있다.

관리인과 파산관재인에게 해제권을 부여할 것인가 아니면 이행거절권을 부여할 것인지는 이 단계에서 검토할 문제이다.

앞서 논한 바와 같이 다른 나라의 경우 미이행 쌍무계약에 대한 이행거절권을 인정함이 일반적이고, 이행거절권을 부여하는 입법은 관리인과 파산관재인의 선택권이 갖는 본래적 의미에 보다 부합한다. 그리고 관리인과 파산관재인이 계약의 이행을 거절함에 따라 상대방이 계약을 해제할 경우 상대방이 갖는 권리를 우선권 없는 일반채권으로 취급한다면, 상대방은 채무자에게 이미 급부한 것을 전부 반환받을 수 없어 불리하나 상대방에게 반환되지 않은 급부는 결국 채무자의 재산 또는 파산재단에 귀속되어 전제 이해관계인을 위한 변제재원으로 활용될 수 있다.

반면에 해제권을 인정하는 입법은 관리인과 파산관재인이 도산절차의 초기 단계에서 종래의 계약 관계를 조속히 정리할 수 있다는 장점이 있으며, 계약 해제시 상대방의 원상회복에 관한 권리를 환취권이나 공익채권 또는 재단채권으로 인정함으로써 상대방의 권리를 보다 보호할 수 있지만 그 만큼 전체 이해관계인을 위한 채무자의 재산이나 파산재단의 규모는 줄어들 수 있다. 그러므로 해제권과 이행거절권 중 어떠한 형태의 입법을 하고 그에 따라 계약 상대방의 권리를 어떻게 취급할 것인가는 결국 신속하고 효율적인 도산절차의 진행 및 상대방의 권리보호와 채권자를 비롯한 전체 이해관계인의 이익을 종합적으로 고려하여 결정하여야 한다.

이행거절권을 인정하는 입법을 할 경우 도산절차개시 이후로부터 상당 기간 동안 종래 계약으로 인한 법률관계가 확정되지 않아 불안정한 상태에 놓일 우려가 있다. 이행거절권을 부여하여야 한다는 견해에서는 상대방이 계약을 해제한 경우 다른 채권자와의 형평상 상대방을 무담보 채권자로 취급함이 옳다고 하나, 도산절차개시 이전에 이행을 완료한 채권자의 경우 이미 채무자의 채무불이행으로 인해 해제권을 행사할 수 있는 상태일 가능성이 높다. 그리고 채무자에 대한 관리인이나 파산관재인이 계약을 해제한 경우 상대방의 채권을 환취권이나 공익채권 또는 재단채권으로 보호하는 채무자회생법의 태도는 민법상 계약 해제로 인한 원상회복의 법리에 부합하는 것이다. 상대방의 채권을 일반채권으로 취급할 경우, 실제 거래계에서는 신용도가 높지 않거나 영세한 규모의 사업장을 가진 채무자와의 거래를 기피할 가능성이 있고 그 결과 채무자 역시 물품이나 자금을 적절히 조달하기 어려울 수 있다. 뿐만 아니라 관리인이나 파산관재인은 여러 가지 사정을 종합적으로 고려하여 도산절차 내에서 계약을 유지하는 것보다는 해제하는 것이 채무자의 재산이나 파산재단에 보다 유리하다는 판단 하에 계약의 해제를 선택한 것이므로, 상대방에게 환취권이나 공익채권 또는 재단채권을 인정한다고 하더라도 그로 인해 반드시 전체 이해관계인에게 불리한 영향을 끼친다고 볼 수는 없다.

이러한 사정을 종합적으로 고려할 때, 관리인과 파산관재인에게 미이행 쌍무계약에 대한 해제권을 부여하는 입법이 타당하지 않다거나 이행거절권을 부여하는 입법에 비해 불합리하다고 단정하기는 어렵다고 생각한다.

제2절 도산절차상 계약의 이전

Ⅰ. 서설

미국 도산법에 따르면, 관리인은 미이행 계약이나 다른 법률상 미이행 계약의 양도(the assignment of a contract)를 금지하거나 제한하는 규정이 있다고 하더라도 이와 상관없이 관리인은 일정한 요건 하에서 미이행 계약을 인수한 후 제3자에게 양도할 수 있다(제365조 f항). 관리인이 계약을 양도한 경우 관리인과 도산재단은 계약에 기해 발생하는 모든 의무에서 면제되고, 계약의 양도 이후 계약으로 인한 모든 의무는 양수인이 부담한다.[669] 양수인이 새로운 계약의 당사자로 등장하게 됨에 따라 계약 상대방의 지위를 보호할 필요가 있는데, 이를 위해 양수인은 장래 의무 이행을 위한 적절한 보장을 제공하여야 한다. 미국 도산법에서 규정하는 계약의 양도에 관하여는 '제2장 제3절 Ⅱ. 3'항에서 상세히 논하였다.

또한 도산법입법지침 권고규정 제83조에 따르면 관리인은 계약상 양도를 제한하는 특약이 있다고 하더라도 이와는 상관 없이 제3자에게 계약을 양도할 수 있다. 그리고 동조에서는 상대방이 양도에 반대한다고 하더라도 일정한 요건을 갖춘 경우에는 법원이 계약의 양도를 승인할 수 있다고 정하고 있다.

반면에 채무자회생법에서는 관리인이 미이행 쌍무계약을 제3자에게 양도하는 것과 관련하여 별도의 규정을 두고 있지 않다. 이하에서는 미국 도산법에서 규정한 계약의 양도와 우리나라 민법상 계약이전의 법리를 비교해보고, 채무자회생법에서 계약이전에 관한 규정을 도입하는 방

---

669) Tabb(주 27), p.863.

안 등에 관하여 검토한다.

II. 민법상 계약이전과의 비교

미국 도산법과 도산법입법지침에서 말하는 계약의 양도란 우리 민법상 계약이전 내지는 계약인수(이하 '계약이전'이라 한다)의 개념과 가장 유사해 보인다. 계약이전이란 매매계약에 있어서의 매도인 또는 매수인의 지위, 임대차에 있어서의 임대인이나 임차인의 지위 등과 같은 계약 당사자의 지위 승계를 목적으로 하는 계약을 의미한다.[670] 계약 당사자 일방이 일체로서 계약관계를 그 동일성을 유지한 채 제3자에게 이전하는 것이라거나, 계약이전의 법률효과적인 측면에서 당사자 일방이 계약관계로부터 탈퇴하고 대신 제3자가 계약관계의 당사자로 들어서게 되는 계약이라고 설명하기도 한다.[671] 거래계에서는 계약이전이 빈번하게 이루어지고 있으나, 민법상 개별 채권의 양도 또는 개별 채무의 인수에 관한 규정 이외에 채권관계 전체를 이전하는 경우에 관한 규정은 존재하지 않는다.[672] 하지만 계약자유의 원칙에 기하여 그 유효성이 인정되고 있으며, 계약이전 그 자체가 하나의 통일적 법률행위이므로 다수의 채권양도나 채무인수로 분해되어서는 안 된다.[673] 대법원도 계약이전의 유효성을 긍정한다.[674]

---

670) 곽윤직, 채권총론(제6판 중판), 박영사, 2012, 240면.

671) 이동진, "계약이전의 연구-상대방의 동의 요건의 기능과 위치를 중심으로-", 서울대학교 법학 제53권 제1호(통권 제162호), 서울대학교 법학연구소, 2012, 670면.

672) 이동진(주 671), 670면.

673) 김용담, "계약인수의 요건", 민사판례연구 IV, 박영사, 1982, 84면; 民法注解 X, 제4절 채권의 양도 前論(이상훈), 542면.

674) 대법원 1982. 10. 26. 선고 82다카508 판결. 이 판결에서는 "이른바 계약상의

계약이전이 있는 경우 종래의 계약 당사자 일방이 가지고 있던 권리·의무는 전체로서 모두 그대로 승계인에게 이전한다.[675] 따라서 계약에 따른 채권이나 채무뿐만 아니라 계약관계에 기한 취소권, 해제권 등 계약 당사자로서의 포괄적인 지위가 모두 승계인에게 이전하며, 계약이전 후에는 특별한 사정이 없는 한 양도인과 상대방 사이의 계약관계는 종료되고 그에 따른 채권·채무관계도 모두 소멸한다.[676] 대법원도 계약 당사자로서의 지위의 승계를 목적으로 하는 계약의 이전은 계약으로부터 발생하는 채권·채무의 이전 외에 그 계약관계로부터 생기는 해제권 등 포괄적인 권리의무의 양도를 포함하는 것이라고 판단하였다.[677]

계약이전은 원칙적으로 계약상의 양 당사자와 양수인과의 3면합의에 의하여 이루어질 수 있다. 이와는 달리 계약의 일방 당사자와 양수인 사이의 계약에 의하여도 계약이전을 할 수 있는지가 문제될 수 있다. 이에 대하여는 양도인과 양수인 사이에 계약이전에 관한 합의가 있고 나머지 당사자가 이에 동의하거나 승낙하는 방법으로도 가능하다고 보며, 반대 견해는 찾아볼 수 없다.[678] 대법원도 2인의 합의와 계약 상대방의 동의

지위의 양도, 양수, 계약인수 또는 계약가입 등은 민법상 명문의 규정이 없다고 하더라도 그 같은 계약이 인정되어야 할 것임은 계약자유, 사법자치의 원칙에 비추어 당연한 귀결이나 그 태양에 따라서 요건에 있어 삼면계약일 경우와 상대방의 승인에 의하여 그 효력이 발생하는 경우 등을 예상할 수 있고, 그 효과에 있어서도 혹은 계약상 이미 발생한 채권, 채무뿐만 아니라 장래 발생할 채권, 채무와 계약에 따르는 취소권이나 해제권도 이전하는 경우와 단계적으로 그 때 그때 발생한 채권, 채무를 이전함에 그치는 경우 혹은 양도인의 채무가 면책적으로 이전하는 경우(면책적 인수)와 병존적으로 이전하는 경우(병존적 계약인수) 등이 있어 이는 구체적 약관의 내용에 따라 해석하여야 할 것이다"라고 하였다.

675) 곽윤직(주 670), 240면; 民法注解 X, 제4절 채권의 양도 前論(이상훈), 542면.
676) 民法注解 X, 제4절 채권의 양도 前論(이상훈), 544면.
677) 대법원 1992. 3. 13. 선고 91다32534 판결.
678) 民法注解 X, 제4절 채권의 양도 前論(이상훈), 544면. 여기서 나머지 당사자

내지는 승낙에 의해 계약이전이 가능하다고 한다.[679)]

Ⅲ. 입법론적 검토

우리나라의 경우 민법상 명문의 정함은 없지만, 계약이전은 계약자유의 원칙에 근거하여 거래계에서 널리 이루어지고 있다. 당사자들이 합의 하에 계약의 이전을 금지하는 특약을 두는 것도 가능하다.

미국 도산법이나 도산법입법지침의 내용을 반영하여, 채무자회생법에서 채무자와 상대방이 계약의 이전을 금지하는 약정을 체결했다고 하더라도 관리인이나 파산관재인이 제3자에게 계약을 이전할 수 있도록 허용하는 규정을 신설하는 방안을 고려해볼 수 있다. 제3자에 대한 계약이전은 채무자의 회생 또는 청산을 보다 신속하고 효율적으로 진행할 수 있는 방안이 될 수 있다. 또한 계약을 인수할 양수인이 존재하고 사회적으로도 당해 계약을 유지시키는 것이 보다 효율적이라고 판단된다면, 당사자 간의 금지특약에도 불구하고 계약이전을 허용하는 방안은 충분히 합리적일 수 있다. 종래에도 민법상 계약이전에 관한 일반 규정을 신설하는 것과 관련하여 논의가 이루어지고 있는데, 채무자회생법에 계약이전에 관한 규정을 두는 경우 민법에 관한 논의를 참고하여 법체계

의 승낙이란 실질적으로 3면 합의를 한 것으로 볼 정도의 것을 의미하는 것은 아니며 단순한 승낙의 의미라고 한다.
679) 대법원 2007. 9. 6. 선고 2007다31990 판결. 이 판결에서는 계약 당사자로서의 지위 승계를 목적으로 하는 계약인수는 계약상 지위에 관한 양도인과 양수인 사이의 합의와 나머지 당사자가 이를 동의 내지 승낙하는 방법으로도 할 수 있으며, 나머지 당사자가 동의 내지 승낙을 함에 있어 양도인의 면책을 유보하였다는 등의 특별한 사정이 없는 한 양도인은 계약관계에서 탈퇴하고, 따라서 나머지 당사자와 양도인 사이에는 계약관계가 존재하지 아니하게 되어 그에 따른 채권·채무관계도 소멸된다고 하였다.

상의 균형을 도모할 필요가 있다.[680]

　　당사자 간의 금지 특약에도 불구하고 계약이전을 허용하기 위해서는 채무자의 원활한 회생 또는 청산과 사회적 효율성 인정 여부 등에 관하여 객관적이고 공정한 판단이 전제되어야 할 것이다. 따라서 관리인이나 파산관재인이 계약이전을 통해 계약 당사자의 지위에서 벗어나고자 하는 경우에는 반드시 사전에 법원의 승인을 얻도록 할 필요가 있다고 본다. 그리고 관리인이나 파산관재인이 도산절차 내에서 계약을 이전할 수 있도록 하는 경우에는 이러한 이전을 금지하거나 제한하는 당사자 간의 특약은 효력이 없음을 명백히 규정할 필요가 있다.

　　특정인에 의한 의무 이행만이 의미가 있는 경우와 같이 계약 자체의 특성상 제3자에 대한 계약이전을 허용할 수 없는 경우, 계약을 이전하는 것이 오히려 채무자에게 불리한 경우 등에 관하여는 계약이전에 관한 규정을 적용할 수 없을 것이다. 한편 미국 도산법이나 도산법입법지침에서 정하고 있는 바와 같이 계약 상대방의 권리를 보호할 수 있는 방안도 함께 마련하는 것이 타당하다. 계약 상대방의 권리는 적어도 제3자에게 계약이 양도되기 전의 경우에 비하여 불리하게 취급되어서는 안 될 것이기 때문이다.

---

680) 민법상 계약이전에 관한 규정의 신설과 관련된 논의로는 송호영, "채무인수, 이행인수 및 계약인수에 관한 입법론", 법조 제662호, 법조협회, 2011, 92면 이하 참조. 또한 계약이전에 관한 법리 일반을 정리·검토한 문헌으로 이동진(주 671), 673면 이하 참조.

제6장
결론

본서에서는 계약의 당사자 일방에 대해 도산절차가 개시되었는데 양 당사자들의 의무 이행이 완료되지 않은 경우 도산절차 내에서 당해 계약에 따른 당사자들의 권리·의무 내지 그로 인한 법률관계를 어떻게 다룰 것인가에 관하여 논하였다. 채무자회생법에서는 도산절차개시 당시 양 당사자의 의무 이행이 완료되지 않은 계약을 미이행 쌍무계약이라고 정의하고, 법정 요건을 갖춘 미이행 쌍무계약에 대하여 민법상의 계약 법리와는 다르게 특별한 취급을 하고 있다. 그리고 민법의 채권편에서는 계약 당사자 중 일방이 파산선고를 받은 경우와 관련하여 이를 이행이 완료되지 않은 계약의 해제, 해지 또는 종료 사유로 정하는 여러 규정을 두고 있다.

영국, 미국 및 독일 등 서구의 여러 국가에서는 도산절차개시 당시 당사자들의 의무 이행이 완료되지 않은 계약을 미이행 계약(executory contract)이라고 정의하는데, 채무자회생법상 미이행 쌍무계약의 개념은 위와 같은 미이행 계약의 법리에서 유래한 것이다. 용어에는 다소 차이가 있으나 외국에서의 해석론에 의하면 미이행 계약에서의 계약이란 각 당사자가 서로 당대방에 대해 의무를 부담하는 쌍무계약을 가리킨다고 하므로 그 개념은 실질적으로 동일하다고 생각된다.

미이행 계약의 개념은 1818년 영국 법원의 *Copeland v. Stephens* 사건에 대한 판결에서 유래한다. 당시 판결에서 미이행 계약이라는 용어를 명시적으로 언급한 것은 아니지만, 계약 당사자 중 일방에 대해 도산절차가 개시된 경우 채무자 재산의 일부를 구성하는 당해 계약을 어떻게 취급할 것인가라는 문제를 다루고 있다는 점에서 미이행 계약에 관한 최초의 사례라고 본다. 영국 법원은 채무자에 대해 도산절차가 개시되더라도 계약은 여전히 유효하게 존속한다는 전제 하에 도산관리인이 채무자의 재산을 도산재단에 편입시키는 행위를 하여야만 채무자의 재산이 도산재단으로 이전되고 도산관리인이 그에 따른 책임을 부담한다고 판단하였다. 이러한 내용은 채무자에 대해 도산절차가 개시되고 도산관리인이 선임되면 별도의 편입행위 없이 채무자의 재산에 관한 일체의 권한이 도산관리인에게 이전된다고 하는 각국의 입법례(현행 영국 도산법도 마찬가지이다)와 차이가 있다. 하지만 이 판결에서 제시한 도산관리인의 채무자 재산에 대한 선택권(the right to accept or refuse)이라는 개념은 이후 도산절차가 개시되면 채무자의 재산은 관리인이나 도산재단으로 당연히 이전된다는 전제 하에서 도산관리인 등이 미이행 계약의 이행 여부를 선택할 수 있다는 법리로 변형되어 발전한 것으로 보인다.

이후 영국과 미국의 법원은 미이행 계약의 개념, 요건 및 그에 따른 법률효과 등에 관하여 다양한 판단을 해왔고, 현재는 양 국가 모두 도산법에서 미이행 계약에 관한 법률관계를 명시적으로 규율하고 있다. 독일의 도산법에서도 미이행 계약에 관해 별도의 규정을 두고 있으며, 우리나라는 일본의 도산법제를 계수하였기 때문에 미이행 쌍무계약에 관한 일본의 도산법제와 채무자회생법의 규정은 유사한 면이 많다. 한편 영국, 미국, 독일, UNCITRAL의 도산법입법지침 및 유럽도산법원칙에서는 관리인 등에게 미이행 계약의 이행을 인수하거나 그 이행을 거절할 수 있는 권리를 인정하고 있는 반면에, 일본과 우리나라에서는 계약의 이행을 거절할 수 있게 하는 대신 계약을 해제·해지할 수 있는 권리를 인정하고 있다. 이와 같은 외국의 입법례 등에 관하여는 제2장에서 총론적인 사항에 대한 비교법적인 검토를 진행하였고, 제4장의 개별 계약 유형에 대한 검토와 제5장의 입법론적 검토 부분에서는 각각 관련 있는 외국의 입법례를 보다 상세히 살펴본 후 시사점을 도출하였다.

우리나라를 비롯한 각국의 도산법제에서 미이행 쌍무계약에 관하여 특별한 규율을 하는 이유가 무엇인지를 생각해볼 필요가 있다. 채무자에 대해 도산절차가 개시된다고 하더라도 원칙적으로 도산절차개시 이

전부터 이루어진 채무자의 종래 법률관계가 단절되는 것은 아니다. 따라서 채무자가 도산절차개시 이전에 체결한 계약에 따른 법률관계 및 효과 역시 도산절차개시 이전과 동일하게 취급함이 원칙이다. 그러나 채무 초과로 경제적 파탄 상태에 이른 채무자의 재건 또는 청산을 원활하게 함과 동시에 채권자를 비롯한 모든 이해관계인등의 이익을 균형 있게 조정하고자 하는 도산절차의 목적과 취지를 감안할 때, 도산절차 내에서 채무자의 종래 계약에 따른 법률관계 등을 수정 내지 변경할 필요가 있다. 즉, 신속하고 효율적인 도산절차의 진행이라는 측면과 모든 이해관계인들의 형평을 도모하여야 한다는 측면을 고려한 결과, 각국의 도산법제에서는 미이행 쌍무계약에 관하여 특별한 정함을 둔 것이라고 할 수 있다.

채무자회생법상 도산절차 내에서 특별히 규율되는 미이행 쌍무계약은 쌍무계약일 것, 유효하게 성립할 것, 쌍방이 모두 이행을 완료하지 아니할 것, 이행이 완료되지 않은 채무의 내용은 부수적이지 않을 것을 요건으로 한다. 각 요건과 관련하여 해석상 논란의 여지가 있는 쟁점 사항들에 관하여는 제3장 제1절 제2항에서 논하였다. 특히 미국의 경우 Countryman의 '중대한 위반 기준'과 관련하여 의무의 이행이 완료되지 않은 것이 계약상 본질적인 불이행이어야 한다는 요건에 대해 다양한 비판이 있으나, 우리나라에서는 부수적이지 않은 채무의 미이행이어야 한다는 요건을 두는 것이 정당한지 및 그 판단기준은 무엇인지 등에 관하여 구체적인 논의가 이루어지 않고 있다. 실무상 미이행 쌍무계약의 요건을 판단하는데 이행이 완료되지 않은 채무의 내용이 본질적인 것인지 아니면 부수적인 것에 불과한지를 두고 논란이 생길 수 있으므로, 이에 관하여는 앞으로 체계적인 기준을 정립할 필요가 있다.

관리인과 파산관재인의 미이행 쌍무계약에 대한 선택권과 관련하여 도산해제조항의 유효성 여부에 대한 논의가 다양하게 이루어지고 있다. 제3장 제3절에서 논한 바와 같이 도산해제조항의 효력에 관한 논의는 크게 도산법제의 전체적인 취지상 미이행 쌍무계약에 대한 관리인 및 파산관재인의 선택권과 관련하여 그 효력을 인정할 수 있는지에 관한 논의와 그 이외의 계약에서 도산해제조항의 효력을 인정할 수 있는지에 관한 논의로 구분할 필요가 있다. 대법원 2005다38263 판결에서는 도산해제조항 자체의 효력을 전면적으로 부정하기는 어렵다고 하면서도, 미이행 쌍무계약의 경우에는 도산해제조항으로 인해 관리인과 파산관재인의 선택권이 침해될 수 있으므로 그 효력을 부정할 여지가 있다고 하였다. 학설상으로는 도산해제조항 그 자체로 효력을 인정할 수 없다는 견해가 종래 다수의 입장이었으나, 최근에는 개별 계약유형에 따라서 그 효력을 달리 인정할 수 있다는 견해도 유력하다. 현재는 적어도 미이행 쌍무계약에 대한 관리인과 파산관재인의 선택권을 침해하는 한도에서 도산해제조항의 효력을 인정할 수 없다는 데에는 이견이 없어 보인다.

연혁적인 측면에서 본다면 모든 유형의 계약에서 도산해제조항은 파산절차 또는 청산절차의 개시를 이유로 파산자 또는 도산절차가 개시된 회사로부터 그 소유의 재산을 배제하는 내용의 계약조항은 공서에 반하여 무효라는 도산법상의 법리인 박탈금지의 원칙에 반할 소지가 크다. 이러한 이유 때문에 영국과 미국에서는 원칙적으로 도산해제조항의 효력을 인정하지 않고 있으며, UNCITRAL 도산법입법지침에서도 이른바 Ipso Facto Clause라고 불리는 자동해제조항 및 기한이익상실조항의 효력을 부정하고 있다. 그러므로 도산해제조항의 효력은 원칙적으로 부정함이 타당하며, 이 문제는 입법적으로 해결할 필요가 있다. 다만 현행 법령상 도산해제조항의 효력을 부정하는 명문의 규정이 없어 개별·구체적인 사안별로 도산해제조항의 효력을 판단하는 것이 불가피하더라도, 그러한 판단 자체가 용이하지 않을 뿐만 아니라, 각 계약 유형에 따라 판단을 달리할 경우 그 판단 결과가 형평에 반할 수 있다는 문제도 있다. 개별 판단에 따른 문제의 소지를 최소화하기 위해서는 객관적이고 공평한 판단 기준을 적용하여야 할 것이다.

　제4장에서는 제2장 및 제3장에서의 논의를 바탕으로 미이행 쌍무계약에 관한 일반 법리가 개별 계약유형에서 어떻게 적용되는지를 살펴보는 한편 각 계약에서 특수하게 문제되는 쟁점 등에 관하여 논하였다. 채무자회생법과 민법에서는 계약의 당사자 일방에 대해 도산절차가 개시된 경우 양 당사자들의 의무 이행이 완료되지 않은 계약에 따른 당사자들의 권리·의무 내지 그로 인한 법률관계를 어떻게 취급할 것인지에 관하여 여러 규정을 두고 있다.

　채무자회생법 제119조와 제335조에 따르면 관리인과 파산관재인은 민법상의 계약 해제·해지에 관한 법리와는 별도로 미이행 쌍무계약의 이행 또는 해제·해지를 선택할 수 있는 권한이 있으며, 관리인과 파산관재인이 어떠한 선택을 하느냐에 따라 당사자들의 법률관계는 확연히 달라진다. 관리인이나 파산관재인이 미이행 쌍무계약의 이행을 선택한 경우 계약 관계는 그대로 유효하게 존속되는데, 이 때 채무자에 대한 도산절차개시에도 불구하고 기존의 계약에 따른 의무를 전부 이행하여야 하는 상대방의 지위를 고려하여 상대방이 채무자에 대해 갖는 권리는 공익채권 내지 재단채권으로 보호된다. 반면에 관리인이나 파산관재인이 계약의 해제·해지를 선택한 경우에는 계약관계는 민법상 해제·해지의 효력과 동일하게 소멸하며, 이로 인해 상대방이 채무자에 대해 갖는 손해배상채권은 회생채권 내지 파산채권으로 취급되나 상대방은 해제로 인한 원상회복과 관련하여 기존에 채무자에게 이행한 반대급부가 채무자의 재산에 남아 있는 때에는 환취권자로서 그 반환을 구할 수 있다. 한편 채무자회생법 제122조는 회생절차와 관련하여 매매계약의 특수한 형태인 계속적 공급계약에 관한 특칙이며, 이외에도 채무자회생법에서는 상호계산, 공유관계, 배우자 등의 재산관리와 관련하여 별도의 규정을 두고 있다.

　그런데 민법의 채권편에서는 제599조(소비대차), 제614조(사용대차), 제637조(임대차), 제663조(고용), 제674조(도급), 제690조(위임) 및 제

717조(조합)에서 당사자 중 일방이 파산선고를 받은 경우 계약의 효력에 관하여 별도의 정함을 두고 있다. 이로 인해 특히 파산절차와 관련하여 채무자회생법 제335조 등과 위 민법 규정의 내용이 충돌하거나 모순되는 경우 어느 규정을 적용할 것이며 그에 따른 법률효과를 어떻게 해석할 것인지에 관하여 논란이 있다. 나아가 제4장에서는 명문의 규정은 없으나 실무상 중요하게 다루어지고 있는 소유권유보부매매계약과 리스계약에 관한 쟁점도 함께 논하였다.

현행 민법과 채무자회생법상 합리적인 근거 하에서 양자를 균형 있게 해석하여 적용하는 것이 중요함은 두말할 나위가 없다. 그리고 현재와 같이 채무자회생법과 민법에서 계약 당사자 중 일방에 대해 파산절차가 개시된 경우 계약의 효력 등에 관하여 별도로 규율하는 이원적 체계를 유지한다고 하더라도, 불합리한 결과를 초래할 우려가 있는 채무자회생법과 민법의 여러 규정들은 입법론적으로 검토할 필요가 있다.

각 계약에서 문제된 사항 중 주요한 것은 다음과 같다.

소유권유보부매매의 경우 매도인이 목적물을 인도하였더라도 아직 소유권이 이전되지 않은 이상 당해 계약은 미이행 쌍무계약에 해당할 수 있다. 또한 명문의 근거 없이 소유권을 갖는 매도인을 담보권자로 취급하는 실무의 입장은 그 근거가 충분치 않을 뿐만 아니라 법 형식과도 배치된다는 문제가 있다.

임대차의 경우 임차인의 차임 선 지급에 관한 채무자회생법 제124조 제1항 및 제2항, 제340조 제1항 및 제2항은 임차인을 지나치게 불리하게 취급한다는 문제가 있고, 선순위 담보권보다 이후에 대항력을 갖춘 임차권에 대하여도 제124조 제4항을 그대로 적용할 경우 불합리한 결과를 초래할 수 있으므로 입법론적으로 적용 범위를 제한할 필요가 있다. 또한 민법 제637조의 경우 굳이 임대인에게 해지권을 인정할 필요가 있는지 의문이며, 파산관재인이 임차인의 파산을 이유로 계약을 해지한 경우에도 임대인이 손해배상을 구할 수 없도록 한 것은 타당하지 않다.

리스회사가 리스물건을 인도한 이후 리스이용자에 대해 도산절차가 개시된 경우 리스계약상 양 당사자의 의무 이행은 완료되지 않은 것이므로 리스회사를 담보권자로 취급할 것이 아니라 채무자회생법 제119조와 제335조를 적용하여야 한다.

고용계약의 경우 파산절차에서도 파산관재인의 단체협약 해지를 제한하는 규정을 둘 필요가 있으며, 민법 제663조 2항에서 사용자의 파산을 이유로 파산관재인이 근로계약을 해지한 경우에도 근로자의 손해배상청구권을 제한하는 것은 문제이다.

도급계약의 경우 공사도급계약에서 회생절차개시 이전에 이루어진 기성고 부분에 대한 수급인의 공사대금채권은 가치평가가 가능한 이상 회생채권으로 취급하여야 하며, 수급인 파산시 학설과 판례의 입장인 2분설의 근거를 명확히 할 필요가 있고, 도급인 파산시 수급인의 손해배상채권 행사를 제한하는 민법 제674조 제2항은 형평에 반할 수 있다. 현재의 법률상황 하에서 도급인에 대해 회생절차가 개시된 때 민법 제674조 제1항을 유추적용하는 대법원의 해석론은 불가피한 면이 있으나, 궁극적으로는 계약 유형별 민법의 관련 규정을 개별적으로 유추적용하는 것에 의해 미이행 쌍무계약에 관한 법률문제를 해결하고자 하는 방식은 타당하지 않다고 생각한다.

위임의 경우 수임인의 보수지급청구권에 관한 민법 제692조와 수임인의 긴급사무처리의무에 관한 동법 제691조와 관련하여 수임인이 갖는 채권의 성격을 채무자회생법에서 명확하게 규정할 필요가 있다. 소비대차에서 당사자의 파산을 계약의 실효 사유로 규정한 민법 제599조, 사용대차에서 차주의 파산을 계약 해지사유로 규정한 민법 제614조의 의미를 재고할 필요가 있다.

제5장에서는 관리인과 파산관재인의 미이행 쌍무계약에 대한 선택권 행사의 범위 및 그에 따른 법률효과 등과 관련하여 입법론을 소개하고 이에 대해 비판적으로 검토해보았다. 현행 채무자회생법의 태도를 비판

하는 입장에서는 관리인과 파산관재인에게 계약의 해제·해지권을 인정하는 것은 타당치 않으므로 이행거절권만을 부여하여야 하며, 관리인과 파산관재인의 이행거절로 인해 계약이 해제된 경우 상대방의 원상회복에 관한 권리는 우선권 없는 일반채권, 즉 회생채권 또는 파산채권으로 취급하여야 한다고 한다.

도산절차가 개시되지 않은 상태의 계약관계에서 당사자는 계약에 따른 채무를 이행할 것인지 아니면 채무불이행으로 인해 발생 가능한 위험을 감수하고서라도 채무를 이행하지 않을 것인지, 즉 계약을 위반할 것인지 여부를 자유롭게 결정할 수 있다. 이와 같은 계약 당사자들의 자유는 일방 당사자에 대하여 도산절차가 개시되었다고 해서 제한되거나 배제되는 것은 아니므로, 본래 관리인 등이 갖는 선택권의 범위는 계약의 이행 또는 이행 거절 중 어느 하나를 선택할 수 있는 것을 의미한다고 볼 수 있다. 연혁적인 측면에서 보더라도, 미이행 계약과 그에 대한 선택권 개념이 등장한 영국의 *Copeland v. Stephens* 사건에 의할 때 도산관리인은 채무자의 재산을 도산재단에 편입시킬 것인지 여부, 즉 그 재산이 계약이라면 계약을 도산재단에 편입시켜 이행할 것인지 아니면 그러한 편입을 거절할 것인지 여부만을 결정할 수 있을 뿐이다. 따라서 본래 미이행 쌍무계약에 대한 관리인 내지 파산관재인의 선택권은 계약의 이행 또는 이행 거절 중 하나를 선택할 수 있는 권리를 의미하는 것이고, 그렇기 때문에 채무자회생법에서도 관리인과 파산관재인에게 계약의 이행을 거절할 수 있는 권리만을 인정하여야 한다는 주장은 일응 타당성이 있다.

그러나 채무자회생법에서 관리인과 파산관재인에게 해제권을 인정한 것은 민법상의 일반법리와는 달리 특별한 권리를 부여하는 것이라는 점, 해제·해지권 행사에 따른 법률효과가 이행거절권만을 인정하는 경우에 비하여 특별히 불합리하거나 부당한 결과를 초래한다고 볼 수 없는 점, 그리고 무엇보다도 민법의 채권편에서 개별 계약유형과 관련하여 당사자 일방의 파산시 계약을 해제·해지할 수 있도록 하는 여러 규정들을 두고 있는 점 등에 비추어 볼 때, 채무자회생법만을 개정하여 관리인과 파산관재인에게 이행거절권을 부여하는 것은 적절하지 않다고 생각한다. 계약이 해제되는 경우 원상회복관계를 인정하고 상대방이 환취권자의 지위에서 권리를 행사할 수 있도록 하는 것도 반드시 잘못된 입법이라고 단정할 수는 없다. 즉, 민법과 채무자회생법에서 모두 미이행 쌍무계약에 관하여 규율하는 현재의 이원적 체계를 유지하는 한, 채무자회생법에서만 이행거절권의 개념을 도입하는 것은 법체계상 타당하지 않다. 향후 법 개정 논의가 이루어진다면 각 경우의 법률효과를 보다 상세히 분석하여 비교하고, 채무자회생법과 민법의 관련 규정을 종합적으로 균형 있게 고려하여야 한다.

채무자회생법 및 민법에서 이원적으로 미이행 쌍무계약을 규율하는 현재의 법체계 하에서, 계약 당사자가 파산선고를 받은 경우 계약의 효력에 관하여 정한 민법의 여러 규정은 개정할 필요가 있다. 그러나 궁극적으로는 채무자회생법과 민법을 함께 개정하여 미이행 쌍무계약의 취급에 관하여는 채무자회생법에서 일괄 규율함이 타당하다고 생각한다. 즉, 미이행 쌍무계약에 대하여는 원칙적으로 채무자회생법 제119조 및 제335조를 적용하여 해결하되 이와 같은 일반 규정으로 해결할 수 없거나 일반 규정에 의하는 것이 불합리한 경우에는 민법이 아니라 채무자회생법에서 별도의 규정을 두는 것이 바람직하다.

해제권과 이행거절권 중 어떠한 형태의 입법을 할 것인가는 민법과 채무자회생법을 함께 개정하는 단계에서 논하여야 한다. 이는 결국 신속하고 효율적인 도산절차의 진행 및 상대방의 권리보호와 채권자를 비롯한 전체 이해관계인의 이익이라는 가치 등을 종합적으로 고려하여 결정할 문제이다. 앞서 논한 바와 같이 관리인과 파산관재인에게 이행거절권을 인정하고 계약이 해제된 경우 상대방의 권리를 일반채권으로 취급하여야 한다는 주장도 일리가 있다. 그러나 도산절차를 보다 신속하고 효율적으로 진행할 필요가 있다는 점, 도산절차개시 이전에 이행을 완료한 채권자의 경우 이미 채무자의 채무불이행으로 인해 해제권을 행사할 수 있는 상태일 가능성이 높고 관리인이나 파산관재인이 채무자의 재산이나 파산재단에 보다 유리하다는 판단 하에 계약의 해제를 선택한 이상 그에 따른 결과가 계약 상대방이나 다른 이해관계인에게 항상 불리한 영향을 끼친다고 보기는 어려운 점, 현행 채무자회생법의 태도는 민법상 계약 해제로 인한 원상회복의 법리에 부합한다는 점, 상대방의 채권을 일반채권으로 취급할 경우 거래계에서 신용도가 높지 않은 채무자 등과의 거래를 기피할 우려가 있다는 점을 종합적으로 고려할 때, 관리인과 파산관재인에게 미이행 쌍무계약에 대한 해제권을 부여하는 입법이 잘못된 것이라고 단정하기는 어렵다.

한편 도산절차의 특성 등을 감안하여 미국 도산법 및 UNCITRAL 도산법입법지침의 계약의 양도에 관한 규정을 참고하여 채무자회생법에 계약이전에 관한 규정을 도입하는 방안을 긍정적으로 검토할 필요가 있다. 이 경우에는 민법상 계약이전에 관한 일반적인 논의와의 균형을 고려하여야 할 것이다.

도산절차상 미이행 쌍무계약의 처리와 관련하여 가장 유의하여야 할 사항은 민법과는 별도로 특별히 관리인과 파산관재인에게 계약의 이행 또는 해제·해지를 선택할 수 있도록 한 채무자회생법 제119조 및 제335조의 입법취지와 특성을 깊이 고려하여야 한다는 점이다. 나아가 채무자회생법과 민법의 관련 규정을 조화롭게 해석하여 일관되고 균형 있게 관련 법령을 적용하여야 한다는 점도 매우 중요한 문제이다. 이러한 고려 없이 어느 한 측면에 초점을 맞추어 규정을 해석하는 것은 타당하지 않으며, 그로 인해 미이행 쌍무계약에 관한 채무자회생법과 민법 간의 균형이 깨질 우려가 있다. 물론 앞서 논한 바와 같이 궁극적으로는 미이행 쌍무계약의 도산절차 내 취급에 관한 사항은 채무자회생법에서 일괄 규율함이 타당하나, 그 이전 단계에서는 적어도 현행 민법과 채무자회생법의 체계 내에서 관련된 여러 규정들을 조화롭게 해석하고 적용할 수 있어야 하기 때문이다.

본서에서는 도산절차와 관련하여 미이행 雙務계약의 의의, 요건, 법률효과, 입법론 등 다양한 법적 쟁점들에 관하여 논하였다. 특히 미이행 雙務계약의 개념과 요건, 법률효과 등을 비교법적으로 검토해보고 이를 통해 채무자회생법과 민법에 대한 해석상 시사점을 도출하는 것은 매우 중요한 의의를 갖는다. 또한 미이행 雙務계약과 관련된 현행 법 규정의 의미와 요건 등을 상세히 살펴보는 한편 개별 규정의 문제점과 아울러 입법적인 개선 사항을 제시하였다. 본서에서 다루지 않은 계약유형의 경우에도 미이행 雙務계약에 관한 일반 법리와 유사한 전형계약에 관한 해석론 등을 고려한다면, 다양한 법적 쟁점에 관한 시사점을 찾을 수 있을 것이다.

미이행 雙務계약에 관한 법률문제는 민법과 채무자회생법을 비롯해 그 밖에 여러 다른 법령과도 밀접한 관련이 있으며, 실무상으로는 현행 법령에서 명시적으로 규율하지 않은 사항뿐만 아니라 관련 규정을 둔 경우에도 해석상 수많은 법적 쟁점들이 존재한다. 그리고 각각의 법률문제에서 다루어지는 쟁점의 유형이나 해석론은 매우 다양하고 복잡한 양상을 보인다. 본서가 민법과 채무자회생법상 미이행 雙務계약에 관한 법률문제를 해결하는데 조금이나마 참고가 되고, 향후 학계와 실무에서 더욱 심도 있는 논의가 이루어지기를 기대한다.

참고문헌

Ⅰ. 국내문헌

1. 단행본

곽윤직/김재형, 민법총칙(제8판), 박영사, 2012

곽윤직, 채권총론(제6판 중판), 박영사, 2012

_____, 채권각론(제6판 중판), 박영사, 2012

권기훈/윤창술, 도산절차와 리스채권, 행법사, 1999

김형배, 노동법(제26판), 박영사, 2018

박승두, 도산법 총론, 법률 SOS, 2002

배동희, 통합노동법, 도서출판 미래가치, 2010

백창훈/임채홍, 회사정리법(상)(제2판), 한국사법행정학회, 2002

서울중앙지방법원 파산부 실무연구회, 도산절차와 소송 및 집행절차, 박영사, 2011

서울회생법원 재판실무연구회, 개인파산·회생실무(제5판), 박영사, 2019

_____, 법인파산실무(제5판), 박영사, 2019

_____, 회생사건실무(상)(제5판), 박영사, 2019

석광현, UNCITRAL 담보권 입법지침 연구, 법무부, 2010

양창수, 민법입문(제8판), 박영사, 2020

엄동섭, 미국계약법Ⅰ, 법영사, 2010

오수근, 도산법의 이해, 이화여자대학교출판부, 2008

이병태, 최신 노동법(제9전정판), ㈜중앙경제, 2008

이영준, 물권법(전정신판), 박영사, 2009

이은영, 채권각론(제5판), 박영사, 2005

임종률, 노동법(제9판), 박영사, 2011

임치용, 파산법연구(중판), 박영사, 2006

_____, 파산법연구2, 박영사, 2006

장완규, 도산법 개론, 한국학술정보㈜, 2009

전병서, 파산법(제2판), 한국사법행정학회, 2001

_____, 도산법, 법문사, 2006

2. 주석서

편집대표 곽윤직, 民法注解 Ⅹ, 박영사, 2008
_____, 民法注解 ⅩⅢ, 박영사, 2007
_____, 民法注解 ⅩⅤ, 박영사, 2007
_____, 民法注解 ⅩⅥ, 박영사, 2007
집필대표 박준서, 註釋 民法[債權各則](Ⅲ)(제3판), 한국사법행정학회, 1999
_____, 註釋 民法[債權各則](Ⅴ)(제3판), 한국사법행정학회, 1999
편집대표 정동윤/손주찬, 註釋 商法[會社](Ⅲ)(제4판), 한국사법행정학회, 2006

3. 논문 및 보고서

고원석, "할부계약에 있어서 매수인의 도산과 매도인의 권리-소유권유보부매매의 경우를 중심으로-", 리스와 신용거래에 관한 제문제(하), 재판자료 제64집, 법원도서관, 1994
김건식, "스왑거래에 관한 법적 연구", 한국금융연구원, 1997
김계순, "쌍무계약에 있어서 불안의 항변권", 민사법학 제34호, 한국민사법학회, 2006
김상수, "변제금지보전처분의 효력: 대법원 2007. 5. 10. 선고 2007다9856 판결", 로앤비 천자평석, 2007. 6. 28.자
김상용, "소유권유보부매매에 관한 한·독비교", 법학연구 제19권 제2호(통권 제42호), 연세대학교 법학연구소, 2009
김석주, "독일 도산법상 법정 잔여채무면책제도와 비면책채권", 외국법제정보, 한국법제연구원, 2010
김성용, "도산조항의 효력", 사법 제4호, 사법발전재단, 2008
_____, "도산절차에서의 쌍무계약의 처리와 관련한 두 가지 의문", 비교사법 제14권 1호(통권 36호), 한국비교사법학회, 2007
김용담, "계약인수의 요건", 민사판례연구 Ⅳ, 박영사, 1982
김재국, "동산의 소유권유보", 민사법연구 제11집 제1호, 대한민사법학회, 2003
김재형, "조합에 대한 법적 규율", 민법론Ⅱ, 박영사, 2004
_____, "조합채무", 민법론Ⅱ, 박영사, 2004
_____, "관리인제도의 개선방안에 관한 검토-미국의 DIP제도의 수용문제-", BFL 제9호, 서울대학교 금융법센터, 2005

_____, "도산절차에서 담보권자의 지위", 민법론Ⅲ, 박영사, 2007

_____, "2007년 민법 판례 동향", 민법론Ⅳ, 박영사, 2011

김정만, "파산절차와 은행·보험·리스관계-금융리스거래와 파산-", 파산법의 제문제(상), 재판자료 제82집, 법원도서관, 1999

김진석, "도산절차의 개시와 노동관계", 서울대학교 대학원 법학석사학위논문, 2011

김학동, "소유권유보부매매의 법률관계", 민사법학 제27호, 한국민사법학회, 2005

김형석, "강제집행·파산절차에서 양도담보권자의 지위", 저스티스 통권 제111호, 한국법학원, 2009

남효순, "도산절차와 계약관계-이행미완료쌍무계약의 법률관계를 중심으로-", 도산법강의(남효순·김재형 공편), 법문사, 2005

문우식, "기업회생관점에서 본 EU국가의 파산제도 비교", 국제지역연구 제8권, 서울대학교 국제지역원, 1999

민중기, "회사정리법 제103조 제1항 소정의 쌍무계약의 의미", 대법원판례해설 통권 제34호, 법원도서관, 2000

박병대, "파산절차가 계약관계에 미치는 영향", 파산법의 제문제(상), 재판자료 제82집, 법원도서관, 1999

박승두, "도산절차상 미이행쌍무계약의 해결방안", 산은조사월보, 한국산업은행, 2000. 5

_____, "도산절차의 진행이 근로관계에 미치는 영향", 인권과 정의 제322호, 대한변호사협회, 2003

_____, "일본 민사재생법의 이념과 기본구조", 청주법학 제32권 제1호, 청주대학교출판부, 2010

배현태, "회사정리절차에 있어서 리스채권의 취급", 법조 제521호, 법조협회, 2000

법원행정처, "국제규범의 현황과 전망: 2008년 국제규범연구반 연구보고 및 국제회의 참가보고", 2008

우재승 외 5인, "서울민사지방법원의 회사정리사건 처리실무", 사법논집 제25집, 법원행정처, 1994

서경환, "회사정리절차가 계약관계에 미치는 영향", 회사정리법·화의법상의 제문제, 재판자료 제86집, 법원도서관, 2000

석광현, "스왑거래의 법적 문제점", 민사판례연구 ⅩⅩⅢ, 박영사, 2001

선재성, "파산과 근로관계", 파산법의 제문제(상), 재판자료 제82집, 법원도서

관, 1999

소건영, "개정 상법안의 금융리스에 관한 법적 문제와 개선 방안", 입법과 정책 제2권 제1호, 국회입법조사처, 2010

송호영, "채무인수, 이행인수 및 계약인수에 관한 입법론", 법조 제662호, 법조협회, 2011

양형우, "독일 통합도산법에 관한 소고", 법조 제507호, 법조협회, 1998

_____, "소유권유보부 동산매매계약의 법적 성질과 그 목적물의 소유권귀속관계-대상판결: 대법원 1999. 9. 7. 선고 99다30534 판결-", 판례월보 통권 제372호, 판례월보사, 2001

_____, "회생·개인회생절차에서의 담보권", 인권과 정의 통권 제356호, 대한변호사협회, 2006

_____, "회생·파산절차개시가 근로계약과 단체협약에 미치는 영향", 노동정책연구 제8권 제4호, 한국노동연구원, 2008

오수근, "도산실효조항의 유효성", 판례실무연구 IX, 박영사, 2010

_____, "도산법의 개선방향", BFL 제34호, 서울대학교 금융·법센터, 2009

오수근/김나영, "적격금융거래의 일괄정산에 관한 입법론", 법학논집 제8권 제2호, 이화여자대학교 법학연구소, 2004

우성만, "회사정리법상 담보권자의 지위", 회사정리법·화의법상의 제문제, 재판자료 제86집, 법원도서관, 2000

유수열, "도급계약에 있어서의 파산법 제50조의 적용여부", 판례연구 제14집, 부산판례연구회, 2003

유해용, "기존 경영자 관리인 제도의 明暗", 저스티스 통권 제117호, 한국법학원, 2010

윤관식, "자본시장법 시행에 따른 증권결제제도 변경에 관한 고찰", 증권예탁 제68호, 한국예탁결제원, 2009

윤영신, "미국의 도산법"(연구보고 98-3), 한국법제연구원, 1998

_____, "영국의 도산법"(연구보고 98-6), 한국법제연구원, 1998

윤창술, "파산절차에서의 단체협약과 근로계약", 인권과 정의 제281호, 대한변호사협회, 2000

_____, "미국파산법 제11장과 리스채권", 연구센터논문집 제4집, 동서대학교 부설연구센터, 2001

이균용, "수급인의 파산과 파산법 제50조의 적용 여부", 대법원판례해설 제38호, 법원행정처, 2001

이동진, "계약이전의 연구-상대방의 동의 요건의 기능과 위치를 중심으로-",

서울대학교 법학 제53권 제1호(통권 제162호), 서울대학교 법학연구
소, 2012

이성훈, "소유권유보부매매에 있어서의 매도인과 매수인의 지위, 리스와 신
용거래에 관한 제문제(상), 재판자료 제63집, 법원도서관, 1994

이승우, "한국 민법과 독일 민법상 소유권유보의 법리 비교", 비교사법 제10
권 제4호(통권 제23호), 한국비교사법학회, 2003

이연갑, "리스계약과 도산절차", 민사판례연구 제28권, 박영사, 2006

_____, "도산법상 기존경영자 관리인의 지위", 비교사법 제16권 제1호(통권
제44호), 한국비교사법학회, 2009

이재희, "영국 도산법제 운용실태에 관한 소고", 재판자료 제111집: 외국사법
연수논집 26(상), 법원도서관, 2006

이철송, "상법상의 입법착오의 시정에 관한 연구(2)-회사편을 중심으로-", 비
교사법 제17권 3호(통권 50호), 한국비교사법학회, 2010

이호창, "채무자 회생 및 파산에 관한 법률에 대한 의견", 법률신문, 2004. 9.
30자

이화여자대학교 도산법연구센터, "도산법제의 선진화를 위한 비교법제 연구-
채무자회생 및 파산에 관한 법률 개정 방안을 중심으로-", 법무부 연
구용역보고서, 2008

이흥재, "도산절차와 근로관계", 도산법강의(남효순/김재형 공편), 법문사, 2005

임건면, "소유권유보의 의의와 형태", 경남법학 제9호, 경남대학교법학연구소,
1993

임종헌, "파산절차가 미이행계약관계에 미치는 영향", 인권과 정의 제241호,
대한변호사협회, 1996

임준호, "소유권이전등기청구권 보전의 가등기와 쌍방미이행의 쌍무계약에
대한 해제권", 상사판례연구 V, 박영사, 2000

임지웅, "도산해지조항의 효력 및 범위-Flip In 조항의 효력에 관한 영국과 미
국의 판례분석을 중심으로-", 도산법연구 제1권 제2호, 사단법인 도
산법연구회, 2010

임치용, "회사정리절차와 쌍무계약", 사법논집 제36집, 법원도서관, 2003

정순섭, "통합도산법상 금융거래의 특칙에 관한 연구-채무자 회생 및 파산에
관한 법률 제120조 제3항의 해석론을 중심으로-", 증권법연구 제6권
제2호, 삼우사, 2005

정영수, "도산절차상 미이행쌍무계약에 관한 연구", 민사소송 제13권 제2호,
한국민사소송법학회, 2009

최성근, "독일의 도산법"(연구보고 98-1), 한국법제연구원, 1998

_____, "일본의 기업갱생절차에 관한 연구-민사재생절차를 중심으로-"(연구보고 2000-17), 한국법제연구원, 2000

최수정, "해제권을 발생시키는 채무불이행-주된 의무와 부수적 의무의 구분에 대한 재검토-", 저스티스 제35권 제4호(통권 제68호), 한국법학원, 2002

최종길, "소유권유보부매매의 법률관계에 관한 고찰: 그 매수인의 법적지위를 중심으로", 서울대학교 법학 제9권 제2호, 서울대학교부설한국법학연구소, 1967

최종길, "가. 도급공사의 기성공사부분에 대한 대금청구 채권이 회사정리법상 공익채권에 해당하는 경우 나. 회사정리법 제145조에 규정된 '확정판결과 동일한 효력'의 의미 및 공익채권자가 자신의 채권을 정리채권으로 신고한 사정만으로 자신의 채권을 정리채권으로 취급하는데 동의하였다거나 공익채권자의 지위를 표기한 것으로 볼 수 있는지 여부(소극)", 대법원판례해설 통권 제52호, 법원도서관, 2004년 하반기

한국은행, "우리나라의 지급결제제도", 2009

_____, "2010년도 지급결제제도 운영관리보고서", 2011

한민, "미이행쌍무계약에 관한 우리 도산법제의 개선방향", 선진상사법률연구 통권 제53호, 법무부, 2011

홍일표, "회사정리법상의 변제금지의 보전처분과 이행지체", 회사법상의 제문제(하), 재판자료 제38집, 법원도서관, 1987

황한식, "리스계약의 법적 성질", 재판자료 제63집, 법원도서관, 1994

Ⅱ. 영미문헌

1. 단행본

Barry E. Adler/Douglas G. Baird/Thomas H. Jackson, Cases, Problems, and Materials on Bankruptcy(4th ed.), Foundation Press(New York), 2007

Bryan A. Garner Black's Law Dictionary(8th ed.), West Publishing Co.(St. Paul), 2004

Charles Jordan Tabb, The Law of Bankruptcy(2nd ed.), Foundation Press(New York),

2009

Epstein D. G/Nickles S. H/White J. J, Bankruptcy, West Publishing Co.(St. Paul), 1993

Elizabeth Warren/Jay Lawrence Westbrook, The Law of Debtors and Creditors(6th ed.), Aspen Publishers(New York), 2008

Henry Philip Roche/William Hazlitt, The Bankruptcy act, 1869; the Debtors act, 1869; the Insolvent debtors and bankruptcy repeal act, 1869, Stevens & Haynes (London), 1870

Ian F. Fletcher, The Law of Insolvency(4th ed.), Sweet & Maxwell(London), 2009

James J. White/Raymond T. Nimmer, Bankruptcy: Cases and Materials(3rd ed.), West Publishing Co.(St. Paul), 1996

Margaret Howard, Bankruptcy(3rd ed.), Thomson West.(St. Paul), 2004

Roy Goode, Principles of Corporate Insolvency Law(Student ed.), Sweet & Maxwell (London), 2011

Vanessa Finch, Corporate Insolvency Law Perspectives and Principles(2nd ed.), Cambridge University Press(Cambridge), 2009

William W. McBryde/Axel Flessner·S. C. J. J. Kortmann, Principles of European Insolvency Law(Law of Business & Finance vol.4), Kluwer Law International (London), 2005

2. 주석서

Alan N. Resnick/Henry J. Sommer, Collier on Bankruptcy vol.3(15th ed. Rev.), Matthew Bender & Company Inc., 2001

3. 논문 및 보고서

Adrian Cohen, "Counterparty risk-termination of contracts on insolvency", Insolv. L., 1999

Amelia H. Boss, "Leases and Sales: Ne'er or Where Shall the Twain Meet?", 1983 Ariz. St. L.J. 357, 1983

Arnold M. Quittner A, "Executory Contracts and Leases", Commercial Law and Practice Course Handbook Series(PLI Order No. 11410), Practising Law Institute, 2007

Blanca Mamutse, "Drawing the limits of the anti-deprivation rule in insolvency law", finance & credit law No.5, Imforma Finance, 2010

Bob Wessels, "Principles of European Insolvency Law", 28 ABI Journal, 2003

Don Fogel, "Executory Contracts and Unexpired Leases in the Bankruptcy Code", 64 Minn. L. Rev. 341, 1980

E. Carolyn Hochstadter Dicker/John P. Campo, "FF & E and the True Lease Question: Article 2A and Accompanying Amendments to UCC Section 1–202(37)", 7 Am. Bank. Inst. L.Rev. 517, 1999

Frank R. Lacy, "Land Sale Contracts in Bankruptcy", 21 UCLA L. Rev. 477, 1973

Heiko Fialski, "Insolvency Law in the Federal Republic of Germany", Corporate Bankruptcy and Reorganization Procedures in OECD and Central and Eastern European Countries, Organisation for Economic Cooperation and Development (OECD), 1994

James McLaughlin, "Amendment of the Bankruptcy Act", 40 Harv. L. Rev. 583, 1927

Jay Lawrence Westbrook, "A Functional Analysis of Executory Contracts", 74 Minn. L. Rev. 227, 1989

Jurgen Van Kann/Rouven Redeker, "Reform Act on German Insolvency Law: New Opportunities for Distressed Investors?", Pratt's Journal of Bankruptcy Law vol. 8, Sheshunoff Information Services, 2012

Kenneth N. Klee, "Legislative History of the New Bankruptcy Law", 28 DePaul L. Rev. 941, 1979

Michael T. Andrew, "Executory Contracts in Bankruptcy: Understanding 'Rejection'", 59 U. Colo. L. Rev. 845, 1988

_____, "Executory Contracts Revisited: A Reply to Professor Westbrook", 62 U. Colo. L. Rev. 1, 1991

National Bankruptcy Review Commission, Bankruptcy: The Next Twenty Years(Final Report), 1997

Roy Goode, "Flip clauses: the end of the affair?", L.Q.R.128, 2012

Susan Block-Lieb/Terence Halliday, "Harmonization and Modernization in UNCITRAL's Legislative Guide on Insolvency Law", 42 Tex. Int'l L.J. 475, 2007

Thomas H. Jackson, "Translating assets and liabilities to the bankruptcy forum", Corporate Bankruptcy: Economic and Legal Perspectives, Cambridge University Press(New York), 1996

United Kingdom Parliament, "Insolvency Law and Practice"(Report of the Review Committee, Cmnd. 8558), 1982

United States House of Representatives, "Bankruptcy Reform Act of 1978", H.R. Rep.
    No. 595, 95th Cong. 1st Sess., 1977
Vern Countryman, "Executory Contracts in Bankruptcy: Part I ", 57 Minn. L. Rev. 439,
    1973

Ⅲ. 독일문헌

1. 단행본

Baur/Stürner, Zwangsvollstreckungs-, Konkurs- und Vergleichsrecht. Band Ⅱ. Insolvenzrecht
    (12. Aufl.), C. F. Müller(Heidelberg), 1990
Frank Schwörer, Lösungsklauseln fur den Insolvenzfall, RWS(Köln), 2000
Fritz Binz/Harald Hess, Der Insolvenzverwalter, C. F. Müller(Heidelberg), 2004
Harald Hess/Manfred Obermülle, Insolvenzplan, Restschuldbefreiung und Verbraucher-
    insolvenz(3. Aufl.), C. F. Müller(Heidelberg), 2003
Ludwig Häsemeyer, Insolvenzrecht(3. Aufl.), Carl Heymanns(Köln), 2003
Natascha Kupka, Die Behandlung des Eigentumsvorbehaltes nach der Insolvenzrechts-
    reform unter besonderer Berücksichtigung der EG-Verordnung über Insolvenz-
    verfahren, Peter Lang(Frankfurt am Main), 2003

2. 주석서

Stürner/Eidenmüller/Schoppmeyer(Hrgs.), Münchener Kommentar Insolvenzordnung,
    Band 2, § § 80-216(4. Aufl.), C. H. Beck(München), 2019
Klaus Wimmer(Hrgs.), Frankfurter Kommentar zur Insolvenzordnung(6. Aufl.), Luchter-
    hand(Köln), 2011
Uhlenbruck/Hirte/Vallender(Hrgs.), Insolvenzordnung Kommentar(13. Aufl.), Franz Vahlen
    (München), 2010
Gottwald(Hrgs.), InsolvenzrechtsHandbuch(4. Aufl.), C. H. Beck(München), 2010

3. 논문

Christian Berger, "Absonderungsrechte an urheberrechtlichen Nutzungsrechten in der Insolvenz des Lizenznehmers", Insolvenzrecht im Wandel der Zeit(Festschrift für Hans-Peter Kirchhof), ZAP(Neuwied), 2003

Gerhart Kreft, "Ausgesuchte Fragen zum Einfluss des neuen Schuldrechts auf die Erfüllungswahl nach § 103 InsO", Insolvenzrecht im Wandel der Zeit(Festschrift für Hans-Peter Kirchhof), ZAP(Neuwied), 2003

Ulrich Huber, "Der Eigentumsvorbehalt im Synallagma", ZIP 12/1987, RWS(Köln), 1987

Ⅳ. 일본문헌

1. 단행본

伊藤眞, 破産法(全訂第3版補訂版), 有斐閣, 2001

_____, 破産法(第4版補訂版), 有斐閣, 2006

_____, 破産法·民事再生法(第2版), 有斐閣, 2009

加藤哲夫, 破産法(第6版), 弘文堂, 2012

宗田親彦, 破産法研究, 慶應通信株式会社, 1995

_____, 破産法概説(新訂第二版), 慶應義塾大學出版會, 2005

竹下守夫, 担保權と民事執行/倒産手続, 有斐閣, 1994

谷口安平, 倒産処理法(第2版), 筑摩書房, 1980

中田淳一, 破産法·和議法, 法律学全集 37, 有斐閣, 1959

福永有利, 倒産法研究, 信山社, 2004

松田安正, リ-スの理論と実務(改訂版), 商事法務, 2001

水元宏典, 倒産法における一般実体法の規制原理, 有斐閣, 2002

山木戸克己, 破産法, 現代法律学全集 24, 青林書院新社, 1976

山本克己 編, 破産法·民事再生法概論, 商事法務, 2012

2. 주석서

編集代表 竹下守夫, 大コンメンタ-ル破産法, 青林書院, 2011

編集代表 谷口知平/於保不二雄/川島武宜/林良平/加藤一郎/幾代通, 新版 注
　　釈民法 16, [債権(7)], 有斐閣, 2010
伊藤眞/岡正晶/田原睦夫/林道晴/松下淳一/森宏司, 条解 破産法, 弘文當, 2010
齋藤秀夫/麻上正信 編, 注解 破産法(改訂第二版), 青林書院, 1994
三ケ月章/竹下守夫/霜島甲一/前田庸/田村諄之輔/青山善充, 条解 会社更生法
　　(中)(第4版補訂版), 弘文堂, 2001

3. 논문

伊藤眞, "會社更生法三九條の保全處分後の事由と契約解除他", 民商法雜誌 第
　　87巻 第5号, 弘文堂書房, 1983
河野正憲, "双務契約一般", 倒産処理法制の理論と実務(櫻井孝一/加藤哲夫/西
　　口元 編), 経済法令研究会, 2006
才口千晴, "更生手続と取締役等の地位", 新しい会社更生法(伊藤眞/西岡清一
　　郎/桃尾重明 編), 有斐閣, 2004
坂田宏, "継続的供給契約", 新破産法の理論と実務(山本克己 外3 編), 判例タ
　　イムズ社, 2008
高木新二郎, "更生手続開始とリ-ス取引", 判例タイムズ 第866号, 判例タイム
　　ズ社, 1995. 3. 10
田頭章一, "倒産法における契約の処理", ジュリスト 第1111号, 有斐閣, 1997
竹下守夫, "所有權留保と破産·會社更生", 法曹時報 第25巻 第3号, 法曹會,
　　1973
竹内康二, "動産売買と倒産法", 倒産実体法の契約処理, 商事法務, 2011
中西正, "双方未履行双務契約の破産法上の取り扱い", 現代民事司法の諸相 谷
　　口安平先生古稀祝賀, 成文堂, 2005
那須克巳, "ゼネコンの会社更生", 会社更生法·民事再生法(門口正人 外3 編, 新·
　　裁判実務大系 21), 青林書院, 2005
福永有利, "ファイナソス·リ-ス契約と倒産法", 判例タイムズ 第507号, 判例タ
　　イムズ社, 1983. 11. 25
三森仁, "請負契約", 新破産法の理論と実務(山本克己 外3 編), 判例タイムズ
　　社, 2008
吉永順作, "破産と委任契約", 破産法: 実務と理論の問題点(麻上正信 編), 経
　　済法令研究会, 1990

찾아보기

ㄱ

가등기 98
가액반환청구권 123, 358, 359
감사 317
개인회생절차 8
개입권 297, 300, 301
거절(disclaim, rejection, repudiate)
　　19, 29, 30, 43, 46, 65, 354
경제적 효과론 41
계속적 공급계약 177
계약의 양도 68
계약의 인수(adopt, assumption) 29,
　　30
계약의 해제·해지 76, 347
계약이전 373
고용계약 254, 368
고정주의 274
공공재 180
공급자의 항변권 180, 183
공사대금채권 285, 288
공사도급계약 288
공사이행청구권 296, 301
공서 158
공유관계 341
공유물분할금지약정 341
공익채권 78, 117, 217, 249, 261,
　　288, 289, 296, 306, 307, 349,
　　358

관리비용 66
관리인·파산관재인의 선택권 109
관리채권 67
근로계약 254, 258, 265, 267
금융리스(financial lease) 228
기능적 분석론(the Functional
　　Analysis) 39
기존 경영자 관리인 제도 309

ㄷ

단체협약 141, 256, 265, 269
담보권 245
담보권설 195
담보책임 89, 324
대리권 310, 321
대리인 310, 321
도급계약 95, 278, 368
도급인 278
도산계획(Insolvenzplan) 51
도산관리인(bankruptcy assignee)
　　20, 24
도산위험 148
도산재단(Insolvenzmasse) 53, 64
도산해제조항(Ipso Facto Clause,
　　Insolvency/Bankruptcy Clause,
　　In solvency/Bankruptcy
　　Termination Clause) 147, 165,

305, 333
동시이행관계 116, 210, 245

ㄹ

리스계약 228, 368
리스물건 이용보장의무 242
리스물건공급자 253
리스채권 235

ㅁ

미국 도산법 28, 43, 160, 230, 373
미국 통일상법전(Uniform
  Commercial Code) 230
미완급리스(Non-Full Payout Lease)
  230
미이행 계약(executory contract) 3,
  19, 28
미이행 계약의 양도 47, 373
미이행 쌍무계약 3, 95, 194, 235,
  257, 278

ㅂ

박탈금지의 원칙(Anti-Deprivation
  Rule) 157
배우자 등의 재산관리 342
법정해제권 127
변제금지 보전처분 130
별제권 196, 216, 249
보수청구권 306, 314
부수의무 92, 104, 105, 244

비용상환청구권 306, 314
비전형담보 189

ㅅ

사용대차 330
사용자 256
사정변경의 원칙 329
상대방의 최고권 114
상호계산 340
선급 차임 206
선순위 담보권 212
소비대차 322, 369
소유권유보부매매계약 186, 367
손해배상청구권 206, 266, 283,
  300, 306, 307, 348
수급인 278, 295
수임인 307
승계인 375
시설대여 228
신득재산(新得財産) 275, 302

ㅇ

약정해제권 127
연대채무자 326
예약완결권 84
완급리스(Full Payout Lease) 230
우선변제권 209, 216
우선특권 209
운용리스(operating lease) 228
원물반환청구권 122, 358
원상회복 79, 118, 121, 306, 307,

348, 359
위임계약 303, 368
유럽도산법원칙 70, 164
이사 317
이자부 소비대차 322
이행거절권 347, 352, 360, 363, 372
이행된 계약(executed contract) 23
인수(assumption) 43, 45, 354
일반의 무담보채권 350
일반의 우선권 있는 파산채권 216
임금채권 261
임대차계약 140, 202, 367
임차보증금반환채권 209
임차인의 사용수익청구권 208

ㅈ

자유재산 274, 302
재단채권 78, 117, 139, 270, 285,
    301, 315, 349, 358
적격금융거래 144
정기매매 145
정리해고 262
조기 변제 213
조사확정재판 294
조합계약 335
주된 의무 92, 103, 244
중대한 위반 기준(material breach
    test) 32, 106
증권결제 143
지급결제제도 141, 143
직접효과설 119, 359
진정한 리스(true lease) 231

집단적 강제집행절차 347

ㅊ

차임지급청구권 217
청산결제 143
청산관계 119
청산의무 120
청약 81
체당금(替當金) 264

ㅌ

통상해고 268
퇴직금청구권 275

ㅍ

파산선고 271, 311, 317, 319, 325,
    331, 343, 356
파산재단 274
파산절차 78, 183, 215, 218, 240,
    264, 279, 296
파산채권 78, 121, 314, 315
편무계약 330

ㅎ

하자보수의무 95
해고 262
해제 359
해제권 363, 372, 375

환취권 78, 120, 139, 194, 217, 250,
    306, 349, 359
회생계획 308
회생담보권 210, 248
회생절차 77, 179, 203, 217, 236,
    256, 271, 273, 285, 295, 305,
    306, 307, 323, 330
회생채권 78, 121, 288, 294, 306
후순위정리채권 301
후순위파산채권 301

Copeland v. Stephens 사건 19
Cork Report 17
Griffiths v. Perry 사건 22

In re Arrow Air, Inc. 사건 37
In re Booth 사건 37
In re Edwards 사건 22
In re Jolly 사건 36
In re Lafayette Radio Electronics
    Corp. 사건 48
In re Oxford Royal Mushroom
    Products, Inc. 사건 36
In re Pin Oaks Apartments 사건 47
In re Richmond Metal Finishers, Inc.
    사건 36
In re Rovine Corp. 사건 33, 39
Jennings' Trustee v. King 사건 22
NLRB v. Bildisco 사건 36
UNCITRAL 도산법입법지침 63, 163

:: 김영주

서울대학교 법과대학 졸업
법학박사(서울대학교)
한국변호사
현재 경북대학교 법학전문대학원 부교수

도산절차와 미이행 쌍무계약
민법·채무자회생법의 해석론 및 입법론

초판 1쇄 인쇄 ｜ 2020년 12월 21일
초판 1쇄 발행 ｜ 2020년 12월 31일

지 은 이　김영주

발 행 인　한정희
발 행 처　경인문화사
편　　집　한주연 김지선 유지혜 박지현
마 케 팅　전병관 하재일 유인순
출 판 번 호　제406-1973-000003호
주　　소　경기도 파주시 회동길 445-1 경인빌딩 B동 4층
전　　화　031-955-9300 팩　스　031-955-9310
홈 페 이 지　www.kyunginp.co.kr
이 메 일　kyungin@kyunginp.co.kr

ISBN　978-89-499-4933-8 93360
값　29,000원